1950년대 한국문학과 서사성

정희모

책을 내면서

  늦게 시작하여 학문의 길에 접어든지 근 십 년이 되는 것 같다. 하지만 공부의 참 맛을 안 지는 최근에 와서가 아닌가 한다. 학문적 전망이 점점 어두워 지는 이 때 공부의 재미가 쏠쏠 늘어난다니 아이러니도 이런 아이러니가 있을 수 없다. 나태했던 젊은 시절을 지나 나이 들어 어려운 시절에야 참 뜻을 깨닫게 되니 새삼 나 자신의 부족함에 가슴이 답답해져 옴을 느낀다. 하지만 시 두 구절을 삼 년만에 얻고(兩句三年得) 낙루(落淚)했다는 옛 시인의 말처럼 더디 가는 것도 언젠가는 쓸모 있으리란 믿음이 지금의 나를 붙잡고 있는 하나의 버팀목이 되고 있다.
  최근의 학문 동향은 점점 더 갈피를 잡기가 어렵고 복잡해 지는 것 같다. 한 쪽에서는 프랑스 철학이 유행하고 한 쪽에서는 국학의 기운이 꿈틀거린다. 한국의 문학을 학문의 대상으로 삼아야 하는 우리의 입장에서는 마땅한 방법론이 없음이 안타까워 진다. 문학이 우리의 삶을 대상으로 한다면 역사나 사회, 문화 모두를 소홀히 할 수가 없을 터인데, 어느 것이나 우리 문학을 설명해 줄 뚜렷한 길잡이는 될 수 없을 것 같으니 새삼 우리 것, 우리 방법론의 부족함에 아쉬움을 느낀다. 지금으로서 나 역시 많은 이론들 가운데 우리 문학에 필요한 것을 하나하나 찾아나갈 수밖에 없을 것 같다.
  1950년대 전후(戰後) 문학에 대한 연구 역시 이런 문제를 안고 있는 듯하다. 1950년대 전후의 상황은 문학적 전통이 상실된 채 외국의 문예사조가 백가쟁명식으로 유입되던 시기이다. 이 시기의 문학을 올바르게 평가하기 위해서는 유입된 서구 사조의 내용에 대한 이해뿐만 아니라 그것이 우리 현실에 갖는 정합성의 문제까지도 따져보아야 할 것이다. 뿐만 아니라 그것이 식민지 시기로부터 1960, 70년대로 이어지는 우리 문학사의 연결고리를 찾는 작업 역시 소홀히 해서는 안될 문제이다. 필자의 대부분 논문이 소설에 있어 서사성의 문제에 집중하는 것도 이처럼 우리 문학사의 연결고리를 소설 내부에서 추적해 보고자 하는 의도 때문이다. 이렇게 본다면 1950년대 문학은 최근에 활발한 연구에도 불구하고 여전히 많은 문제가 풀리지 않은 채 놓여 있다고 할 수 있다.

 이 책은 이런 문제를 화두 삼아서 그 동안 썼던 50년대 문학에 대한 글들을 모아놓은 것이다. 하지만 이런 문제에 대한 어떤 완성된 해답을 제시하는 책은 아니다. 오히려 각 개별 논문은 각론으로부터 총론으로 나아가기 위한 하나의 과정으로서 쓰여진 것이고 그런 점에서 아직은 부족하고 모자란 점이 많은 것들이다. 언젠가 1950년대에 대한 훌륭한 저서를 내놓아 이 책의 부족함에 대한 보답을 할 수 있기를 기대한다. 이 책의 1부는 필자의 박사논문 『한국 전후 장편소설연구』를 제목을 수정하여 실은 것이고, 2부는 1950년대 문학에 대한 개별 논문을 실은 것이다. 학위논문에 대한 필자의 애당초 욕심은 논문 전체를 새롭게 재구성하고 내용을 대폭 보완하여 단행본으로 내고자 하는 것이었으나, 게으름에 시간의 틈을 얻지 못했다. 아쉽고 부족한 대로 최소한의 수정에 그칠 수밖에 없었다. 2부의 실존주의 문제나, 50년대의 박경리 소설의 서사적 특성, 그리고 5,60년대 서사성에 대한 논문은 1950년대 문학의 특징과 작가 의식, 60년대로 이어지는 소설의 특징을 규명하는 일정한 도움을 주리라 생각한다.

　이렇게 책을 엮고 보니 감사를 드려야 할 분이 너무 많아 일일이 거론할 수 없을 정도이다. 늦은 입문에도 사랑과 권면으로 올바른 학문의 길을 열어주신 이 선영 교수님, 따뜻한 사랑으로 관심과 배려를 아끼지 않고, 늘 공부의 힘이 되어 주신 정현기 교수님, 그 밖에 언제나 학문의 길잡이로서 나를 이끌어 준 한국문학연구회의 선배, 동료, 후배들에게 마음으로부터 감사함을 전한다. 고향에 계신 형님 내외분, 사랑하는 아내는 언제나 힘든 나에게 훌륭한 버팀목이 되어 주었다. 이외에도 일일이 거론하지는 못했지만 많은 분들의 도움이 있었기에 이 책이 나왔음을 잊을 수 없다.

　끝으로 어려운 출판 사정에도 흔쾌히 출판을 허락해 준 깊은샘 박현숙 사장님, 제작의 어려움을 마다 않고 자신의 일처럼 뛰어 주신 박성기 실장에게도 감사의 뜻을 전한다.

1997년 늦은 가을에　정희모

■ 차 례

□ 책을 내면서

1부 / 1950년대 한국 장편소설 연구

Ⅰ. 서론 / 11
Ⅱ. 전쟁기의 혼란과 현실의 주관적 서사화 / 39
   - 염상섭의『취우』, 황순원의『카인의 후예』
Ⅲ. 새로운 문학이념의 모색과 현실의 단편적 서사화 / 113
   - 곽학송의『철로』, 황순원의『인간접목』
Ⅳ. 신세대적 문학이념의 성립과 현실의 관념적 서사화 / 145
   - 장용학의『원형의 전설』, 오상원의『백지의 기록』, 황순원의『나무들 비탈에 서다』
Ⅴ. 결론 / 264

2부 / 1950년대 소설의 서사적 분석

1950년대 문학과 실존주의 / 273
1950년대 박경리 소설과 환멸주의 / 291
   - 주요 단편과 장편『표류도』를 중심으로
전쟁상황의 구체적 묘사와 역사체험의 회복 / 319
   - 곽학송의『철로』읽기
1950,60년대 하근찬 소설 연구 / 343
1950년대 소설의 극복과 60년대 소설의 서사적 전개 / 375

1부

1950년대 한국 장편소설 연구

Ⅰ. 서론

Ⅱ. 전쟁기의 혼란과 현실의 주관적 서사화
  - 염상섭의 『취우』, 황순원의 『카인의 후예』

Ⅲ. 새로운 문학이념의 모색과 현실의 단편적 서사화
  - 곽학송의 『철로』, 황순원의 『인간접목』

Ⅳ. 신세대적 문학이념의 성립과 현실의 관념적 서사화
  - 장용학의 『원형의 전설』, 오상원의 『백지의 기록』, 황순원의 『나무들 비탈에 서다』

Ⅴ. 결론

Ⅰ. 서 론

1. 연구의 목적

 이 글은 1950년 한국전쟁 이후부터 1960년대 초반까지 장편소설의 전개양상과 그 변모과정을 고찰해 봄으로써 1950년대 전후(戰後) 장편의 형상화의 원리를 규명하고자 하는 데 목적을 둔다. 이를 통해 1950년대 전후(戰後) 장편소설은 급박하게 변화하는 역사와 이를 반영하는 문학내적인 의식과의 상호영향 관계 아래 있었으며, 전후(戰後) 초기 현실을 바라보는 한정된 시각으로부터 점차적으로 이를 확장시킴과 동시에 작품을 형상화하는 원리에 있어서도 독특한 변화과정을 보인다는 점을 규명해 보고자 하는 것이다. 이 글에서는 이를 위해 우선 전후(戰後)현실의 전개에 따라 시기별 문학의식의 변모양상을 따져보고, 문학의식의 변화에 따라 장편소설의 특성이 어떻게 달라지는가 하는 점을 개괄적으로 살펴볼 것이다. 또한 전후(戰後)장편소설의 대표적인 작품을 통해 그 형상화 과정을 세밀하게 분석함으로써 각 시기별 장편소설의 특성과 변화 양상을 규명해 보도록 하겠다.
 주지하다시피 1950년대는 한국전쟁의 영향으로부터 시작된다. 전쟁은 모든 사회적 현상에 깊은 충격과 영향을 던져주었고, 이런 영향은 현재까지 지속되어 우리의 삶을 규제하는 하나의 시대적 특징으로 잠재되어 왔다. 즉 한국전쟁은 우리 민족사에 있어 '분단'의 고착이라는 결과를 가져왔고, 이로 말미암아 전쟁 이후 우리의 삶의 제반 영역을 규제하는 하나의 근원적인 모순을 던져주었던 것이다. 1950년대 전후(戰後) 사회는 이런 근원적 모순의 출발시기에 해당한다

 1950년대는 해방 직후부터 추진되어 오던 '민족단일국가'의 희망이 전쟁을 통해 붕괴되는 시기이며, 미국을 중심으로 한 세계 자본주의 체제에 급속히 편입되던 시기였다. 해방 이후부터 전개된 계급투쟁, 이념투쟁은 전쟁으로 인해 종결되었고, 이후 이승만 정권의 유지를 위해 억압적인 국가기구의 확대, 관료정치의 확립, 미국중심의 자본주의 체제의 성립이 급속하게 이루어지고 있었다. 이 과정 속에 미국의 원조를 바탕으로 한 예속자본과 관료자본이 당시 사회경제구조를 형성하고 있었던 것이다. 더욱이 문제적인 것은 전쟁을 통해 재편된 관료주의는 통치이념을 확고하게 하기 위해 반공이데올로기를 더욱 강화시켰고,[1] 따라서 자유로운 이념형성이 불가능한 '획일화된 이념'만을 문화 전반(全般)에 있어 강요하고 있었던 점이다.

 1950년대 전후(戰後)사회의 복잡한 과정은 전후(戰後)문학의 평가를 어렵게 만드는 요인이 되기도 한다. 1950년대 사회는 사회, 경제적인 모순과 이데올로기적 억압이 함께 존재하고 있었고, 이런 모순은 지식인의 의식 자체를 제한하여 문학에 있어 정상적인 사회적 대응관계를 갖지 못하게 하는 직접적 원인이 되었다. 지식인들에게 미친 사회적 소외와 반공 이데올로기의 강요는 작품 속에서 현실의 불만을 직접 표현하지 못하고 이를 우회하거나, 아예 회피하는 경향을 만들어 내기도 하였던 것이

---

1) 1950년대 이승만 정권은 전쟁 이후 자신의 통치기반을 확고히 다지기 위해 반공주의를 하나의 국가이념으로 채택하고 있다. 이는 전쟁 이후 계급내부의 갈등 소멸, 관료정치의 정착 등을 통해 가능할 수 있었다. 실제 반공이데올로기는 사회경제적 토대에 바탕을 두는 하나의 관념 체계가 아니라, 그 자체가 하나의 신념이고, 실천이며, 사회적 사실이고, 물질적인 힘이었던 것이다. 이렇게 본다면 반공 이데올로기는 전쟁 이후 국가기구 재편성의 결정적인 토대였으며, 50년대 사회경제적 모순을 지탱케 해준 힘이라고 볼 수 있다.
이에 대해서는 김동춘, 「한국전쟁과 지배이데올로기의 변화」, 한국사회학회 편, 『한국전쟁과 한국사회변동』, 풀빛, 1992, p.136를 참고할 것.

다. 사회에 대한 직접적인 문학적 대응이 불가능해짐으로써 현실에 대응하는 문학적 방식 역시 작가가 처해진 입장에 따라 다양해 질 수밖에 없다. 전후(戰後)문학의 일반적 경향은 역사현실을 도외시하고 막연한 '순수성'을 부르짖는 추상적 경향을 보이거나, 혹은 현실의 외면적인 면만을 모방하는 통속적 경향으로 보이거나, 또는 신세대 작가의 작품처럼 우리 현실에 대한 구체적 적응 없이 서구문학사상을 그대로 대입시키는 관념적 경향을 드러내고 있다. 특히 신세대적인 '불안'과 '허무'의 문학은 50년대를 일방적으로 규정하는 보편적인 특성이 된다.

그러나 이런 경향들이 50년대 전후(戰後)문학의 전체적인 특성으로 바로 일반화될 수 있는 것은 아니다. 전후(戰後)문학은 그 안에 각 경향들의 상호관련된 복잡한 양상들이 존재하고 있고, 더구나 이런 현상은 역사 단계의 발전과정에 따라 서로 각자의 경향을 비판, 극복해 오면서 나름대로 내재적인 발전과정을 거치고 있다. 따라서 막연히 50년대 전후문학을 '통속적인 문학', '불안과 허무의 문학', '절망의 문학' 등 한 가지 용어만으로 대체할 수 없는 이유가 그 속에 있다. 예를 들면 기성세대를 비판하고 나온 신세대 작가의 경우가 그러한 것인데, 이들의 등장은 분명히 전쟁의 경험을 세대적으로 표현할 것이 아니라, 절박한 현실로서, 체험적으로 묘사하고자 하는 문학적 태도의 출현을 의미한다. 신세대 작가의 등장은 주로 전후(戰後) 4-5년 사이에 이루어 지는데, 이들은 전쟁과 전후현실을 체험적이고 절박한 것으로 그리고자 했고, 이는 전쟁과 종전 직후 단순히 현실을 세대적으로 묘사해내던 기성문학에 대한 극복과정이기도 하며, 새로운 문학적 방법을 찾고자 했던 탐색의 과정이기도 했다. 하지만 신세대의 문학적 방법이 서구문학방법을 여과없이 그대로 차용함으로써 우리의 구체적 현실을 직시해주지 못했다는 것은 익히 알려진 사실이다.

전후(戰後)문학은 이처럼 상호경향에 대한 극복 과정을 통해 내재적인 발전과정을 이루고 있다. 연구사에서 살펴보겠지만 기존의 연구가 이런 역사적인 과정을 이해하지 못함으로써 전반적으로 전후(戰後)문학의 성격을 단순히 '불안'과 '절망', '허무주의'로 대체시키는 경우를 그대로 드러내고 있다. 이럴 경우 전후문학은 자신의 역사성을 지니지 못하고, '불안'이나, '절망', '허무'가 가지고 있는 추상적 단어 속에 바로 일반화되어 버리고 만다. 말하자면 개별 역사 자체가 시대(1950년대)를 나누는 보편사 속으로 바로 종속되는 경향을 만들어 내고 있는 것이다. 전후문학에 대한 이러한 태도는 결국 1950년대 문학사를 정당하게 현대문학사로 이어지는 과정으로 보지 못하고 대부분 전후(戰後)적 현실에서 나타나는 특이한 양상으로만 파악하고자 하기 때문이다. 현대문학사에서 해방기(解放期)나 1960년대보다도 유독 1950년대의 문학연구가 활발한 것도 바로 이런 점과 밀접하게 관련된다. 1950년대 소설에서 보이는 특이성이 바로 소설방법의 특이성이 되며, 이에 대한 관심 역시 소설규범의 특이성을 따져보자는 데 한정되고 있는 것이다. 이런 경우 전후문학의 성격은 단지 특이성 자체만이 강조되고, 그것의 사회적 배경, 문학이념적인 배경, 개별 문학적 경향들의 상호관계에 대한 배경 등은 삭제되고 그것의 구체적인 의미는 해명될 수 없다.

본 논문이 당대의 경향을 바로 일반화시키는 기존 방식을 극복하고 문학이 지닌 내재적 발전원리에 따라 그 경향의 역사적 과정을 면밀하게 추적해보고자 하는 것도 이런 특이성 자체에만 머물지 않겠다는 의도를 지닌 것이다. 특히 당대 사회가 가지고 있는 여러 모순된 사회 측면을 유의하면서, 인간과 사회에 대한 작가의 시각과 이를 바탕으로 한 작품의 내적인 창작원리의 변화과정을 함께 살펴보는 것은 작품의 내재화된 형상화 원리가 바로 이런 사회, 문화적인 배경, 역사적 배경하에 놓여 있다는 관심 때문이다. 특히 50년대 소설의 창작 방향은 한 작가, 혹은 한 집단이 지니고 있는 사회와 인간, 문학에 대한 시각, 즉 문학의식[2]에 따라

---

2) 여기서 문학의식이라 함은 구체적으로 세계를 바라보는 작가의 시각, 또한 이로부터 비롯되는 문학 내적인 개념규정, 즉 사회 속에 문학이 지니는 의미,역할,기능을 포괄하는 개념으로 사용한다. 문학 현상은 객관적 현실에 대한 주체의 인식과정이며, 그것이 작품 내적으로 객관화하는 과정 전체를 의미한다. 그리고 이 과정은 역사적 발전논리

좌우되는 경향이 많다. 예를 들어 전후소설에서 많이 나타나는 통속적 경향은 전쟁을 겪은 이후 절망과 좌절의 사회, 문화적인 시대 분위기와 밀접한 관련이 있으며, 신세대 작가의 경우는 전쟁 이후 급격하게 밀려오는 서구문화의 유입과 함께 당시 문학의 '근대성'을 벗어나 문학의 '현대성'[3]을 찾고자 하는 문단내적인 의식과 긴밀한 관련을 맺고 있는 것이다. 따라서 이런 사회, 문화적 배경을 함께 살펴보는 것은 실제 소설의 분석 못지 않게 중요한 의미를 띠는 것이라 할 수 있다.

이 글에서 장편을 주요 분석대상으로 삼은 것은 장편이 현실의 전체성을 추구한다는 점에서 각 작품이 지닌 현실에 대한 시각 차를 확연히 드러내 주고 있기 때문이다. 장편은 현실의 전체적인 삶 자체를 내적 구조로 취하기 때문에 작가가 현실에 대해 올바른 시각을 지녔느냐, 아니냐에 따라 작품의 내적 구조, 형상화의 방법이 확연히 달라지고, 때에 따라서는 그것이 주관적이거나, 관념적인 경향으로 그 단점이 뚜렷이 드러나고 있다. 이 점에 대해서는 이 글의 방법을 다루는 1장 3절에서 다시 설명하도록 하겠다. 1950년대 전후(戰後) 장편소설은 전쟁 초기 모든 문학적 인식과 방법을 다시 시작해야 했던 시기로부터 60년대로 이어지기까

뿐만 아니라, 문학내적인 발전논리를 함께 내포하고 있다. 문학의식과 작품 분석을 동시에 중요하게 보는 것은 우리가 인식대상으로 삼는 문학 자체가 끊임없이 사회,문화적 이념의 발전과 조응하면서 나름대로 문학내적인 발전을 추구한다는 점 때문이다. 특히 50년대 문학은 이런 문학의식적인 측면과 문학내적인 형상 사이에 밀접한 조응관계가 있다.

3) 신세대 작가에 있어 '현대성'의 의미는 자신들의 문학적 경향을 결정하는 중요한 배경을 이룬다. 당시 많은 평론가들에 의해 수없이 논의되었던 '현대성'의 의미는 결국 기성문단을 부정하고 서구추수적인 문학경향을 가져오는 근본 배경을 이루고 있었다. 이들은 기성문단의 작품을 '자연주의적 경향'이라고 비판하고 기법에 있어서도 철저히 새로움을 추구하고자 했던 것이다. 이에 따라 작품 내용 면에서 서구의 세기말적 시각에 따라 현실을 부정하는 경향으로 나타나고, 창작 방법에 있어서도 이런 현실부정을 표현해 줄 기존기법의 파괴, 기법의 참신함, 새로움을 강조하는 경향을 띠고 있다. 작품에서 이런 경향은 장용학의 기법 부정, 오상원과 선우휘의 행동주의, 김성한의 알레고리적 방식 등이 대표적인 것이다. 이에 대해서는 제4장 신세대의 문학이념의 성립과 작품의 경향을 다루는 곳에서 자세히 설명하도록 하겠다.

지 장편에서 현실을 인식하는 방법과 형상화 방법을 나름대로 발전시키고 있으며, 이런 발전이 1960년대로 이어지는 문학사의 한 과정으로서 충분한 기능을 담당하고 있다. 이 글에서는 이런 관점에 따라 장편소설에서 나타나는 이런 내재적 발전과 변화의 과정을 작가의식, 작품내용, 작품의 형상화의 원리와 함께 세밀하게 검토할 것이다. 그럼으로써 작품 속에 나타나는 작가의 시각과 형상화의 상호관계를 규명하고 이를 1950년대 전체 장편과 관련하여 살펴봄으로써 전후문학에 있어 현실인식을 확보해 나가는 과정으로서 장편소설의 특성을 규명해 보고자 하는 것이다. 이를 위해 이 글에서는 1950년대 전후장편 중 진지하게 현실의 문제를 탐구하고 있는 작품 7편을 면밀히 분석하고자 한다.

2. 연구사 검토

1950년대 전후(戰後) 장편소설의 일반적인 흐름과 작품 경향에 대한 연구는 대단히 빈약하다. 현재 1950년대 전후 장편소설의 전반적인 경향에 대한 연구는 김덕한의 논문[4]이 유일한 것이다. 따라서 본 연구사 검토에서는 주로 1950년대 전후(戰後)소설에 대한 일반적인 연구 경향들을 먼저 살펴본 후 장편소설에 대한 연구 경향을 검토하도록 하겠다. 전후(戰後) 장편소설의 성격은 일반적인 전후(戰後)소설의 성격에 그대로 종속되어 있고, 전후장편소설에 대한 평가 역시 이런 전후소설의 전체적인 평가와 무관할 수 없기 때문이다.

전후소설에 대한 연구는 전쟁을 통한 상처의 내면화 과정이 조금씩 극복되기 시작하는 1960년대 초반부터 본격적으로 시작된다. 대체로 초기의 연구경향은 신세대 작가의 특성에 초점을 맞추고 있는데, 이런 연구로는 이어령과 김상선, 김현의 연구가 있다. 이어령[5]은 50년대 전후소설

---

4) 김덕한, 「1950년대 한국장편소설연구」, 서울대 대학원 석사논문, 1993.

의 특성을 1)비평정신의 대두, 2)행동성, 3)과학적 휴머니즘 등으로 규정하여, 전후소설의 성격을 바로 '신세대적 경향'과 일치시키고 있다. 그의 이러한 관점은 다분히 구세대 작가의 안일하고 세태묘사적인 문학적 경향과 대비시켜 나온 것으로 당시 문학적 경향을 서구적인 현대문학의 토대 위에서 바라보고자 하는 입장을 분명히 보여준다. 신세대를 전후소설의 중심으로 바라보는 이어령의 입장은 김상선의 연구[6]에서도 그대로 이어지고 있다. 김상선은 50년대 문학의 특성을 '서구적 현대성'을 확보하는 것으로 규정한다. 그는 식민지 시대와 해방기의 문학이 역사의 변화와 이에 따른 민족적 과제에 종속됨으로써 진정한 자아의 해방이 이루어지지 않았다고 보고, 50년대 전후문학에 이르러 비로소 역사와 민족으로부터 벗어나 진정한 자아의 해방이 이루어 지며, 이를 통해 서구유럽과 같은 현대정신(現代精神)이 문학 속에 도입되었다는 입장을 피력하고 있다. 그는 현대정신의 특성을 철저히 신세대 문학의 경향 속에서 찾고 있는데, 구체적으로 손창섭의 병적 인물을 통한 절망적 상황의 암시, 장용학의 인간자유의 문제 추구, 김성한의 현대사회에 대한 지성적 풍자, 오상원의 절망에 대한 증인(證人)적 태도, 선우휘의 현실에 대한 책임과 행동주의 등을 그 근거로 삼고 있다. 김상선의 연구는 신세대 문학의 특성을 세밀히 분석하고 조명했다는 점에서 일정한 의미를 지니지만, 구체적으로 신세대의 문학이 전쟁을 치른 당시 현실 속에서 구체적으로 어떤 의미가 있는 지, 어떤 역사적 배경을 지니는 지를 해명해 주지 못하고 있다. 예를 들어 그가 신세대의 특징으로 강조하는 '현대정신'의 의미가 구체적으로 우리 현실에서 무엇을 의미하는 지 막연할 뿐만 아니라, '인간 본질에 대한 새로운 발견', '인간의 내면세계의 추구'라는 문제 역시 신세대 작가의 등장 배경과 당시 역사적 조건에 대한 검토없이는 단순히 추상적 의미만을 지닐 수밖에 없는 한계를 지니고 있다.

---

5) 이어령, 「오늘의 문학과 작품」, 〈연합신문〉, 1958.6.22
6) 김상선, 『신세대 작가론』, 일신사, 1964

이어령이나, 김상선의 연구는 전후문학에서 절망과 허무에 기반을 두고, 서구적 의미에서 인간의 본질을 찾고자 했던 신세대적 경향을 최초로 조명해 보았다는 점에서 나름대로 의미를 지니고 있다. 이런 연구를 통하여 비로소 전후(戰後)에 불안, 절망에 바탕을 두는 문학적 특성들이 뚜렷하게 부각될 수 있었던 것이다. 이후의 연구들이 신세대 작가에 초점을 두는 것도 이런 연구의 결과 때문이라 할 수 있다.

김현의 연구는 전후문학의 일반적 특성을 형성하는 신세대적 경향에 대해 본격적인 분석과 비판을 가하고 있다는 점에서 주목해볼 만하다. 그는 동인문학상의 수상(受賞)작품을 분석하는 글[7]에서 50년대 소설이 현실과 대립된 자아를 전제로 하는 것이 아니라 현실에서 도피하는 인물상을 중심으로 하고 있다면서, 50년대 소설의 전반적인 특성을 '허무주의'라고 규정하고 있다. 자아의 상실, 기만, 포기를 바탕으로 하는 인물설정과 상황에 대한 무기력한 대응 자체가 바로 이런 '몰개성적 허무주의'를 양산하고 있다는 것이다. 김현은 다른 글에서 50년대 문학의 허무주의적 성격을 당시의 정신사적인 분위기와 관련하여 평가하고 있다.[8] 그는 불안, 허무, 절망에 바탕을 두는 전후(戰後)의 문학경향이 당시 새롭게 등장하던 신세대 작가들의 '새것 콤플렉스'와 '전통단절'의 영향 때문이었다고 보고, 이런 영향하에서 문학은 구체적인 사물에 대한 냉철한 인식, 판단보다는 추상적인 당위에 대한 무조건적인 찬탄으로 시종하게 되었다고 분석한다. 50년대 소설은 당대 현실을 구체적으로 묘사하기보다는 다분히 현실과 인간을 추상화하고, 보편화시키는 경향을 보여주고 있으며, 이런 점들이 바로 서구지향적인 당대 문학인들의 시각과 밀접하게 관련되어 있다는 것이다. 그는 50년대 문학적 상황이 막연히 서구적인 것만을 추구하던 '개화기적 상황'과 유사한 것으로 보고 있다.

김현의 이러한 평가는 문학 속에 사회와 대립되는 개성의 발견, 자아의

---

7) 김현, 「허무주의와 그 극복」, 《사상계》, 1968.2
8) 김현, 「테로리즘의 문학」, 《문학과 지성》, 1971, 여름호

발견에 초점을 두는 60년대적 시각[9]에서 비롯된다. 김현의 글은 문학이 지니는 사회적 대응력, 사회적 연관관계의 측면보다는 확고한 개인의식의 확립과 주체성의 확보에 중점을 두고 있으며, 이런 면에서 50년대 문학이 감상(感傷), 즉흥(卽興)의 함정을 벗어나지 못함으로써 진정한 문학성을 확보할 수 없었다고 평가하고 있다. 그러나 김현의 글들은 신세대의 관념적 성격을 날카롭게 포착한 면은 있으나, 신세대적 성격이 나타나게 된 의미, 그리고 그것이 지닌 역사적 배경을 구체적으로 해명해 주고 있지는 못하다. 예를 들어 신세대 소설의 관념적 성격에는 전쟁과의 시간적 근접성, 체제나 현실에 대한 직접적 비판 불허, 지식인의 사회적 소외, 궁핍, 절망적 인식과 같은 복잡한 사회적 문제가 잠재되어 있는

---

[9] 50년대 문학을 평가하는 60년대의 시각은 주로 4.19세대의 비평가로부터 시작된다. 4.19세대 비평가들은 60년대 문학의 새로움과 우월성을 강조하기 위해 60년대 문학을 50년대 문학과 대비시키고, 전후문학에 대한 비판과 평가절하로부터 60년대 문학의 정당성과 가능성을 확보해 나간다. 전후문학에 대한 비판은 주로 김현, 김주연, 김치수, 김병익과 같은 〈산문시대〉, 〈68문학〉 동인들로부터 비롯되는데, 비판의 초점은 대개 전후문학이 전쟁의 피해의식에 사로잡혀 있으며, 언어보다 체험을 중시하여 '인생파적인 자기고백'을 벗어나지 못하고, 문학에 대한 이해도도 '아마추어 수준'에 머무르고 있다는 것이다. 60년대 비평가는 무엇보다도 문학에 있어 개인의식의 확립과 주체의 정립, 언어에 대한 관심을 표명하는데, 이런 '인식론적 전환'이 60년대에 와서야 비로소 이루어 진다고 주장한다. 이들은 이런 관점에 따라 비평에서는 이어령, 유종호, 이철범 등의 전(前)세대 평론가들을 비판하고 자신들과 같은 60년대 평론가들의 우위성을 스스로 앞세우고 있다. 소설에서는 손창섭, 서기원, 송병수와 같은 작가들을 김승옥과 대비시키고, 김승옥에 이르러 비로소 문학본질과의 대결, 언어에 대한 천착, 문학적 상상력이 이루어 진다고 격찬한다. 60년대 비평에 의한 50년대 문학의 비판은 대체로 전(前)시대의 문학과 60년대 문학을 명료하게 구분하려는 비평가의 욕망과 문학사적인 인정을 받기 위한 하나의 과정에서 나타난 것으로 보인다. 그들이 주장하는 '개인의식', '언어적 상상력'이란 문제가 비단 60년대 소설에서만 돋보이는 문제는 아니기 때문이다. 그러나 이런 평가는 이후에 전후문학을 절망적 체험의 허무주의 문학으로 폄하하는 구체적 계기가 된다. 이 점에 대해서는 아래의 글을 참고할 것.
권성우, 「60년대 비평문학의 세대론적 전략과 새로운 목소리」, 문학사와 비평연구회 편, 『1960년대 문학연구』, 예하 1993
김병익, 「60년대 문학의 가능성」, 김병익 외, 『현대한국문학의 이론』, 민음사, 1974
김 현, 「한국비평의 가능성」, 『68문학』, 1968
김주연, 「새 시대 문학의 성립」, 『68문학』, 1968

데, 김현은 이런 측면을 삭제하고 일방적으로 신세대 문학을 체험의 강조와 관념성의 과잉으로 비판하는 데만 초점을 두고 있다. 김현의 연구는 이후 전후문학의 연구에서 신세대 작가의 관념성을 일반적으로 폄하하는 구체적인 계기가 된다.

전후소설에 대한 초기 연구가 신세대의 특징에 주로 주안점을 두고 있다면 이후의 연구는 주로 전후소설의 공통적 특성을 규명하고자 하는 데 중점을 두고 있다. 이런 연구는 1950년대 전체시기에 있어 발전양상이나, 변모양상을 따지기 보다는 전후소설의 전체적인 성격을 나름대로 규정하고, 그 성격의 개별 특성에 따라 분류하는 방법을 주고 쓰고 있다. 이런 연구는 주로 개별 소설사에서 전체 소설사의 한 부분으로 50년대 소설의 특성을 밝히고자 하는 글들에서 나타나는데, 구체적으로 박동규와 천이두, 김우종의 것이 있다. 박동규[10]는 50년대 소설의 공통적 특징으로 1)사회적 공감대를 기반으로 하는 좌표설정을 보여주지 못하고 있다는 점, 2)허무주의적 색채가 짙은 점, 3)비극적 감성 등을 들고 있다. 그러나 이런 소설적 특성이 50년대 소설사적 맥락, 혹은 당시 역사적 의미와 맺는 관련성에 대해서는 거의 언급이 없다. 천이두[11]는 50년대 소설적 특성이 전후현실의 절망적 상황에 대한 반응양식에서 나타났다고 보고, 당시에 주류적 경향을 인간의 주체의식, 자아의 존재문제, 소박한 인정주의에 대한 관심 등으로 규정한다. 그는 이러한 관점에 따라 전후소설의 특성을 1)피해자의 문학(손창섭, 이범선, 서기원), 2)반항의 문학(장용학, 오상원, 선우휘), 3)고발의 문학(김성한, 박연희), 4)소박한 인정주의 문학(오영수, 하근찬, 오유권) 등으로 나누고 있다. 이런 분류는 50년대 상황 속에 각 계열의 작품이 지닌 역사성이나, 내적 의미보다는 대체로 소설이 지닌 주제와 소재상의 특성에 따라 나열한 것으로 볼 수 있다. 따라서 이런 분류적 방법을 통해 전후소설의 특징을 규명하는 것은 전후소설

---

10) 박동규, 「1950년대 소설의 변화」, 『한국현대소설사연구』, 민음사, 1984
11) 천이두, 『한국현대소설론』, 형설출판사, 1974

에 대한 전반적인 경향을 읽을 수는 있어도, 당시 작품의 구체적인 성격과 등장 배경을 따지기에는 미흡하다고 할 수 있다. 예를 들면 '고발의 문학'과 '반항의 문학'이 구체적으로 어떻게 다른 지 모호할 뿐아니라, 이범선이나, 선우휘, 박연희의 경우처럼 작품 경향들이 다양하게 나타나는 작가들을 분류할 방법이 없는 것이다. 김우종의 연구[12]도 앞의 천이두의 연구와 유사하다, 다만 문학적 계열을 보다 세분화하고 있다는 점과 특히 50년대 소설에 나타나는 통속성과 여류문학의 경향에 관심을 보인다는 점이 천이두의 평가와 다를 뿐이다.

최근에 나타나는 전후(戰後)소설에 대한 연구는 대체로 심리주의, 실존주의, 리얼리즘과 같은 특정한 방법론적 시각에 의해서 당시의 소설적 특성을 재조명해보고자 하는 성격을 지니고 있다. 이런 연구는 개별 방법론이 지닌 정치(精緻)한 분석의 틀을 통해 전후소설을 살펴본다는 측면에서 당시 소설의 특성을 보다 세밀히 규명할 수 있는 이점이 있다. 이를테면 전후소설이 가지고 있는 다양한 경향들을 하나의 이론적 틀 속에서 해명함으로써 부분적이긴 하지만 특징적인 양상들을 규명해 볼 수 있다는 것이다. 이런 연구경향은 그 방법론적인 성격으로 보아 넷 정도로 구분해 볼 수 있다. 우선 전후소설이 어떤 방식으로 현실에 대응하고 있는가 하는 내적 형식의 측면에서 이루어진 연구를 들 수 있다. 이런 연구로는 김윤식[13], 정호웅[14], 김동환[15]의 연구가 있다. 김윤식은 소설이 현상을 통해 본질을 구현해 낸다는 입장에서 현상과 본질의 상호관계를 통한 소설의 내적 형식을 문제삼고 있으며, 정호웅은 50년대 전후소설이 현실과 다른 시간, 공간적 배경을 갖는다는 입장에서 '추상적 무시간성'을 문

---

12) 김우종, 『한국현대소설사』, 성문각, 1974
13) 김윤식, 「6.25전쟁문학-세대론의 시각」, 『1950년대 문학연구』, 예하, 1991
  김윤식, 「우리 근대문학사의 연속성에 대하여」, 『한국의 전후문학』, 태학사, 1991
14) 정호웅, 「1950년대 소설론」, 『1950년대 문학연구』, 1991
15) 김동환, 「한국전후소설에 나타난 현실의 추상화방법연구」, 『한국의 전후문학』, 태학사, 1991

제삼고 있다. 김동환은 전후소설이 현실을 어떻게 추상화하고 있는가 하는 점에서 작가의 창작 방법적인 측면을 검토하고 있다. 이들 연구는 전후소설이 지닌 서사적 형식 자체를 문제삼고 있다는 면에서 단순히 소재, 주제로 분류하던 이전의 방법에서 한 걸음 앞서 나아간 것으로 볼 수 있다. 특히 전후소설이 대상과의 거리를 두고 현실을 냉철하게 관찰하고 묘사할 서사적 형식이 미비했음을 볼 때 이의 원인과 형상화의 특징을 분석해 내는 것은 무엇보다도 중요한 의미를 지닌다고 할 수 있다. 이런 연구를 통하여 전후소설이 단순히 전쟁의 체험양상, 전쟁의 피해양상에서 벗어나지 못한다는 규정으로부터 벗어나, 당시 소설이 지닌 서사적 양식의 내적 원리를 파헤칠 수 있는 것이다. 하지만 이런 연구가 대체로 특정한 몇 작품을 근거로 하여 50년대 소설 전체를 일반화하려는 경향은 여전히 하나의 문제점으로 남는다고 할 수 있다.

두번째로 일정한 방법론을 통해 작품의 분석과 성과를 논하는 연구경향이다. 이런 연구로는 신경득[16]과 한수영[17], 하정일[18]의 연구가 있다. 신경득은 전후소설에서 나타나는 전쟁상처를 정신분석학적인 방법으로 분석하고 있으며, 한수영은 50년대 전후소설에서 나타나는 리얼리즘적 경향을 중점적으로 분석한다. 또한 하정일은 장르론적 성격을 통해 50년대 단편소설의 서사적 성격을 규명하고 있다. 이 중에서 한수영의 연구와 하정일의 연구는 50년대 소설에서 리얼리즘의 가능성을 찾아본다는 점에서 주목을 요한다. 하정일은 50년대 소설을 1)서사적 단편소설(이범선), 2)서정적 단편소설(선우휘, 장용학), 3)극적 단편소설(오상원) 등으로 분류하고, 단일한 상황에서 집약적으로 현실의 모순을 드러내는 극적 단편소설이 당시의 시대적 한계를 극복할 수 있는 전략적 의의를 가진 것으로 평가하고 있다. 한수영은 반공 이데올로기와 모더니즘적 추상성을 극복하고 현실의 모순을 나름대로 작품 속에 형상화하고 있는 이범선

---

16) 신경득, 『한국전후소설연구』, 일지사, 1983
17) 한수영, 「1950년대 한국소설연구:남한편」, 『1950년대 남북한 문학』, 평민사, 91
18) 하정일, 「1950년대 단편소설연구」, 연세대 대학원, 1986

의 〈오발탄〉이나 송병수의 〈쇼리킴〉과 같은 작품을 50년대 소설에서 리얼리즘적 가능성을 보여주는 작품으로 규정하고 있다. 〈오발탄〉이나 〈쇼리킴〉과 같은 작품은 적어도 당시 소설에 만연하고 있던 관념성과 추상성을 극복하고 나름대로 현실에 대한 구체적인 묘사과정을 통해 전후현실의 부정적 모습을 작품에 담고 있다는 것이다. 이런 면에서 이들은 작가의 세계관, 작품의 이데올로기성을 중요시하여 바라보고 있다. 하지만 몇몇 작품의 분석을 통해 나타나는 비판적 성격 자체가 바로 50년대 소설의 리얼리즘의 가능성을 규명해주는 것은 아니다. 우선 하정일과 한수영이 리얼리즘 소설의 가능성으로 내세우고 있는 오상원의 〈모반〉이나 〈부동기〉, 이범선의 〈오발탄〉이나 〈사망보류〉에서 나타나는 현실인식적인 측면이 바로 당대 현실의 모순을 직시해주는 것이냐는 점에서 문제가 있을 뿐만 아니라, 위의 작품을 제외한 오상원이나 이범선의 다른 작품의 경향들이 이를 뒷받침해 주고 있지 못한 것이다. 오상원의 소설의 주된 경향은 '보편적 인간존재의 탐구'라는 관념적 방식에 머물려 있고, 이범선은 반공주의적 경향부터 서정적인 경향에 이르기까지 다양한 작품경향을 보여주고 있다.

이상으로 50년대 전후(戰後)소설의 연구경향을 대강 살펴보았다. 50년대 소설의 연구경향을 살펴볼 때 그 특징은 다음과 같다.

첫째, 대부분의 연구가 전후소설의 사적(史的) 분석보다는 대체로 일반적인 성격을 드러내는 데 초점을 두고 있다. 예를 들면 전후문학을 통속성의 문학, 관념성의 문학, 순수문학, 전쟁 피해의식의 문학 등등으로 분류하고, 나열해가는 것이 이런 연구방법의 특징인데, 이런 경우 50년대 전후문학의 구체적 특성보다는 전체적으로 드러난 보편적 특성에 중점을 두게 된다. 이럴 경우 전후문학은 현대문학사에서 해방기와 60년대 문학을 이어주는 정당한 문학적 평가를 받지 못하고 단지 전쟁상황에 따른 복잡한 문학적 경향을 보여주던 것으로 남게 된다.

둘째, 전후소설의 분석은 대체로 신세대 작가의 작품을 중심으로 이루어지고있다. 대체로 신세대 작가를 중심으로 한 연구는 신세대가 지닌 문학적 특성을 불안, 절망, 허무의 전후적(戰後的) 양상으로 규정하는데, 이에 따라 전후소설의 특성을 관념성과 추상성의 남발, 허무주의적 특성, 서구문학의 무조건적 모방 등으로 폄하하게 된다. 50년대 전후문학을 '감정의 극대화에서 비롯된 공허한 메아리'[19]에 불과하다는 평가나 전후문학의 시기를 하나의 '모색기', '습작기', '실험기'로 바라보는 의식[20]도 여기에서 비롯된다.

셋째, 전후소설을 특정한 방법론적 시각에서 연구하는 측면이 돋보인다. 이런 연구 경향은 전후소설을 보다 세밀히 분석하고, 그 성격을 규명하는데 커다란 도움을 준다. 그러나 특정한 방법론에 근거하여 몇몇 작품의 특성만을 분석하는 이런 연구는 전후소설이 전쟁과 같은 특정한 역사적 현실을 배경으로 하고 있으며, 당시의 시대적, 문화적 환경과 폭넓은 영향관계에 있었음을 놓쳐버릴 위험성이 많다. 이를테면 특정한 시각 자체가 전체적인 전후소설의 사적(史的) 전개양상과 현실 대응방식의 특이성을 살펴보는 데 장애가 될 수 있다는 것이다.

넷째 전후소설에 대한 연구에서 상대적으로 개별작가, 작품론에 대한 연구가 압도적으로 많다는 점이다. 이런 연구는 대체로 개별작가의 작품을 분류하고 나열하는 방법을 사용하는데, 이는 1950년대 문학연구가 복잡하고 다양하여 체계적이고 전체적인 시각을 확보하기 어렵다는 데 기인하는 듯하다. 개별작가나 작품에 관한 연구는 분명히 필요한 것이긴 하지만 전후소설의 전체적인 맥락을 잡는데는 분명히 어려움이 있다. 특히 다른 시대와는 달리 50년대는 작가별로 작품 경향이 확연히 달라지고 있다. 50년대 문학의 작가론, 작품론이 단지 개별적 특성만을 보여주는 것도 이 때문이다.

1950년대 전후(戰後) 장편소설 연구 역시 앞서 살펴 본 전후 소설의 일반적인 연구와 크게 다르지 않다. 전후 장편소설에 대한 본격적인 연

---

19) 김현, 「테러리즘의 문학」, 《문학과 지성》, 1971, 여름호
20) 백철, 「한국문단 10년」, 《사상계》, 1960.2, p.231

구는 아직 이루어지고 있지 않지만 현재 나와 있는 장편에 대한 연구 역시 이런 분류론적인 방법을 쓰거나, 작가별로 개별작품을 나열하는 방식을 벗어나지 못하고 있다. 전후장편소설에 대한 본격적인 연구로 김덕한의 연구[21]가 있다. 김덕한의 연구는 전후장편소설이 현실의 즉자성에 침윤된 서사구조로부터 현실의 총체적 파악이 어느정도 가능한 단계로 발전한다는 가설을 내세우고 있다. 이에 따라 그는 전후장편소설을 전기(前期)적 경향과 후기(後期)적 경향으로 구별하고 전후의 대표적인 장편 4편을 분석하고 있다. 그러나 그는 실제 작품분석에 있어 역사성에 치중하기 보다는 지마(P.V.Zima)의 텍스트 사회학에 근거한 술화의 '양가성(兩價性 Ambovalenz) 이론'에만 치중함으로써 텍스트 자체의 의미론적, 통사론적 특성과 내적 의미의 분석에만 머무르고 있다. 이럴 경우 그가 애초에 의도한 장편의 발전 양상이나 작품의 구체적 성격은 해명될 수가 없다. 오히려 이런 방법은 작품 자체의 내적 구조 분석에서 어휘론적 특성에만 집중하게 됨으로써 작품의 역사적 성격과 장편 장르의 특성을 스스로 상쇄시키는 결과를 가져오고 있다. 예를 들면 그가 작품 텍스트의 분석에 중요한 테마로 잡고 있는 양가적 의미(예를 들면, 역사/일상, 좌익/우익, 인간성/전쟁)는 작품의 구조상의 특징, 현실인식, 그리고 장편의 변화에 대한 분석을 위한 것이기보다는 오히려 각 개별 작품의 형식적 특성을 분석하기 위한 것으로 보인다. 실상 지마의 이론 자체가 문학작품을 하나의 이데올로기 형식이나 현실에 대한 반영의 양식으로 보지 않고, 순수하게 언어론적 차원에서 이데올로기적 혼용현상을 분석하고자 하는 것이기 때문에 애초 그가 의도했던 장편의 발전사와는 무관하게 진행될 수밖에 없었던 것이다.[22] 따라서 그는 전쟁시기의 『취우』와

---

21) 김덕한, 「1950년대 한국장편소설연구」, 서울대 대학원 석사논문, 1993
22) 이런 점과 관련하여 지마(P.V.Zima)의 텍스트 사회학 이론이 장르자체의 성격규명과는 큰 상관이 없음을 이해할 필요가 있다. 지마의 이론은 언어 자체가 다양한 이데올로기들의 충돌을 내부적으로 함유하고 있다는 이원론적 기호론에 바탕을 두고 있다. 즉 특정가치의 모순과 가치대립이 모순된 형태로서 스스로 작품 속에서 의미론적, 통

1950년대 말의 『낙서족』을 동일한 계열의 작품으로 묶는 오류를 범하고 있다. 김덕한 연구 역시 특정한 방법론에 의해 전후소설을 분류하는 한 경향이라고 볼 수 있다.

이밖에 본격적인 장편연구는 아니지만 전후장편을 많이 다루고 있는 연구서로는 조남현의 것[23]이 있다. 조남현의 연구는 50년대 전후소설을 전반적인 입장에서 다루고 있는데, 이 안에 주요 장편이 여러 편 분석되고 있다. 조남현의 연구는 개별 작품의 세밀한 분석을 통해 작품 자체의 재발견에 주력하고 있는데, 1950년대 연구가 초보적 성격을 벗어나지 못하고 있음을 볼 때 이런 세밀한 연구는 나름대로 가치있는 작업이라 할 만하다. 특히 그동안 주목받지 못했던 〈낙서족〉이나, 전시(戰時)소설, 염상섭의 후기소설에 대한 연구는 앞으로 연구되지 않은 분야에 대한 관심을 촉구한 것이라 할 수 있다. 하지만 조남현의 연구에서는 개별 작품의 세밀한 분석을 통해 작품의 성격을 규명하고자 한 것이기에 전후문학이라는 큰 맥락 속에서 그 작품들이 어떤 의미가 있는 지 분명하게 드러나지는 않는다. 이를테면 장편의 분석 자체가 전후문학의 역사적 맥락이나 시대상황과는 분리되어 검토되고 있고, 이런 점에서 작가론, 작품론적인 성과는 많으나, 전후의 시대적 특성과의 연관관계, 장편들간의 상호관계의 규명에는 미흡한 점이 많다고 할 수 있다. 이는 앞서 말한대로 1950년대를 복잡한 경향들이 상호병존하는 문학적 시기로 보아 개별 특성을 나열하는 방법과 유사하다. 오히려 조남현의 연구가 지닌 장점은 개별 작

사론적 구조로서 구축된다는 것이다. 그가 텍스트 사회학에서 밝히고자 하는 것은 작품을 구성하는 텍스트들의 모순된 양상들이 부르조아 사회의 복합적 구조 자체를 드러낸다는 점이다. 즉 작품 자체가 함유하고 있는 다성적 성격들이 텍스트 내부를 통해 드러나고, 이런 점들을 통해 후기산업사회의 서구적 모순을 파헤치고자 하고 있다. 이런 경우 작품을 매개하는 것은 언어 자체가 지닌 다원성과 모순성이다. 지마가 소설을 현실의 반영으로 보지 않는다는 것은 모든 이데올로기적 현상을 텍스트 언어학 자체로 귀속시키고 있다는 점과 근본적으로 작품이 지닌 메타텍스트까지 해체하고자 하는 경향 때문이다.

페터 지마, 『텍스트 사회학』, 민음사, 1991 참고할 것.
23) 조남현, 『한국현대소설의 해부』, 문예출판사, 1993

품의 성격을 작품 내부나 작가의 기존 경향에서부터 세밀히 따져 보아, 전후장편의 개별적 성격을 보다 풍부히하고 구체화하는 데 있다고 하겠다. 예를 들면 황순원 장편소설에 대한 판본의 비교연구는 전후소설에 대한 구체적 연구성과로서 손꼽을 만하다. 이밖에 전후장편에 대한 연구는 대체적으로 개별 작가론, 작품론의 형태로 제기된다. 이런 연구들은 대부분 1950년대 전후소설의 성격을 해명하는 차원이 아니라, 개별 작가와 작품의 성격을 규명하는 데 초점이 맞추어져 있으므로 본 논문에서는 개별 작품을 분석하는 과정을 통해 소개하도록 하겠다.

이상으로 전후소설에 대한 전체적인 연구경향과 장편에 대한 연구경향을 검토해 보았다. 연구사 검토에서 드러난 대로 전후소설의 전체적인 과정, 성격규명은 아직 본격적으로 이루어지고 있지 않다. 앞으로 전후소설에 대한 연구는 개괄적 소개나 개별작가, 작품의 연구를 넘어서 구체적인 시대흐름과 양식상의 특징을 상호연관하여 살펴보는 방향으로 나아가야 한다고 생각한다. 구체적으로 50년대 소설의 흐름을 통시적(通時的)으로 재구성함과 동시에 전후(戰後)의 시대상황에 따라 나타나는 각 시기의 소설적 특성과 양식상의 성격을 규명해야 할 것이다. 이를 위해 50년대의 시대상황, 문단의 문학의식, 작품의 내재적 형식 등을 면밀하게 살펴보아야 하고, 이들과의 상호연관하에 전후소설의 특징이 규명되어야 하며, 그것이 역사적이고 체계적인 방법의 틀 속에서 재구성되어야만 한다. 적어도 1950년대 전체 시기를 통해서 초기의 추상적이고 개발적인 문학형태가 어떻게 현실과 접목하게 되고, 그것이 1960년대 문학으로 이어지게 되는가 하는 점을 규명할 역사적이고도 분석적인 방법이 요구된다고 할 수 있다. 그리고 그런 방법이야말로 전후소설이 어떻게 나름대로 현실을 극복하고, 문학적 자기인식을 확보해 나가는가 하는 것을 밝혀주는 구체적인 인식틀이 될 수 있을 것이다.

3. 연구방법 및 대상

본 논문은 역사적이고 분석적인 방법을 통하여 1950년대 전후(戰後) 장편[24]의 전체적인 변화양상과 개별작품의 형상화 방식을 분석해 보고자 한다. 특히 장편에 초점을 맞추는 것은 장편이 단편과 다르게 현실의 전체성을 추구한다는 측면에서 현실의 문제를 다루는 1950년대 작가들의 태도와 방법의 차이를 구체적으로 보여 주기 때문이다. 즉 전후 초기의 문학의식과 전후 후기의 문학의식이 일정한 차이를 보이게 되는데, 이런 점들은 특히 현실적 삶을 소설의 내적 구조로 삼고 있는 장편에서 뚜렷히 드러난다. 예를 들면 1950년대 초기 장편이 전쟁의 혼란으로 말미암아 주관적이고, 개별적인 의식을 통해 현실의 한 단면만을 보여준다면, 1950년대 후기 장편은 전후현실을 관념적으로 취급하는 경향을 거쳐, 객관적으로 현실을 묘사하는 방식을 통해 구체적 현실을 비로소 소설 속에 보여준다.[25] 이런 과정은 작가가 현실을 인식하는 문학의식의 차이 때문

---

[24] 본 논문에서 전후장편에 대한 시대구분은 대략 한국전쟁 발발 시기부터 1960년대 초기까지로 한정한다. 엄밀하게 말해 전후(戰後)의 의미는 전쟁이후의 시기부터 해당하지만 전쟁시기부터 전쟁에 대한 피해의식, 가치관의 변화, 절망과 좌절의 시대적 분위기가 나타나는 것으로 보아 특별히 본 논문에서는 이를 구분하지 않고 넓게 전후장편소설의 분석에 포함시키고 있다. 따라서 본 논문에서 전후문학의 시기는 거의 1950년대 문학과 일치해서 보고 있다. 다만 전후(戰後)라는 용어를 사용하는 것은 당시에 나타나는 전후(戰後)적인 양상, 즉 가치관의 혼란, 현실에 대한 부정과 불신, 인간성에 대한 신뢰의 상실, 절망과 좌절의 시대분위기를 강조해서 보고자 하는 의도에서이다. 62년에 창작된 장용학의 『원형의 전설』을 전후소설의 범주에 포함시키는 것도 50년대 한국사회가 지닌 전후적 성격을 그대로 포함하고 있기 때문이다.

[25] 장편을 통해 볼 때 1950년대 작가들의 문학의식의 발전과정은 객관적 현실을 얼마만큼 반영할 수 있느냐에 따라 분명히 드러난다. 이를 테면 1950년대 장편의 발전은 처음에는 현실이 전혀 파악되지 않는 추상적 모습으로 나타나고, 점차 복잡한 발전과정을 거쳐 구체적 현실로 드러나는 과정을 밟고 있다. 이는 한편으로 장편의 발전이면서 1950년대 전후 문학의식의 전개과정이기도 하다. 예를 들어 초기 『취우』와 『카인의 후예』같은 작품이 현실의 단편적 묘사를 통해 개별적이고 주관적인 현실인식만을 보여준다면, 신세대의 작품들은 현실에 대한 적극적인 이해와 해석의 방식을 추구하지만, 대체로 관념적이고 추상적인 현실인식에서 벗어나지 못하고 있다. 하지만 이런 신세대

이기도 하면서, 작품 내적으로 현실을 작품 속에 형상화하는 방법상의 차이 때문이기도 하다. 따라서 본 논문에서는 문학의식의 변화를 면밀히 고찰하면서, 거기에 따른 장편양식의 변화와 형상화 방식을 함께 규명해 보고자 한다.

장편소설을 통해 문학의식과 형상화 방식을 함께 살펴보는 것은 개별 작가가 지닌 문학이념상의 변화와 차이, 소설의 형식적 변모과정을 적절하게 살펴볼 수 있는 이점이 있다. 장편양식이 주제를 전체 삶의 폭넓은 형상화를 통해 원근법적으로 환기시키는 것이라고 보았을 때 소설을 구성하는 작가의 의식이 구체적인 현실에 바탕을 두지 않으면 그것은 주관성, 혹은 관념성으로 그대로 작품 속에 드러나게 된다. 예를 들어 신세대 작가의 작품들은 기성세대 작가와 다르게 현실에 대한 적극적인 이해와 해석의 방식을 보여준다. 그들이 서구문학의 이론을 차용하는 것도 현실에 대한 적극적인 해석을 위한 하나의 방편이었다. 말하자면 전후의 절망과 불안의식을 보다 이론적으로 재구성하기 위해 서구의 니힐리즘적 의식을 차용하는 것이 필요했다. 하지만 이런 의식이 장편양식 속에서 표현될 때 구체적으로 우리 현실에 바탕을 두지 않으면 바로 관념성이나 추상성으로 변화하게 된다. 장편이 폭넓은 현실묘사를 바탕으로 개별 인물들의 삶을 전체 환경 속에서 보여주어야 하기 때문에 이런 서구적 의식 자체가 현실적 구체성을 확보하기가 어려운 것이다. 장용학이나 오상원이「요한 시집」이나,「유예」를 통해 새로운 현실해석의 방법을 보여주어 일정한 평가를 받음에도,『원형의 전설』이나,『백지의 기록』에서 추상

의 관념적 인식은『나무들 비탈에 서다』나『낙서족』같은 작품에서 객관적 묘사방식을 통해 어느정도 극복된다. 다만 이런 과정이 1950년대 전후현실에서 어떤 단선적인 방식으로 나타나는 것은 아니라는 점을 인식할 필요가 있다. 1950년대 문학사에서 장편소설의 이러한 발전은 문학의식의 전개양상에 따라 때로는 중첩적인 과정으로, 때로는 복합적인 과정으로 드러나고 있다. 특히 신세대 등장 이후 전후현실의 장편전개는 복합적인 과정을 띠고 있다. 신세대와 기성세대의 경향이 혼용되고, 또한 개별 세대 안에서도 복합적으로 중첩되어 있다. 황순원의『나무들 비탈에 서다』이후 장용학의『원형의 전설』이 쓰여지는 것도 이 때문이다.

성과 관념성을 그대로 노출하는 것은 바로 이런 장편의 특성 때문이다.

이런 점과 관련하여 본 논문에서 장편을 분석할 때 근간이 되는 장편의 형상화 방법에 대해 잠깐 살펴보도록 하겠다. 일반적으로 장편의 형상화 방법은 단편과 다르게 복합적인 상황과 다양한 인물의 상호작용을 통한 원근법적인 구성원리에 초점을 두고 있다. 소설이 사회에 대한 개인의 관계를 개인의 운명이라는 형식을 빌어서 보여주는 것이라면, 장편은 이런 과정을 집약하고 축약하는 것이 아니라, 보다 넓게 펼쳐진 인간의 전체적인 삶 속에서 현실과 가장 유사하게 보여주는 방식이다. 장편이 '객체의 총체성', '대상의 총체성'을 추구한다는 것도 바로 이런 장편적 특성과 직접 관련된다. 이 때 '대상의 총체성'이라 함은 장편의 소설적 구조가 생활 속에 현상하는 방식을 그대로 따르는 것, 따라서 단편이나 극적 양식과 다르게 생활 자체의 폭넓은 형상화 속에 사회의 전체적 성격을 산출하는 것을 의미한다. 특히 장편적 양식의 이런 특성은 주제 재현의 방식에서 그대로 드러난다. 장편의 주제 재현 방식은 사회 내부에 있는 집약된 모순의 과정을 통해서가 아니라, 그 모순이 전체사회의 근본적인 경향으로 형성되는 과정을 통해서 보여주게 된다. 이를테면 장편의 주제는 집약되고 고양된 단일상황을 통해 직접 제시(혹은 암시)되는 것이 아니라, 인물의 운명이 전개되는 과정 속에서 사회적 제관계의 구체적이고 복합적인 상호관계를 통해 환기되는 것이다.

장편의 이러한 특성은 당연히 형상화에 있어서도 복잡한 과정을 수반하게 된다. 장편은 작가의 서술적 상황제시와 묘사의 적절한 결합, 서술과 묘사의 객관성 유지, 개별적인 에피소드의 배열과 전체적 상황과의 유기적 결합, 성격과 행동 사이의 필연적인 통일성, 인물의 성격에 있어 사회적 연관성의 유지, 주요 갈등과 부차적 갈등의 유기적인 통일 등과 같은 복잡한 형상화 과정이 필요하고, 이런 과정은 결국 인물과 환경의 유기적인 결합을 통해 사회적 전체성을 보여주기 위한 제반 과정의 일환이 된다. 작가는 작품 속에서 수많은 에피소드와 다양한 인물들을 배치하고 이를 적절하게 상호연관을 맺게 하면서, 이를 중심되는 스토리로 귀납시켜 전체적인 의미를 만들어 내어야 한다. 이런 과정의 성공여부는 결국 작가가 수많은 에피소드와 상황의 연결고리를 어떻게 자신이 의도하는 중심의미와 결합시키는가 하는 원근법적인 통합의 원리에 달려있는 것이다.

> 그 목적과 특수성에서 판단하면 장편소설은 서사시적 형식의 모든 특징, 즉 생활 묘사의 형식을 생활 내용에 적합시키려고 하는 경향, 보편적이고 평범한 소재의 파악, 다수 플랜의 존재, 인간이나 사건이 흡사 그 자체로서 표면적 현실의 생생한 형상으로서의 작품 가운데서 나타날 때, 오로지 생활 현상에 대한 주관적, 개인적 태도를 통하여 그 생활현상을 전달하려고 하는 원리를 전형적인 묘사의 원리에 종속시키려는 경향 등의 특징을 포함하고 있다.[26]

앞서 말한 이런 다양한 형상화의 원리는 결국 장편이 생활의 다양한 현상 자체를 소설의 내적 구조로 취하고 있기 때문이라 볼 수 있다. 이런 경우 소설에서 작가가 말하고자 하는 의도는 결국 우리의 생활현상 그 자체에 바탕을 두지 않을 수 없다. 인용문에서 말한 대로 작가가 사회나 개인에 대해서 말하고자 하는 의도는 생활현상을 통해서 전달되고, 이는 소설의 전형적인 묘사의 원리가 바로 구체적인 생활 내용에 부합되어야 하는 것을 의미한다. 즉 생활과정의 복잡성, 다면성, 상호연관성, 교활성 자체가 바로 소설의 내용을 형성하는 것이다. 장편이 무조건적으로 의미있는 상황에서의 의미있는 인물의 형상화만을 요구하지 않는다는 것, 그리고 매우 복합적인 상황 속에 의미있는 것과 무의미한 것의 다양한 상호관계 속에서 인간의 전체 삶을 표현한다는 것도 바로 이런 구체적 생활현상과 맞닿아 있는 장편적 구성원리를 보여 주고 있다. 루카치가 장편은 구성상 '후퇴적 모티브'를 사용하며, 인물에 있어서 '중도적 주인공', '보전하는 개인들'을 중심에 둔다고 말한 것[27]도 생활현상의 전체적

---

26) 소련 콤 아카데미 문학부 편, 『소설의 본질과 역사』, 예문, 1988, p.73
27) 소련 콤 아카데미 문학부, 앞의 책, p.100

인 모습을 보여주기 위한 일련의 방법인 것이다.

그런데 장편에서 생활 현상의 풍부함, 그 전체성을 묘사의 원리로 취한다고 하더라도 현실의 외면적 현상 전체를 작품의 대상으로 하는 것은 아니다. 장편이 현실의 풍부한 현상 자체를 보여주어야 하지만, 그것이 현실에 대한 기계적인 모사, 자연주의적 모방을 의미하는 것은 아니기 때문이다. 장편에서 추구하는 현실의 풍부한 전체상은 한편으로 현실적 삶에 종속되는 것이면서, 한편으로는 작가가 현실을 바라보는 주관적인 시각 아래 규정된다. 현실에 대한 작가의 시각이 뚜렷하지 못하면 작가가 묘사하는 현실은 결국 '거짓 총체성'을 드러내거나, 현실의 겉면만을 취하는 자연주의적 경향을 벗어나지 못하게 된다. 50년대 장편이 대부분 세태상이나 통속성을 벗어나지 못하는 것도 이런 현실에 대한 작가의 시각 부재에서 비롯된다. 이를테면 1950년대 통속소설이 단지 현실에서 일어나는 애정사의 각양각색의 모습만을 보여주는 것도 결국 전후현실에 대한 구체적인 인식이나 시각을 지니지 못한 데 기인하는 것이다. 따라서 작가가 현실에 대한 뚜렷한 시각없이 현실의 각양각색의 모습을 있는 그대로 묘사한다고 해서 좋은 장편이 될 수 없는 것은 분명한 사실이다.

한편 이런 작가의 시각은 현실 속에 본질적인 것과 비본질적인 것을 선택하는 원리이면서 그것을 원근법적인 결합을 통해 현실원칙에 따라 작품을 구성하는 형상화의 방식에도 일정한 영향을 미치게 된다. 작가가 자기 시대의 성격에 대한 정확한 통찰과 본질에 대한 명확한 인식을 확보한다면 그는 현실의 모순과 현실의 움직이는 힘의 실체를 알게 되고, 따라서 이런 사회적 규정력에 따른 인물의 배치와 상황의 적절한 결합을 시도할 수 있게 된다.[28] 하지만 이런 시각이 잘못된 것, 혹은 실제 현실과

루카치, 『역사 소설론』, 거름, 1987, pp.185-190
28) 루카치는 작가의 올바른 시각이 바로 전형적 인물과 전형적 상황을 만들어 내는 근본적 원리로 규정한다. 작가의 시각과 형상화의 원리에 관한 부분은 이상경, 「이기영 소설의 변모과정 연구」(서울대 대학원, 1992, pp.7-12)에 자세히 언급되어 있으므로 참고하기 바람.

정합성이 없는 것이라면 이는 현실에서 그런 시각의 구체성을 얻을 수 없게 되고, 당연히 현실의 실상을 떠난 관념적인 것이거나, 추상적인 것으로 드러날 수밖에 없게 된다. 작가의 올바른 시각은 현실에 대한 본질적 인식이면서, 작품을 구성하는 실제적인 힘이 되기도 하는 것이다.

하지만 작가가 올바른 시각을 갖는다고 해서 언제나 작품 전체를 올바르게 형상화될 수 있는 것은 아니다. 작가가 현실의 올바른 발전 방향을 인식하고 있다고 하더라도, 때때로 그것을 효과적으로 묘사할 형상화 방법을 찾지 못할 때 훌륭한 작품은 이루어질 수 없다. 물론 현실에 대한 올바른 시각이 적절한 인물과 적절한 상황을 구성케 하는 근본적인 힘이 되지만, 그것이 형상화에 있어 일관된 통일 원리로 작용하는 것은 아니다. 작품 속에는 분명히 작품내적인 형식 원리를 구성하는 법칙이 존재하고, 이는 실제 삶의 구조를 좇아 작품을 구성하는 작가의 형상화의 능력에 종속된다. 때때로 작가가 현실에 대한 뚜렷한 시각을 지니지 못하더라도 창작과정에서 현실적 삶의 원리에 따라 적절한 형상화의 원리를 사용함으로써 올바른 현실반영에 이를 수도 있는 것이다.

이런 문제는 장편에서 작가의 시각을 구성하는 세계관과 형상화 원리가 서로 밀접하게 관련됨에도 서로 독특한 자기영역을 지니고 있음을 보여준다. 작품에서 작가의 의도 못지 않게 작품의 형상화 방식을 따지는 것도 바로 이런 점 때문이다. 1950년대는 장편소설에서 이런 작가의 시각과 형상화의 원리가 특별히 문제되는 시기이기도 하다. 1950년대 장편은 작가의 이념과 형상화 방식이 서로 밀접하게 관련되면서도 서로 분리되는 현상을 보여준다. 예를 들면 1950년대 초기 염상섭이나 황순원 장편의 경우 현실의 본질을 정확히 인식할 수 없음으로 해서 자신의 주관적 시각에 따라 작품을 구성하고, 이를 통해 현실의 개별적 단면만을 보여준다. 『취우』나 『카인의 후예』는 이전부터 지속되던 독특한 작가 자신의 세계에 대한 표현이면서, 당시 현실에 대해 개별적이고 주관적으로 파악된 인식의 한 단면을 보여준 것이기도 하다. 신세대 작가의 장편은 전후현실을 서구적 이념 속에서 바라봄으로써 작가의 시각 자체가 추상화되는 경우라 할 수 있다. 대부분의 신세대 장편은 추상화된 현실인식이 구체적 현실상황을 얻을 수 없음으로 해서 관념화되는 경향을 보여주고 있다. 즉 추상화된 현실인식이 소설의 추상적 방식을 만들어 내고 있는 것이다. 하지만 황순원의 『나무들 비탈에 서다』는 구체적인 현실묘사를 통해 다양한 현실적 삶의 모습에 종속되는 적절한 형상화 방식을 취함으로써 전후현실의 전체적 모습을 재구성하는 데 일정한 성과를 보이고 있다. 이는 작가가 전후현실과 그 모순에 대해 본질적 인식을 획득함으로써 나타난 것이 아니라 현실을 객관적으로 묘사하고 전후현실의 중요한 한 과제를 실제 현실의 모습을 좇아 재구성함으로써 나타난 것이다. 『나무들 비탈에 서다』에서는 전쟁 상처를 입은 젊은이들의 좌절과 방황, 이에 대한 극복의 문제 등이 성격의 내면화 과정을 통해서 잘 드러나고, 이런 모습들이 전후현실 속에서 각 인물과 상호연관을 통해 적절한 현실성을 획득함으로써 장편적 구체성을 확보하고 있다. 이런 점은 신세대 장편소설의 관념성과 확연히 대비되는 측면이라 할 수 있다. 『나무들 비탈에 서다』의 경우는 작가의 뚜렷한 시각이나 이념 없이도 객관적 묘사방법을 통해 현실을 현실답게 구성함으로써 적절하게 장편적 세계를 창조할 수 있다는 점을 보여준 것으로 볼 수 있다.

이 글에서는 이런 관점에 따라 전후 장편소설이 지니고 있는 현실인식과 형상화의 원리를 중점적으로 검토하도록 한다. 다만 전후현실이 정치적 모순과 이데올로기적 모순을 드러내는데 취약했던 시기임을 감안하여 리얼리즘이 취하고 있는 총체성의 개념 형성과 이에 대한 분석보다는 원근법적인 형상화의 원리, 즉 작품 내부에 있는 서사형식, 인물의 형성 방식, 서술 방식 등을 중점적으로 분석하고 이를 통해 소설의 형식과 현실인식의 상호관계를 집중적으로 따져보도록 하겠다.[29] 대체적으로

---

29) 이런 점과 관련하여 앞서 말한 장편의 형상화 원리와 50년대 전후장편의 특징적인 관계를 간단히 언급하도록 하겠다. 본 논문에서 사용하는 장편의 분석적 원리는 앞서 말한 리얼리즘적 장편의 형상화 방식이다. 리얼리즘적 장편의 형상화 방법은 현실을 묘사하는데 있어 객관적으로 주어진 생활현상의 방법을 선택하여 세계의 본질적인 성격

1950년대 전후문학은 주관적 관념에 의해 현실을 재단하거나, 혹은 주어진 현실에 대한 즉자적인 인상을 묘사하던 전(前)반기와 신세대의 등장과 더불어 서구사조의 도입으로 다양한 문학적 이념이 표출되는 후(後)반기로 나누어 생각해 볼 수 있다. 1950년대 전(前)반기는 주로 구세대 작가가 중심을 이룬다. 전쟁의 혼란 속에서도 문학적 기득권을 가지고 있던 구세대 작가는 단편에서 전쟁의식을 고취하는 반공주의적 작품을

들을 '생활 그 자체의 형식'을 통하여 전형화하는 것을 의미한다. 그런데 이때 세계의 본질적인 성격을 구현한다는 것은 한 작품에 묘사된 내용이 현실의 진실성을 충실하게 반영했느냐는 문제로 귀결되고 이런 문제가 형식적 완결성과 함께 작품의 질적 가치를 규정하게 된다. 문제는 1950년대 장편소설이 이런 리얼리즘적 원리를 구현해 낼 수 있느냐는 점이다. 50년대 장편에서 당시 정치적, 경제적 모순관계를 직접적으로 비판의 대상으로 삼는 경우는 거의 없다. 오히려 대부분의 장편은 전쟁의 상처를 어떻게 극복하느냐 하는 문제에 집중하고 있고, 전쟁으로 인해 변화된 전후사회의 모습을 전체적으로 형상화하는데 치중하고 있다. 따라서 정치적, 경제적 모순의 문제를 들어 전후사회의 본질적인 성격을 문제삼을 때 리얼리즘적 방법으로 전후장편을 분석할 근거는 사라지는 것이다. 그러나 리얼리즘이 한 사회의 전체적인 성격을 삶의 현실적 모습 속에서 재구성한다고 할 때 단순히 정치, 경제적 모순만을 본질적 성격으로 규정하는 것은 아니다. 리얼리즘의 개념 안에는 한 사회의 외적(사회, 역사적), 내적(주관적, 심리적) 현실을 모두 반영과정 속에서 포용하고 있고, 이는 리얼리즘이 초역사적인 개념이 아니라 특정한 사회, 역사적 배경하에 상대적 의미를 지닌 것으로 바라보아야 한다는 점을 의미하는 것이다.

50년대 전후사회를 바라볼 때 무엇보다 중요한 점은 전체사회를 움직이게 하는 다양한 힘의 실체들이다. 한 사회를 구성하고 움직이는 힘의 실체들이 전후사회에서는 '전쟁의 상처와 이의 극복'이라는 과제로 나타나고, 이는 전후사회가 외적 현실에 대한 관심(본질적 인식에는 이르지 못하나 막연한 현실부정, 현실거부)과 함께 내적 현실(전쟁상처, 현실에 대한 절망, 허무의식)에 대한 관심이 무엇보다 중요했던 시기였다는 점을 보여준다. 이렇게 본다면 전후사회에서 '전쟁상처와 이의 극복'이라는 문제는 정치적 모순에 못지 않는 본질적인 의미를 띠고 있다. 당대 사회 전체가 전쟁의 피해의식에서 벗어나지 못했고 사회적, 정치적 모순 역시 이런 전쟁의 후유증에서 비롯되고 있는 문제이다. 따라서 전쟁을 통한 현실의 변화, 인간성의 변화, 인간관계의 변화 등의 문제는 전후사회의 전체적이고 본질적인 성격을 규명하기 위한 필수적인 과제라고 볼 수 있는 것이다. 따라서 전후장편소설을 분석할 때 이런 전쟁상처와 절망과 허무의식이 당시 사회 속에서 어떻게 드러나며, 그것이 당시 사회를 구성하는 하나의 심리적 힘의 실체로서 어떻게 형상화되고 있는지를 면밀하게 살펴보는 것이 무엇보다 중요하다고 하겠다. 본 논문에서 총체성이나 전형성의 개념보다도 인물의 내적 심리, 그리고 이를 묘사하는 방식, 작품을 구성하는 서사원리에 보다 중점을 두는 것도 이 때문이다.

양산하면서, 장편에서 자신이 지닌 기존의 문학관에 따라 현실을 주관적으로 재단하는 경향을 보인다. 후(後)반기는 주로 신세대 작가가 중심이 되는데, 신세대 작가는 기성세대의 문학적 기법을 부정하면서 현실에 대한 보다 적극적이고 지적(知的)인 해석방식을 보여준다. 그들의 문학이념이 서구 문학이념의 모방이면서도 당대 현실을 대변하는 문학의식으로 호평받았던 것은 전후현실의 절망과 허무의 절박한 내면심리를 문학적 대상으로 삼았기 때문이다. 당연히 신세대 장편은 실제 현실의 구성보다는 내면적 심리와 주제의 전달에 주안점을 두게 된다. 이 글에서는 1950년대 전후문학이 지닌 이런 역사적 과정을 직시하고 기존의 신세대 중심의 평가에서 벗어나 신, 구세대가 지니는 역사적 의미를 균형있게 다루고자 한다.[30] 따라서 그들이 역사적 단계에 따라 갖는 문학 의식의

---

30) 1950년대 문학에 있어 구세대, 신세대의 구분은 중요한 의미를 지닌다. 실제 1950년대 전후문학은 전반기와 후반기로 나눌 때 이 두 세대가 실질적인 문학적 담당층이었으며, 1950년대 전 시기를 걸쳐 문학적 이념이 이 두 세대 간의 격렬한 다툼 속에서 성장하고 있다. 1950년대 중반이후 문단의 중심 문제로 등장하는 세대론과 전통론, 휴머니즘론은 실제 이 두 세대간의 이론적 다툼에서 비롯되고 있다. 문학적 경향에 있어서도 구세대, 신세대는 뚜렷한 차이점을 보인다. 구세대가 이전에 자신이 추구하던 문학적 방법을 지속해 왔다면, 신세대의 입장은 기성세대적 방법을 자연주의적인 것으로 비판하고, 인물의 내적 체험을 강조하는 새로운 방법을 선보이고 있었던 것이다. 세대론적 관점에서 처음 1950년대 문학이 연구되었던 것은 김상선 교수의 『신세대작가론』(일신사, 1964)이다. 그는 1950년대 문학적 경향을 신, 구세대로 나누어 자세히 분류하고 있지만, 대체적인 주안점은 1950년대 문학을 신세대 중심으로 보편화시키는 것이라 할 수 있다. 김상선 교수는 신세대가 전쟁에 의한 절망, 좌절로부터 인간구원을 목표로 하고 있다고 보아 신세대의 특징을 당시 필연적으로 등장할 수밖에 없는 역사적 경향으로 파악하고 있다. 이후 1950년대 전후문학이 신세대 중심으로 연구되는 것 두 이런 신세대의 역사적 특징 때문이라 할 수 있겠다. 이와 함께 1950년대 전후문학을 구세대와 신세대의 적절한 상호교호작용으로 주목했던 사람은 김윤식 교수이다. 김윤식 교수는 한국전쟁이 각 세대에게 어떠한 정신적 상처를 남겼는가에 주목하여 이를 구세대, 체험 세대, 미체험 세대로 나누었는데, 1950년대 문학은 구세대(기성세대)와 체험세대(신세대)가 빚어내는 상호연관 속에서 구체적 양상이 드러난다고 보고 있다. 구세대가 전쟁을 일종의 재앙으로 바라보고, 이를 운명론적인 관점으로 대처하는데, 이는 문학의 순수성, 영원성을 지향하는 구세대 문협 정통파의 논리와 밀접한 연관이 있다고 보았다. 전쟁의 체험은 체험세대(신세대)에서 비로소 하나의 상처로 등장하는

변화와 그 동인(動因)을 추적해 보고, 이를 작품과 연관해서 살펴봄으로써 1950년대 문학사에서 어떤 의미를 지니는 지 해명해 보고자 하는 것이다.

본 논문이 대상으로 하는 것은 전쟁시기부터 전후적 양상을 포함하는 1960년대 초반까지의 장편이다. 필자가 조사한 바에 의하면 이 기간 동안 창작되었던 장편은 잡지, 신문에 게재되었던 작품으로 약 85편 내외, 순수 단행본으로 출판되었던 작품으로 약 25편 내외가 되어 근 100편이 넘는다.[31] 이들 장편은 대부분 애정, 세태 중심의 통속소설류들이다. 1950년대 전후사회에서 특히 통속소설이 세간에 인기를 얻었다는 것은 전후적 양상과 무관하지 않을 것이다.[32] 본 논문에서는 이런 통속류의 장

데, 이들 세대가 서구 전후문학의 이념과 방법을 수용함으로 전후의 절망과 허무를 문학 속에서 가시화하였기 때문이라는 것이다. 1950년대 전후문학을 신, 구(기성)세대로 나누는 관점은 이후 대체로 많은 연구자에 의해 그대로 받아들여지고 있다. 본 논문도 그 점에 있어서는 예외가 아니다. 1950년대 전후문학은 문단의 헤게모니와 문학이념, 작품경향 등, 모든 면에서 기성세대, 신세대가 서로 대치되고 충돌되면서 발전해왔던 시기이기 때문이다.
김상선,『신세대작가론』, 일신사, 1964
김윤식,「6.25전쟁문학-세대론적 시각」,『1950년대 문학연구』, 예하, 1991
김윤식,「우리근대문학사의 연속성에 대하여」,『한국의 전후문학』, 태학사, 1991
31) 이는 권영민의『한국현대문학사 연표』(서울대출판부, 1987)와 권영민의『한국근대문인대사전1, 2』.(아세아 문화사, 1992)의 연표, 당시에 출판된 민중서관 판『한국문학전집』(1959), 신구문화사 판『현대한국문학전집』(1964) 등의 한국문학전집 4-5 종의 연보들, 김동리, 황순원, 이무영 등의 개인 전집의 연보, 그리고 연세대 도서관, 국립 도서관, 국회 도서관의 신문, 잡지, 단행본 등을 참고로 하여 조사한 것이다. 이 시기의 작품 연보는 현재 분실된 잡지(특히 군소 잡지)와 신문(특히 1950년대 초기의 지방 신문)들, 그리고 단행본 등으로 인해 정확히 확인하기가 어렵다. 특히 각 자료집과 전집의 연보들은 모두 서로 다르게 작성되어 있어 혼동을 더해 주고 있다. 주요 장편의 목록만 논문 말미에 싣도록 하겠다.
32) 루카치는 장편양식이 총체적 전망이 가능한 사회적 토대나 경제적 토대가 갖추어진 사회에서 제 기능을 발휘한다고 말하고 있다. 이런 점은 그가 단편소설이 사회전체의 모습을 보여주지 못한다는 점에서 대서사양식의 예비 징후(아직 아닌 단계 noch nicht)나 후위 형식(이미 아닌 단계 nicht mehr)으로 나타난다고 말하는 데서 유추해 볼 수 있다. 이런 점과 관련하여 하정일은 1950년대 전후 사회를 루카치가 말하는 '더 이상 아님의 단계(이미 아닌 단계)', 즉 더 이상 총체성을 형성할 수 없는 시대라고 보

편소설은 일단 분석의 대상에서 제외한다. 따라서 본 논문에서는 당시 현실에 대한 나름대로의 인식과 작품적 진지성을 보여주고 있는 장편소설 7편을 선택하여 이를 분석의 대상으로 삼았다. 이들 장편은 당시 변화하는 문학의식과 일정한 연관을 맺으면서 현실에 대한 작가적 시각을 나름대로 분명하게 보여주고 있는 작품들이다. 이 작품은 전쟁시기의『취우』, 종전 직후의『카인의 후예』, 50년대 중반 전환기의 곽학송의『철로』, 황순원의『인간접목』, 신세대 등장 이후의 장용학의『원형의 전설』, 오상원의『백지의 기록』, 황순원의『나무들 비탈에 서다』이다. 분석 작품은 당시 발표되었던 원본을 대상으로 한다. 분석 대상작품 중 황순원 작품이 특히 많은 것은 황순원의 장편이 1950년대 장편의 발전양상을 가장 구체적으로 보여주기 때문이다. 이는 3장 4절에서 다시 설명하도록 하겠다.

고, 이를 통해 1950년대를 단편의 시대로 규정한다. 우리 문학사가 역사적 성숙을 거치지 않고, '아직 아님의 단계'에서 곧장 '더 이상 아님의 단계'로 비약함으로써 1950년대의 적절한 문학적 현실대응방식은 장편적 양식이 아니라, 단편적 양식이라고 보는 것이다. 1950년대가 장편보다는 단편이 더 활발했던 시기라고 볼 때 이런 규정은 나름대로 타당성을 가진다. 하지만 루카치의 장, 단편의 양식에 대한 역사적 규정은 어디까지나 서구 보편사의 맥락 속에서 이루어 진 것이고, 이를 우리 현실에 단순 대비시키기에는 여러 무리한 점이 따른다. 루카치의 개념에 의하면 '더 이상 아님'의 시대는 장편양식의 해체형식이 나타나는 서구 모더니즘 사회를 의미하게 되는 데, 1950년대 우리 현실을 서구 모더니즘의 사회와 동일하게 보기에는 여러가지 문제점이 있다. 하정일의 의도는 1950년대가 장편양식을 통해 총체성을 표현하기에는 불가능한 사회라는 점을 상소하고 싶었을 것이다. 필자 역시 1950년대가 총체성을 구현하기에는 어려움이 따르는 시대라는 것을 인정하면서, 오히려 이의 요인으로서는 식민지 시대부터 활동하던 문인의 월북, 전쟁을 통한 모든 문학이념의 단절, 이를 통해 전체성이나 총체성을 형성키 어려웠던 이념부재의 공간에서 비롯된 것이라고 보고 있다. 1950년대 장편은 이런 이념부재의 공간에서 자기 이념을 서서히 찾아가는 제반 과정이었다고 할 수 있다.
Georg Lukacs,『solzhenitsyn』, The MIT Press, 1971, pp.7-10
하정일,『1950년대 단편소설연구』, 연세대 대학원 석사논문, 1986, pp.39-42

II 전쟁기의 혼란과 현실의 주관적 서사화
— 염상섭의 『취우』, 황순원의 『카인의 후예』

1. 전쟁문학론의 대두와 전시 장편의 경향

1) 전쟁시기의 문인활동과 체제 수호적인 문학이념의 성립

  1950년대 문학은 한국전쟁으로부터 시작된다. 문학에서 한국전쟁은 해방 이후부터 지속적으로 전개되었던 좌우 문학대립의 한 매듭이자 1950년대 문학의 출발점에 해당된다. 한국전쟁이 한국현대사에서 민족공동체의 삶의 구조와 질을 완전히 바꾸어 놓았다면, 문학에서도 역시 기존의 문학적 형식과 방법을 단절시키고 새롭게 문학적 길을 시작케 하는 결과를 가져왔던 것이다. 하지만 전쟁을 통해 새로운 문학적 방법을 찾는 길은 복잡한 정치상황 때문에 그렇게 순탄한 것 만도 아니었다. 해방 이후 좌우의 이념대립 속에서 감행된 분단국가의 수립과 더불어 한국전쟁은 정치, 경제, 이데올로기 등의 모든 부분에서 분단고착화를 결정적으로 강제하였고, 그것이 문학에서 자유로운 이념의 발현을 암암리에 제약하는 영향력을 발휘하고 있었다. 따라서 해방기(解放期)부터 활발하게 논의를 펴왔던 다양한 문학적 논의들은 전쟁 때문에 중단되어야만 했고, 전쟁을 통한 반공주의적 체제이념적 틀 속에서 문학은 새롭게 재편성되어야만 했다.

  해방이 되고 난 이후 우리 문단의 문학적 방법에 대한 논의는 활발하였다. 1948년 단정수립 이후 '순수' 이념에 입각한 우익측의 문학이념이 대세로 굳어지긴 했지만 그 이전,이후에도 문학적 방법에 대한 논의는 지속되고 있었다. 해방 이후 '조선문학가동맹'을 통해 지속적으로 활동해 오던 좌익의 문학활동은 1946년 '10월 봉기' 이후 미군정의 좌익세력에 대한 압박정책으로 점차 세력이 약화되었고, 주요 문인들의 월북으로 인해 사실상 문단 내의 세력을 상실하였다. 하지만 1948년 단정수립 이전까지 '순수' 문학에 대한 김동석, 김병규 등의 반론이 제기되고 있었고, 1949년 '문협'이 출발할 무렵까지 백철, 염상섭 등의 중간파적인 시각이 여전히 존재하고 있었던 것이다.[34] 한국전쟁은 이런 논의들을 일시에 소진시켜 버리고, 체제지향적이고 반공 이데올로기적인 이념에 입각해서 문학 자체의 개념마저 강제시켜 버리는 결정적인 영향을 가져왔다. 어떻게 보면 문학에서 '순수' 이념이라는 틀마저 소멸시켜 버리는 문학성의 불모지대를 형성케 한 것이다. 따라서 문학이 내적 자율성과 사회적 대응력을 가지기까지는 기나긴 여정을 새롭게 시작해야만 했다. 이처럼 전쟁시기는 문학이 사회적 대응을 갖추기 위한 기나긴 여정의 출발시기에 해당하고, 혼란과 당황 속에서 문학이 정치적인 강요를 가장 심하게 받았던 때이기도 하다. 이제 이런 전시문학의 특성과 성격을 간단히 살펴보도록 하겠다.

전쟁의 혼란을 극복하면서 문단 활동이 다시 시작된 것은 9.28수복 이후 문단의 재정비가 이루어 지면서부터였다. 갑작스런 전쟁을 맞이하여 문인들의 혼란과 신변상의 변화 등이 많았지만 대체로 전쟁 기간중 사망했거나 납북된 문인들을 제외한 나머지 문인들은 문단의 재정비와 문학활동의 재개, 종군 등의 문제에 초점을 모아 갔다.[35] 그 결실이 바로 1951

---

34) 신형기, 『해방직후의 문학운동론』, 화다, 1988, pp.135-204 참고할 것.
35) 한국전쟁 기간중 문인들의 활동을 보면 대체로 다음과 같다. 6월27일 문총 산하에 '비상국민선전대' 조직, 6월27,8일경 남하한 문인을 중심으로 대전에서 '문총구국대'를 조직하여 본격적인 종군, 9.28 수복 이후 10월 10일 '민족문화인 총궐기대회' 개최, '문총'과 '합동수사본부'에서 서울에 잔류한 문인을 중심으로 부역문인 심사, 1.4후퇴 직후 1951년 1월경 부산에서 《문예》 전시판, 《신천지》 속간호 발간, 1951년 1월-5월경 육해공군 종군작가단 결성, 기타 문인들의 동향에 대해서는 아래의 글을 참고할 것

년 1월경에 나온 《문예(文藝)》 전시판(戰時版)과 《신천지(新天地)》 속간호였다. 우여곡절 끝에 발간된 《문예》 전시판은 전쟁 시기에 문단활동을 재개하는 선언과 같은 의미를 지니는 것이었다. 이 《문예》 전시판에서부터 그 이후 창간된, 《전선문학》(1952.4 창간), 《사상계》(1953.4 창간), 기타 신문 문예란 등을 통하여 전시하의 문학적 활동이 본격적으로 이루어지게 된다.

다른 잡지보다 1년이나 앞서 나왔던 《문예》 전시판에는 전시문학의 이념과 의미를 규정하는 글이 본격적으로 등장하게 된다. 《문예》 전시판은 전쟁 시기의 문학이념과 문학활동의 성격을 본격적으로 규정하고 이후에 그 의미를 강제하는 성격을 띠게 된다. 우선 《문예》 전시판 자체가 국방부 정훈국의 도움으로 나온 것이기도 하지만,[36] 무엇보다도 전시하에서 서울에 잔류했거나, 대구나 부산에서 피난생활을 경험했던 작가로서는 체제 붕괴의 불안감과 절박한 현실의 위기감을 직접 몸으로 느껴야만 했으며, 따라서 이런 불안의식은 자연히 문학을 하나의 독립된 속성으로 보기보다는 전시체제에 도움이 되는 문화정책의 일환으로 스스로 간주하기에 이른 것이다. 이는 뒤에 살펴보겠지만 《문예》 전시판이 전쟁을 분명히 이념의 다툼으로 보고 문화인의 참여를 독려했기 때문이기도 했다.

전쟁 시기의 문학은 이처럼 예상치 못했던 전쟁을 거치면서 문인들이 겪어야 했던 엄청난 혼란과 고통, 위기의식 속에서 생성된다. 많은 문학인들은 자신의 이념적 근거가 되기도 하는 남한 체제 붕괴의 위기감을 실감하면서 하루하루를 연명해야만 했고, 마땅한 문학적 활동의 근거지를 찾기도 어려웠다. 이러한 상황에서 대다수의 문인들은 종군을 했고, 또 그 속에서 미약하나마 자신의 문학적 역할을 찾고자 했다. 전쟁 시기의 문학이 전시문화정책의 일환으로서 자기 위치를 규정할 수밖에 없는

한국문인협회, 『해방문학 20년』, 정음사, 1966
조연현, 『내가 살아 온 한국문단』, 현대문학사, 1968
고은, 『1950년대』, 청하, 1989

[36] 조연현, 앞의 글, pp.80-98 참고

이유도 여기에 있는 것이다.

전시하의 문학이 전시문화정책의 부분이 된다는 것은 문인 역시 전선의 일익을 담당하는 것을 의미한다. 모든 문인들은 위기상황 속에서 자기인식을 새롭게 해야만 했고, 스스로 그 행동전선상에 의욕적으로 적극적으로 참가해야만 했다. 다시 말하면 "펜 끝은 총탄으로 바꾸어 들어야만 하는 문화전선"의 확고한 구축이 무엇보다도 필요했던 것이다.[37] '문화전선'에 적극 참가하는 것은 절박한 시기에 문인 스스로 역사적 현실을 주체적으로 체험하고, 현실을 타개해 나가는 방식이기도 했다. 물론 이런 '문화전선'의 구축은 문단이 종군체제로 바뀜에 따라 가능할 수 있는 방안이었다. 많은 작가들이 이미 종군하고 있었고, 《문예》, 《신천지》, 《전선문학》 등을 통하여 종군작가들은 수필, 꽁트 등을 통한 르뽀르타쥬 문학을 선보이고 있었다.

이와 관련하여 전시문학의 문화적 성격에 대해 가장 선명한 이념을 드러낸 글이 이숭녕의 「전시문화정책론」[38]이다. 이 글에서는 근대전이 군인들의 무력전만이 아니라 '국가총력전'임을 명시하고, "문화면에서의 활동, 문화면에서의 공세가 무력전 못지 않게 중요한 직능"이라고 말하여, 전쟁하에서 문인들의 활동과 기능을 규정하고자 했다. 이 글은 전시하 문화정책의 의미를 "내적으로는 국민에게 확고한 전쟁이념의 지시와 그에 따른 문화면에서의 제반 공작, 외적으로는 가능한 수단을 통하여 우리의 정당한 전쟁이념을 직접 또는 간접적 방법으로 인식시키는 일종의 선전적 사명을 가진 것"이라고 규정하여, 전시정책에서 문화전선의 중요성을 강조하고 문인에 대한 국가의 적극적인 활용과 지원을 호소하고 있다.

「전시문화정책론」은 다분히 문화인의 생활과 문예활동에 대한 국가의 지원과 보장을 염두에 두고 씌어진 것이기도 하지만, 실제 전쟁을 수행

---

37) 이헌구, 「문화전선은 형성되었는가」, 《전선문학》, 1952.12, pp.4-5
38) 이숭녕, 「전시문화정책론」, 《전시과학》, 1951.8

하는 데 문화가 중요한 수단임을 스스로 인정하고, 그 방법까지도 소상히 밝힘으로써[39] 문화 혹은 문학이 정책수단의 일환이 될 수밖에 없음을 밝히고 있다. 이는 당시의 모든 문학인들이 당시 현실을 '위기상황'으로 규정하고 우선은 체제수호에 이념적 힘을 모아 가야 한다고 전반적으로 인식한 것과 무관하지 않다.

한편 문학이 체제수호의 이념적 대변자가 되어야 한다는 논리는 한국전쟁을 문학가들이 어떻게 보고 있느냐 하는 문제와 밀접한 관련이 있다. 앞서 말한 《문예》 전시판에는 당시 한국전쟁을 세계 양대 이데올로기 진영의 대리전적 성격을 띤 '이념의 전쟁'으로 규정하는 글들이 나오고 이것이 보수우익의 진영을 대변할 수밖에 없는 당시의 작가들을 강제하는 성격을 띠게 된다. 즉 전쟁은 어디까지나 민주주의와 공산주의라는 양 체제의 세계사적 대결논리에서 출발한 것이며, 양 체제 진영의 이념의 우위성을 다투는 대리전적인 성격을 지니고 있다는 것이다. 이런 논리에 따라 대다수의 문인들은 전쟁을 다분히 "공산주의라는 한 철학이 전 인류의 사상에서 제거되는 세계사적인"[40] 사건으로 인식하고 있거나, "전 인류의 평화와 행복과 복지를 위해서 희생적인 전쟁을 수행하는 성(聖)스러운 전쟁"[41]으로 파악하게 된다. 만약 전쟁이 세계사적 이념과 사상의 문제에까지 연관되어진다면 이에 대처하는 문인들의 입장 또한 그에 따라 달라질 수밖에 없다. 무엇보다도 '이념의 수호자'로서 적극적으

---

39) 이숭녕이 이 글 속에서 밝히는 전시문화정책의 방법은 다음과 같다. ① 문화공작의 기관 설립, ② 문화정책의 결정, ③ 문화공작의 예산 계상(計上), ④ 문화요원의 생활보장과 재배치 등이다. 이숭녕의 의도는 다분히 부산이나 대구에서 떠돌아다니며 다방에서 소일하는 그야말로 말뿐인 종군단이 아니라, 실제 전쟁에 도움되는 문화적인 일을 수행하고 거기서부터 생활보장을 받는 이중적 효과를 노린 것이라 볼 수 있다. 이를 위해서 이숭녕은 전시당국의 문화정책이 효율적으로 다시 개편되어야 한다고 본 것이다. 이와 유사하게 전시하 전국민의 정신적 단결, 문화선전의 중요성을 다룬 김종문의 글(「전쟁과 선전」, 김송 편, 『전시문학독본』, 계몽사, 1951)도 전쟁정책에서 선전으로서의 문화의 역할과 중요성을 강조한 것이라 보여진다.
40) 조연현, 「공산주의의 운명-6.25사변의 세계사적 의의」, 《문예》 전시판, 1952. 12, p.24
41) 이무영, 「전쟁과 문학 - 속 고민의 문학」, 《전선문학》, 1953. 5 p.5

로 전쟁에 참여해야만 하는 당위와 명분이 선명하게 주어지기 때문이다.

한국전쟁이 이념의 전쟁이며 작가가 이념의 창조자라면, 좌익측의 정치이념에 동조하지 않는 한 결국 문학인은 체제수호적인 문학이념에 참여하지 않을 수 없게 된다. 우선 무엇보다도 전쟁의 논리 자체가 이념의 유동성을 허용하지 않을 뿐 아니라, 문학가 자신의 입장에서도 이미 선택의 명분과 시기는 지나간 것이기 때문이다. 이렇게 본다면 전시문학적 이념 체계는 작가의 자발적인 참여를 의도한 측면도 있지만, 다른 한편으로는 이를 강제하고 암암리에 속박하는 성격을 지니기도 한다. 김기완은 「문예」 전시판의 다른 글을 통해 "전쟁은 문학의 획기적인 변혁을 요구하고 있다"면서 "전시생활에 있어 국민이 문학에 기대하는 것과 문학이 국민에게 공헌하는 힘은 반드시 국가 전체에 관계된 순수한 것과 불순한 것, 필요한 것과 불필요한 것의 엄숙한 구별을 짓고, 전력(戰力)에 힘을 경주하는가 또는 방관 정도로 끝날 것인가 하는 중요한 결정적인 문제까지도 내포하고 있"[42]다는 문인의 행동규범을 강제하는 내용을 싣고 있다. 이런 글들은 전시하에서 문인의 활동이 어떤 이념적 의식, 혹은 체제와 조직 안에서 활동할 수밖에 없었는가 하는 점을 명확히 보여 준다. 전시하의 문학이념은 내적으로는 절박한 위기의식으로 인해 스스로 자유로운 사고의 활동을 제약당했으며, 외적으로는 전시체제가 규정한 조직적, 이념적 틀 안에 무의식적으로 강제당하고 있었던 것이다.[43] 이

---

42) 김기완, 「전쟁과 문학」, 《문예》 전시판, p.18
　　김기완과 이선근은 국방부 정훈국의 고급장교로서 문학에 조예가 깊은 사람들이었다. 전시 당시 문인들의 절대적인 후원자의 역할을 맡았으며 문인들이 종군하는 데도 깊숙히 관계하였다. 또한 《문예》 전시판을 내는 데 정훈국의 용지와 인쇄시설을 사용하게 함으로써 결정적인 역할을 하였다. 당시 전시하에서 문인의 입장으로서는 이런 군인들의 도움이 절대적으로 필요하였다.
　　조연현, 『내가 살아 온 한국문단』, 현대문학사, 1968 pp.80-87 참고할 것.
43) 당시 문학인들이 강요된 이념, 즉 반공 이데올로기에 얼마나 억압당하고 있었는가 하는 문제는 검열의 완화와 표현의 자유를 미약하나마 호소하고 있는 글을 통해 잘 알 수 있다. 백철은 '조선'이라는 글자 자체가 검열에서 문제가 되는 현실을 지적하면서, 올바른 문학사의 발전을 위해서라도 월북문인들의 순수한 글은 부분 인용이라도 할 수

속에서 문인들 스스로도 체제수호의 의식을 다질 수밖에 없었고[44], 반면에 제한적이나마 그 속에서 문학이 지닐 수 있는 문학내적인 기능, 즉 형상화와 구성, 주제의 문제를 검토할 수 있었던 것이다.

2) 체험기록의 문학론과 문학성의 붕괴

앞에서 말한 바와 같이 전쟁 시기의 문학론은 어떤 방식으로든지 전쟁에 이바지해야 한다는 이념적 동의 아래 자연히 체제수호적인 이념문학론의 성격이 강하게 표출되었다. 실제로 당시의 많은 문학가들이 현실을 '위기상황'으로 규정하고, 그 속에서 문학도 바뀌어질 수밖에 없음을 토로하고 있다. 이는 전쟁이 현실화되고 있는 이상 문학은 공리주의 문학, 혹은 목적문학이 될 수밖에 없다는 논리와 일치하는 것이다. 이런 면에서 "문학이 현실과는 아주 동떨어진 거리에서 생명체인 양(樣), 현실과는 하등 무관하게 스스로 성장할 수도, 존립할 수도, 탄생할 수도 없다"[45]라는 현실참여론이 강하게 대두되고, "문학은 시대정신과 융화하고 조화한다"라는 문학의 현실대응적 논리[46]가 성립하게 된다. 물론 이런 논리들이 바로 문학의 공리적인 성격으로 나아가는 것은 아니다. 그러나 적어도

있도록 해 달라고 건의하고 있으며, 조연현은 예술에 대한 압박과 탄압은 어떠한 것을 막론하고 최악의 범죄행위이며, 예술의 자유는 곧 표현의 자유라고 주장하여, 예술을 외부의 어떠한 간섭이나 탄압으로부터 자유롭게 독립시켜야 한다고 말하고 있다.
백철, 「새로운 인간관계의 문제 – 문화옹호의 일 포인트 –」, 《자유세계》, 1952.4
조연현, 「예술의 자유와 문화인의 사명」, 《자유세계》, 1953.6 참고할 것.
44) 당시 문학평론에서는 전시하에서 효율적이고 능동적으로 대처하지 못하는 문단현실을 비판하는 글들이 곳곳에서 보이고 있다. 임긍재는 위기상황에서 "가혹한 현실이 생리화되지 못하였"음을 강력히 비판하고 있으며, 이헌구는 "만에 일이라도 민족을 암흑과 살육에서 구출하는 십자군적인 이 성업(聖業)에 대하여 방관적이요 대안지화(對岸之火) 시(視)하는 반민족적 행위가 있다면 이는 법으로써만 아니라 민족적 노의로써 준열한 벌책(罰責)이 있어야 할 것"이라고 강조하고 있다.
임긍재, 「전시하의 한국문학자의 책무」, 《전선문학》, 1952.1, p.32
이헌구, 「인류애와 동족애」, 김송 편, 앞의 책, pp.137-138
45) 임긍재, 「전시하의 한국문학자의 책무」, 《전선문학》, 1952.4 p.10
46) 곽종원, 「문학과 시대정신」, 김송 편, 앞의 책, pp.155-158

문학이 현실의 논리에 귀착될 수밖에 없다는 것을 강하게 암시하고 있고, 이런 점에서 문학이 적어도 전시체제에 목적의식적으로 참여해야만 한다는 인식과 맞물려 있는 것이다.

이렇게 본다면 해방기(解放期) 좌익의 문학론에 맞선 보수우익의 문학관이었던 '순수' 문학의 논리 역시 자연히 자신의 논지를 펼칠 자리를 잃고 만다. 오히려 시국현실에 적극 참여하는 것만이 문학의 바른 길이요, 당시 입장에서 가장 적합한 문학적 현실논리가 되는 것이다. 조연현과 김동리가 주장하던 '생리' 나 '개성과 생명의 구경' 이라는 순수문학의 논리[47]는 상대적으로 정치논리나 체제수호의 현실참여를 강조하는 몇몇 평론가들에 의하여 강하게 비판을 받게 되고,[48] 순수가 아닌 정치참여의 논리 속에 일정하게 포섭되어야만 했다. 문학의 순수성이나 인류가 지닐 수 있는 영원한 보편성이라는 관점은 전쟁 탓이긴 하지만 사회, 문화적 기반을 잃고 있었던 것이다.

그러나 그렇다고 새롭게 전개된 목적의식적인 체제수호의 문학관도 마땅한 이념적 근거를 가진 것은 아니었다. 그것은 절대절명의 역사적 순간에 강요된 '주어진 이념' 이거나, 일종의 '허위의식' 에 불과했으며, 생존의 절박한 순간에 외적 상황에 의해 강요된 문학적 태도일 뿐이다. 해방 직후 좌우투쟁 속에서 자리를 잡았던 순수주의 문학관 대신에 다분히 정치적이고 목적의식적인 문학이념이 절박한 현실 속을 헤집고 터를 잡았던 것이다. 그리고 그것은 전쟁과 같은 역사적 상황에 객관적인 현실판단을 유보한 채 마치 문학에 대한 움직일 수없는 절대적인 논리처럼 암암리에 강압적인 힘을 발휘하고 있었다.

당시 작가와 평론가들은 전쟁의 혼란 속에서 역사와 사회현실에 대해 냉철하고 객관적으로 분석할 마음의 여유와 시간적 여유를 갖지 못했다.

---

47) 이에 대해서는 신형기, 『해방직후의 문학운동론』, 화다, 1988, pp.161-172를 참고할 것.

48) 임긍재, 「전시하의 한국문학자의 책임」, 《전선문학》, 1952.4
   박기준, 「한국작가의 반성-평론 노트에서 -」, 《전선문학》, 1952.4 참고 할 것.

전쟁 탓이기도 하지만 격변하는 역사현실 속에 작가들은 함께 빠져들어야 했고, 그 속에서 전쟁의 본질적인 의미, 사회변화의 본질적인 성격을 파악할 구체적인 계기를 마련할 수 없었던 것이다. 역사의 변화에 직면하여 현실을 바라보는 작가의 태도는 어디까지나 자신의 체험에 입각한 개별적인 인식의 한계 내에서 머무르고 있었다. 전쟁 초기 작가들은 인민군 치하에서 자신의 목숨을 부지하거나, 후방에서 서울이 수복되기를 기다렸고, 서울수복 이후 대부분 종군 작가단에 가입하여 전쟁에 직,간접으로 참여하고 있었다. 이런 개별적 체험들이 당대 사회를 바라보는 인식의 중요한 배경이 되긴 했으나, 이런 인식들은 당시 역사에 대한 본질적인 것이라기 보다는 단지 개체적이고 개별적인 사고에 불과한 것이다. 따라서 체제수호문학론처럼 외부에서 강요된 문학론 외에 전쟁으로 인해 혼란된 현실을 객관적으로 분석하고 이에 대한 개념을 규정할 어떠한 방법론적인 대안도, 인식의 힘도 갖출 수 없었던 것이다.

이런 점과 관련시켜 보면 왜 전후에 기성세대가 급속하게 자신의 힘을 잃어 갔는지를 이해할 수 있다. 전시에 기성세대 문학가들은 결국 현실적 본질의 천착을 포기한 채 서구문학의 허무적 사고 속으로 들어가거나[49] 체제이념 속에 안주하여 문학적인 이념을 스스로 구축하고자 하는 의지를 상실하고 있었다. 이는 해방 직후의 순수주의 문학관이 이론적으로 얼마나 허약했던가를 구체적으로 증명하는 것이기도 하면서, 한편으로 전시체제가 가져온 혼란성으로부터 거리를 두고 냉정히 현실을 판단할 수 없었던 시대적 한계이기도 하다. 따라서 막연히 구호로 부르짖던 반

---

49) 이런 경향은 전시의 불안과 절망을 구체적인 역사적 현실을 통해 분석하고 평가하기 보다는 막연히 20세기 서구사조의 모더니티적 불안성과 절망성으로 대체하는 현상 속에서 그대로 드러난다. 지금 현재의 불안은 단순히 우리 현실만의 것이 아니라 모든 세계가 겪고 있는 세기말적인 현상, 문화의 위기 현상이라고 견강부회식의 진단을 하는 것이다.
백철,「새로운 인간관계의 문제 - 문화옹호의 일 포인트 -」,《자유세계》, 1952.4
백철,「모색하는 현대문학」,《수도평론》, 1953.6
임긍재,「회의와 모색의 계제(階梯)」,《문화세계》, 1953.7 참고할 것.

공적이고, 체제수호적인 문학이념은 있었으나 진정한 의미에서 현실을 객관적으로 바라볼 문학적 이념은 부재상태라 해도 과언이 아니다. 현실을 객관적 대상으로 바라볼 인식의 힘과 이를 실현할 참다운 주체의 형성도 불가능했던 것이다. 따라서 대상을 개념적으로 파악해 내는 진정한 문학적 이념이 성립할 수 없었다.

전쟁 시기에 나타난 문학이념의 혼란과 부재 상태는 창작과 실천비평에서도 극명하게 드러난다. 전쟁 시기 창작에서는 애당초 현실의 의미를 냉정하게 거리를 두고 판단해 내고 소화해 내는 작품을 기대하기 어려웠다. 작가들 조차도 갑작스러운 전쟁의 의미를 간파해 내기 어려웠고, 변화된 현실을 냉철하게 작품화하기도 어려웠다. 더구나 이를 뒷받침할 문학이념이나 작가의식을 형성하기도 전에 우선은 냉혹한 현실의 변화에 눈을 돌리기에 급급해야만 했던 것이다. 현실의 변화가 급박하고 작가가 거기에 따라가지 못할 때 올바른 문학적 형상화는 기대하기가 어렵다. 따라서 전쟁 초기부터 르뽀르타쥬 형태의 기록문학이 강조되었고, 짧은 종군기나 수필, 꽁트 등이 문학적 양식을 대체하여 주목을 받았다. 다시 말하면 '문학의 형상화' 보다는 다분히 '문학의 기록화'가 더 시급한 것으로 인식되고 강조되었던 것이다. 이와 관련하여 김기완은 이미 《문예》 전시판에서 전시문학에서 보이는 기록문학적인 성격을 재빨리 간파하여, 작품이 지니는 문학적 상상력보다 정확한 현실파악과 객관적 현실 묘사가 당시로서는 더 긴요하며, 중요하다는 입장을 표명했다. 그는 전시 하에서 전시의 상황을 있는 그대로 묘사하여 후방에 전달하는 기록으로서 전선문학의 의미를 나름대로 규정하고, 이것이야말로 완전한 '리아리즘'이며 '사실성'이라고 표현하여 '문학적 허구성' 보다는 객관적 기록이 당시에 더 긴요하다는 것을 암시하고 있다.[50] 뿐만 아니라 1952년 5월 《문예》의 '평론가 한담회'에서는 기성문단이 전쟁을 형상화하려 하나 잘 되지 않는다는 점을 지적하고 당분간 '보고문학' 으로 만족할 수밖에 없

---

50) 김기완, 앞의 글, pp.18-19

다는 점을 인정하고 있다.

　문학의 기록화 현상은 다분히 전쟁을 소재로 형상화해 내는 주체의 역량과 관계되는 문제이다. 전쟁을 단순히 객관적 소재로만 다루게 될 때 그 속에서 깊은 감동을 줄 수 있는 전쟁문학은 나오기 힘든 것이다. 무엇보다도 전쟁이라는 소재를 역사적 관점과 사회, 인간간의 함수관계에서 파악해 내는 주체적 인식이 필요한 데, 이것을 해결할 만한 문학적 역량이 당시로서는 주어질 수 없었다. 조연현은 이와 관련하여 외부적인 체험이 내부 경험으로 형상화되는 데는 상당한 시간이 요구된다는 점을 인식하고, "훌륭한 전쟁문학이 나오기 위해서는 현재의 체험이 민족적인 경험으로 형성될 때까지 인내로써 기다려" 주어야 한다는 점을 지적했다. 따라서 당분간은 전쟁에 대한 경험의 형상화보다는 "전쟁에 대한 경험의 기록"에 만족해야 한다는 것이다.[51]

　이런 지적은 그 당시로서는 상당히 타당한 것이었다. 무엇보다도 전시하에서 여러 잡지와 신문을 통해 문학적인 글은 지속적으로 발표되고 있었지만 주목할 만한 글은 전혀 보이지 않았고, 대부분은 내용도 의미도 없는 통속적인 작품들이 주류를 이루었다. 전장(戰場)을 취재한 소설들은 단순한 체험적 기록이나 애국심, 전우애를 강조한 작품에 그쳐 있었고, 후방을 그린 소설들도 단순한 신변소설, 치정에 얽힌 애정소설들이 대부분이었다.[52] 그나마 전쟁의 절박한 상황 속에서 겪은 체험을 바탕으

---

51) 조연현,「한국전쟁과 한국문학 - 체험의 기록과 경험의 형상화 -」,《전선문학》, 1953.5, p.20
52) 당시 문학적 경향에서 통속성은 시정해야 할 시급한 문제였다. 전시하 후방에서의 많은 소설이 독자의 취향에 영합하여 통속적인 내용을 다루고 있었고, 이를 많은 평론가들이 한결같이 당시 문학의 가장 큰 문제점으로 지적하고 있다(이무영의 앞의 글과 임긍재의「회의와 모색의 계제」,《문화세계》, 1953.7, 곽송원,「분단의 정화와 그 권위의 확립」,《신천지》, 1953.8 등). 이런 소설들은 변화된 현실 속에서 가치관의 전도와 성윤리의 문란을 다루고 있는데, 이는 전시하에서의 불안의식 혹은 자포자기적 절망의식과 깊이 관련되어 있는 부분이다. 임긍재는 이런 작품과 관련하여 "양아주머니의 교양적 역할을 변치 못할 정도의 통속 영역을 벗어나지 못한 채 매음굴을 배회"하고 있다고 혹독하게 비난하고 있다.(임긍재,「전시하의 한국문학자의 책무」,《전선문학》, 1952.4)

로 인간이 지닌 보편적 속성인 윤리성이나 비극성 문제를 거론한 것, 전쟁상황 속에서 변모하는 인간속성을 다룬 것, 피난 생활의 고통과 애환을 솔직하게 거론한 것이 나은 편이었다.[53] 무엇보다도 변화된 현실 속에서 사회와 인간의 관계에 대한 본질적인 탐구가 이루어지지 않았고, 그런 문제를 향한 치열한 작가의식도 엿보이지 않았던 것이다. 따라서 평론가들의 당시 문학에 대한 평가 역시 지극히 비판적인 것이었다. 대부분의 평론가들은 문단의 부진현상을 지적하기에 주저하지 않았고, 그 원인으로 현실의 외형적인 면만 쫓는 것[54], 작가의 의욕부진과 발표기관의 부족[55], 작가의 주체적인 능력부족[56], 독자에게 통속적으로 영합하는 안일한 문학관[57] 등을 들고 있었다. 그러나 그렇다고 평론가 역시 현상타개

이런 작품에 대해서는 박신헌, 「한국전쟁 전후기 소설의 현실의식 연구」, 경북대 박사논문, 1992, pp.101-112 참고할 것

53) 이런 작품의 예로 박영준의 「용초도 근해」, 염상섭의 「해방의 아침」, 황순원의 「곡예사」 등을 들 수 있다. 조남현은 전시하의 소설들을 무턱대고 부정적으로 보는 견해를 비판하고, 자세히 살펴보면 당시의 작품 속에서도 예리한 현실통찰과 견실한 서술방법을 유지하고 있는 문제작을 찾을 수 있다고 말한다. 물론 전시기의 특수성을 고려하고 현재의 관점에서 수순을 조금 낮추어야 한다는 말을 잊지 않았다(조남현, 「우리소설의 넓이와 깊이 - 전시소설의 재해석-」, 《문학정신》, 1988. 10-12). 조남현이 꼽은 문제작은 다음과 같다.
염상섭의 「해방의 아침」(《신천지》, 1952. 3), 「거품」(《신천지》, 1952. 3), 장편 『취우』(《조선일보》, 1952. 7 - 1952. 3), 「거품」(《신천지》, 1952. 3), 장편 『취우』(《조선일보》, 1952. 7-1953. 2), 이무영의 「0형의 인간」(《신천지》, 1953. 6), 황순원의 「학」(《신천지》, 1953. 2), 이무영의 「0형의 인간」(《신천지》, 1953. 6), 황순원의 「학」(《신천지》, 1953. 2), 박영준의 「빨치산」(《신천지》, 1952. 5), 강신재의 「눈물」(《문예》, 1953. 6), 김송의 「나체상」(《문예》, 1953. 6), 유주현의 「패배자」(《문예》, 1953. 6), 장용학의 「찢어진 윤리학의 근본문제」(《문예》, 1953. 6) 등.
이 밖에 필자가 관점으로 볼 때, 문제작으로 박영준의 「용초도 근해」(《전선문학》, 1953. 12), 이무영의 「암야행로」(《문예》, 1953. 1), 황순원의 「곡예사」(《문예》, 1952. 1), 장편 『카인의 후예』(《문예》, 1953. 9-1954. 3) 등을 더 추가할 수 있을 것이다.

54) 곽종원, 「문학정신의 확립」, 《자유세계》, 1952. 1, p.162
55) 곽종원, 「6.25 동란 이후의 작품개관」, 《신천지》, 1953. 4, pp.182-183
56) 조연현, 「한국전쟁과 한국문학-체험의 기록과 경험의 형상화」, 《전선문학》 1953. 5, p.18
57) 임긍재, 「회의와 모색의 계제」, 《문화세계》, 1953.7, p.30

를 위한 어떤 대안을 가진 것도 아니었다.[58] 전시 문단의 부진과 관련하여 몇몇 평론가들은 현상을 타개할 구체적인 방법으로 행동적 휴머니즘[59]과 신인간주의 문학[60] 등을 제창하기도 한다. 그렇지만 실제 그러한 방법이 어떤 이념성을 지닌 구체적인 창작방법으로 나타난 것은 아니다. 행동적 휴머니즘은 행동의 외면적인 모습이 아니라, 내면적인 의식생활의 확대와 심화를 추구하여 인간성을 인생 전체면에서 묘사하자는 것인데, 실제 구체적인 창작방법을 제시해주지 않음으로써 단순히 원론적인 구호에 그치고 말았다. 신인간주의 문학은 전쟁으로 인해 인간의 가치가 상실된 불안한 시대에 인간성을 옹호하자는 것인데, 실제적인 내용에 있어 현대인의 불안을 기계적인 사회, 전체주의적, 집단적인 행정기술만능주의 등에서 비롯되는 것으로 보아 우리 현실과는 다른 서구적 모더니즘에 그 기반을 두고 있다.

결론적으로 전쟁시기의 문단의 상황과 문학론의 성격을 요약하면 다음과 같다. 우선 진보진영의 문학론의 완전한 소멸을 들 수 있다. 해방 이전부터 이어져 오던 진보적 문학방법론은 해방 이후 좌우논쟁 속에서 급격히 그 세력이 약화되지만, 한국전쟁 때까지 보도연맹이나 기타 방법을 통해 진보적인 문학관을 가진 지식인들이 존재하고 있었다.[61] 한국전쟁

---

58) 전시 문단의 부진과 관련하여 몇몇 평론가는 현상을 타개할 구체적인 방법으로 행동적 휴머니즘(곽종원)과 신인간주의 문학(임긍재) 등을 제창하기도 한다. 그러나 실제 그러한 방법이 어떤 이념성을 지닌 구체적인 창작방법으로 나타난 것은 아니었다. 행동적 휴머니즘은 행동의 외면적인 모습이 아니라, 내면적인 의식생활의 확대와 심화를 추구하는 것으로, 이로써 인간성을 인생 전체면에서 묘사하자는 것인데, 실제 구체적인 방법은 없이 원론적인 구호에 그치고 말았다. 신인간주의 문학은 전쟁으로 인해 인간의 가치가 상실된 불안한 시대에 인간성을 옹호하자는 것인데, 실제 그 구체적인 내용에서 정작 현대인의 불안의 원인을 기계적인 사회의 법칙과 질서, 전체주의적, 집단적인 행정기술만능주의 등 서구 보편성에서 찾고 있어 현실적인 구체성을 결여하고 있다.
곽종원, 「6.25동란 이후의 작단개관」,《신천지》, 1953.4
임긍재, 「신인간주의 문학의 이론과 사적 배경」,《문화세계》, 1953.8 참고할 것.
59) 곽종원, 「6.25동란 이후의 작단 개관」,《신천지》, 1953.4
60) 임긍재,〈신인간주의 문학의 이론과 사적 배경〉,《문화세계》, 53.8

은 이런 진보적인 문학방법이 더 이상 불가능한 상황을 만들었고, 이런 상황은 당시 사회를 역사적 입장에서 객관적으로 분석할 가능성이 거의 없었음을 말해주고 있다.

둘째로 김동리,조연현 등의 순수주의 문학론의 무력함을 들 수 있다. 한국전쟁 이전 문단의 주도권을 쥐었던 이들의 문학론은 전쟁을 통해 일정하게 후퇴하게 된다. 인간의 본원적인 가치를 구명하고자 하는 이들의 태도는 전쟁시기에 문학이 현실(전쟁)에 참여해야 한다는 공리적인 문학론에 의해 이론적으로 설 자리를 잃고 만다. 이들의 이론적 후퇴는 50년대 전후(戰後)문학에서 주도적인 문학론이 없이 다양한 문학적 이념, 방법이 등장하게 되는 배경이 된다.

셋째 전쟁시기의 문학론은 반공주의적인 체제수호 문학론이 가장 강하게 대두된다. 체제수호 문학론은 전시체제와 관련하여 외부에서 강요된 것으로 당시 실질적인 문학론이 되어 창작을 주도하게 된다. 전시나 혹은 그 직후 대부분 작가 들이 반공주의적이거나 전쟁참여적인 작품을 양산하게 되는 것도 이와 무관하지 않다. 그러나 체제수호 문학론은 전쟁현실에 대한 구체적인 인식에서 비롯된 것이 아니므로 당대 현실을 객관적으로 분석하고 그 의미를 형상화하는 데는 일정한 한계가 있을 수밖에 없었다. 뿐만 아니라 체제수호 문학론은 현실을 따져보고 객관적으로 비판할 수 있는 자유로운 사고의 이념을 제한하고 있었다.

이렇게 본다면 1950년대 초 전시(戰時)하의 문학은 전쟁 이전에 전개된 문학의식의 단절과 함께 새롭게 반공주의적이고 체제수호적인 문학관이 자리를 잡았음을 알 수 있다. 그러나 체제수호 문학론은 객관적 현실과는 무관하게 외부에서 강요된 이념이었기에 현실을 작가적 시각에

---

61) 예를 들어 정태용,백철과 같은 중간파적 문학인을 들 수 있을 것이다. 정치적 입장에서는 김구의 한독당 계열,여운형의 근로인민당 계열, 조향록 등의 종교인 계열 등의 중간파가 있었고, 이들이 나중에 진보당(1956)을 창당하는 주도적 세력이 된다. 문학가의 입장에서는 상대적으로 진보적 인사가 적었고, 그나마 남아있는 사람들도 대부분 신세대 문학가가 등장함에 따라 서구적 이론으로 경도되는 경향을 보인다.

서 객관적으로 인식하고 판단할 문학이념은 될 수 없었다. 따라서 전시하의 문학은 이전에 전개된 문학이념의 단절을 의미함과 동시에 역사현실을 전체적으로 파악할 문학이념의 부재공간이라고 말할 수 있다. 이런 '문학이념의 부재' 공간은 전적으로 당시의 역사적 혼동과 혼란, 객관적 창작방법 부재, 작가주체의 역량 미숙에서 비롯되고 있음은 두말할 나위가 없다. 따라서 이 단계에서 현실의 전체상을 묘사하고자 하는 장편소설은 언제나 개별적 사실만을 표현하거나, 역사를 작가 개인의 주관성 안에서 인식하고 묘사할 수밖에 없었다.

3)전시기(戰時期)의 장편소설의 특성과 전개

이처럼 1950년대초 전시하의 문학적 상황은 갑작스런 전쟁에 따른 현실적 혼란과 이에 대처할 마땅한 문학적 이념도 만들지 못한 '혼란과 이념 부재의 공간'이라고 말할 수 있다. 반공 이데올로기적이고 체제수호적인 문학이념이 해방공간의 순수문학론을 대체하는 문학적 이념으로 강요되긴 했으나, 개별 작가로서는 최소한 그것을 내면화시켜 문학적으로 형상화시킬 대체이념으로 체득되지 않았다. 오히려 강요된 이념적 틀이 작가적 상상력을 억압하고 문학을 단순히 역사적 기록이라는 좁은 틀 안에 규정할 위험성을 지니고 있었다. 이런 경우 작가들의 의식은 수동적이 되고, 대상에 대한 적극적 인식 작용도 불가능해진다. 뿐만 아니라 이런 강요된 의식은 작가 스스로 대상을 새롭게 파악하고 인식할 창조적인 인식작용도 불가능하게 만든다. 전시하에 많은 소설이 왜 역사적 현실을 회피하여 단순히 현실의 외피만을 그리는 세태소설로 나아가거나 혹은 단순한 기록물에 그칠 수밖에 없었던가 하는 이유도 바로 이런 점과 관련된다. 당시 곽종원이 문단 부재의 모든 원인을 결국 '문학정신의 빈곤'[62]에서 찾았다는 점도 이와 무관하지 않다. 그는 문단부진의 원인으로 '문학정신의 빈곤'과 함께 장편의 부진을 들면서, 현실을 단편적

---

62) 곽종원, 「6.25동란 이후의 작단 개관」, 《신천지》, 1953. 4, pp.186-187

이 아니라 전체성의 차원에서 형상화하기 위하여 장편이 매우 중요하다는 입장을 강조하고 있는데,[63] 앞에서 이야기 한 바대로 현실을 전체적이고 총체적인 시각에서 바라볼 수 없었던 당시의 입장으로서는 기대하기 어려운 주문이었다.

따라서 이 당시의 장편소설은 주로 현실을 대상으로 하여 날카로운 분석을 보여 주기보다는 현실의 외피를 빌어 세태적인 경향을 노출하는 것이 대부분이다. 대다수 장편소설이 현실의 외적 흐름을 그대로 따라 가면서 전쟁현실의 한 단면을 포착하거나, 그렇지 않으면 과거를 다루는 역사소설적인 경향을 보이고 있다. 당시 전쟁 현실을 한 단면으로 취하면서 애정소설의 경향을 보여 주는 작품으로는 최태응의 『전후파』[64], 김광주의 『석방인』[65], 박영준의 『열풍』[66] 등이 있다. 이런 소설은 전쟁상황의 모습을 담고 있지만 그것은 단지 배경뿐이고, 중심은 어디까지나 전쟁현실의 세태적 모습과 삼각관계의 애정사에 두고 있는 작품들이다. 이 중에서 특히 관심을 끄는 것은 『전후파』와 『석방인』이다. 『전후파』는 전쟁 기간 중 후방생활의 모습을 중점적으로 묘사하는데, 특히 전방의 상황과 관련하여 소비적이고 향락적인 후방생활을 고발하는 데 역점을 둔다. 작가의 체험을 바탕으로 한 이 소설은 두 번의 종군을 통한 전방의 상

---

63) 곽종원은 "현실의 복잡한 기복을 요리하려면 단편보다 장편이 중요"하다고 보아, 당시 작품의 부진을 장편을 통해 장르론적 입장에서 극복하려는 시도를 보인다. 하지만 전체적으로 문학적 이념, 작가의식이 부재하는 공간에서 현상의 총체성을 요구하는 장편이 훌륭한 작품으로 나타나기에는 더욱 불가능한 것이다. 그가 문단부진의 요인으로 꼽는 작가의욕의 부진, 문학정신의 빈곤 등이 단순히 장편을 채택한다고 해서 극복될 성질의 것은 아니기 때문이다. 하지만 그는 당시 장편 부진의 이유를 발표기관의 부족으로 신문소설에 의존할 수밖에 없었다는 것에서 찾고, 이런 점이 통속성을 벗어나지 못하게 하는 요인이라고 보고 있다. 실제 그가 소개한 당시 창작되고 있던 장편들은 대부분 통속소설에 불과하다.
곽종원, 앞의 글, pp.182-186
곽종원, 「문단의 정화와 그 권위의 확립」, 《신천지》, 1953.8 참고할 것.
64) 최태응, 『전후파』, 〈평화신문〉, 1951.11 - 1952.4
65) 김광주, 『석방인』, 〈경향신문〉, 1953.7 - 12
66) 박영준, 『열풍』, 〈경향신문〉, 1953.1 - 6

황과 부산을 중심으로 한 후방의 향락적인 생활을 대비시키는데, 작가는 이를 통해 반공의식과 전쟁의식을 고취시키고 있다. 작품의 주된 스토리는 작가인 동규와 동규의 제자인 여옥이 벌이는 애정 행각이지만, 이런 애정이 전쟁의 상황과 맞물리면서 종군을 통한 반공과 애국의 현실인식을 보여 주고, 이를 주인공의 애정사와 밀접하게 연관시키고 있다. 반면에 『석방인』은 반공포로 석방을 소설의 주된 소재로 삼고 있다. 해방 후 좌익의 연극운동에 깊이 참여했다 월북한 박철이 반공포로로 풀려나와 변심한 아내 정원, 그리고 동창생 맹차관과 애정의 삼각관계를 벌이는 것이 소설의 주된 내용이다. 작품의 전반부는 반공포로로 석방되는 과정, 북에서의 어려웠던 생활, 전향하게 되기까지의 과정이 펼쳐지지만 곧 작품 중반 이후 양마담과 박철, 박철과 아내 정원, 동창생 맹차관과의 복잡한 애정관계가 이어지고, 서로의 애정 행각이 맞물리면서 전형적인 통속소설의 형태를 보여 준다. 결국 작품의 모티프는 반공포로의 석방이지만, 내용은 애정에 얽힌 통속사를 그대로 답습하는 것이다.『전후파』와 『석방인』이 전시상황을 소설의 주된 배경으로 삼았다는 점에서 순수애정소설인 『열풍』과 비교되지만 이는 어디까지나 현실의 극히 외면적이고 표피적인 면만을 차용했다는 점에서 현실의 전체성을 추구하는 장편양식과는 거리가 멀다. 이들 소설은 당시 풍미하던 반공 이데올로기적 경향을 적절히 수용하면서 전쟁현실과는 다른 일상의 애정사를 그대로 표출한다는 점에서 전형적인 세태,통속적인 경향을 보이고 있는 것이다.

한편 전시 상황을 배경으로 하지 않고 과거의 역사적 상황을 배경으로 한 이무영의 『농민』 3부작[67]은 전시상황임에도 불구하고 뛰어난 작품 성

---

67) 장편 『농민』 3부작은 『농민』, 『농군』, 『노농』 등으로 구성되어 있다. 각각 독립된 장편이면서 서로 연작의 형식을 띠고 있다. 『농민』은 1950년 1월 1일부터 5월 21일까지 〈서울신문〉에 연재되었던 것을 1954년 대한금융조합연합회에서 단행본으로 출간하였다. 『농군』은 1953년 10월 1일부터 동년 12월 18일까지 〈서울신문〉에 연재되었으나 완간을 보지 못하고 이후 단행본을 통해 완결되었다. 『노농』은 1954년 〈대구일보〉에 연재되었다. 이 세 작품은 각각 독립된 형태로 발표되었지만, 전체가 동일한 인물, 배경, 문체로 연결되어 있고, 사건의 구성도 서로 일관된 연관성을 지니고 있다. 즉 동학(농

과를 보이고 있다. 전쟁 시기의 같은 역사소설인 최정희의『녹색의 문』[68] 이 독립운동가를 그리면서 세태적인 소설의 형태를 취하고 있다면, 이무영의『농민』3부작은 동학과 한일합방, 3.1운동 등을 배경으로 하여 우리 근대 농촌사를 농민의 입장에서 재해석하고 있다는 점에서 괄목할 만한 성과를 지니고 있다.[69]『농민』3부작의 뛰어난 점은 이전의 농민소설에서는 보여 주지 못했던 농민 중심의 사고, 농민의 주체적인 역사참여, 일제에 대항하는 반제 반봉건의 성격이 구체적으로 살아 있다는 점이다. 즉 농민의 궁핍상과 지주의 포악성이 일제 침략의 역사적 사건과 밀접하게 결부되고, 그것에 대항하는 농민의 주체적인 입장이 실제 농민의 구체적인 생활상과 의식의 변화를 통해 디테일하게 묘사됨으로써 이전에 보여 주지 못했던 농민소설의 새로운 전형을 보여주고 있다. 특히 주인공 장쇠의 모습은 이전 농민소설에서는 보지 못하던 생동감 있는 농촌의 전형적 인물로 그려져 있다. 그는 농촌의 궁핍성과 소박성을 대변해 줄 뿐만 아니라, 그런 소박성 자체에 머물지 않고 모순된 환경에 대항하여 주체적이고 능동적인 투쟁을 벌이는 적극적 인물이기도 하다. 현실과 시대에 대항하는 그의 적극적인 삶의 모습은 바로 그 자체가 한국사의 비극과 농촌의 비극임을 보여 주며, 동시에 보다 더 나은 역사를 향해 끊임없이 진보의 방향으로 나아가야 한다는 역사적 전망의 구체성을 드러내고 있는 것이다.[70]

민), 의병투쟁(농군), 3.1운동(노농)을 통해서 농민이 겪는 아픔과 투쟁을 주인공 장쇠를 중심으로 묘사하고 있다. 따라서『농민』3부작은 농민소설이면서 역사소설이기도 하다.
68) 최정희,『녹색의 문』, 〈서울신문〉, 1953.2-7
  이 소설은 서울신문에 연재하다 도중 중단된 것을 1954년《여원》지에 다시 연재하면서 완결을 보았다.
69) 이무영의『농민』3부작은 뛰어난 성과를 지닌 작품임에도 연구자로부터 크게 주목받지는 못했다. 단편적으로 이무영의 작가론에서 이 작품을 취급한 경우는 있으나 본격적으로 이 작품을 대상으로 하여 연구한 논문은 조정래,「이무영의 농민소설연구 - 장편 3부작『농민』,『농군』,『노농』을 중심으로 -」,(연세대 대학원 석사논문, 1983)이 유일한 것이다.

하지만 전시기 장편소설의 특징은 무엇보다도 염상섭의 『취우』와 황순원의 『카인의 후예』에서 본격적으로 드러난다. 『취우』와 『카인의 후예』는 전쟁기에 씌어진 작품임에도 불구하고 대상에 대한 일정한 문제의식과 주제의식을 지니고 있다. 이들 작품은 그들이 세계를 바라보는 각도, 세계에 대한 주체적인 성찰이 작품의 내면에 잠재되어 있고, 이런 점에서 전쟁기에 유행했던 세태적 소설과는 경향을 달리 한다. 즉 이들 소설은 자신이 바라보는 역사적 상황의 구체성을 자신의 내부 속에서 하나의 진지성으로 받아들이고 있고, 이를 소설적 형상화를 통해 적절하게 재구성해 낸다. 『취우』에서 보이는 객관적 묘사방식에 의한 관찰자적 세계인식이나, 『카인의 후예』에서 보이는 역사상황에 대한 주관적 인식방식은 모두 이들이 세계를 바라보는 이런 진지성에서 비롯된 것이다. 하지만 이

---

70) 필자가 보기에 『농민』 3부작의 업적은 다음과 같은 점을 들 수 있다. 우선 『농민』 3부작은 농민을 하나의 고립된 시각으로 보지 않고, 우리 민족의 중심적 계층, 다시 말하면 우리 민족사의 중심적 위치로 파악하고 있다는 점이다. 작가는 동학혁명, 의병투쟁, 3.1운동과 같은 역사적 사건을 농민들의 생활사와 결부시키고, 이를 농민 중심에서 펼쳐 나간다. 이런 점은 이전의 역사소설이나 농민소설에서는 볼 수 없었던 측면이었다. 두번째로 『농민』 3부작이 이전의 농민소설에서 보이는 지식인적 농민상이 아닌, 소박하면서도 능동적이고 현실타개에 적극적인 전형적인 농민상을 형상화하고 있다는 점이다. 이전의 이무영 소설, 즉 「흙의 노예」나 「제1과 제1장」에서는 단순히 흙의 귀중함, 농촌의 중요함을 강조하는 관념적이고 휴머니즘적인 지식인이 주된 인물이었다면, 『농민』에서는 소박하고 순수한 농민 자체가 주인공이 되고 있다. 더구나 장쇠와 같은 인물은 역사적 보편성과 농민의 개별성이라는 전형적 의미를 구현하면서도 구체적 현실의 생생함 속에서 형상화됨으로써 소설적 인물로서 보기 드물게 성공하고 있다. 장쇠를 통해서 보여 주고자 하는 것은 한 영웅의 모습이 아니라 현실의 삶에 더 이상 머물 수 없도록 만드는 구체적 환경에 대한 적극적인 투쟁이다. 세번째로 『농민』 3부작에서 보여 주는 반제 반봉건의 성격이다. 실제 반제 반봉건의 문제는 우리 민족사에서 분리할 수 없는 문제임에도 불구하고 『농민』 3부작 이전의 농민소설에서는 그것이 구체화되지 못했다. 『농민』 3부작에서는 양반과 상민이라는 계급적 분화가 어떻게 외세, 반외세의 분화로까지 연결되는지를 잘 보여 주고 있다. 김승지를 이은 서울댁의 모습이나 박의관 집의 모습을 통해 결국은 계급적 모순이 민족적 모순으로까지 이어지고 있음을 극명하게 보여 준다. 『농민』 3부작은 몇몇 부분에서 나타나는 작가의 서술적 개입을 통한 문체상의 부조화만 제외한다면 당시로서 탁월한 농민소설, 역사소설로 평가받을 수 있을 것이다. 이는 이기영이나 한설야가 월북한 이후 남한의 공백 상태의 문학사에서 식민지 시대의 전통을 이을 수 있는 탁월한 작품이라고 평가된다.

런 방식 자체가 바로 '대상의 총체성'을 구현하는 장편 양식에 부합한다는 뜻은 아니다. 이들 작품은 전시(戰時), 혹은 전시 직후가 지니고 있는 인식의 한계를 작품 내부에 스스로 담고 있고, 이런 면에서 세계를 구체적으로 인식하고자 하는 총체성의 관점에서도 멀어져 있다. 이들 작품이 현실의 전체성이 아니라 현실의 한 단면, 한 계기만을 포착하는 것도 현실의 본질적 계기를 파악할 수 없었던 당시 문학의식의 한계를 그대로 드러내는 것이다. 즉 『취우』에서 현상에 대한 객관적 묘사 방식이나, 『카인의 후예』에서 역사에 대한 주관적 해석방식은 현실의 본질적 의미를 찾을 수 없을 때, 현실을 관찰된 묘사 그 자체에서 제시하거나, 개인적인 역사체험에 따라 현실을 주관적으로 평가하고 해석할 수밖에 없는 경향을 분명하게 보여 주는 것이다. 작품이 가지는 진지성이나 문제의식의 추구에도 불구하고 『취우』와 『카인의 후예』가 장편양식의 본질적 성격과는 거리가 멀다는 것도 바로 이 때문이기도 하다. 이런 점은 3절과 4절의 작품 분석을 통하여 집중적으로 살펴보도록 하겠다.

2. 전쟁의 객관화와 일상의 전경화 : 염상섭의 『취우』

1) 중도적 세계관과 가치중립성

염상섭의 『취우』[71]는 전쟁이 한창인 1952년 7월 18일부터 1953년 2월 20일까지 〈조선일보〉에 연재되었던 장편소설이다. 『취우』는 당시 소설로서는 드물게 인민군 치하의 서울 풍경을 담고 있고, 또 그것을 객관적이고 관찰자적인 시각으로 조명함으로써 각별한 주목을 받고 있다. 소설 속에는 삶에 대한 어떤 가치 판단이나 해석도 들어가지 않고, 다만 전쟁 시기에 일반시민이 갖는 일상사의 지속과 이런 일상사를 형성하는 계기

---

71) 염상섭의 『취우』는 1952.7.18일부터 1953.2.20일까지 조선일보에 연재된 장편소설이다. 이후 1954년 12월 20일 을유문화사에서 단행본으로 출간된 적이 있다. 이 글의 텍스트는 1954년 간행된 을유문화사 판본을 사용하였다.

로서 남녀간의 애욕, 돈에 얽힌 이해관계가 소설의 전면을 채우고 있다. 『취우』는 전쟁 중임에도 불구하고 전쟁에 대한 일체의 주관적 판단이나 감정개입을 배제하고 일상이 흘러가는 삶 그 자체를 객관적으로 보여 주고 있는 것이다. 『취우』의 이러한 방식은 전쟁 현실에 대한 객관적 탐구 자체가 전무했던 시기에 전쟁 현실을 일상적 삶의 지속으로 보고 그 현실 자체를 재구성했다는 점에서 특별한 의미를 지닌다. 즉 반공적 시각과 결부하여 이데올로기의 대립상을 부각시키는 당시의 소설 속에서 삶의 지속성, 일상성의 가능성을 보여 주었다는 점에서 소설이 추구하는 서사성의 새로운 측면을 보여 주고 있는 것이다.

『취우』는 기존에 염상섭이 취하고 있는 삶의 방법론인 가치중립성과 일정한 연관을 가지고 있다.[72] 그가 식민지 시대부터 지속적으로 추구해 왔던 소설적 주제인 서울 중인계층이 누리는 생활의 안정감, 이른바 '중산층 보수주의'[73]라고 말할 수 있는 이러한 태도는 전통적인 인륜관계에 바탕을 두면서 세계에 대한 안정된 균형감을 추구하는 중도적 세계관을 그 기반으로 한다. 예컨대 그가 『삼대』에서 덕기와 병화의 중간에서 중도적인 가치관을 견지하면서 민족주의적인 색채를 내보이는 것도 바로 이런 세계관에 바탕을 두는 것이다.

중도적 세계관은 현실의 변화가 어떠한 '이념'으로 이루어지는 것이 아니라, '일상'의 삶 그 자체 속에 있다는 점을 근간으로 한다. 그는 당시 좌우의 이념은 근본적으로 인간 삶 자체에서 비롯된 것이 아니며, 실제 생활을 근거로 해서 나타난 것도 아니라고 본다. 오히려 생활 자체는 복합성의 산물이며 다양한 이해관계의 집합체인 것이다. 따라서 현실의 삶은 개개인의 생활 자체에서 시작되고, 진정한 변화 역시 생활에서부터 비롯된다. 이런 그의 생각을 한 마디로 요약하면 이념이 현실을 구성하

---

72) 김윤식, 『염상섭 연구』, 서울대 출판부, 1987, p.821
73) 김윤식, 「염상섭의 소설구조 - 서사적 양식의 제문제」, 김윤식 편, 『염상섭』, 문학과 지성사, 1977, p.65

는 것이 아니라, 현실 자체가 이념을 구성한다는 것이다. 그가 현실적 이데올로기의 문제를 첨예하게 제기하였던 1920년대 카프문학에 반박했던 것도 바로 이러한 점 때문이다.

이렇게 본다면 그가 중요하게 여기는 점은 모든 문제를 일상적 차원에서 이해하고 설명하는 것이다. 그는 이념과 같은 추상적 방식이 아니라, 실제 삶에서 일어나는 현상 자체를 중요한 것으로 바라본다. 계급사상이 만연한다 해도 실제 일상 생활에서는 그러한 이데올로기가 현실과 유리된 관념상의 존재일 따름이라고 보는 것이 염상섭의 기본태도이다.[74] 가족관계, 애증관계, 이해관계 속에 변할 수 없는 인간 삶들이 놓여 있고, 이런 것들이 지속됨으로써 현상세계는 존재하게 된다. 염상섭의 가치중립성, 중도적 세계관은 바로 이런 일상적 삶의 중요성과 그 지속성을 바탕으로 하는 것이다. 그리고 이런 가치중립성에서부터 세계변화 자체를 무덤덤하게 받아들이고, 변화 자체를 애써 피하려는 중산층 보수주의가 깊숙히 내재되어 있다.

『취우』에서 다루고 있는 내용이 전쟁을 통해서 무너진 역사적 공간이 아니라, 지속되고 반복되는 일상의 모습들임을 볼 때 근본적으로 이런 가치중립성과 중산층 보수주의가 소설적 배경을 이루고 있다는 점을 알 수 있다. 소설에서 이념적 태도를 애써 피하려고 하는 태도, 그뿐만 아니라 관찰자로서 전쟁공간을 마치 일상처럼 현상 그대로 묘사하려는 태도가 이러한 성격을 잘 대변해 준다. 특히 『취우』는 전쟁 도중에도 변함없이 지속되는 중산층의 삶을 그림으로써, 전쟁이라는 변화가 여름날의 소나기(취우)처럼 지나가면 그뿐이라는 삶의 낙관성과 보수주의적 특성을 유감없이 보여주고 있다. 소설 속에서 전쟁은 한갓 구경거리나 소일거리에 불과한 것으로, 소소한 일상사의 작은 변화로밖에 취급되지 않는다. 인민군 치하에서도 생활은 그대로 지속되고, 중산층의 풍요한 삶은 변함없이 지속된다. 『취우』는 이러한 가치중립성 혹은 중도적 세계관에 바탕

---

74) 김윤식, 「염상섭의 소설구조 - 서사양식의 제문제」, 앞의 책, p.55

을 두는 중산층 보수주의의 시각을 그대로 드러내고 있는 것이다.

 그러나 『취우』에 나타나는 이러한 가치중립성도 삶에 대해 객관적 태도를 취한다는 점에서 변함없는 지속성을 띠면서도 시대와 역사가 변함에 따라 그 내용에 있어 몇 가지 면에서 달라진 점을 보여준다. 『취우』에서는 가치중립성으로서 중산층의 안정감, 보수주의, 객관적 현실묘사의 우위가 여전히 나타나긴 하지만, 그것은 좌나 우 사이의 균형감 혹은 어떤 이념 사이의 균형감으로 드러나는 중도적 세계관의 표현으로서가 아니라, 현실을 구성하는 이념 자체의 포기, 나아가 소설에서 세계관 자체의 포기를 의미한다. 『삼대』에서는 덕기로 표현되는 점진주의적 리버럴리즘과 그의 친구 병화를 통해 나타나는 사회주의 이념, 계몽과 개조의 엘리트로서 표현되는 상훈의 기독교적 가치관, 그리고 완고한 인습의 표상으로 등장하는 조의관의 봉건주의 등의 여러 가치관들이 등장하고, 이들을 통해 소설의 중심갈등을 형성할 수가 있었다. 덕기가 이런 갈등 속에서 현실주의적 타협을 모색하고 점진주의적 개혁을 지향하는 것[75]도 그런 이념상의 제 가치들을 소설의 중심 테마로서 등장시켰기 때문에 가능한 것이었다. 『취우』에서는 이런 이념상의 가치들이 전혀 등장하지 않는다. 단지 『취우』에서는 이념에 대한 묘사, 이념적 인물들 간의 갈등이 사라지면서 단순히 생활 현상에 대한 일상성의 태도가 강화되고 있다. 따라서 『취우』에서는 이념으로서의 역사는 사라지고, 단지 이면의 배경인 일상성 자체가 소설의 전면을 채우게 된다.

 이는 한국전쟁 과정에서 중간파적인 이데올로기인 중도적 세계관과 이념으로서의 가치중립적 세계묘사가 불가능해짐에 따라, 염상섭 스스로 자신의 문학적 태도를 일상적 세계에 대한 묘사를 통해 관철하고 있는 것으로 보인다.[76] 즉 이미 이념 분화가 극도로 진행된 상태에서 이의

---

75) 김병익, 「갈등의 사회학-염상섭 '취우'」, 김병익 외, 『현대 한국문학의 이론』, 민음사, 1978, p.314
76) 김종욱, 「염상섭의 '취우'에 나타난 일상성에 관한 연구」, 『관악어문연구』 17집, 1992, p.143

통합을 통한 보수적 민족주의의 구성은 불가능하다고 판단한 것이다. 식민지 시기 염상섭은 좌우의 이념적 갈등이 존재함으로써 통합적인 민족주의의 논리를 펼 수 있었다. 즉 식민지 모순의 주체인 일제가 존재하고, 이의 대립항인 좌익과 우익의 논리가 존재함으로써 점진주의적 통합원리, 개혁논리를 만들 수 있었던 것이다. 하지만 해방 직후와 한국전쟁의 시기에는 이런 구체적인 대립항이 존재하지 않았다. 그는 민족 내부의 혼란과 분열, 투쟁을 바라보면서 이를 거시적으로 규명할 어떤 이념적 대안을 가지지 못했다. 따라서 분명한 것은 그가 애초부터 지니고 있던 생활감각, 곧 구체적인 삶의 일상사를 재현하는 것이었고, 이런 점에서 『취우』에서 중간파적인 이데올로기는 사라지고, 관찰자적이고 객관적인 현실묘사만이 남게 된 것이다.

염상섭이 중도적 세계관을 포기한 것은 해방 이전 좌우 통합을 통한 민족통합 원리의 포기와 해방 이후 견지해 왔던 중간파적 입장[77]의 포기를 의미한다. 이런 이념적 태도의 포기는 물론 한국전쟁의 영향과 이에 따라 급속히 이루어지는 반공 이데올로기의 득세와 매우 밀접한 관련을 지닌다. 문학이 사회에 대한 이데올로기적 표현양식임을 감안할 때 작가 자신도 이런 영향력으로부터 무관할 수는 없을 것이다. 하지만 그의 이런 변화는 이전부터 그가 취해 왔던 반좌익적 성향과 깊이 관련된다. 그는 해방 전이나, 해방 후 여러 논쟁과 작품을 통해 반좌익적 경향을 분명히 보여 주었고, 이는 그의 중도적 세계관, 절충론이 어디까지나 보수주의적 입장에서 민족통합을 구상하고 있었다는 점에서 분명히 드러난다.[78]

---

77) 해방 이후 염상섭의 중도적 입장에 대해서는 김종균, 『염상섭 연구』, 고대출판부, 1974, p.39를 참고할 것.
78) 그의 이런 반좌익적인 경향은 《개벽》지의 「계급문학 시비론」(1925)과 연이은 박영희, 김기진과의 논쟁, 「윤전기」와 같은 작품, 해방 후 「38선」, 「이합」 등 일련의 작품에서 구체적으로 드러난다. 염상섭의 중도적 세계관, 절충론의 성격에 대해서는 아래의 글을 참고할 것.
김윤식, 「염상섭의 소설구조 - 서사적 양식의 제문제」, 김윤식 외, 『염상섭』, 문학과 지 이런 경향은 한국전쟁이 발발하였을 때 그의 문학이 급격하게 보수주의로 흐르고 중산층의 일상사의 묘사를 통한 자본주의적 제 가치를 옹호하도록 만든다. 한국전쟁을 통한 좌우의 충돌은 이런 중도적 세계관의 존재의미조차도 일시에 무너뜨리는 것으로, 더 이상 그로서도 이데올로기의 절충을 시도할 아무런 가능성을 발견할 수 없었던 것이다. 『취우』에서 나타나는 객관적 묘사, 일상성의 탐구가 어디까지나 중산층에 집중되어 있고, 돈이나 애정 욕구와 같은 자본주의적 가치개념에 한정되어 있는 것도 이 때문이다.

2) 시, 공간의 축소와 서사구조의 평면성

(1) 시간과 공간의 축소

염상섭의 『취우』79)는 전쟁의 발발과 함께 서울이 인민군에게 함락되는 1950년 6월 28일부터 1.4 후퇴 직전인 1950년 12월 13일까지 인민군 치하의 서울에서 중산층의 몇몇 인물이 겪게 되는 일상사를 중심 내용으로 하고 있다. 소설에는 주인공인 신영식과 강순제를 중심으로 피난가지 못한 각계각층의 다양한 삶이 일상사의 흐름과 함께 다소 완만하게 펼쳐져 있다. 스토리의 주된 중심은 한미무역회사 사장인 김학수가 회사 측근인 강순제, 신영식과 함께 피난을 가지만 실패하고, 김학수가 피신해 있는 신영식의 집에 강순제가 드나들면서 벌이는 애정행각이다. 이를 중심으

성사, 1977
장사선, 「염상섭 절충론의 무절충성」, 『염상섭 문학연구』, 민음사, 1987
79) 염상섭의 『취우』를 대상으로 하거나, 한 항목으로 취급하여 다루고 있는 연구논저는 아래와 같다.
김영화, 「염상섭의 '취우'」, 『현대작가론』, 문장, 1983
김원수, 「염상섭 소설의 변모양상」, 서강대 대학원 석사논문, 1984
김윤식, 『염상섭 연구』, 서울대 출판부, 1987
신영덕, 「'취우'에 나타난 현실인식의 성격」, 『한국현대문학연구』, 태학사, 1991
김종욱, 「염상섭의 '취우'에 나타난 일상성에 관한 연구」, 『관악어문연구』 17집, 1992

로 사장 김학수의 돈에 대한 집착, 전쟁에 따라 변하는 회사 사원들의 인심, 전쟁의 와중에서도 벌이는 신영식과 강순제의 애정놀음 등이 소설의 주된 테마를 이룬다. 소설 속에는 각양각색의 인물들이 적 치하 서울 속에서 여전히 자신의 이익을 좇아 일상적 삶을 영위하고 있고, 이를 통해 전시하에도 변함없이 지속되는 인간관계의 욕망적 구조를 펼쳐보이고 있다. 소설은 이들을 시종 따라다니며 객관적 관찰의 시선을 보냄으로써 일상사의 흐름을 재구성해 낸다. 따라서 『취우』는 전쟁을 피하지 못한 몇몇 인물이 적 치하에서 겪게 되는 일상적 삶에 대한 관찰의 기록이라 할 수 있다.

소설은 사건과 시공간의 역할에 따라 네 부분으로 나뉘어진다.[80] 우선 첫 부분은 소설의 1장(절벽)과 2장(숙명의 아침)이다. 이 부분은 1950년 6월 28일 새벽 2시경부터 다음날 아침까지 한미무역회사 사장 김학수와 그의 비서이자 정부인 강순제, 한미무역회사 과장인 신영식이 피난을 떠나는 과정이 긴박하게 펼쳐진다. 대략 하룻밤 사이의 일을 그리고 있는 이 부분은 시,공간의 급격한 변화에 따라 서술이 진행되므로, 소설 전체를 통하여 전쟁상황의 긴장감이 가장 살아 있는 부분이기도 하다. 둘째 부분은 인민군 치하의 서울에서 본격적으로 도피생활을 하게 되는 과정

---

80) 김종욱은 『취우』의 스토리를 세 부분으로 나누고 있다. 첫 부분은 1장부터 3장까지 피난광경의 부분, 둘째 부분은 4장부터 15장까지 적치하의 서울 생활, 셋째 부분은 16장부터 20장까지 1.4 후퇴로 다시 피난가는 과정으로 나누고 있다. 이와는 달리 신영덕은 첫 부분은 1장부터 13장까지의 적 치하의 일상생활, 둘째 부분은 14장부터 17장까지 신영식의 납치 과정, 셋째 부분은 18장부터 20장까지 수복 후의 서울 생활로 나누고 있다. 『취우』의 서사단위는 대체로 피난과정, 인민군 치하의 서울 생활, 신영식의 의용군 납치, 수복 후의 생활로 끊을 수 있고, 이 점에서 위의 구분도 크게 달라진 것은 아니라고 본다. 『취우』에서 이런 서사구분은 스토리를 이해하는 데 큰 도움을 준다. 전체적으로 서술이 완만하면서 정확한 시,공간의 지시가 없기 때문에 이런 구분 자체가 서사진행을 이해하는 데 큰 도움을 줄 수 있다는 것이다. 뿐만 아니라 이런 서사단위를 통해서 작가의 서술의도를 엿볼 수 있는 계기가 되기도 한다.
김종욱,「염상섭의 '취우'에 나타난 일상성의 연구」,『관악어문연구』17집, 1992, p.144
신영덕,「'취우'에 나타난 현실인식의 성격」,『한국의 전후문학』, 한국현대문학연구회, 1991, pp.171-172

을 그린 3장(진공의 작렬)부터 신영식이 의용군으로 잡혀가기 직전의 13장(출발 전)까지이다. 이 기간중에는 도피생활 도중에 일어나는 갖가지 사건이 상세하게 묘사되고 있다. 사원들의 심상치 않은 동향, 사장 김학수의 보스톤 가방에 든 돈의 행방, 강순제와 신영식의 사랑 다툼, 인민군 점령하의 서울 풍경 등이 자세하게 펼쳐진다. 피난의 긴박감이 사라지고 등장인물들도 일상의 흐름으로 돌아옴에 따라 시간의 흐름도 다소 완만해진다. 셋째 부분인 14장(대망의 추석)부터 17장(해방의 자취)까지는 주인공 신영식이 인민군에게 의용군으로 끌려간 이후 서울이 수복되고 신영식이 귀가하기까지의 과정을 다루고 있다. 이 기간 동안 사장 김학수는 납치당하고 순제와 영식 모친은 영식의 소식을 듣기 위해 동분서주하는 모습을 보여 준다. 넷째 부분은 17장(해방의 자취)부터 20장(유랑의 길)까지이다. 이 부분에서는 서울이 수복되고 영식이 돌아온 이후부터 다시 피난을 준비하는 과정이 펼쳐진다. 환경의 긴박감이 사라진 때문인지 묘사 자체도 느슨해지고, 서술 단위도 한두 달씩 건너뛰기도 한다.

　대체로 소설은 인민군 치하의 서울에서 신영식과 강순제가 겪게 되는 생활상의 애환, 사랑의 행각을 좇아 진행된다. 소설은 이러한 인물들이 일상에서 겪게 되는 생활 자체에 초점을 맞추고 있으므로 시,공간적으로 지극히 완만하고 불분명하게 진행된다. 즉 사건 중심보다는 인물들의 일상적 행위 중심으로 소설이 구성되어 있으므로, 서술은 자연히 일상적 행위의 흐름을 좇아 순차적으로 진행되는 과정을 보이게 되는 것이다. 소설이 인물 중심의 갈등이나, 상황에 따른 사건 중심이 아니기 때문에 결국 사건들을 결합시키고 연관시키는 시간적 연속(시간성)과 인과관계(논리성) 자체를 무의미하게 만든다. 작품의 스토리가 등장인물의 일상적 흐름에 그대로 종속되면서 인물들의 행위 역시 단순히 일상적 의미 이상의 것을 지니지 않기 때문이다. 따라서 소설상의 시,공간은 자연히 등장인물의 일상적 흐름, 공간에 종속되는 경향을 지니게 된다. 인물은 일상적 흐름을 그대로 지속하고, 소설의 묘사는 그것이 의미있든, 그렇지 않든 그대로 따라가면서 세밀하게 그려 내는 과정을 반복하고 있다. 이는 소설상 시,공간의 결합과 배치의 원리가 무의미하다는 것을 의미한다. 뿐만 아니라 그것은 소설의 가장 중심 부분인 플롯의 파괴를 의미하는 것이기도 하다.

아래 인용문은 소설 3장의 공간 이동을 발췌한 것이다. 3장은 피난에 실패하고 신영식의 집(천연동)에 몸을 숨긴 김학수 일행과 그를 떠나 자신의 집으로 돌아가는 강순제의 행동이 묘사되어 있는 부분이다. 천연동을 나선 강순제는 신영식과 함께 재동 자기집으로 향한다. 가는 도중 인민군 점령하의 서울풍경이 관찰자적인 시각에서 자세히 묘사되는데, 이런 장면들은 사건에 대한 어떤 필연성이나 개연성을 지니고 있는 부분은 아니다. 그저 발걸음이 닿는 대로 보이는 서울의 모습을 객관적 시각을 통해 서술해 내고 있다.

(1)영식이가 앞을 서 병원으로 들어가 보니
(2)정동 어구에까지 되돌아오는 동안 탱크는 벌써 ,,,,
(3)대한문 앞을 나서니, 여기는 장거리처럼 더 한층 사람이 우글거린다.
(4)두 남녀는 조선일보사 맞은편을 넘어서 시청 뒷길로 들어섰다.
(5)재동집에 오는 동안에 적병의 그림자는 보이지 않았다.
(6)구름다리께를 나오니 창경궁쪽에서 이리로 오는 사람뿐이다.
(7)창경원도 옆문만 열어놓고 적병이 분주히 들락날락했다.
(8)둘이 주거니받거니 하며 예전 박석고개를 넘어서자니까,
(9)혜화동 네거리에 와, 길 건너 천주교당 문앞에도 괴뢰군의…
(10)학수영감의 집 앞은 더구나 쓸쓸하였다.
(11)두 남녀는 급한 걸음을 혜화동 네거리에서 마주 건너서
(12)종로 네거리에를 오니 여기는 길이 막히기커녕…..

전체 16페이지 남짓한 3장은 이처럼 수많은 장소를 이동하면서 서울의

광경을 목격하는 것으로 채워져 있다. 실상 이 부분은 강순제와 신영식이 재동 강순제 집과 혜화동 김학수의 집에 가는 것으로 끝날 곳이다. 단 두 줄 정도로 요약될 내용을 지리하게 두 사람의 발길을 따라 보이는 대로 묘사해 내고 있다. 여기에서 장소의 개념도 명확한 것은 아니다. 소설 속에서 장소의 지적은 지극히 불분명하다. 대화나 서술의 중간에 살짝 끼워넣는 식으로 되어 있는 장소의 지칭(指稱)은 자세히 보지 않으면 알 수 없을 정도이다. 더구나 시간의 개념은 전혀 등장하지 않는다. 예를 들어 글 중간에 재동 집에서 '점심이나 먹고 가자'라는 대화를 통해 그나마 그 시간대가 정오 무렵임을 막연히 추측할 수 있을 뿐이다. 이처럼『취우』에서는 장소나 시간의 개념이 급격하게 약화되어 있다.[81] 서술은 단지 개개인의 인물이 겪는 우연한 광경이나 현상 자체에 머물러 있다. 강순제나 신영식이 주어진 한정된 공간을 오가며 벌이는 일상적인 삶이 바로 소설의 전체 서사구조가 되고 있다.

소설에서 가장 중심이면서 전체 분량의 태반을 차지하고 있는 부분은 인민군 치하에서의 생활을 담고 있는 3장부터 13장까지인데, 여기서는

---

81) 『취우』에 관한 일반 논문에서는 시간과 공간의 문제에 대하여 각자 다른 견해를 표명한다. 김윤식 교수와 김원수는 『취우』가 공간성이 약화되고 시간성의 개념이 강화된다고 주장한다. 김종욱은 『취우』는 시간성보다 공간성 중심으로 서사가 진행된다고 본다. 하지만 소설 속에서 시간성이나 공간성의 개념은 별다른 의미를 띠지 못한다. 소설 속에서 실제 구체적인 시간을 말해 주는 것은 불과 몇 군데밖에 되지 않는다. 예를 들면 9월 27일(p.215), 십이월 엿샛날 (p.257)같이 극소수에 불과하다. 이것도 서울수복, 평양철수와 밀접하게 관련되어 서사적 필요성에 의해 마지 못해 제시된 경우이다. 이밖에는 대부분 '이튿날', '삼사일 후', '점심', '석달 전' 등으로 시간 부사에 의해 제시된다. 이는 역사적 시간과 다른 서사구조로서 일상사의 흐름을 나타내 주는 데 불과하다. 공간성 역시 서사구조에서 큰 의미를 띠지 못한다. 공간에 대한 제시는 대부분 문맥 속에 들어가 있고, 인물의 상황, 행동 속에서 드러난다. 따라서 공간 자체가 한정되어 있다는 점, 또한 어떤 공간이든 일상성 자체는 변함이 없다는 점에서 공간 자체도 별다른 의미를 띠지 못하는 것이다.

김윤식, 『염상섭 연구』, 서울대 출판부, 1987, p.824-829
김종욱, 앞의 논문, p.147
김원수, 앞의 논문, pp.38-49 참고할 것.

강순제와 신영식을 중심으로 의미없는 일상사의 나열이 끊임없이 반복되고 있다. 소설에서 이 부분은 천연동, 재동, 혜화동, 사직골, 필운동을 끊임없이 오가는 반복구조로 되어 있다. 양식을 구하기 위해, 가족들이 잘 있나 살피기 위해, 소식을 듣기 위해 이 다섯 공간을 반복하여 오가며 일어나는 이야기가 그대로 전체 서사의 내용이 된다. 이 기간 동안에 시간의 흐름은 서술내용 속에서 전혀 구분되지 않는다. 그저 아침과 점심 정도의 구분만이 제시된다. 시간과 공간의 흐름이 일상 속에 완전히 갇혀 있는 것이다. 이처럼 소설 속에서 시간과 공간의 개념이 약화된다는 것은 결국 전체서사의 중심 갈등이 없고, 인물 중심의 사건 진행이 없다는 것을 단적으로 보여 주는 것이다. 갈등 자체가 서사구조를 이끌어 나가는 것이 아니라 관찰되는 상황 자체가 바로 서사구조를 이끌어 나간다. 바로 평균적인 인간의 일상적인 삶 자체가 바로 소설의 전체서사가 되는 것이다.

(2) 묘사의 객관화 문제

『취우』에서 시, 공간의 개념이 불명확한 것은 근본적으로 현상을 객관적으로 바라보고 현상 자체를 소설의 현실로 대치하는 염상섭의 객관적 묘사방식 때문이다. 『취우』는 철저하게 3인칭 관찰자 시점으로 묘사된다. 다시 말하면 세계를 설명하는 방식이 철저하게 외부초점에 의존하고 있다는 것이다. 때로는 심리묘사에서 내부인물의 초점을 사용하기도 하나 이는 예외적인 경우이며, 모든 상황은 관찰되는 외부초점의 화자를 통해 제시된다.

학수 영감은 미닫이를 닫고 누웠다. 그러나 영식이가 제 방으로 들어가서 누웠는지 부엌에서만 떼그럭거리고 조용해지자 영감은 벌떡 일어나서 이부자리를 돗자리 열러 뚤뚤 말아 걷어 치우고, 뒤뚱거리는 구들장을 만적만적하여 보더니, 손가방에서 세수제구를 꺼내어 면도를 빼내들고 구들장의 언저리를 두장 길이나 싸악싸악 오리기 시작한다. 백비가 된 시커먼 장판을 사르르 일으집어 내고 새벽 가루를 손으로 긁어 모은 뒤에, 우선 앞턱의 구들장 한장을 사뿟이 들어냈다. 들여다보니 구재가 그들먹하다. 장판을 좀더 벗기고 다음 한 장을 또 들어냈다. 여기는 구들곬이 제법 푹 패어 있다.

영감은 웃목에 큰 가방 위에 우뚝이 얹혀 있는 묵직한 보스톤 빽을 들어다 놓고 바지 포켓에서 열쇠꾸러미를 꺼내서 가만히 열더니 위에 덮인 신문지 뭉치며 서양 잡지들을 꺼내서 꺼먼 구들곬에 길이로 죽 깔았다. 조그만 어린애 송장 하나는 뉘울 만한 자리가 잡혔다. 다음에는 보스톤 빽에서 막직막직해 보이는, 큼직한 부대 주머니를 세 개나 차례차례 꺼내서는 잡지를 깐 위에 나란히 뉘어 놓고 그 위에 다시 신문지를 펴서 덮었다. 꼭 닫은 방안에서 숨을 죽여 가며 허둥허둥 두 손길만 놀리는 양이 무엇에 몰린 죄인 같고, 앞에 묻힌 허연 긴 토막은 뻗으러진 송장을 홑이불로 덮어 놓은 것 같다.

영감은 구들장을 덮으려고 손을 대다가 아차 하고 무슨 생각이 든 듯이 웃목으로 뛰어가더니, 꺼멓게 더러운 손으로 또다시 열쇠꾸러미를 꺼내서 큰 가방을 열고, 네모 반듯한 종이봉지를 찾아 들고 이리로 왔다. 한귀퉁이를 쭉 찢어서 허리를 동인 지폐뭉치를 다섯 뭉치 쯤 쏙 빼서 빈 보스톤 빽에 툭 들어뜨리고는, 큰 뭉치는 신문지에 다시 뚤뚤 말아서 위에 덮은 신문지를 쳐들고 부대 주머니들의 발치께로 들여놓고 나서, 인제는 구들장을 차례대로 다시 덮고 긁어 모았던 흙을 편 뒤에 장판지로 제대로 깔았다. 오려낸 자국은 났으되, 흙먼지에 가리워 얼른 보기에는 감쪽같다. 돗자리를 다시 깔고 손을 신문지로 닦은 뒤에, 보스톤 빽에는 큰 가방의 세간을 나누어 넣어서 제 자리에 올려놓고 영감은 비로소 이마에 밴 땀을 와이샤쓰 소매로 쓱 씻었다.[82]

위의 인용문은 김학수가 신영식의 집 천연동에 몸을 숨기면서 보스톤 백에 들어 있는 돈뭉치를 구들장 밑에 숨기는 장면이다. 장면 하나하나가 정교하게 묘사되어 있어 빈틈이 없다. 마치 영화의 한 장면을 실제 그대로 옮겨놓은 듯한 기분이 드는 세밀한 묘사이다. 이런 세밀한 묘사는 철저하게 객관적이고 관찰자적인 입장을 취했기 때문에 가능했다. 작가는 철저하게 관찰자의 시점을 유지하되, 그것도 외부초점의 한 가지 경우만을 고집하고 있다.[83] 만약 전지적 입장이 보다 더 강화되었더라면 위

---

82) 염상섭, 『취우』, 을유문화사, 1954, pp.45-47
83) 외부 초점의 관찰자적 서술이라 해도 다양한 방식을 사용할 수 있음을 유의해야 한

의 묘사 중 필요없는 부분은 과감히 삭제할 수 있었을 것이다. 예를 들면 '꺼멓게 더러운 손'이라든지, '네모 반듯한 종이봉지'라는 세밀한 표현은 필요없을 뿐만 아니라 신문지를 몇 번씩 까는 반복된 묘사도 불필요할 것이다. 또한 돈을 숨기는 김학수의 내면심리를 상세히 묘사함으로써 상황의 긴박감을 더욱 조성할 수도 있다. 하지만 관찰자는 마치 카메라와 같이 그 대상들을 보고 기록할 뿐 그 이상의 관심을 보이지 않는다. 단지 눈에 보여지는 것만을 놓치지 않으려는 듯 세밀하게 현상을 포착하여 묘사할 뿐이다. 이런 경우 실제 행위의 시간과 서술되는 시간은 일치하게 되고 서술자는 소멸됨으로써 독자는 마치 실제 상황을 보고 있는 듯한 착각을 일으키게 된다. 그럼으로써 상황은 현재화되며, 실제 객관성은 더욱 높아지게 된다. 하지만 이런 객관성에도 불구하고 이와 같은 세밀한 묘사는 그 상황이 지니고 있는 실제적 의미와 앞으로 전개될 내용에 대해서는 아무런 언급도 할 수 없다. 다만 상황이 지닌 현상만이 문제가 되고 그것의 객관적 실재만이 중요하게 부각되는 것이다. 따라서 서사의 각 상황이 가진 상호연관성은 구체적으로 살아날 수가 없다.

　　인물시각적 소설에서는 서술자가 후퇴해 버리고 없다. 주석적 소설에서라면 서술자 개인의 신상을 유추해 낼 수 있는 그런 모든 서술 요소들이 중립화되거나 배제되어 버린다. 그리고 장면적 제시, 대화, 체험화법, 그리고 의식의 반영이 묘사를 주도하게 된다.[84]

3인칭 관찰자 시점은 일반적으로 세계가 개인을 압도하는 가운데 형성된다. 개인은 세계에 대해 언제나 수동적 위치에 머물러 있으며, 세계를

다. 예를 들면 카메라가 한 사람에게서 다른 사람에게로 연쇄적으로 이동하는 방식을 들 수 있다. 카메라의 이동과 몽타쥬 기법과 비슷한 경우이다. 뿐만 아니라 관찰하는 시점 자체도 변화할 수 있다. 또한 관찰하는 시간 역시 변화시킬 수 있다. 『취우』에서 나타나는 방식은 가장 단순하고, 고정적인 3인칭 객관화의 관찰방식이다.
보리스 우스펜스키, 『소설구성의 시학』, 현대소설사, 1992. pp.106-117
84) 슈탄젤, 『소설형식의 기본유형』, 탐구당, 1990, p.82

자아와 동떨어진 현상으로 보고 세계를 관조한다. 『취우』의 세계도 역시 그러하다. 『취우』가 보여 주는 세계는 언제나 사건과 행동으로부터 멀리 떨어져 있는 피상적 공간의 일부분일 뿐이다. 이런 세계는 단지 생활을 지속하는 개인을 통해서 지극히 우연적이고 자의적으로만 관계를 맺게 된다. 앞에서 살펴본 것처럼 소설 속에서는 무의미한 일상의 시간이 펼쳐져 있고, 이런 시간의 흐름에 우연히 끼어드는 공간이 바로 역사의 현장이 된다. 하지만 이런 역사의 공간은 그야말로 관찰된 것 그 자체에 머문다. 그 속에는 등장인물의 참여와 관여가 없다. 전쟁의 상황은 말 그대로 '구경'(p.53), '전장시찰'(p.74)에 불과할 뿐이다. 세계가 우연적인 것으로 서사를 구성하는 내적 갈등과 긴밀한 상관을 가지지 못할 때 그것은 단지 배경만으로 전락한다.

(3) 서사구조의 평면성과 분립화

일반적으로 소설에서 상황이 단지 소설의 배경만으로 전락할 때, 갈등과 행동을 중심축으로 삼는 서사적 전개는 힘을 잃는다. 『취우』의 모든 사건이 단순히 생활의 나열, 반복된 순환에 그치고 마는 것도 이 때문이다. 예를 들면 소설의 중심 플롯을 형성하는 강순제와 신영식의 사랑도 결국 단순한 반복적 순환과정에 불과하다. 천연동, 재동, 혜화동을 끊임없이 반복 순환하면서 진행되는 이 두 사람의 사랑은 결국 서울수복 후 신영식의 원래 애인인 명신이 등장하면서 다시 제자리로 돌아 간다. 따라서 소설의 중심 테마를 형성하는 두 사람의 사랑은 실제 서사 내용에서 아무런 의미를 띠지 못한다. 또 하나의 예를 들어 보자. 『취우』에서 등장인물이 겪는 사건 중에 가장 변화가 큰 것이 신영식의 의용군 입대이다. 12장(횡액)부터 17장(해방의 자취)까지 이어지는 이 부분은 반복되는 일상사 중 가장 큰 변화이다. 하지만 화자는 의용군에 입대한 신영식의 초점을 따라가는 것이 아니라, 여전히 입대 이후의 신영식 집에 초점을 맞추고 있다. 즉 주인공이 신영식임에도 서사전개는 강순제와 신영식 모친의 일상사를 중심으로 전개되는 것이다.[85] 이렇게 본다면 신영식의 의용군 입대는 서사구조에서 어떤 의미가 있는지 불분명해진다. 실상 의용군 입대가 지니는 의미는 생활 속에 만날 수 있는 우연적인 것, 삶의 일상사에서 얼마든지 만날 수 있는 사소한 변화 정도에서 그친다. 즉 그의 의용군 입대는 단지 일상사의 지속성과 다양성을 증명해 주는 역할밖에 하지 못한다. 따라서 신영식의 의용군 입대는 단순한 에피소드, 서사의 한 단편일 뿐이다.

이처럼 소설 속에 나타나는 중심 테마들과 사건이 일정한 의미를 띠지 못한다는 것은 현상 자체의 관찰을 통한 서사구조의 평면화 현상을 구체적으로 보여 주는 것이라 할 수 있다. 모든 상황과 사건은 고립되어 있고 에피소드화되어 있다. 그리고 그 자체는 아무런 의미를 지니지 못하는 세계내의 객관적 현상의 일부분일 뿐이다. 소설은 단지 일상적인 삶의 흐름을 통해 사람이 본 것을 묘사하고 그 묘사된 것에 공간적 의미와 시간적 '현재'를 부여하고 있다. 그리고 이런 분절화된 사건과 시간의 현재성이야말로 『취우』가 지닌 서사구조의 특성이라고 말할 수 있다. 이런 현상은 분명히 서사에서 중심되는 갈등과 사건을 취하지 못한 결과 때문이기도 하다. 중심되는 갈등과 부차적 갈등을 만들어 내지 못함으로써 서사구조는 평면성 그 자체로 떨어지고 소설 전체의 주제는 의미를 잃는 것이다.

『취우』의 이런 성격은 자연주의적 문학이 지닌 특성과 그대로 일치하고 있다. 자연주의 작품에서는 직접적으로 주어진 현실의 단편들만이 무매개적으로 우연적 방식으로 삽입되어 있거나 나열되어 있을 뿐 유기적으로 구성된 총체적인 세계상은 보여주지 않는다. 자연주의에서는 현상의 직접성 자체를 구현하려고 하기 때문에 객관현실의 본질을 분명하게 드러낼 수 없으며 현실의 피상적 재현에만 머물게 되는 것이다. 따라서

---

85) 이런 점이 바로 『취우』가 지니고 있는 객관적 관찰자적 시점을 분명하게 드러내고 있는 부분이다. 즉 인물중심보다는 공간 중심으로 한정된 범위내에서 지속적인 카메라 역할을 하는 관찰자의 존재를 분명히 감지할 수 있는 것이다.

작품의 등장인물은 단지 평균적 인간에 일상적 현실의 사고와 감정, 언어만을 부여하게 되고 이는 소설 속에서 인물과 상황이 에피소드적이고 우연적이며, 고립적인 성격을 띠게 하는 근본원인이 된다. 자연주의에서 가장 문제적인 것은 바로 현실에 대한 작가의 시각과 전망을 포기한다는 점이다. 자연주의 작가는 세계를 역동적이고 발전적인 것으로 보기보다는 철저히 정적이고 평면적인 것으로 바라본다. 그리고 이를 통해 세계는 우연적인 것, 무의미한 것, 무희망적인 것으로 탈바꿈되며, 인간은 비역사적인 존재로 바뀌게 된다. 『취우』가 일상적 상황에서 단지 우연적이고 에피소드적인 이야기만 나열하는 것은 작가 자신이 이미 전쟁상황의 역사적 의미보다는 단지 현상의 관찰에만 머물겠다는 의도를 보여준 것이다.

루카치는 현실의 총체적이고 자족적인 묘사를 가능케 하는 요소들을 예술가들이 신중히 선택해야 한다고 강조한 바 있다.[86] 예를 들면 예술가들은 현실에서 무엇이 중요하고 중요하지 않은가를 분명히 선택하라는 것이다. 이런 선택과정이야말로 장편소설에서 예술적 원근법의 필수적인 부분이며 객관적 총체성을 형성하기 위한 본질적인 요소이다. 자연주의 소설처럼 묘사되는 현실 자체가 단절되고 고립되지 않기 위해서 사건은 각 인물과 상황과의 필연적인 유기적 연관을 맺어야 하고, 이는 역사 발전의 본질적인 성격을 향해 서서히 의미가 관철되는 과정을 이루게 된다. 루카치가 서사는 균형을 추구하고 묘사는 평균화를 낳는다고 말하는 것[87]도 바로 이런 역사 본질을 형성키 위한 서사의 긴밀한 구성, 상호관계를 강조한 것이라 볼 수 있다. 장편소설이 역사발전의 본질적 성격을 '생활자체의 형식'을 통해 보여주는 것이라고 했을 때, 이는 분명히 역사현실에 대한 작가의 시각을 뚜렷이 함께 동시에 현실에 대한 전망을 담

---

86) 키랄리활비, 『루카치 미학비평』, 한밭출판사, 1985, p.81
87) 루카치, 「서사냐 묘사냐 - 자연주의와 형식주의의 예비토의」, 루카치 외, 『리얼리즘과 문학』, 지문사, 1985, p.196

고 있음을 의미한다. 자연주의 소설이 직접적 현실을 아무런 매개없이 현상 그 자체로 반영해 냄으로써 현실에 대한 작가의 시각과 전망을 상실한다면, 리얼리즘적 장편소설에서는 현실을 풍부한 생활형식에 따라 반영하면서도 역사를 바라보는 작가의 시각과 전망에 따라 그것을 선택하고 재배치함으로써 작품이 의도하는 주제를 환기시키게 되는 것이다.

『취우』의 문제점은 서사구조에서 이런 장편소설적 원리 자체를 부정하는 데 있다. 이는 작가의 시각, 서술자의 후퇴를 통한 서술의도의 부재이기도 하다. 『취우』는 모든 현상을 있는 그대로 본 대로 묘사한다. 그럼으로 해서 역사현상에 대한 해석과 현실의 전망 자체를 포기하게 된다. 단지 현상 속에 드러난 객관적 관찰만이 소설의 중요한 과제로 등장하게 되는 것이다. 『취우』에서는 마치 작품의 모든 세부현상들이 현실의 세부현상과 일치해야 한다는 느낌을 주고 있다. 작품의 공간적 현재는 우리가 살아 가는 삶과 일치하는 시간적 현재를 부여받고 있다. 우리의 무의미한 일상은 작품 속에서 그대로 현실적 삶이 된다. 삶의 양적 전체성을 구현하려는 이러한 생각은 결국 작품 내부에 지닌 진정한 인간 삶의 관계를 단절시키고 삶 자체를 무의미하고 무회망적인 공간으로 대체시킨다. 현실은 정적으로 고정화되고, 서술은 평균화되며, 모든 사건은 삽화적으로 분절된다. 작품 어디서도 사건은 열정을 불러일으키고 행동을 유발시키는 계기를 얻지 못한다. 『취우』에 나타나는 모든 사건이 서로간에 아무런 연관이 없이 단지 그 자체의 의미만을 지니는 것도 이 때문이다.

『취우』는 단지 일상세계의 평범한 인물만을 그려 내고, 그들에게 일상세계의 사고와 감정과 대화만을 제공해 주고 있다. 작품 속에서 강순제, 신영식, 김학수, 정명신 등은 모두 개별화되어 있고, 그들은 단지 일상세계가 진행되는 공간내에서 자신의 삶을 유지한다. 『취우』가 보여 주는 서사구조의 지루함은 전쟁중의 긴박한 상황이라 하더라도 삶 자체는 끊임없이 계속될 수밖에 없다는 삶의 지속성 때문이며, 그것을 현재의 삶과 일치시키고자 하는 권태로운 일상성의 무게 때문이다. 우리의 삶이 지속성을 지니듯 전쟁의 와중이라도 삶은 끊임없이 계속될 수밖에 없다는

것, 그리고 그것이 우리 삶의 '현재'를 구성한다는 것, 이것이 서사구조
의 개연성과 연관성을 상실하면서 『취우』가 얻어 낸 진정한 의미이다.

3) 일상성의 의미와 삶의 지속성

(1) 가족주의의 붕괴와 돈의 가치상승

『취우』에서 보여 주는 일상성의 의미는 이전의 염상섭 소설에 나타난
일상성의 의미와 일정하게 달라진 측면을 보여 준다. 염상섭의 소설이
후기로 올수록 비관념적 시점, 원거리화의 논리, 장면제시방법 등을 통
해서 인생이나 현실에 대한 적극적인 이해나 해석의 결핍을 보여 주지
만,[88] 일상성의 무게가 『취우』만큼 강조된 적은 없다. 30년대 염상섭의
소설 『모란꽃 필 때』 등에서도 세속적 일상사가 등장하지만 이는 어디까
지나 신여성을 앞세운 통속적 내용의 한 배경일 뿐이다. 해방기의 작품
인 「두 파산」은 삶의 일상성을 그리고 있지만, 옥임의 생활을 통해서 돈
에 의해 인간성마저 타락되는 세태상에 대한 고발이 작품 내면에 잠재되
어 있었다. 하지만 『취우』에서는 적어도 이런 잠재된 의미마저 삭제되어
버리고 만다. 『취우』를 구성해 주는 것은 전적으로 중산층의 안일한 삶의
방식, 자본주의적 일상사의 겉면 그 자체이다. 전쟁이라는 커다란 역사
의 변화가 있지만 적어도 그것은 중산층의 일상적 삶의 평면성에 비하면
한갓 여름날에 내리는 '소나기『취우』'에 불과할 뿐이다. 소나기가 한번
지나가고 나면 그뿐이듯이 전쟁 역시 그들에게는 일상적 삶에 일회적인
변화만을 주고 있다.

『취우』에서 이전과 다르게 중점적으로 드러나는 것은 이념의 전면적인
은폐와 일상성을 통한 삶의 지속성의 강조이다. 염상섭의 이전 소설에서
도 일상이 갖는 삶의 제가치, 즉 돈과 성(性), 가족주의, 인간 욕구의 문

---

[88] 김종균,「염상섭과 그 소설의 특질 – 변증법적 삶의 현장」,『염상섭 문학연구』, 민음
사, 1987, p.81

제는 항상 중심적 관심사였다. 『삼대』에서 돈과 성은 욕망의 중심적인 대상이었고,[89] 이는 서사의 중심적인 축을 형성하는 관심사였다. 조의관을 지탱한 것은 돈을 통한 신분상승이었고, 덕기는 돈을 유지시키고 적절하게 배분함으로써 가족의 통합과 이념의 타협성을 확보할 수 있었다. 가족주의 문제도 마찬가지이다. 『삼대』의 서사적 틀을 이어 가는 것은 조의관으로 비롯되는 가부장의식, 그리고 이를 중심으로 한 가족간의 갈등이었다. 덕기의 역할은 이런 무너진 가족의 틀을 재생시키고 통합시키는 것이었다. 실상 『삼대』에서 보여 주는 타협주의도 가족주의적 사고 방식에 입각한 중산층 보수주의의 안정된 균형감의 표현이었던 것이다. 그의 장편소설 대다수가 이런 가족 속의 집단의식, 삶의 파장과 균형회복이라는 문제와 밀접한 관련을 가진다. 하지만 『취우』에서는 이런 문제들이 여러 면에서 변모를 거친다. 여전히 가족주의와 돈의 문제가 중심적 테마이기는 하지만 그 성격은 일정하게 달라진다.

『취우』에서 가족주의 자체는 소설의 중심적인 문제가 아니다. 『취우』에서 가족관계는 언제든지 해체되고 결합될 수 있는 성질의 것이다. 전쟁 때문이기도 하지만 순제와 영식은 어떤 가족 속에도 편입되었다가 해체되기도 한다. 순제가 영식의 집에 편입되는 것, 또한 영식이 김학수의 집을 자식처럼 넘나드는 것도 바로 이런 성격을 보여 주는 것이다. 따라서 보다 더 중요한 것은 가족관계가 아니라 이해에 따른 이기적인 인간관계의 이합(離合)이다. 자신의 생명을 유지해야 한다는 이해 때문에 김학수는 사돈집인 강순제의 친정집에 머물기도 한다. 순제는 영식의 사랑을 얻기 위해 영식의 집에 며느리처럼 머문다. 순제와 그녀의 남편인 장진은 이념 때문이기도 하지만 결코 결합되지 않는다.[90] 『취우』에서는 무

---

89) 이 점에 대해서는 이선영, 「리얼리즘과 장편소설」, 『민족문학사 연구』 제2호, 창작과 비평사, 1992, pp.74-77 참고할 것.
90) 이런 점은 해방기의 작품인 「이합」 및 「재회」와 비교된다. 「이합」은 이북에서 교원생활을 하는 장한과 좌익활동에 열심인 아내 진숙 사이의 이데올로기의 갈등문제를 다루고 있다. 남편이 아내를 버리고 월남하지만 결국 아내 역시 남편을 찾아와 다시 가정을

엇보다도 삶을 지속하기 위한 이해(利害)의 관계가 보다 더 중요하다.

이런 점은 돈의 문제를 통해서도 확연히 드러난다. 앞서 말한 대로 염상섭은 돈이 지배하는 세계의 타락상을 묘사하는 데 탁월한 능력을 지니고 있다. 『삼대』가 그러하고 『두 파산』 역시 그러한 점을 잘 보여 준다. 하지만 이런 소설에 나타나는 돈의 지배상은 단순한 통속적 흥미거리가 아니라 식민지 지배질서와 자본주의 물상화에 대한 비판의 일환이었다.[91] 하지만 『취우』에서 돈의 문제는 보다 더 중심적인 문제로 상승하여 가치의 중심범주를 이룬다. 돈은 전쟁 시기에 살아남기 위한 최고의 수단이다. 전쟁의 와중에서도 돈을 추구하는 인간상은 비판의 여과없이 그대로 드러난다. 전쟁 기간 내내 김학수의 관심은 보스톤 백에 든 돈과 종식에게 보관해 두었던 돈의 행방에 머물고 있다. 그는 난리중에도 돈만 보관하면 다시 재기할 수 있을 것으로 믿고 있다. 15장(납치)에서 김학수는 돈을 보호하기 위해 스스로 납치되는 결과를 초래한다. 김학수의 일상사는 이처럼 모두 돈과 관련된다. 회사 사원 임일석은 사원들의 생계보장을 핑계로 숨어 있는 김학수와 강순제로부터 끊임없이 돈을 뜯어 낸다. 임일석의 이데올로기적 변신은 결국 돈을 얻기 위한 수단에 불과하다. 『취우』에서 나타나는 돈의 가치상승은 작품 말미에 종식의 돈이 항아리에 그대로 보관된 것과 보스톤 백에 있는 돈이 김학수의 생명을 대신하여 소중하게 간직되어 온 것을 통해 그대로 드러난다.

이처럼 가족주의의 붕괴와 돈에 대한 애착은 『취우』가 지니고 있는 일상성의 의미가 무엇인가를 분명히 말해 준다. 가족주의의 붕괴는 이해(利害)관계가 앞서는 삶의 양상을 구체적으로 지적해 주고, 돈은 그 일상

이룬다는 스토리로 되어 있다. 이데올로기보다는 인륜으로서 가족의 화합이 무엇보다 중요하다는 점을 이 작품을 통해 보여 준다.
김윤식, 「염상섭의 소설구조 – 서사적 양식의 제문제」, 『염상섭』, 문학과 지성사, 1977, p.64 참고
91) 정호웅, 「식민지 중산층의 몰락과 새로운 방향성」, 『염상섭 문학연구』, 민음사, 1987, p.150

성이 지닌 근본 배경과 가치범주를 암시해 준다.『취우』가 보여 주는 세계는 말 그대로 중산층 보수주의에 바탕을 두는 일상성의 의미와 삶에 대한 지속성인 것이다. 『취우』를 구성하고 있는 인물이 모두 돈 가진 중산층의 인물이라는 것, 그리고 그들의 삶의 방식이 전쟁과 어울리지 않게 호화스럽다는 것, 이들이 돈을 배경으로 하고 이해관계를 중심으로 맺어져 있다는 것 등이 이를 뚜렷이 증명해 준다. 그리고 소설은 이를 바탕으로 하여 서로간의 탐욕과 애욕을 중심 테마로 한 세속적 일상사를 전개하고 있는 것이다.

(2) 일상성과 욕구의 의미

일상성은 일반적으로 사람들의 개별적 삶을 매일매일의 테두리 속에서 조직하는 것을 의미한다. 그들의 삶의 반복가능성이 매일매일의 시간 배분 속에서 고정되는 것이다. 다시 말해서 일상성이란 개인의 삶의 역사의 진행을 지배하는 시간의 조직이며, 반복된 리듬이다.[92] 일상성은 개인의 시간과 역사를 구성한다. 일상 자체가 전체 역사와 구분되는 것은 아니지만, 그럼에도 분명히 자신의 물화된 세계와 가치영역을 지니고 있다. 사람이 살아 간다는 것, 하루의 생활, 만남, 기쁨, 슬픔의 기록을 지니고 있고, 이것은 개개인의 삶을 구성하면서 전체적으로 인간 삶의 총화를 이룩한다. 일상성이 역사와 대립하여 개인의 삶을 구성하는 물적 총체성이라면 개개인의 생활을 규정하고 행동을 만들어 주는 것은 분명히 인간의 욕구와 욕망의 영역이다. 그리고 이런 욕망과 욕구야말로 개개인이 살아 가는 원천을 이루면서 개인의 역사를 만들어 나가는 밑바탕인 것이다.『취우』에서 일상성과 개인의 욕망, 욕구가 적절하게 결합되어 있는 양상은 바로 이런 거시적 역사가 아닌 개개인의 삶의 역사, 생활 자체를 문제삼는 것 때문이기도 하다. 앞에서 살펴본 대로 돈이 지닌 가치와

[92) 카렐 코지크,『구체성의 변증법』, 거름, 1985, p.66
　일상성과 역사의 문제에 대해서는 같은 책, pp.18-21, 66-76을 참고할 것.

이를 바탕으로 하는 욕구의 충족과 만족은 바로 개인의 삶을 역사와 유리된 일상성 자체로 바로 환원시키는 것이다. 『취우』가 전쟁을 소설적 배경으로 삼고 있으면서도 철저하게 전쟁과 또 다른 일상적 역사를 재구성해 내는 것도 바로 이런 세속적 가치규범과 삶의 방식을 개개인의 일상생활로 치환시키기 때문이다.

『취우』에서 드러나는 개인의 생활 방식은 돈과 애정의 욕구에 의해 좌우되고 있음은 앞에서 살펴본 바 있다. 그런데 이런 것들이 구체화되는 방식은 이전과 다르게 소설이 추구하는 가치의 세계와 일정하게 멀어져 있다. 작가는 오히려 이런 욕망의 가치를 보다 더 섬세하게 재구성하고 그것의 일상적 삶의 존재 조건으로 여과없이 보여 준다. 『취우』에서 욕구의 방식은 보다 개별화되어 있고 근원적인 문제로 나타난다. 김학수의 돈가방은 소중한 가치이지만 그것이 배분되거나 양도되어 어떤 행위의 실질적 동인이 되는 것으로 나타나지는 않는다. 다만 그것 자체가 보존해야 할 가치로서 확대되어 나타날 뿐이다. 순제의 애욕은 철저하게 이기적 성격을 띠고 있다. 그는 명신의 애인인 영식을 소유하는 데 관심을 가진다. 그녀가 피난간 명신을 끊임없이 의식하며 영식에 집착하는 것도 순수한 애정이 아닌 단순한 소유욕, 이기적 물적 욕구에 토대를 둔 감정임을 구체적으로 보여 준다. 일반적으로 인간의 욕망은 동물적인 욕망과 구별된다. 인간의 욕망은 대상을 내가 욕망한다는 사실 또는 그 대상이 나의 소유라는 점을 나와 동등한 다른 욕망 소유자로부터 인정받을 때 비로소 충족된다.[93] 따라서 이 경우 욕망이란 타자의 부정과 배제이면서 타자를 자기 속에 종속시키는 행위이기도 하다. 순제의 애욕이 물적인 성격을 지닐 수밖에 없는 것도 철저하게 자기 소유욕에서 비롯되고 있다는 것, 그리고 그것이 타인을 배제하고 자기의 욕망만을 충족시킨다는 성격이 강하기 때문이다. 그리고 그녀로부터 비롯되는 모든 사건은 이런 이기적 욕망과 이해타산적인 삶의 방식 속에서 일상을 통한 삶의 지속이

---

93) 강내희, 「욕망이란 문제설정?」, 《문화과학》, 1993 봄, p.18

라는 문제로 환원되는 것이다.

　소설이 신영식보다는 강순제에 초점을 맞추고 있는 것도 바로 이 때문이다. 강순제의 삶의 방식이 소설의 전면을 채우고, 모든 사건은 그녀의 행위로부터 비롯된다. 표면적으로 보기에는 '강순제 - 신영식 - 정명신'의 삼각관계로 인해 신영식이 소설의 중심 인물로 보이지만, 실제 소설의 중심적 역할을 하는 것은 강순제이다. 신영식의 의용군 입대 이후에도 서사 중심이 계속 강순제에 머물고 있음이 이를 잘 나타내 준다. 강순제가 소설의 중심 인물이 되는 것은 그녀의 이해타산적인 삶의 방식, 삶의 태도가 소설이 지닌 일상사의 흐름의 성격, 특히 중산층의 세속화된 삶의 방식과 잘 맞아 떨어지기 때문이다.

　　내 경우는 달라요. 그야 생활의 방편두 타산에 들지 않은 것은 아니었지마는, 덜퍽지게 무얼 먹어 볼 욕기로 덤벼들었던 건 아니니까. 그이가 하두 친절히 굴구 나두 싫지 않으니까 그렇게 된 거지, 결국 피차에 감정이나 기분이나 맞으니까 대등한 인격으로 자기 책임을 자기가 지구 융합한 것이지, 정조를 일반적으로 제공했다거나 유린을 당하거나 희생이 된 건 아니니까요. 하지만 인젠 포화상태가 되어서 이 이상 지속할 흥미도 능력도 없어진 걸 질질 끌 수 있언 뭘 해요. 도대체 남들이나 그 분 내외나 나를 제 이호쯤으로 생각하는 것이 틀렸거던! 난 무슨 정조를 잃었거나 성애를 유희한 것은 아니니까…․. 이래 뵈두 난 진국얘요.내 딴엔 지성을 잃지는 않았다구 생각하는데…[94]

　순제의 사고 방식은 철저하게 자기중심적이고 이해타산적이다. 위의 인용문에서 보듯이 김학수와의 관계도 동등하게 필요에 의해서 맺어진 것임을 스스럼없이 영식에게 말하고 있다. 그리고 이런 대등한 거래 관계야말로 그녀에게는 지성적이고 합리적인 방법이었음을 천명하고 있다. 이런 이해타산적 행동방식은 순제를 중심으로 소설에서 폭넓게 펼쳐진다. 애욕의 충족구조로서 신영식과 강순제의 관계, 돈과 애욕의 거래

---

94) 염상섭, 『취우』, 앞의 책, p.174

관계로서 김학수와 강순제의 관계, 돈과 안전의 거래 관계로서 임일석과 강순제의 관계 등이 바로 그것이다. 그리고 이런 관계 자체가 전시하의 서울에서의 생활을 지속시키면서 작품이 지닌 세속화된 일상사의 성격을 유감없이 드러내는 것이다. 그녀가 신영식과의 애정놀음에서 정명신을 의식하면서 '경쟁자를 희생한다는 것쯤은 도의상 책임질 일은 아니니까'[95]라고 말하는 그 태도는 바로 돈과 욕구에 의해 지배되는 적자생존의 경쟁논리와 이해타산적 인간관계의 속성을 그대로 보여 주고 있다.

  돈과 애욕의 물적 욕구가 타인을 배제한다는 것은 특히 자본주의적 삶의 양식에서 뚜렷히 드러나는 구조적 특성이다. 욕구는 자본주의적 생산양식이라는 구조가 작동할 때 분명한 사회적 성격을 드러낸다.[96] 그 속에는 분명히 교환가치와 사용가치의 등가적 차이와 욕구의 주체와 객체의 분리가 일어나고, 질적, 양적 부분에서 그 담당층의 성격이 암암리에 나타난다. 이는 욕구가 분명히 사회적 양식으로서 개인적 일상사를 구성할 때 욕구를 욕구로 만드는 사회적 조건, 생산과 소비를 결정하는 생산양식의 성격과 밀접한 관련이 있음을 의미하는 것이다. 이는 이 욕구의 담당층이 사회의 일정한 계층에 속하는 사람들의 정상적인 생활의 만족된 형태로서만 나타난다는 점과 관련이 있다. 『취우』의 주요 인물은 대부분 전쟁도중 피신생활을 하는 일반적인 사람과는 거리가 멀다. 그들의 생활은 전쟁이라는 상황 자체를 무색하게 할 정도로 호화스럽다. 그리고 전쟁에서의 생존논리와 동떨어지게 자본주의적 이해관계와 생활논리를 그대로 지속하고 있다. 이런 점들은 적어도『취우』의 세계가 민중들의 일상적 생활과는 동떨어진 중산층 이상의 생활만을 모델로 취하고 있음을 보여 준다. 그리고 전쟁과 동떨어진 일상사 역시 한갓 가진 자의 범속한 생활의 지속일 뿐이라는 것을 여실히 증명해 준다.

---

95) 염상섭,『취우』, 앞의 책, p.175
96) 강내희, 앞의 글, p.26

4) 『취우』의 성격과 그 한계

염상섭의 『취우』가 보여 주는 일상성의 방식은 분명 전시소설로서 특별한 의미를 지닌다. 소설은 전쟁 도중임에도 변함없는 일상의 생활을 보여 주고, 전시의 생활을 끊임없는 삶의 지속성으로 파악하는 독특함을 드러내고 있다. 이는 한편으로 역사 역시 일상성을 바탕으로 할 수밖에 없다는 것, 즉 개인들은 그 자신의 경험, 그 자신의 행동, 그 자신의 감정 속에서 생활을 지속해 나가며, 이를 바탕으로 세계가 구성된다는 생활의 감각, 혹은 일상성의 감각을 보여 준 것으로 볼 수 있다. 이런 점에서 『취우』는 일상성이 역사를 압도하는 삶의 한 단면을 이야기하고 있다고 할 수도 있겠다. 그러나 이런 세계는 일상이 갖는 반복성, 순환성을 벗어나면 바로 구체적인 역사로 상승할 수가 있다. 역사 자체는 일상성을 바탕에 두면서도 그 일상성을 일시에 무너뜨리고 낯선 것, 예외적인 것으로 다가올 수 있는 것이다. 하지만 『취우』의 세계는 그 순간에서 더 이상 발전하는 세계의 묘사를 멈춘다. 그리고 역사 자체와 일상성을 분리하면서 일상성 자체를 삶의 절대적인 환경으로 뒤바꾸어 놓는다. 소설 속에서 끊임없이 전쟁을 하나의 이면적 배경으로 처리해 버리는 것과 장진과 같은 이념적 인물을 세속적이고 일상적인 인물로 치환하는 것도 이런 방식의 일환이다. 즉 일상적 세계가 역사의 세계로 나아가는 것 자체를 소설의 묘사가 스스로 막고 있는 것이다.

전쟁에 대한 '간접제시의 방법', 이념적 인물에 대한 회피 등[97]은 그가 역사를 어떻게 보고 있는가 하는 점을 잘 드러낸다. 정치적 이데올로기의 문제를 적절하게 회피하면서 한국전쟁과 같은 역사적 변환을 삶의 일

---

97) 전쟁에 대한 간접제시의 방법은 전쟁 상황을 언제나 관찰자적인 시각으로 묘사하는 것으로 나타난다. 소설 속에서 전쟁은 단순히 일상인이 겪는 하나의 이변으로 단순한 구경거리 이상의 의미를 지니지 않는다. 이념적 인물을 회피하는 것은 장진의 묘사를 통해 잘 드러난다. 장진은 서울함락과 함께 북에서 내려온 인물이지만 그의 이념적 행위는 전혀 묘사되지 않고 단지 순제의 시각 속에 일상사의 한 변주로서 조그마한 파문을 이끄는 것으로만 묘사된다.
김종욱, 앞의 글, pp.152-153

상적 차원으로 대체시키는 그의 태도는 분명 이전의 가치중립적 묘사방식과 밀접하게 맞닿아 있다. 또한 『삼대』 이후 그의 문학의 성격을 대변해 주는 중산층 보수주의의 안정된 균형감각이 적절하게 변용된 것으로 볼 수도 있을 것이다. 하지만 『취우』에서부터 그의 소설은 소설이 말하고자 하는 이야기의 세계, 그 의미를 확실히 잃어 버린다. 식민지 시대 그의 소설이 중도적 입장에서 이데올로기의 통합을 내세우고 민족적 화해와 통합을 시도했다면, 해방기의 소설은 중도파적 시각에서 변화되는 세계와 타락상을 적절히 묘사함으로서 소설의 통속화를 막을 수 있었다. 하지만 한국전쟁 이후 그의 소설은 대부분 애정사의 삼각관계나 돈에 얽힌 이해관계를 통한 세태묘사 그 자체로 변모해 버린다. 소설은 자기가 말하고자 하는 이야기의 세계를 잃어 버리고 단순히 일상사의 나열과 에피소드의 조합으로 바뀌게 되는 것이다.

 이런 점은 염상섭 문학의 지속적 특성과 당시 시대적 분위기를 관련시키면 그 적절한 이유를 찾아볼 수 있다. 우선 한국전쟁을 통하여 급격히 변화하는 문학의식적인 틀의 변화를 들 수 있다. 앞 장에서 말한 대로 전쟁은 급격하게 문학이념의 변화를 요구했다. 전쟁은 이전에 지니고 있던 문학내적인 규범 자체를 포기하게 만들고 문학을 단순히 체제옹호적인 것이나, 반공 이데올로기의 틀내에 가두어 두고자 했다. 전쟁이 확산되면서 문인들은 전쟁에 대한 시국적 인식을 새롭게 해야만 했고, 무엇이나마 전쟁에 기여하는 문학 내외적인 활동을 시작해야만 했다. 이런 점은 조연현이나 김동리의 '순수문학론'의 입장에서도 마찬가지였고, 염상섭과 황순원, 백철과 같은 중간파적 성향을 띤 작가들에게 역시 동일하게 적용되는 것이었다. 무엇보다도 전쟁 자체가 이념의 유동성을 허락하지 않았고, 그런 면에서 창작은 이데올로기에 대해 결코 자유로운 입장에 있지 못했던 것이다. 뿐만 아니라 전쟁을 통해 급격하게 변화되는 현실에 적절하게 대응할 문학적 이념을 갖춘 것도 아니었다. 조연현의 말대로 좋은 작품이 나오기 위해서는 전쟁의 체험이 민족적 경험으로 형성될 때까지 기다려야만 했던 것이다.[98]

이런 점은 반공이데올로기의 묵시적인 강압과 전쟁으로 인한 혼란 때문이라 하겠는데, 염상섭에게 당시의 이런 상황은 문학의 변화에 복합적인 영향을 미치게 했다. 먼저 이전에 가지고 있던 그의 중산층의 보수주의적 의식은 점차적으로 자본주의 체제를 수긍하는 쪽으로 변하게 된다. 이미 식민지 시기부터 「윤전기」와 같은 작품이나, 계급문학과의 논쟁을 통해 좌파 이데올로기에 대한 거부감을 내보이고 있었던 그로서는 이런 의식의 변화는 크게 부담스러운 것이 아니었을 것이다. 해방기에도 「38선」이나 「이합」, 「재회」 등에서 사회주의 사회에 대한 거부를 암암리에 표현하고 있었고, 좌파의 사상에 대해 부정적인 견해를 가지고 있었다. 그리고 이런 견해는 한국전쟁을 거치면서 반공 이데올로기와 더불어 자연스럽게 자본주의 체제를 옹호하는 쪽으로 나아가게 되었던 것이다. 더구나 당대의 시대적 의미를 일정한 거리를 두고 관찰할 수 없었던 당시로서는 이런 과정을 자연스러운 것이라 하겠다.

그렇지만 이런 변모는 문학에서 특별한 경향을 수반하게 된다. 이를테면 그가 이전부터 지니고 있었던 중도적 세계관은 분명 시대적인 당위성, 정합성을 띤 것이었다. 그는 무엇보다도 민족의 화합 및 단결의 가능성을 탐색하고자 했고, 이런 점에서 그의 좌파에 대한 거부는 당연히 작품내에서 현실에 직접 접목되고 일정한 의미를 지니는 것이었다. 『삼대』가 그러하고, 해방기의 여러 작품들도 좌우 대립의 공간 속에 변화하는 현실의 모습을 담고 있다. 하지만 1950년대 이후 이런 이데올로기적 공간은 소설의 전면에서 사라지게 된다. 1950년대 공간에서는 이미 좌우의 대립 자체가 의미가 없는 것이었고, 자신이 속한 세계에서 자본주의 체제의 성립은 필연적인 것이었기 때문이다. 따라서 그는 자연히 이데올로기의 부담이 없고 시대적 의미를 면밀하게 살펴볼 필요가 없는 일상적 삶 자체를 묘사하는 데 주력하게 된다.

---

98) 조연현, 「한국전쟁과 한국문학 - 체험의 기록과 경험의 형상화」, 《전선문학》, 1953.5, p.20

결론적으로 『취우』에서 나타나는 성격을 살펴보면 다음과 같다. 우선 『취우』의 세계가 전쟁 중임에도 불구하고 철저하게 역사성 자체를 외면함으로써 당대 현실의 구체적인 삶을 묘사하는 데 실패하고 있다. 서울 중산층의 보수주의에 바탕을 두는 가치중립성이 염상섭 문학의 밑바닥에 놓인 불변의 측면[99]이라고 하더라도 해방 전의『삼대』나 해방 공간의 「이합」,「재회」에서는 당대 삶의 한 측면이었던 이데올로기 문제를 직접 거론하여 역사적 현실의 중요한 한 부분을 형상화하고 있었다. 『취우』에서는 중요한 역사적 전환기에도 불구하고 이런 이데올로기적인 성격이 철저하게 부정된다. 전쟁이 단지 하나의 구경거리에 불과하게 되고, 장진과 같은 이념적 인물은 주요 묘사 상황에서 철저히 외면되고 있는 것이다. 이로써 가장 역사성이 뚜렷이 부각될 당시 소설에서 역사적 의미는 사라지고 전쟁시기의 삶은 단순한 반복과 일상을 되풀이 하는 범속함으로 물러서게 된다. 이는 역사적 격변 자체를 순간적 변화(『취우』)로 보는 구세대다운 시각의 표현일 수 있겠고, 다른 한편으로는 현실의 변화가 '이념'으로 이루어지는 것이 아니라, '일상' 그 자체의 삶 속에서 이루어진다는 중립적 세계관의 한 표현일 수도 있다. 그러나 『취우』는 이로써 현실에 대한 대한 시각, 전망을 잃어 버리게 되고, 현실의 구체적인 묘사도 불가능하게 된다. 『취우』에서 보이는 세계는 단지 일상사의 나열뿐이며, 그 일상(日常)조차 구체적 현실로부터 단절되고 고립되는 성격을 지니게 되는 것이다. 『취우』가 객관적 묘사방식을 통해 전쟁상황 속에서 일상의 모습을 세밀하게 묘사했다고 하더라도 진정한 장편의 양식이 되지 못하는 것은 역사성의 포기 그 자체에 있다고 할 수 있다.

두번째로『취우』는 역사성 대신 애정의 욕구충족과 이해관계가 상대적으로 강조된다. 『취우』에서는 돈과 욕구충족과 이해관계라는 자본주의적 삶의 방식을 적절하게 구현하고 있는데, 이는 구체적으로 불하받은 재산을 통해 자본증식과정을 거치는 김학수와 같은 매판자본가에 의해 돈의

---

99) 김윤식, 『염상섭 연구』, 서울대 출판부, 1987, P.783

의미가 상대적으로 강조되고, 돈를 통해 김학수, 강순제, 신영식의 애정의 삼각관계가 풀려나가는 과정을 통해 잘 드러난다. 염상섭에게 돈과 욕구충족을 통해 적절한 인간관계의 균형을 취하는 것이『삼대』이후 나타나는 일반적인 특성이지만『취우』에서는 이런 관계가 보다 절대적인 것, 본질적인 것으로 강화된다. 돈의 가치는 욕구의 충족에 대한 수단이란 문제로 상승되고 인간관계는 철저히 이해타산적인 속성으로 변모되는 것이다.『취우』에 나타나는 애정의 욕구충족과 이해관계의 강조는 전쟁시기 장편소설에서도 독특한 한 측면을 보여준다. 전쟁 중에도 지속될 수 밖에 없는 인간 삶을 세속적인 일상으로 지속시켜 주고 있으며, 전쟁 중에도 변함없이 드러날 수밖에 없는 속악(俗惡)한 인간성을 그대로 표현하고 있다. 그러나 이런 점들은 결국 한국전쟁이 갖는 역사성과 비극성을 상쇄시키면서 얻은 삶의 지극히 개별적인 한 측면일 뿐이다.

결국『취우』는 한편으로 당시 남과 북이 첨예하게 대립된 역사적 상황 속에서 이데올로기적인 묘사를 거부하면서 자연주의적 묘사를 통해 삶의 일상사를 전면에 부각시킨 작품이기도 하면서, 한편으로 염상섭 문학이 지니고 있는 가치중립성의 성격을 삶의 일상화, 삶의 이해관계라는 속성으로 전면화시키고 있는 작품이기도 하다.『취우』가 전쟁시기에 창작되었으면서도 전혀 현실의 절박감이나, 비극성을 보여주지 못하는 것도 이 때문이다.

3. 체험의 직접성과 역사의 주관화 : 황순원의『카인의 후예』

1) 시적 서정성과 서사성

『카인의 후예』는 한국전쟁이 끝난 직후인 1953년 9월부터 1954년 4월까지《문예》지에 연재되었던 장편이다.[100] 이 작품은『별과 같이 살다』이후 그의 두번째 장편이자 전쟁과 같은 역사적 변환을 겪고 난 이후 황순원의 변화된 인식을 엿볼 수 있는 작품이기도 하다. 즉 『별과 같이 살다』가 식민지 말기부터 해방기에 이르는 역사적 변환의 시기를 다루고 있음에도 불구하고, 현실이 곰녀의 삶 이면에 감추어져 단순히 추상적 배경의 역할만을 하고 있다면, 『카인의 후예』는 북한에서의 토지개혁이라는 구체적 배경을 전면에 내세우고 있고 상황과 인물의 역학관계도 훨씬 더 구체적으로 살아 있다. 『카인의 후예』는 황순원의 입장에서 보면 장편작가로서의 가능성을 본격적으로 인정받게 한 작품이기도 한 것이다.

『카인의 후예』는 북한의 토지개혁 과정에서 일어나는 다양한 현상을 토지개혁의 직접 당사자인 박훈이라는 인물을 통해 구체적으로 보여주고 있다. 이 속에는 토지개혁의 동향에 따라 직접 이해(利害)가 걸려있는 다양한 인물들의 반응이 드러나고, 작가는 이런 반응을 통해 변모되는 인간성의 문제, 이에 따른 인간구원의 문제를 제기하고 있다. 즉 토지개혁을 통해 일어나는 지주와 소작인들의 반응과 이에 따라 변해가는 인심과 세태상이 소설의 전면에 등장하면서, 이 속에서 집단과 개인의 문제, 인간성의 타락과 순수성의 문제를 탐색하고 있는 것이다. 따라서 이 작품에서는 상황에 따라 끊임없이 변화하는 인간성, 그리고 이해관계에 따라 끊임없이 유동하는 인간 군상들의 모습이 상세하게 펼쳐지는데, 이런 다양한 양상들이 작품 자체를 생동감있게 만들면서 이전에 보여주지 못했던 소설적 구체성을 만들어 내고 있다. 『카인의 후예』는 이런 구체적 상황을 바탕으로 집단현실이 인간을 어떻게 타락시키는가, 그리고 이전과 같은 순수성을 회복할 수는 없는가 하는 점을 집중적으로 검토하고 있다. 결국 『카인의 후예』는 '인간성의 타락과 이의 구원'이라는 보편적

---

100) 『카인의 후예』는 휴전직후인 1953년 9월부터 1954년 4월까지 《문예》지에 연재되었던 장편이다. 하지만 연재 5회만에 《문예》지의 폐간과 함께 중단되었고, 그해 12월에 중앙문화사에서 단행본으로 완결되어 출판되었다. 《문예》지에 연재되었던 부분은 1장부터 5장 중반까지이고 이후 단행본에서 완결되었던 부분은 6장부터 9장까지이다. 이 글에서는 5회 중반까지는 《문예》본을, 5회 중반부터 9장까지는 『황순원 전집』 6권(문학과 지성사, 1990)을 주텍스트로 삼았다.

이고 휴머니즘적인 주제가 소설 전체를 지배하고 있는 것이다.

『카인의 후예』는 실제 역사적 현실을 소설의 배경으로 삼고 있다는 점에서 황순원의 이전 소설과 구별된다. 이전 소설이 '근원적인 인간애와 생명존중사상'을 바탕에 두고 토속적이고 순수성이 살아있는 공간을 그린다면, 『카인의 후예』는 냉엄한 역사적 현실, 구체적 상황에 그 바탕을 둔다. 작품의 이런 성격은 이전에 그가 지닌 시적 서정성의 세계로부터 냉엄한 서사의 세계로 눈을 돌린 것을 의미한다.[101] 하지만 『카인의 후예』는 엄밀하게 말해 현실의 객관성에 바탕을 두고 복잡한 인간관계를 사회적 관계 속에서 추적해간 방식은 아니다. 『카인의 후예』가 북한의 토지개혁이라는 구체적 역사를 소설적 상황으로 취했다 하더라도, 그것은 어디까지나 주제적, 배경적 의미를 벗어나지 못한 것이다. 그것은 『카인의 후예』에 있어 역사와 현실이 어디까지나 순수성을 파괴시키는 외형적인 힘 자체를 의미하는 것이지, 작품의 진정한 의미가 인물과의 상호작용 속에서 살아 움직이는 현실, 그 자체의 본질과 실체를 밝히고자 하는 것에 있지 않다는 점에서 분명하게 드러난다.[102] 그는 서사성을 추구하면서도, 세계의 분리와 대립을 자신 속에 조화시키고, 융화시키는 시적 서정성을 『카인의 후예』에서도 여전히 지니고 있고, 이런 점에서 황순원의 관점은 이전과 같이 '훼손되지 않은 세계와 인간에 대한 동경'[103]에 근거하고 있

---

101) 황순원에 있어 현실성의 확보는 문체면에서도 확연히 드러난다. 즉 초기 시적 서정성에서 서사성으로의 전환은 시적 묘사의 현재법 문장으로부터 서사적 과거시제의 등장과 대상과의 거리 유지를 확보하는 것으로 드러난다. 즉 경험적 자아로서 작가 자신과 서사적 자아로서 허구적 서술자를 분리함으로써 서사성 자체가 살아나오고 있는 것이다.
권영민, 「황순원의 문체, 그 소설적 미학」, 『말과 삶과 자유』, 문학과 시성사, 1985, p.153-154
102) 물론 이런 방식은 1950년대 황순원 장편에서 공히 적용되는 상황은 아니다. 작품의 내면에는 그가 바라보는 순수성의 집착이 여전히 살아 있지만, 『인간접목』과 『나무들 비탈에 서다』에 오면서 이런 점은 변모되거나, 현저히 약화된다. 『카인의 후예』에서 보이는 추상적 구원성이 『인간접목』에서는 현실적인 것으로 바뀌고 있고, 『나무들 비탈에 서다』에서는 하나의 전망으로서 역할만을 한다. 인물과 환경과의 상호관계에 있어서도 훨씬 구체성을 띠게 된다.

는 것이다. 『카인의 후예』에서 서정성과 서사성의 미묘한 균형을 파악하는 것이 무엇보다도 중요한 까닭이 바로 여기에 있다.

『카인의 후예』에 나타나는 역사성은 이런 성격을 잘 규명해 준다. 『카인의 후예』의 역사적 현실은 인물의 행동과 행위로부터 구현된 것은 아니다. 그것은 인간의 순수한 삶의 세계에 어쩔 수없이 다가온 것이며, 인간으로서는 피할 수 없는 숙명적인 과정으로 드러난다. 그리고 그 역사는 전적으로 인간을 타락시키고, 절망케 하는 구체적인 힘으로 나타난다. 따라서 『카인의 후예』에서는 토지개혁은 단지 변화하는 역사 속에 인간의 변모양상, 인간관계의 속성을 드러내는 배경적 역할만을 수행한다. 그리고 이런 바탕 하에 소설은 파괴된 순수성의 세계를 아쉬워하면서, 역사 자체가 인간을 어떻게 변모시키는가, 그리고 순수성의 세계를 복원할 가능성은 없는가 하는 점에 초점을 맞춘다. 『카인의 후예』가 훼손되지 않은 공간을 그리는 시적 상상력과 파괴된 현실에서 상실된 인간상을 그리는 서사성을 미묘하게 결합시키면서도, 그것이 구체적으로 서사과정 내부에서 하나의 갈등적 양상을 보이는 것도 이 때문이다.

『카인의 후예』를 다루는 기존의 평가[104]도 대개 이런 점에서 크게 벗어나지 않는다. 대부분의 연구들은 북한의 토지개혁을 중심으로 한 지주와 소작인 간의 미묘한 갈등과 한편으로 박훈과 오작녀의 신비하고도 원초적인 사랑 자체의 이원적 테마에 초점을 맞추고 이의 성격을 규명하고

---

103) 홍정선, 「이야기의 소설화와 소설의 이야기화」, 『말과 삶의 자유』, 문학과 지성사, 1985, p.92
104) 『카인의 후예』를 접 대상으로 하여 다룬 논문은 아래와 같다.
　이어령, 「식물적 인간상-'카인의 후예' 론」, 《사상계》, 1960.4
　천이두, 「청상(靑孀)의 이미지, 오작녀」, 『한국현대소설론』, 형설출판사, 1974
　구창환, 「황순원론-'카인의 후예'를 論함」, 서정주외, 『현대작가론』, 형설출판사, 1979
　조남현, 「황순원의 '카인의 후예'」, 『한국현대소설의 해부』, 문예출판사, 1993
　박노철, 「황순원 소설에 나타난 구원의 양상-'카인의 후예'를 중심으로」, 건대 교육대학원, 1990
　김인환, 「인고의 미학」, 『황순원 전집 6』, 문학과 지성사, 1981

있다. 예를 들면 서사적 배경으로서 역사현실과 서정적 배경으로서 박훈과 오작녀의 사랑이 소설 속에서 어떤 관계를 맺고 있는가, 뿐만 아니라 그런 관계를 통하여 작가가 무슨 의도를 노출하고 있는가 하는 점이 평가의 주된 관점이 된다. 이 글도 그런 점에 있어서는 크게 다를 바 없다. 다만 이 글에서는 이런 과정이 장편적 양식에 있어 전체성의 성격을 어떻게 무너뜨리면서 주관적 편향으로 기울고 있는가 하는 점과 이런 서사적 특성이 내용의 이념적인 측면에서 어떻게 서로 관계 맺고 있는가 하는 점을 중점적으로 다루고자 한다.

2) 서술의 주관성과 인물의 성격

(1) 서술의 주관성 문제

황순원의 『카인의 후예』를 평가하는 대부분의 논자들은 소설의 내용이 박훈의 관점에서 전개되고 있음을 주목한다.[105] 작품의 주요 인물인 오작녀, 도섭영감 등의 성격은 전적으로 박훈의 시점이나, 혹은 박훈의 내적 의식, 회상에 의해 규정된다. 박훈은 '관점제공의 인물(View-point character)'[106]이면서 소설을 전개하는 실재 화자의 역할을 한다. 사실상 이런 점은 중요한 의미를 지닌다. 『카인의 후예』가 북한의 토지개혁이라는 구체적 상황을 배경으로 하고, 이런 상황 속에서 인간군상들의 변화된 삶의 태도를 다룬다고 할 때, 작품의 의미는 역사와 인간을 평가하고 해석하는 단일한 시각 속을 통해서 드러나기 때문이다. 타인의 시선과 해석을 허락하지 않음으로 해서 역사 자체의 의미는 좁아지고 한정되게 된다. 즉 현실의 풍부한 제 현상은 한 사람의 해석과 평가에 의존하게 된다.[107]

---

105) 조남현, 앞의 글, p.65
　　구창환, 앞의 글, p.307
　　박노철, 앞의 논문, p.21
106) 조남현, 앞의 글, p.65

이런 측면은 '체험적 자아 - 서술적 자아 - 박훈의 자아'가 동일한 선상에 있다는 점을 감안하면 훨씬 더 분명해 진다. 인텔리이면서 지적인 박훈의 이미지와 황순원의 이미지가 유사하다는 점, 그리고 지주로서 박훈의 삶이 월남 전의 황순원의 삶과 유사하다는 점, 더구나 모든 사물을 연민적이고, 관조적으로 바라보는 박훈의 태도와 황순원의 작품 경향이 유사하다는 점은 바로 이런 경향의 가능성을 암시해준다. 실제 이러한 가능성은 작품에서 서술자와 서술자의 여러가지 등장방법을 통해 보다 더 구체화된다. 즉 작품 속에 나타나는 박훈의 시점은 서술적 화자의 시점과 함께 중복되어 등장하면서 체험적 자아의 내면적, 심리적 당위성을 암암리에 강제하는 결과를 가져오는 것이다. 따라서 소설은 다양한 사건 전개와 다양한 인물의 등장에도 불구하고, 실상은 역사와 인간에 대한 작가의 시각, 관점에 따라 이미 변화된 현실을 관찰하고 해석하는 결과를 가져온다.

(a)<u>훈의 머리에는 오작녀의 그 타는 듯한 눈이 먼저 떠올랐다. 이번 고향에 훈은 그리 멀지 않는 거리를 두고 한두번 아니게 그네를 보아왔다. 전날의 날씬 하던 몸매가 약간 굵어진 채, 삼십 전의 난숙한 여인이 돼 있었다. 그러나 그네는 번번이 이편과 마주치는 걸 의식적으로 피하는 듯, 등뒤로만이었다. 이 오작녀와 한 지붕 살림이 시작되었다. 훈은 안방에서, 오작녀는 건넌방에서. 눈은 전과 같은 눈이었다. 그저 훈과 한 집에 살게 된 후로도, 그네는 좀처</u>

---

107) 이런 경우 현실을 바라보는 작가의 시각이 중요한 것은 틀림없다. 작가가 현실을 어떻게 바라보고 있는가, 현실에 대한 어떤 전망을 가지고 있는가 하는 점은 소설 전체의 내용을 결정하면서 그 미적 가치까지 결정짓게 된다. 다시 말하면 이런 작가의 시각은 단순히 현실에 대한 자신의 입장, 즉 세계관적 문제로 나타나는 것 뿐만 아니라, 현실을 반영하고 현실을 재구성하는 작품 내부에까지 영향을 미치게 된다. 실제 올바른 현실의 재현을 위해 어떤 방식을 택하느냐 하는 것도 결국 이런 작가의 시각에 달려 있는 셈이다. 제한된 화자를 통하여 세계를 재구성하는 것은 현실의 모순을 아이러니적으로 보여주고자 하는 의도이거나, 그렇지 않으면 현실에 대한 작가의 해석을 이념적으로 펼쳐보이고자 하는 경우에 나타난다. 이는 세계 해석에 대한 이념적 확신에서 비롯된 것이기도 하지만, 한편으로는 세계에 대한 구체적 인식이 제한되었거나, 결핍되었을 때 나타나기도 한다. 황순원의 경우는 양자에 다 해당한다고 볼 수 있다.

럼 훈을 향해 이 눈을 바로 쳐들지 않는 것이었다. 볕에 그슬려서도 본래의 맑은 맵시를 간직하고 있는, 그 도톰하고도 부드러운 선으로 둘린 얼굴. 이것도 훈을 대할 적마다 무엇에 수집듯 다소곳이 숙여 버리는 것이었다. 어떤 애수에 가까운 그늘이 그네의 몸 전체를 감싸고 있는 듯 했다. 어려서 그렇게 명랑하던 사람이. (b)아마 그것은 결혼에 실패한 여인이 지녀야만 하는 모습인지도 몰랐다. (c)훈은 처녀 오작녀를 마지막으로 본 뒤로 오늘에 이르기까지 십여 년이라는 세월이 풍겨다주는 어떤 적막감 같은 걸 느껴야만 했다. 그러나 이상한 일이었다. 시골이라고 결코 피난처는 아니었다. (d)전쟁이 가져오는 핍박은 시골이 한층 더 심한듯 했다. 직접 육안에 보이고, 피부에 쏠렸다. 그러나 이 모든 것을 오작녀와 가치면 견딜 수 있을 것 같았다. 훈 저로서도 모를 일이었다.[108]

위의 글은 작품 초반부로서 오작녀에 대한 훈의 생각을 훈의 내적의식을 통해 드러내고 있는 부분이다. 이 글은 훈의 초점으로 시작된다. 오작녀에 대한 훈의 내적 묘사로 시작되기 때문이다. 그런데 글의 후반부로 오면서 서술자의 초점이 개입되면서 서술자 초점인지 훈의 초점인지 모를 모호한 상태로 변화한다. 다시 말하면 훈의 내적 초점으로 시작된 글은 점점 서술자의 초점이 개입되면서 인물 내적초점인지 인물 외적 초점인지 모를 정도로 중복된 상태를 보여주고 있다. 훈의 시각과 객관적 관찰자의 시각이 중복해서 나타나고 있는 것이다. 이런 점은 글 (b), (c), (d)를 통해서 분명히 느껴진다. 글 (b), (c), (d)는 언뜻 보기에는 훈의 내적 초점임이 분명하다. 하지만 문장에서는 '모습이었을 것이다', '느꼈다', '있었다'가 아니라, '모습인지도 몰랐다', '느껴야만 했다', '있을 것 같았다' 등의 '소원함의 단어'[109]들을 사용함으로써 훈의 시각외에도 훈의 의식을 그것이 일어나는 대로 공시적으로 보고하는 서술자의 입김을 동시에 느낄 수 있다. 다시 말하면 윗글에서 오작녀의 모습은 훈의 내

---

108) 황순원, 『카인의 후예』 (연재 2회), 《문예》, 53.11, pp.183-184
109) '소원함의 단어' 들과 서술에 있어 중복된 초점의 방식은 다음의 글을 참고할 것. 보리스, 우스펜스키, 『소설구성의 시학』, 현대소설사, 1992, pp.196-211

부로부터 묘사되나, 전체로서는 오작녀에 대한 훈의 태도와 느낌까지 외부로부터 암시받고 있다. 이는 훈의 시각과 서술자의 시각이 겹쳐있음을 단적으로 보여주는 것이다.

이런 훈의 초점과 서술자의 초점의 중복은 작품 여러 곳에서 느낄 수 있다. 특히 작가가 각 인물의 성격을 제시하면서 내면 독백과 회상의 수법을 자주 사용하는데, 여기서는 곧바로 서술자(작가)와 훈의 초점이 중복되어 드러나고 있다. 일반적으로 내면독백이나 회상에서는 묘사하는 사람(작가 혹은 서술자)과 묘사되는 사람(등장인물)의 화법이 최대한도로 밀착된다. 내면 독백이나 회상의 경우는 대화나 일반적 상황 제시와는 달리 작가의 심리적, 관념적 층위가 내면적으로 화자의 의식에 투사되는 것이므로, 이런 기법은 작가의 의도를 정당화하거나, 작가의 전지성을 담보하는 데 주로 쓰여진다고 할 수 있다.[110] 『카인의 후예』에서 나타나는 내면 독백, 회상의 수법의 빈번한 사용은 작품의 성격상 상황에 따라 급격하게 변화하는 인물의 속된 성격을 드러내고, 이에 따라 토지개혁의 부정적 성격을 드러내기 위한 주된 서술적 장치이다. 작가는 이런 방법을 통해 훈의 시각을 조정하고, 각 인물의 성격, 상황에 대한 도덕적 판단을 유도하고 있는 것이다. 결론적으로 내면 독백, 회상 수법의 빈번한 사용은 현실 변화에 대한 규정된 작가의 시각을 훈의 초점을 통해 제시하기 위한 것이라 할 수 있다.

예를 들어 보자. 오작녀 뿐만 아니라 도섭영감, 삼득이의 성격은 작품에서 철저하게 훈의 관점과 시각으로부터 구체적인 성격을 획득하는데, 이를 구체화시켜 주는 것은 훈의 내면 독백과 회상이다. 이런 경우 대부분 훈의 초점과 서술자의 초점이 중복되어 나타난다. 도섭영감이 지닌 포악함과 단순함의 상반된 성격은 훈이 중학교 때 겪었던 도리깨 사건과 훈의 아버지가 세상을 떠났을 때 누구보다도 슬피 울던 모습을 훈이 회상함으로써 제시된다. 이런 회상은 도섭영감이 오작녀를 때리던 모습을

---

110) 보리스 우스펜스키, 앞의 책, p.96

보고 훈이 문득 과거로부터 떠올린 것이다.[111] 이런 회상을 통해 예전에는 충성스러웠던 도섭영감의 성격이 세상이 변함에 따라 부정적으로 변하고 있음을 암시해 준다. 삼득이의 성격 묘사 역시 마찬가지이다. 토지개혁에 대한 논의가 본격화되면서 삼득이는 훈의 주위를 배회하며 감시한다. 훈은 알지 못할 불안감을 느끼면서도 성실하고 믿음직스러웠던 과거를 회상하여 삼득이의 성격이 그렇지 않았음을 제시한다. 삼득이는 훈의 농사를 혼자 도맡아 지어주고, 공출 때문에 주재소에 불려갈 일이 있으면 도맡아 고초를 당하곤 했던 성실하고 믿음직스런 청년이었다. 이런 회상 역시 토지개혁에 따라 변하는 인심과 토지개혁의 부정적 성격을 작가의 시각에 따라 암시하는 부분이다.[112] 회상의 주체는 분명 박훈이면서도 소설 속에서는 훈의 내적 초점이 아니라, 외적 초점(서술자 화자 시점) 그대로 묘사된다. 회상하는 주체만 박훈일 뿐 이를 설명해주는 화자는 서술자로 대체되어 있는 것이다.[113] 이처럼 소설 전체는 서술자 초점과 훈의 초점이 중복되면서 인물의 성격과 상황을 제시해주고 있다. 이런 점은 분명 서술자(작가)와 훈의 시각이 일치하고 있음을 보여줄 뿐만 아니라, 훈의 초점을 통해 상황에 다른 작가의 시각을 주입하는 것으로도 볼 수 있다.

그런데 서술자의 초점이 훈의 초점에 그대로 겹침에 따라 상황 자체를 제시해주고 관찰하는 역할은 전적으로 훈에게만 집중된다. 이런 문제는

---

111) 황순원, 『카인의 후예』 연재 2회), 《문예》, 53.11, pp.182-183 참고할 것.
112) 황순원, 『카인의 후예』 연재 3회), 《문예》, 53.12, pp.130-133 참고할 것.
113) 이런 점에서 내적 독백이나 회상은 대부분 인물의 화법과 작가의 화법이 맞물리는 것으로 보인다. 이런 내적 독백이나 회상의 경우에는 묘사하는 사람(작가 또는 서술자)의 어법과 묘사되는 사람(등장인물)의 화법이 최대한도로 밀착된다. 즉 등장인물의 내면이나 회상은 대화와 같은 객관적 입장과 다르게 묘사하는 심리적, 관념적 층위를 지니고 있으므로 이를 적절히 조절하는 것은 역시 작가(혹은 서술적 자아)인 것이다. 따라서 회상이나 내적 독백은 작가의 의도를 정당화하거나, 작가의 전지성을 담보하는 데 쓰여진다고 볼 수 있다. 이런 경우 일반적으로 내적 초점과 외적초점이 겹쳐서 나오는 데서 그런 성격을 파악할 수 있다.
이에 대해서는 보리스 우스펜스키, 앞의 책, p.96 참고할 것.

소설 속에서 등장인물의 성격이 전적으로 훈의 관점(서술적 화자의 시각)에 의해서만 제시되는 결과를 가져온다. 다시 말하면 각 인물은 언제나 훈의 시각에서 관찰, 혹은 회상되거나, 아니면 서술자의 일방적 진술로 채워져 있다. 이는 서술적 화자(작가)가 훈을 제외한 다른 인물과의 거리를 일정하게 두는 것으로, 세계를 서술적 자아(작가)가 일방적으로 관찰하고 평가하고자 하는 때문이라고 볼 수 있다. 소설 속에 나타나는 등장인물은 모두 이런 방식으로 제시된다. 앞에서 설명한 대로 오작녀, 도섭영감의 변화된 성격은 전적으로 훈의 시각 속에 관찰된다. 정도의 차이는 있지만 홍수, 윤주사, 김의사, 오작녀의 남편 등은 모두 훈의 시각을 통하거나, 혹은 서술적 화자에 의해 인물의 성격이 제시된다. 따라서 그들에게는 서로가 서로를 평가하는 주체, 객체의 상호관계가 성립하지 않는다.

또 하나 특이한 것은 소설에서 다른 인물을 통한 훈의 성격이나 인품에 대한 평가는 어디서도 나타나지 않는다는 점이다. 단지 훈 자신이 회상을 통해 자신의 과거와 성격을 드러내고 있을 뿐이다. 자신의 과거가 어떠했고, 상황에 따라 자신이 왜 관찰자로 머물 수 밖에 없는가, 혹은 이런 불안한 상황에서 그가 오작녀를 통해 어떤 위안과 구원의 가능성을 얻는가 하는 점은 전적으로 훈의 내면 의식이나 독백을 통해 제시된다. 뿐만 아니라 작품 속에서 주제적 성격을 지닌 오작녀와의 사랑도 전적으로 훈의 내면 의식을 통해서 나타난다. 가까이 갈 수도, 그렇다고 멀어질 수도 없는 신비한 사랑은 이미 훈의 내면 의식 속에 고정되어 있고, 훈 자신의 내부에서 독백이나 회상, 꿈을 통해 그 성격을 스스로 드러내고 있다. 오작녀와의 사랑은 훈의 입장에서 살벌한 역사 현실과는 다른 순수함의 세계, 아득한 꿈의 세계, 낭만적 공간을 형성시켜주는 유일한 위안의 세계이다.

장편소설에서 이러한 방식이 분명 좋은 방법이라고 볼 수는 없다. 소설 전체를 하나의 규정된 시각에서 바라본다는 것은 관념소설이나 이념소설이 아닌 다음에야 그리 좋은 방법이라 할 수 없다. 더구나 작가 자신이 역사 본질에 대한 해박한 지식이 없는 경우에는 이런 시각 자체가 폭넓은 소설적 재현을 방해하고 제한할 것은 분명하다. 실제 이런 방식은 아이러니나 알레고리적 방식이 아니라면 오히려 소설적 기법 자체를 제한하고 파괴하는 결과를 가져올 것이다.[114] 하지만 『카인의 후예』에서 이런 서술기법은 몇가지 내용적 측면에서 그 필연성을 지닌다. 우선 박훈의 시각은 작가의 시각과 일치하는데, 이는 박훈의 입장을 월남(越南) 이전 작가 자신의 체험과 동일시하고자 하는 심리적 등위성에서 비롯된다. 마찬가지로 서술자의 시각 역시 작가의 시각과 일치하는데, 이는 작가가 지주를 역사의 피해자로 보려는 이념적 등위성에서 비롯된다. 이런 심리적, 이념적 등위성 자체가 서술구조를 제한하고 강제하는 결과를 가져오고 있다. 다시 말하면 이런 서술적 방식 자체가 이데올로기적 성격을 지니고 있다는 것이다. 이는 소설의 규범 체계가 바로 박훈의 규범체계, 혹은 서술적 화자의 규범체계일 수 있다는 것을 의미한다. 『카인의 후예』에서 나타나는 작가의 의도는 역사 자체를 허위적이고 파괴적인 것으로 보는 것, 또한 필연적으로 그 속에 부대낄 수밖에 없는 인간 군상(카인)들의 선, 악의 모습을 직시하면서, 그 속에서 진정한 인간의 가능성, 인간의 순수성을 찾고자 하는 데 있다. 그리고 이런 윤리적이고, 추상적인 규범 체계야말로 현실을 현실 그대로 보지 못하고 하나의 가치개념에 의해 바라보게 하는 근본원인이 된다. 따라서 이런 주관적 서술방식은 결국 작품의 주제와 깊이 결부된 필연적 방식인 셈이다. 이는 다음 장에서 자세히 살펴보도록 하겠다.

---

114) 이런 점에서 알레고리와 아이러니는 작가가 세계에 대한 본질을 인식한 경우에 사용될 수 있는 방식이다. 왜냐하면 알레고리나 아이러니의 방식은 보편적인 것을 특수한 것을 통해 기술함으로써 추상적인 것을 구체화시키는 것이기 때문이다. 즉 작가가 지닌 세계상의 본질을 현실의 한 단면을 통해 현실적 매개없이 바로 구체화시키는 것으로써, 그 상황 자체가 현실의 본질을 상징해 준다. 이런 경우 본질을 꿰뚫어 볼 수 있는 작가의 시각은 필수적이다.
김영옥, 「벤야민의 문예이론과 알레고리 개념」, 서울대 석사논문, 1985, pp.25-39

(2) 주요인물의 성격과 역할

소설이 박훈의 시각으로부터 관찰되고, 모든 상황이 그 시각을 통해 전개됨에 따라 인물구성에서도 몇 가지 특이한 양상을 보인다. 즉 중심인물의 성격이 상대적으로 불확실한데 반하여 주변인물의 성격은 오히려 뚜렷해지는 경향이 나타난다. 도섭영감과 같이 주변적인 인물의 성격은 상대적으로 분명하고 뚜렷하여 생동감이 있는데 반하여, 이를 주시하는 박훈과 오작녀의 성격은 상대적으로 모호하고 불분명하게 그려진다. 이는 『카인의 후예』가 화자 자신보다는 토지개혁을 통해 변모되는 주위의 인간상을 관찰, 고발하고자 하기 때문이다. 따라서 작품 인물에 나타나는 이런 성격상의 차이는 역사에 의해 타락된 인간상의 구원이라는 작품의 주제와 밀접하게 관련되어 있다.

우선 작품의 주요인물이면서 함축적이고 추상적인 성격을 지닌 박훈과 오작녀의 성격을 살펴보기로 하자. 박훈은 오작녀와의 사랑이라는 추상적 층위에서뿐만 아니라, 토지개혁이 전개되는 서사적 층위에서도 중심적 역할을 한다. 그가 상황의 중심에 서는 것은 물론 그가 서술자적 관찰을 떠맡고 있다는 점과 관련있지만, 스토리 전개상 지주로서 비판의 중심대상이 됨으로써 어쩔 수 없이 사건에 휘말려 드는 측면도 강하다. 그는 『카인의 후예』에서 중심인물이긴 하지만, 사건을 일으키고 서사를 전개시키는 주동적 인물은 아니다. 그는 다분히 사건의 중심, 혹은 외부에 서서 현상을 관찰하고 서술을 진행하는 역할만을 맡고 있다. 그가 토지개혁에 휘말리면서도 직접적 행동반응을 보여주지 않는다는 것은 그의 성격을 추상적이고 모호하게 만든다. 골덴양복 청년의 위협, 도섭영감의 행패, 토지개혁에 따른 숙청과정에서 보이는 무덤덤한 반응, 이런 모든 것들은 박훈의 성격을 이지적이고 지성적인 것으로 만들지만, 그 자체가 생생하게 살아있는 성격으로 형상화된 것은 아니다. 오히려 그는 여러 면에서 상이한 태도를 보여줌으로써 성격 자체를 불분명하게 만든다. 주변의 위협적인 상황에 대한 불안감과 그에 대한 무반응, 도섭영감에 대한 애정과 원망의 이중적 태도, 오작녀에 대해 느끼는 육체적 욕구와 육체적 결벽감, 오작녀를 사랑하면서도 그 사랑을 추상적이고 모호하게 만들어 버리는 그의 태도, 이런 모든 것들이 그의 성격을 불분명하면서도 모호하게 만든다. 어떻게 보면 그는 소심함, 부끄러움, 연약함, 결벽증, 우유부단함 등의 모든 복합적인 성격을 지닌 인물이라 말할 수 있다. 실제로 그의 이러한 성격은 여러 논문에서 비판의 대상이 된다. 권영민은 "체념론, 혹은 운명애를 예비해 둔 관망주의"[115]라고 비판하고, 구창환은 "도피주의적, 방관적, 무기력, 무의지적이어서, 식민지적 인텔리들이 빚어 내는 무성격자"[116]라고 규정한다. 이런 부정적 견해는 그가 서사의 중심에 있음에도 불구하고 이를 풀어나갈 어떠한 행동도 보여주지 않는다는 점, 그리고 오작녀와의 사랑에서 신비하고, 모호하게 행동하는 그의 태도에서 비롯된다.

하지만 전체서사 과정에서 박훈의 이런 성격은 어떤 필연성을 띠고 있다. 우선 박훈의 모호한 성격은 토지개혁에 대해 관찰자 입장을 그대로 견지하고자 한 데서 비롯된다. 그는 사건의 중심에 서면서도 사건을 회피하고 단지 사건 자체를 관망하고자 한다. 그리고 그 사건의 진행을 지켜보는 것이다. 그가 토지개혁의 와중에서 끊임없이 위협을 당하면서도 이를 타개할 어떤 행동도 보여주지 않는 것은 관찰자의 입장에서 서사의 진행을 결말까지 지켜보고, 토지개혁의 과정에서 나타난 인간 군상들의 속악상을 그대로 보여주고자 하는 의도 때문이다. 한편 그의 모호한 성격은 오작녀와의 사랑에 대해서도 일정한 의미를 부여하게 된다. 그는 오작녀와의 사랑을 통해 그가 추구하는 인간관계, 순수성의 세계를 보여주고자 한다. 오작녀와의 사랑은 서사상의 갈등에서 비롯된 것이 아니므로 그 자체가 추상적인 성격을 띨 수 밖에 없다. 이를테면 오작녀와의 사랑은 서사배경과는 동떨어진 하나의 상징적 층위를 형성하고 있으며, 훈의 모호한 성격이 이런 상징성을 구체적으로 떠받들어 주는 하나의 배경

---

115) 권영민, 앞의 글, p.74
116) 구창환, 앞의 글, p.295

이 된다. 훈이 오작녀에 대해 분명한 사랑의 태도를 보여주지 않는 것도 이런 신비한 상징성을 유지하게 해주는 의도에서 나타난 것이다. 이어령이 "훈의 회색(灰色)빛 성격엔 순수작가의 목가적(牧歌的) 취미까지도 함께 투영되어 있다"[117]고 보는 이유도 여기에 있다.

반면에 오작녀의 성격은 서사과정 자체와 동떨어져 있는 추상적인 의미가 강하다. 오작녀는 훈과 관계되는 부분이 아니면 서사과정 자체에 깊이 관여하지는 않는다. 그녀가 도섭영감, 혹은 삼득이와 갈등하는 것도 오로지 훈의 문제와 관계될 때 뿐이다. 소설에서 오작녀는 훈에게 맹목적인 사랑을 보내는 여인으로 설정되어 있다. 하지만 이런 관계는 어떤 인과관계나 개연성에 의해 이루어 진 것은 아니다. 즉 상황으로부터 생성되는 구체적 갈등과 행위로 형성된 성격은 아니라는 것이다. 이는 오작녀에 대한 묘사가 다분이 훈의 시각을 통해서만 나타나는 것을 통해서 알 수 있다. 소설에서 오작녀의 묘사는 철저하게 훈의 내면독백, 회상을 통해 처리된다. "오작녀는 그녀 자신이 아니라, 그녀에 대한 박훈의 이미지"[118]라는 말도 바로 이런 경향을 구체적으로 지적한 것이라 하겠다. 오작녀는 분명 훈의 환상 속에서 훈의 내면적 이상의 실체로서 존재하는 인물이다. 그리고 소설 전반에 걸쳐 그녀 자체가 바로 추상적 구원의 가능성을 보여주는 인물이기도 하다. 그녀의 신비롭고 환상적인 이미지는 바로 이런 추상적 구원성의 필연적인 귀결이라 할 수 있겠다.

『카인의 후예』에서 박훈과 오작녀의 이미지는 살벌한 토지개혁의 와중에서 순수성의 의미를 환기시키는 작가의 의도적 표상이라 할 수 있다. 그들이 분명하고 생생한 성격의 이미지를 보여주지 못하는 것은 그들을 통해 나타내고자 하는 의미가 이미 현실의 구체성을 벗어난 추상적 영역에 속하는 것이기 때문이다. 하지만 소설은 이를 배면에 깔고서야 비로소 토지개혁에 나타난 인간의 추악상을 생생하고 구체적인 모습으로 전달

---

117) 이어령, 앞의 글, p.260
118) 천이두, 「청상의 이미지, 오작녀」, 『한국현대소설론』, 형설출판사, 74, p.266

할 수가 있었다. 즉 한편으로 토지개혁의 와중에 나타난 인간간의 갈등, 다툼, 이기심 등이 전달되면서, 다른 한편으로는 이를 상쇄하여 현실의 중압감에서 벗어나게 하는 오작녀의 이미지가 준비되어 있는 것이다. 이처럼 토지개혁의 살벌한 현실 속에서 박훈의 내면의식, 독백, 회상, 꿈을 통해 나타나는 오작녀의 환상적인 이미지야말로 『카인의 후예』를 그나마 심리적으로 지탱시켜주는 힘이라고 하겠다. 박훈과 오작녀의 모호한 성격은 바로 이런 추상적 구원성, 즉 '인간의 본원적 순수성'을 만들어 내는 근본적인 요인이 된다.

한편 박훈, 오작녀와는 달리 도섭영감은 작품 속에서 가장 활발하면서 생동감에 차있는 인물로 형상화된다. 그는 단순하지만 변화하는 인물이다. 그는 역사에 따라 변화하지만, 또한 역사에 의해 희생당하는 인물이기도 하다. 그는 소설 속에서 박훈의 적대자(Antagonist)로 등장하지만, 그런 관계가 서로간의 행동이나, 충돌을 통해 구체화되어 나타나는 것은 아니다. 박훈 자신이 그런 충돌을 회피하기 때문이다. 박훈은 도섭영감의 변화와 그로 인한 위협을 지켜보면서, 역사상황 자체가 인간을 어떻게 변화시키는가를 담담하게 관찰하고 있을 뿐이다. 따라서 도섭영감은 소설에서 구체적 행위를 불러오는 스토리-메이커(Story-Marker)는 아니다. 오히려 토지개혁에 따른 인간성 타락의 주역으로, 그리고 거기에 희생됨으로 그 인간성 타락이 지닌 역사적 성격을 분명히 규정해주는 인물로 제시된다. 다시 말하면 인간성 타락은 역사의 변화 때문이며, 그 역사 역시 인간을 배신할 수 밖에 없다는 것을 도섭영감을 통해 보여주고 있다. 농민위원장으로서 숙청에 앞장서던 도섭영감은 나중에 자신이 숙청의 대상이 되고 만다.

(3) 부차적 인물과 토지개혁에 대한 비판

박훈과 오작녀의 이미지가 소설의 상황에 구원적 의미를 던지는 추상성을 내포하고 있다면, 그밖의 인물들은 실제 서사진행을 담당하는 보다 현실적이고 구체적인 인물로 나타난다. 물론 이때 현실적이고 구체적이라 함은 이들이 지니고 있는 성격의 구체성과 생동감 때문이다. 하지만 이들 인물도 도섭영감을 제외하면 소설의 일부분만 담당할 뿐이다. 따라서 이들은 전혀 중심적인 인물이라고는 볼 수 없다. 그렇지만 이들은 서사를 능동적으로 이끌어 가고 각 단계단계의 사건에 있어 성격의 특성을 드러낸다. 이들이 부차적인 인물들임으로 해서 서사 전체를 통괄하는 성격을 부여받지는 못하지만, 이들이 벌이는 행동 하나하나가 단위적으로 결합되면서 전체서사를 형성하는 것이다. 이들 인물을 통해서 나타나는 내용적 의미는 다분히 이념적이다. 예를 들면 이들은 토지개혁이 진행되면서 나타나는 인간의 속된 면, 즉 악한 모습을 그대로 보여줌과 동시에 토지개혁의 부당성, 그리고 그것이 지닌 부도덕하고 비윤리적인 측면을 드러낸다. 즉 이들은 토지개혁이 주는 복합적인 상황에 대한 다양한 반응을 보이면서 역사 자체가 순수한 인간성을 어떻게 파괴하고 있는가 하는 점을 작품 속에서 구체적으로 드러내는 것이다. 이런 모습은 교묘한 장치를 통하여 서사 진행 전체에 폭넓게 퍼져있다.

   (1) '허 이사람두… 아마 자네 어르신네가 계셨으믄 그렇디는 않았을 겔세. 무슨 술 냈디. …어디 우리가 디주라고 해서 못할 짓을 했나? 소작인들 비료값 없다믄 비료값 대주구, 농당이 떠럿뎃대문 농낭 대주고… 거저 준건 아니디만, 소작인들 심부름 해준 탁 밖에 더 되나? 아마 우리 같은 디주만 없었든들 소작인들이 한해 농사두 못 짓구 굶어 죽구 말았을 겔세. 그런 사정두 모루구 덮어놓구 디주의 토디를 몰수해 버린다니 그런 무디몽매한 놈의 법이 어디있나? 모주리 마른 벼락을 맞아 뒈딜 놈들이디 글쎄….' [119]

   (2) '무어 새로듣는 말이 되어 그러는 게 아니었다. 이제 토지개혁이란 게 실시되면 농삿군에게 거저 논밭을 나워 준다는 말은, 지난 초 닷새 날자로 법령이란 게 발표된 후로 수없이 들어오는 말이었다. 그러나 그게 도시 미덥지가 않은 것이었다. 땅을 거져주다니? 세상에 그런 공짜가 있단 말이냐. 그것은 비단 탄실이 아버지뿐만의 생각은 아니었다. 거기 모여 앉은 누구나가 다 같

---

119) 황순원, 『카인의 후예』 (연재 3회), 《문예》, 53.12, p.141

은 생각이었다. 그러면서도 한편 구미가 댕기지 않는 바도 아니었다. 논밭이 자기 것이 된다! 생각할수록 가슴이 설레는 일이었다. 그러나 다음 순간, 이들은 자기가 무슨 바래서는 안될 것이나 바래는 것처럼 죄스러운 것이었다. 공연히 대통을 땅에 두드려 보고, 코를 풀어내고, 헷기침을 해본다.[120]

(1)과 (2)의 인용문은 토지개혁에 대한 지주의 입장과 농민의 입장을 대변해주는 글이다. (1)은 토지개혁이 시작된다는 말에 윤주사가 박훈을 찾아와서 토지개혁에 대한 지주의 입장을 말하고 있는 부분이다. (2)는 탄실네 앞 마당에 모여 앉아 앞으로 다가올 토지개혁에 대한 대화를 나누는 소작인의 태도를 서술하고 있는 부분이다. 각각의 부분은 자신의 계급적 속성에 맞추어 토지개혁에 대한 자신들의 입장을 진술한다. 대화나 진술에 의해 제기되는 이런 각자의 입장은 진술하게 자신들의 감정들을 드러냄으로써 각 계급의 속성에 내용적 타당성을 부여한다. 특히 농민들이 공짜 땅을 얻게 된다는 말에 왠지 모를 심리적 부담감을 느끼는 모습은 농민들의 내면을 솔직하게 파악한 뛰어난 묘사라고 할 수 있다. 작가는 대화와 같은 객관적 진술방식을 통해서, 혹은 서술자적 진술이라 하더라도 그 내용의 타당성으로 인해 각 계급의 성격과 단위서사의 객관성을 유지한다. 하지만 이런 각 계급의 성격은 서사의 중심에서 첨예하게 대립하거나 갈등을 유발하는 행동으로 발전되지는 않는다. 오히려 이들의 행동은 이후 단편적으로 분화되고, 이런 단편들은 토지개혁에 나타나는 인간들의 욕망, 변모되는 인간상으로 드러난다. 예를 들면 지주의 입장을 강조하던 윤주사는 소작인과 짜고 얼마간의 농토를 자작하는 걸로 하여 자신이 살아 갈 방도를 찾는다. 농민들은 토지개혁 와중에 얼마간의 농토라도 더 차지하기 위해 서로를 의심하고, 지주 집 물건을 훔치는 일을 예사로 한다. 작가는 한편으로 토지개혁에 대한 각 계급의 입장을 분명히 하면서도 그것이 갈등으로 변환되기 보다는 각 계급의 성격에

---

120) 황순원, 『카인의 후예』 (연재 2회), 《문예》, 53.11, p.192

따라 변화되는 인간의 속악상을 드러내는 데 더 치중하게 되는 것이다. 이들이 전체 서사에서 중심적 역할을 하지 못하고 각 단위단위의 부분적인 속성만을 드러내준다는 것도 바로 이 때문이다.

  이들의 변화되는 인간성, 속악상은 전체 서사 단위에서 많은 부분을 차지한다. 지주쪽에서는 윤주사의 행태가 2번에 걸쳐 반복 묘사된다. 김의사의 행태 역시 작품 말미까지 3번에 걸쳐 반복해서 드러난다. 농민 쪽에서는 칠성이 어멈, 강목수, 윤손이 아버지, 칠성이 아버지 등을 통해 남의 물건을 가로채는 행태가 3번에 걸쳐 묘사된다. 이런 묘사들은 일반적으로 긴박감 있고 빠른 템포로 전개되며 대화와 같은 객관적인 진술형태로 유지된다. 박훈과 오작녀의 사랑에서 보여주는 지루한 내면 묘사와는 분명 다른 층위를 형성한다. 박훈과 오작녀, 도섭영감을 제외한 각 인물이 디테일상의 단위 묘사만을 보여주는 이러한 서사구조는 소설의 진정한 의도가 무엇인가를 가늠하게 해준다. 작가의 의도는 토지개혁이 지닌 의미보다는 토지개혁이 어떻게 인간성 자체를 파괴시키고 있는가 하는 점을 보여주자는 데에 있다. 각 부분은 생생하고 박진감있는 서사진행을 보여주지만 이런 단위 디테일을 조합하는 작가의 의도는 변화되는 역사의 의미와 그 속에서의 인간 갈등이 아니라 토지개혁의 부당성과 타락하는 인간의 속성 그 자체를 보여주고자 하는 것이다. 이런 점은 전체서사를 진행시키는 서술적 화자와 박훈의 시각을 통해 관찰되고, 조정된다.

  (3) '교사 보기가 부끄럽네'
  '아닙니다. 너무 상심마십시오. <u>사람이란 몇번 변하는지 모르는 겁니다.</u>'
  '어데 도흔사람 나뿌게 변하긴 쉬워두 나쁜사람 도케 되기야 쉽든가'[121]

  (4) '저 할아버지, 남이 아버지 이애기 들으셨읍니까?'
  '음.오늘 아침 당손이 애가 밖에 나갔다 듣고 왔든군. 글쎄 착하디 착한 사람이 그르케 죽다니? 누과 원수질 사람두 아닌데 …. <u>다 된세상이야.</u> 대테 어

---

121) 황순원, 『카인의 후예』 (연재4회), 《문예》, 1954.1, p.89

떤 악귀 같은 놈의 짓인디.'[122]

(5) '참 교사 들었나?' 했다. '뭘 말씀입니까?' '낼 뭐 있다는거?' '못들었읍니다.' '낼 농민대회를 한다는데, 그 자리에서 토지개혁인갈 한대데' '예' '어뜨케 되는 놈의 세상인디……' 훈도 한 순간 어떻게 되는 놈의 세상인디 모르겠다는 생각이었다.[123]

(6) 좀 전에 당손이할아버지가 혼잣말처럼 말한, 뒤숭숭한 세상이라는 말이 떠올랐다. 지금 자기도 이 뒤숭숭한 세상 속에 들어있는 것이다. 거기서 자기는 이제 알맹이 없는 쭉정이 벼이삭모양 타버리려고 하는 것이다. 이 모닥불 속의 쭉정이처럼만 아름답게 타버리면 그만인 것이다.[124]

인용문 (3)과 (4)는 변화되는 인심과 세태의 속성을 지적한 부분이다. 이런 평가는 주로 당손이 할아버지와 박훈의 대화를 통해 드러난다. 작품에서 당손이 할아버지는 전통적 순수성, 토속적인 미풍을 그대로 간직한 인물이며, 오작녀, 삼득이와 더불어 가장 이상적인 역할을 하는 배역이기도 하다. 이들 인물의 공통된 속성은 모두 전통적인 인간관계의 미덕을 그대로 유지하고 있다는 점이다. 특히 당손이 할아버지는 농민 중에서 유일하게 토지개혁에 대해 변화하지 않는 성품을 보여주면서, 작가에게 가장 신뢰받는 인물이기도 하다. 소설 속에서 서술적 화자는 당손이 할아버지를 통해서 유독 세계에 대한 가치평가를 내리게 되는데, 이런 측면은 박훈이 관찰자적 시각을 견지하게 하면서, 동시에 가치평가의 객관성을 유지하기 위한 작가의 의도라고 볼 수 있다. 앞의 (1), (2) 인용문에서 보여주는 각 계급의 입장은 이후 반복되는 타락한 행위를 통해 (3)과 (4)같은 변화된 인간의 세태와 속악한 세계를 보여주고, 그리고 (5)와 (6)같은 토지개혁에 대한 가치평가에 이른다.(밑줄 친 부분 참고)

---

122) 황순원, 『카인의 후예』(연재 2회), 《문예》, 1953.11, p.189
123) 황순원, 『카인의 후예』(연재 4회), 《문예》, 1954.1, p.89
124) 황순원, 『카인의 후예』『황순원 전집 6』, 문학과 지성사, 1990, p.348

(5)는 토지개혁에 대한 당손이 할아버지의 직접 평가이고 (6)은 농민대회 이후 월남을 결심한 박훈이 당손이 할아버지의 말을 인용하면서 나타난 간접적 평가이다. 결국 (4), (5), (6)의 밑줄 친 부분 '다 된 세상', '어뜨케 되는 놈의 세상', '뒤숭숭한 세상'이라는 표현은 토지개혁에 대한 작가의 시각을 여실히 보여주는 부분이라 하겠다.

『카인의 후예』에서 중심인물은 아니지만 기본서사를 형성하는 인물(골덴양복의 청년, 캡슨 사나이, 당손이 할아버지, 윤주사, 김의사, 홍수, 칠성어멈과 아범, 강목수)들이 모두 단편적 역할만 하는 이유는 상황의 전개에 따라 각 단위 단위의 역할을 맡은 인물들의 타락상을 보여주고자 하는 작가의 의도 때문이다. 그리고 그런 의도를 통하여 작가는 토지개혁 자체의 부당성을 밑바탕에 깔고 있는 것이다. 이런 문제는 소설에서 복합적인 과정을 통해 형상화된다. 소설의 전체서사는 토지개혁 자체, 즉 역사의 운동성 그 자체에 있지는 않다. 만약 작가가 토지개혁의 성격, 즉 자신의 입장에서 토지개혁의 부당성을 서사의 중심에 놓고자 했다면 이런 인물들 중 몇 명은 분명히 서사의 한 축을 형성할 것이다. 지주와 농민의 성격은 보다 분명해지고 이는 갈등을 통해 행동으로 첨예화될 것이다. 그리고 지주를 옹호하는 입장도 보다 노골화될 것이다. 하지만 작가는 오히려 이런 성격을 역으로 드러낸다. 소설은 시종 토지개혁을 통한 인간의 타락상에 집중하고 있으며, 이를 통해 토지개혁이 인간에게 미치는 부정적 성격을 폭로하고 있다. 이는 토지개혁의 부당성이 소설에서 잠재된 성격, 혹은 담론의 전제로서 기정 사실화되었다는 것을 의미한다. 따라서 토지개혁의 성격 자체는 이미 규정된 사실, 혹은 소설의 전제된 배경의 역할을 한다. 그리고 소설은 이런 잠재된 역사적 성격에 따라 변모되는 인간의 타락상을 추적하는 것이다. 기본서사 구조가 지니는 이런 성격을 인정할 때 비로소 『카인의 후예』가 지닌 인물과 서사 구조의 특성을 이해할 수 있게 된다. 전체 서사는 서술적 화자와 박훈의 시각에 의해 관찰되고 조명된다. 이에 따라 박훈과 오작녀, 도섭영감을 제외한 다른 인물들은 서사의 한 단편만을 형성하고, 이는 바로 토지개혁에 따른 인간성의 타락을 제시해주는 역할을 한다. 그리고 박훈과 오작녀의 사랑은 이런 타락한 세상의 구원자적 가능성을 암시해준다.

3) 『카인의 접목』의 주관성과 그 한계

황순원의 『카인의 후예』는 해방 직후 북한의 토지개혁을 역사적 배경으로 하고 있다. 하지만 이런 역사적 배경은 소설 속에서 인물간의 갈등과 행위를 유발하는 전형적 상황으로 나타나지는 않는다. 오히려 소설에서 토지개혁과 같은 역사적 상황은 내용을 구속하는 하나의 전제적 기능을 한다. 예를 들면 소설 속에서 토지개혁은 이전의 공동체적인 삶, 순수성의 공간을 파괴하는 '훼손된 공간'으로 규정되고, 소설 전개는 다분히 이런 변화된 상황에 인간이 어떻게 변모되는가, 혹은 이런 상황에 따라 인간이 어떻게 순수성을 회복할 수 있는가를 살피는데 집중하고 있다. 이에 따라 소설은 서술방식에 있어 몇 가지 특이한 양상을 보인다. 우선 앞 장에서 살펴본 바대로 소설은 두 가지 서술층위를 가지고 진행된다. 먼저 그 하나는 토지개혁의 진행과 그 속에서 나타나는 인간성 파괴현상을 다루는 것이다. 이는 『카인의 후예』의 기본서사를 형성한다. 다른 하나는 박훈과 오작녀의 사랑을 통하여 파괴된 인간성에 어떤 구원의 메세지를 던지는 것이다. 즉 박훈과 오작녀의 사랑을 통해 인간의 본원적 관계가 살아 있는 자연적이고, 순수한 세계를 상징해 내는 것이다. 소설은 이 두 관계를 시, 공간의 근본 축으로 하여 진행된다. 토지개혁을 중심으로 한 사건전개가 시간적, 논리적 구성에 바탕을 두는 기본적인 서사 틀이라면, 박훈과 오작녀의 관계는 시간적인 서사축과는 관련없는 추상적이고, 공간적인 틀이다.

소설에서 이 두 가지 서사층위는 박훈을 중심으로 엮어 진다. 토지개혁의 사건은 박훈의 관찰을 통해 전개되고, 오작녀와의 사랑은 오직 박훈과의 관계를 통해서 드러나기 때문이다. 하지만 실상 이 두 가지 서사층위가 서사전개에 있어 동등한 성격을 지니는 것은 아니다. 토지개혁을 통한 사건이 시간적 진행을 통해 소설의 주된 스토리를 만들어 낸다면,

오작녀와의 사랑은 기본 스토리와 상관없이 박훈의 의식 속에, 혹은 내면에 존재하는 추상적인 것이다. 따라서 두 서사층위는 대등하게 결합되거나, 혹은 종속되는 서사단위로 결합될 수 있는 성질의 것이 아니다. 오히려 박훈과 오작녀의 관계에서 보이는 추상적 구원성의 의미는 작품 전체의 주제를 암시하는 것으로써 끊임없이 서사에 개입하고 서사진행을 유도하는 기능을 한다. 반면에 전체서사는 주제의 추상성을 확인해주는 배경적 역할을 맡고 있는 것이다. 박훈을 관찰자로 하여 토지개혁에 따른 현실의 전체상보다는 타락하는 인간군상들의 재현에 집중하는 것, 또한 각 개별인물들이 상황에 따라 자신의 주체적인 성격발전을 보지 못하고, 단지 개별적 사건의 생생한 전달자의 역할에만 머무는 것도 실상 이 때문이라고 하겠다.

『카인의 후예』가 지니는 서사상의 이런 이원성은 근본적으로 장편양식이 지니는 폭넓은 형상성, 다양하고 복합적인 사건전개를 통한 현실의 전체성을 구현하는데 일정한 장애가 되고 있다. 장편이 단편과 다른 점은 다양한 인물들을 통한 복잡한 현실상의 재구성과 이를 통해 인간이 살아가는 다양한 방식을 보여주고 사회의 전체상을 재현해내는 일일 것이다. 이를 구성하기 위해 장편은 다양한 인물과 상황의 복잡성, 원근법적인 구성원리를 반드시 필요로 한다. 루카치가 장편양식에 있어 줄거리를 목표로부터 멀어지게 하는 후퇴적 모티프의 중요성을 강조하는 것[125]도 바로 이런 객관현실의 총체적 상을 재현하는 장편의 성격을 강조한 것이다. 하지만 『카인의 후예』는 당시의 역사상을 재구성하기보다는 전제된 주제를 형성화하는 데 역점을 두고 있다. 따라서 북한의 토지개혁을 둘러싼 다양한 계층의 반응양식, 당시의 상황을 움직이는 역사적 힘의 실체를 보여줄 수 없었다. 북한의 토지개혁이 일제시대의 모순적 농촌구조와 어떤 관련을 맺는 지, 그리고 그것을 통해 다양한 인간들의 운명이 어떤 방식으로 변모하고 전개되는 지를 폭넓은 형상화를 통해 보여줄 수 없었던 것이다. 더구나 『카인의 후예』가 지닌 방식은 장편소설의 구조 자체에도 문제를 가져온다. 서사 전체에서 중심 갈등과 부차적 갈등의 구별이 없다는 것, 중심인물들이 모호한 성격을 지님으로써 상대적 입장에 있는 각 인물들의 성격이 살아날 수 없었다는 것, 갈등 자체가 다양한 인간관계의 상호작용 속에서 점진적으로 형성되는 것이 아니라, 그 자체로 '즉자적'으로 주어진다는 것, 따라서 개별적 인물의 성격발전이 없다는 것, 이런 모든 것들이 장편적 양식의 특성과 멀어지게 하는 것들이다. 이런 요인들은 작가가 근본적으로 현실 속에서 소설적 실재성을 구한 것이 아니라, 의도된 관념 속에서 소설을 재구성했음을 보여준다. "장편소설에서 작품을 엮어나가는 것은 작가가 아니라, 작품을 구성하는 독립된 인물"[126]이라는 것을 다시 한번 생각해 볼 필요가 있는 것이다.

『카인의 후예』에서 나타나는 세계상은 세계에 대한 전체적 인식에서 나온 것이 아니라, 세계에 대해 충분히 성숙되지 못한, 불완전한 잠정적 이해 방식에서 비롯된 것이다. 박훈의 수난사가 바로 지주의 수난사로 직결되는 것이나, 토지개혁에 의해 타락되는 인간상만을 나열한다는 것은 분명 올바른 역사해석의 방식은 아니다.[127] 역사를 전체적 의미에서 보고 이를 객관적으로 재구성하는 현실인식방식과는 분명한 차이가 있는 것이다. 황순원에 있어 이런 방식은 당시에 만연하고 있던 반공이데

---

125) 루카치, 『역사소설론』, 거름, 1987, p.185
126) 한승옥, 「장편소설론」, 『현대소설론』, 평민사, 1994, p.265
127) 해방후 토지개혁은 남, 북한 공히 일제 봉건적 토지소유관계를 청산한다는 점에서 필연적인 것이었다. 해방직전 소작인은 전체농가의 60-80%에 달했고, 소작료도 전체 수확물의 50-60%(심한 곳은 80-90%)나 되었다. 이런 구조 속에서 정상적인 농촌발전은 물론, 도시 상공업의 발전과 민족경제의 토대를 구축하기는 불가능했던 것이다. 따라서 토지개혁은 남, 북한을 막론하고 해방이후 가장 시급한 과제이기도 했다. 이런 점은 북한의 토지개혁이 남한의 토지개혁에 결정적 영향을 미쳤다는 점에서도 구체적으로 드러난다. 1946년 3월 5일 공포되어 3월말까지 분배완료된 북한의 토지개혁은 그것이 설사 남한의 정치체제하에서는 그대로 수용될 수 없는 것이라 하더라도 남한 농민의 토지개혁의 요구에 절대적 영향을 미쳤다고 볼 수 있다. 남한에서는 미군정 하에서 토지개혁에 대한 입안과 검토가 지속적으로 이루어 졌고, 정부가 수립된 후 1949년 6월 법률안으로서 공포되었고, 1950년 5월 부분적으로나마 토지개혁이 실시되었다.
유인호, 「해방후 농지개혁의 전개과정과 성격」, 『해방전후사의 인식』, 한길사, 1979, pp.371-448

올로기의 이념적 표현의 한 방식이기도 하며,[128] 역사 변동 자체가 인간성을 파괴하는 것으로 보는 순수주의의 한 방식이기도 하다. 그가 북한에서 피해를 입고 월남한 지주출신이라는 점,[129] 그리고 객관적 인식을 차단하는 당시의 사상적 풍토가 이를 증명해 준다. 황순원의 입장에서는

---

128) 권영민은 『카인의 후예』가 지주계급을 옹호하는 내용의 경향성과 당파성을 지니고 있다고 본다. 이 부분을 인용하면 아래와 같다.
    '작품 전체의 분위기를 볼 때, 토지개혁을 작중의 가장 근원적인 사건으로 설정한 데서 이미 잘 예견되고 있는 것처럼, 황순원은 지주들을 피해자로, 공산당과 부화뇌동하는 사람들을 가해자로 갈라놓고 또 그를 굳히려 했던 것이라 할 수 있다. 황순원은 지주들을 전적으로 옹호하는 입장에서 『카인의 후예』를 써내려간 것은 결코 아니지만, 지주들의 부정적인 모습보다는 토지개혁을 강행하는 세력과 그 추종자들의 부정적인 형태를 더욱 부각시키는 쪽을 선택한 것임은 분명하다. 작가 황순원에게서 소설 『카인의 후예』에서 비록 흐릿하긴 하지만 지주계급을 옹호하는 내용의 경향성이랄까 당파성은 분명히 있는 것이다.' (권영민, 「황순원의 '카인의 후예'」, 『한국현대소설의 해부』, 문예출판사, 1993, p.71)
    이런 점은 단행본 출간 당시 곽종원의 평가에서 역으로 유추할 수도 있다. 곽종원은 당시 평론에서 '황순원의 『카인의 후예』가 공산주의와 싸우는 우리 민족에게 북한괴뢰들의 악랄한 면과 폭학(暴虐)한 실태를 적나라하게 폭로해서 이념으로 싸우는 작가의 면모를 여실히 나타내었다'고 평하고 있다. (곽종원, 『신인간형의 탐구』, 동서문화사, 1955, p.189)
129) 황순원의 가계에 대해서는 김동선의 아래 글에서 자세히 언급되어 있다. 김동선의 글에서 황순원의 가계는 평양 근교의 지주였으며, 황순원의 부친, 황찬영이 조림사업과 작답(作畓)사업에 힘쓴 것으로 나와 있다. 이를 통해 볼 때 『카인의 후예』가 북한에서 자신의 체험을 바탕으로 쓴 글이라는 것과 박훈의 삼촌 용제영감은 바로 황순원의 부친을 의미하는 것임을 알 수 있다. 실제 작품에서 용제영감은 지주 중에서도 가장 훌륭한 인물로 그려지고 있다.
    '옥고를 치르고 나온 찬영은 한동안 숭실중학교 사감으로 있다가 조림사업과 작답(作畓)사업에 정열을 쏟은 것으로 알려지고 있다. 또한 교육열이 높아 그의 세아들 순원(順元), 순만(順萬), 순필(順必)은 물론 동생들과 처가 조카들까지 평양에 데려다 공부시켰다는 것이다. 찬영(贊永)이 조림사업에 정열을 쏟았다는 것을 염두에 두면, 『카인의 후예』의 용제영감에게서 그 편린이 발견된다. …… (중략)……당시로서는 거시적 안목에서 나온 이 조림사업은 결실을 맺지 못하고 말았다. 해방이 되면서 북이 공산화되자 그는 지주계급으로 몰렸고, 끝내는 1946년 3월에 38선을 넘어야 했던 것이다. 『카인의 후예』는 해방 직후 북에서 지주계급이 탄압받는 이야기가 큰 줄거리인데, 황씨 일가가 남으로 내려온 배경이 잘 나타나 있다.'
    김동선, 「黃고집의 美學, 黃順元 가문」, 『황순원 연구』, 황순원 전집 12, 문학과 지성사, 1983, p.178-180

이전부터 지속적으로 추구해오던 순수성에의 지향, 생명애의 동경이 북한에서의 체험과 더불어 인간을 변화시키는 역사 변화 자체를 혐오하게 했던 것이다. 따라서 『카인의 후예』는 이념성 지향과 순수성 지향이라는 당시 황순원의 입장이 적절하게 결합된 소설이라고 할 수 있다.[130] 『카인의 후예』는 자신의 체험과 반공이데올로기의 영향, 순수성의 지향이라는 여러 요인이 어우러져서 역사를 주관적으로 재구성하는 경향을 보여주고 있는 것이다.

앞서 살펴본 바대로 염상섭의 『취우』와 황순원의 『카인의 후예』는 전시하(戰時下) 객관적 현실인식이 불가능하였던 상황에서 당대 현실을 개별적 차원에서 보거나, 혹은 주관적 차원에서 바라보는 독특한 두 시각을 보여주는 작품이다. 『취우』가 전쟁현실을 객관적이고 관찰자적인 시각에서 조명하여 역사와 인간 삶에 대한 어떠한 가치적 태도도 유보하고 있는 모습을 보여주고 있다면, 『카인의 후예』는 작가의 체험과 당시 반공이데올로기적 경향 속에서 역사적 상황을 주관적으로 해석하고 묘사하는 태도를 보여준다. 『취우』가 인민군 치하의 서울 풍경을 묘사하면서 전쟁 상황을 바로 일상적 삶으로 대체하여 삶의 지속성, 생활 자체의 우위성을 강조하고 있다면, 『카인의 후예』는 북한의 토지개혁을 다루면서 역사상황의 구체적 의미보다는 인간의 순수성과 파괴라는 추상적 의미를 구현하는 데 중점을 두고 있다. 따라서 『취우』가 현실적 삶을 철저하게

---

130) 이런 면은 당시 구세대 문학인(김동리, 조연현, 황순원, 이무영)들이 공유하는 가치체계라고 볼 수 있다. 이는 구세대 문학인들이 정치적으로 지니고 있던 보수우익측의 인식과 문학적으로 영원성, 항구성을 지향하는 순수성의 인식이 함께 맞물린 것으로 볼 수 있을 것이다. 전쟁과 함께 순수주의 문학론은 일정하게 퇴보하지만, 창작에 있어 순수주의는 인간의 보편성 추구라는 측면으로 여전히 50년대 전후문학을 구성하는 근본 계기가 된다. 이런 점은 신세대의 등장으로 정치적 우익성이 탈피하기까지 문학창작에 있어 주류적인 경향을 형성한다.

객관화시키고, 평균화시키고 있다면, 『카인의 후예』는 작가의 역사를 바라보는 주관된 시각에 따라 현실적 삶을 추상화시키는 결과를 보여준다.

『취우』는 전쟁현실을 특히 일상성으로 바라본다는 데 문제점을 지니고 있다. 작가는 구체적 역사(歷史) 역시 일상성을 바탕으로 형성될 수밖에 없으며, 생활의 감각, 일상성의 감각이 바로 세계를 구성한다는 자연주의적 태도를 그대로 보여주고 있다. 이런 면에서 『취우』는 일상성이 역사를 압도하는 삶의 한 단면을 이야기하고 있다고 볼 수 있을 것이다. 그러나 이런 관점은 관찰되는 현실 그 자체를 무매개적으로 반영함으로써 상황과 인물이 단지 에피소드적이고 우연적이며, 고립적인 성격을 지니게 되는 근본 원인이 된다. 『취우』에서 현실은 단지 정적이며 무의미한 부르조아의 일상사로 떨어지는 것도 이와 관련된 것이다. 『취우』는 한국전쟁이라는 특수한 역사적 배경을 지니고 있음에도 그 현실에 대한 총체적 관점과 역사에 대한 어떠한 전망도 보여주지 못함으로써 장편적인 양식으로부터 벗어나 있다.

『카인의 후예』는 특정한 역사적 사실을 바라보는 작가의 주관적이며, 추상적인 시각 자체가 문제가 되는 소설이다. 소설은 북한의 토지개혁이라는 특별한 역사적 사실을 작품의 주된 배경으로 삼고 있으면서도 이런 역사적 사실에 대한 탐구보다는 공동체적인 삶의 지속, 순수성의 회복이라는 추상적 주제를 구현하는 데 집중한다. 이에 따라 소설은 토지개혁을 통한 인간성의 파괴현상과 박훈과 오작녀의 사랑을 통한 인간성 회복이라는 두 가지 서사층위로 분리되어 진행된다. 문제는 소설의 추상적 주제가 끊임없이 전체 서사에 관여하고 스토리를 주관한다는 것인데, 이런 점들이 토지개혁의 역사적 상황을 구체화시키지 못하고, 전적으로 인간성 파괴의 공간으로 추상화시키는 결과를 가져오고 있다. 『카인의 후예』에서는 북한의 토지개혁이 일제시대의 모순적 농촌구조와 어떤 관련을 맺는 지, 그리고 그것을 통해 인간들의 운명이 어떤 방식으로 변모, 전개되는 지를 구체적으로 밝혀 주지 못하고 있다.

『취우』와 『카인의 후예』는 전시(戰時) 혹은 전시 직후가 지니고 있는 인식의 한계를 소설 내적인 형식과 주제를 통해 분명하게 보여주고 있다. 이들 작품이 현실의 전체성을 묘사하는 것이 아니라 현실을 바라보는 객관적, 주관적 시각에서 현실의 한 단면, 한 계기만을 묘사하는 것도 당시 급변하는 현실의 본질적 계기를 파악할 수 없었던 당시 문학이념적 한계를 그대로 보여주는 것이다. 전쟁 현실에 대한 구체적인 묘사는 대상에 대한 시간적 거리와 심리적인 거리를 유지할 수 있었던 50년대 후반부터 본격화된다. 50년대 후반에 이르러 개인에게 미친 전쟁의 의미가 분명하게 부각되면서 전쟁 현실과 전쟁 상처에 대한 본격적인 묘사가 시작되는 것이다. 이런 점은 4장 3절에서 구체적으로 살펴보도록 하겠다.

Ⅲ. 새로운 문학이념의 모색과 현실의 단편적 서사화
— 곽학송의 『철로』, 황순원의 『인간접목』

1. 현실인식의 변모와 전환기 장편의 특성

1) 문단의 혼란과 문학이념의 부재

한국 문단에서 전쟁의 상처는 그 나름대로 깊고 심각한 것이었다. 전쟁기간 동안 외적으로는 많은 문인들의 신변상의 변화가 있었으며,[131] 내적으로는 문학에 대한 시각의 변화와 혼란이 있었다. 전쟁기간 중 해방 이후부터 전개되었던 기성문단의 '순수문학론'은 문학이 전쟁에 봉사해야 한다는 명분 때문에 그 본래적 의미를 잃고 있었고, 외부에서 강제된 체제수호적인 목적문학 이외에 현실에 대응할 마땅한 문학론도 성립될 가능성이 보이지 않았다. 체제수호적인 문학론은 문학내적인 논리에 의해 전개된 것이 아니기에 종전(終戰)과 함께 문학 이론적 논의에서 자연히 벗어나, 단순히 반공(反共)을 강조하는 선에서 머무를 수 밖에 없었다. 따라서 종전과 함께 시급히 문단의 재편을 통해 문학이념의 새로운 정립이 요구되고 있었다. 하지만 종전 이후의 문단 상황은 이전과 크게 달라

---

[131] 전쟁기간 동안 일어났던 주요 문인들의 신변상 변화를 요약하면 다음과 같다.(한국문인협회, 『해방문학 20년』, 정음사, 1966, 《문예》, 전시판, 1950.12참고)
전쟁기간 중 사망한 문인 - 김동인, 김영랑, 이해문 등
전쟁기간 중 납북된 문인 - 이광수, 김동환, 김억, 김진섭, 김기림, 정지용(?) 홍구범, 김성림 등
전쟁기간 중 월북한 문인 - 박태원, 이병철, 정인택, 이용악, 설정식, 김병욱 등
전쟁기간 중 월남한 문인 - 김이석, 박남수, 한교석, 장수철, 강소천, 양명문, 이인석 등

진 모습은 아니었다. 당시 종전과 함께 복간된 잡지나 새로 창간된 잡지를 통해 다양한 작품이 선보이고 있었지만, 이를 규명하고 지도할 비평적 논의는 전혀 이루어 지지 않았다.[132] 문단은 문단대로 자리를 잡지 못하고 있었고, 소설은 소설대로 개별 잡지나 신문을 통해 통속적이고 신변잡기적인 이야기를 양산하고 있었다. 따라서 문단의 혼란과 작품의 부진은 당시로서는 밀접한 관계가 있는 셈이다. 당시 어느 평론가의 말처럼 창작과 평론의 부진이 문단이 제대로 자리잡지 못해서 일어난 현상[133]이라고 볼 수도 있는 것이다.

종전(終戰) 직후 문단의 혼란상은 몇 가지 점에서 근거를 찾아볼 수 있다. 우선 첫째로 기존 문단 내부의 반목과 질시를 들 수 있다. 당시 정부의 〈문화 보호법〉에 따른 〈예술원〉의 설립과 그 과정에서 일어난 문단 내부의 분열과 갈등은 종전 이후 문단을 결속시키고 문학의 부흥을 꾀하는 데 막대한 장애를 주었다. 정부가 입안한 〈문화보호법〉은 국가기관에 의한 문예조직의 법적 장악이라는 근본적인 문제점을 안고 있었으나,[134] 당시에는 이런 근본적인 문제보다는 오히려 〈예술원〉설립에 따른 주도권 쟁탈의 차원에서 문인 서로 간의 인신공격에 따른 반목과 질시의 차원을 벗어나지 못하고 있었다.[135] 1952년부터 1955년까지 지속된 이러한 혼란

---

132) 종전 후 3, 4년 사이에 창간된 주요 문학관련 잡지를 보면 다음과 같다.
　《문학예술》-1954년 4월 1일 창간, 통권 32호로 1957년 12월 1일 종간
　《새벽》-1954년 8월 1일 창간, 통권 136) 조연현, 「현실성과 시대성」, 《문학과 예술》, 54.47권 12호로 1960년 12월 15일 종간
　《현대문학》-1955년 1월 1일 창간, 계속 간행 중
　《시와 비평》-1956년 5월 창간, 통권 3호로 1957년 5월 종간
　《자유문학》-1956년 6월 1일 창간, 통권 71호로 1963년 4월 30일 종간
133) 곽종원, 「시류의 배제와 문학관의 확립」, 《새벽》, 54.9, p.42
134) 김철, 「한국보수우익 문예조직의 형성과 전개」, 『문학과 논리』, 제3호, 태학사, p.54
135) 이에 대해서는 아래의 글을 참고할 것.
　김광섭, 「예술정신의 평가 - 예술원을 중심으로-」, 〈조선일보〉, 54.4.19
　김동리, 〈「예술원」 실현과 예술운동의 장래 -「예술원」 회원선거의 경위와 그 문단적 비판을 분석함 -〉, 《신사조》, 54.8
　임긍재, 「작금 1년간의 문화적 동태」, 《청춘》, 54.10

은 결국 〈문총〉내부의 혼란을 거쳐 《자유문협》의 분리로 이어진다. 당시 문단의 혼란은 해방 직후와 같은 정치이념적 대타개념이 사라진 공간에서 전쟁현실을 묘사할 새로운 문학적 방법을 찾기보다는 문단내부의 권력투쟁에 문인들의 관심이 더 집중되었음을 증명해준다. 이는 기성문인들의 한계를 보여주는 것으로 이후 문단의 권력과 상관없이 신세대 작가가 실제적인 작품창작의 주도권을 잡게 되는 것과 밀접한 관련을 지닌다.

두번째로 문단의 중심축이라 볼 수 있는 기성문인의 문학이념이 급속하게 몰락하였거나 현실적응력을 잃고 있었던 점을 들 수 있다. 이미 전쟁 기간 중 순수문학의 이념이 전쟁 참여라는 명분 속에서 문학이론으로서의 내적 필연성을 상실하고 있었음을 전쟁시기의 문학론을 통해서 살펴본 바 있다. 전쟁시기 중에 조연현은 자신의 순수문학적 논리인 '생리'의 개념을 전쟁에 따른 현실참여의 논리 속에서 해명하고자 했으나 큰 실효를 거두지 못했는데, 이런 입장은 종전 후에도 지속된다. 조연현은 54년 4월「현실성과 시대성」[136]이란 글을 통해 황순원의 단편에서 보여주는 토속적인 작품들이 시대성과 현실성에 뒤떨어진 고담(古譚)에 불과하다는 일부의 평에 대해 반박하고, 올바른 현실성이란 "눈 앞(目前)의 사상(思想)을 의미하는 것이 아니라, 인간의 근본적인 리얼리티(생리-필자)의 가장 정확한 표현일 때만이 가능한 것"[137]이라는 이전의 순수문학적 입장을 반복하게 된다. 전쟁기간 중 내내 침묵으로 일관했던 김동리 역시 1954년 9월「휴맨이즘의 본질과 과제」[138]라는 글을 통해 인간의 '불안', '혼란'이 르네상스적 휴머니즘에서 비롯되었다고 비판하면서, 새로운 자연, 새로운 인간상, 새로운 신(神)과의 공존을 통한 '인간성 회복'이라는 제3휴머니즘의 입장을 재천명한다. 이런 양자의 입장은 현실의

---

136) 조연현,「현실성과 시대성」,《문학과 예술》, 54.4
137) 조연현, 앞의 글, p.88
138) 김동리,「휴맨이즘의 본질과 과제 - '휴맨이즘' 문학의 본질과 그 현대적 과제-」,《현대공론》, 54.9

변화에도 불구하고, 이전에 자신들이 주장하던 기존의 논의에서 크게 달라진 부분이 없다. 따라서 전쟁 이후 급박하게 변화하는 현실 속에서 순수문학론적인 이런 논의들은 크게 부각될 만한 것이 못되었고, 당연히 문단 내부에도 큰 영향력을 발휘하지 못하게 된다. 오히려 종전(終戰) 이후 급박하게 변화하는 현실을 작품에 담아야 한다는 입장에서 '문학은 현실의 반영'이라는 안티-테제를 들고 나오는 다른 이론가들에게 밀려나는 입장을 면치 못하게 된다. 당시 순수문학의 현상을 폭넓게 비판하는 임긍재의 글에서 이런 입장을 읽을 수 있다.

> 이 나라의 순수문학을 지향하는 군상들은 현실을 도피하고 신비주의적 예술지상주의를 고집하고 현실과의 초연한 태도로 창작에 임하고 있으나 그들은 회고의 망령을 언제까지나 어루맨지고 있을는지 반성의 여지가 충분히 있다고 생각한다.(중략) 만약에 이 나라의 순수파 작가들이 오늘에 있어서 우리들에게 가차없이 닥쳐오는 모든 현실을 그대로 초월할 수 있다면 그것은 문학 이상(以上)의 이상(理想)일 것이다.[139]

이처럼 조연현과 김동리로 대표되는 순수문학론은 전후(戰後)의 절박한 현실 속에서 실제적인 구체성을 확보할만한 어떤 이론적 대안도 만들 수 없었다. 전후(戰後)의 재건 속에서 새롭게 전개된 현실을 '제3휴머니즘'이나 '생리'의 논리로는 더 이상 구체적으로 해명할 수가 없었던 것이다. 이는 그들의 문학적 논리가 해방 직후부터 철저하게 '좌익'과 '우익'이라는 정치이념적 지평 위에서 만들어 진 것이고, 이미 이런 대타적 논리가 사라진 공간에서는 그들의 문학적 논리가 변화된 현실의 본질을 드러내고 대응하기에는 부적절하고 부적합하다는 것을 의미한다.[140] 다시 말하면 조연현이나 김동리의 순수문학론은 좌익의 문학논리에 대항

---

139) 임긍재, 「문학과 정치의식」, 《현대공론》, 54.8, p.182
140) 이에 대해서는 박헌호, 「50년대 비평의 성격과 민족문학론으로의 도정」, 조건상 편, 『한국전후문학연구』, 성균관대학 출판부, 1993, pp.222-228 참고할 것.

하여 문학에 대한 보편적이고 원론적인 순수성, 자율성을 지키고자 하는 의미가 강했고, 이런 보편적이고 원론적인 이론으로 전후 변화된 현실에 대해 어떤 문학 내적인 논리의 대응이나 모색을 시도하기에는 애당초 불가능했던 것이다.

하지만 문제는 조연현이나 김동리 등이 주장하는 순수문학론이 여전히 기성문단의 문학적 인식을 원론적인 차원에서 강제하고 있었고, 이런 관점으로부터 벗어날 논의의 다양성이 문단 전반에 걸쳐 이론적 배경을 가지고 폭넓게 형성되지 못했다는 점에 있다. 근본적으로 당시 기성문단은 체제수호문학론의 반공주의적 경향과 김동리, 조연현의 순수문학론이 혼재된 상황에 있었고, 이런 혼란 속에서 비로소 전후 변화되는 현실을 심도있게 구체적으로 묘사하고자 하는 인식이 서서히 나타나는 과정 중에 있었던 것이다. 다시 말해서 그 당시는 대체로 문학의 자율성, 순수성은 인정하되 그 속에서 변화된 현실을 대응할 구체적인 문학론을 탐색하는 과정이라 보아 무방할 것이다. 이런 점은 문단의 논의들이 해방 직후처럼 일관되고 단합된 모습으로 드러난 것이 아니라 제각기 다른 목소리를 드러내고 있는 점을 통해 알 수 있다. 예컨대 해방 직후 문학운동에서 중간파(백철, 홍효민, 김광균)의 입장을 취했던 문학가들이 종전(終戰)이후 문학 내, 외적으로 차츰 자신의 목소리와 세력을 드러내고 있었고, 이런 현상들이 기성문단을 주도하는 김동리와 조연현의 문학관에 대한 비판으로 나타나고 있었다. 앞서 말한 〈예술원〉파동과 《자유문협》의 분리도 이와 밀접한 관련을 지니고 있다.[141] 또한 이러한 과정을 통해 기성문단과 문학이 지니고 있는 한계와 그 극복의 문제가 내부에서부터 자

---

141) 《자유문협》의 구성인원을 보면 이런 점이 보다 명확하게 드리닌다. 55년 4월에 구성된 《자유문협》의 주요 구성원은 위원장에 김광섭, 부위원장에 이무영, 백철, 소설분과 위원장에 김팔봉, 시분과 위원장에 모윤숙을 포함하고 있다. 이들은 대체로 해방 직후 문학운동에서 중간파적 입장을 견지했거나(김광섭, 백철, 김팔봉), 전후 조연현 주도의 문단 주류에서 소외된 문인들이었다.
한국문인협회 편, 『해방문학 20년』, 정음사, 1966, p.150

연히 제기된다.

  기성문단과 기존문학이 지닌 한계와 극복의 문제가 제기된다는 것은 결국 기성문인의 이념과는 다른 새로운 것을 찾아야 한다는 의식과 깊은 관련이 있다. 당시 기성문단의 작품은 통속성과 퇴폐성에 바탕을 두어 변화된 현실을 구체적으로 담아내지 못하고 있었다. 작품이 통속화된다는 것은 작품이 어떤 일관된 창작관에 의해 만들어 지는 것이 아니라, 현상의 표면에 흐르는 신변사를 좇아 어떤 기술(記述)적인 세태묘사로 흘러가고 있음을 의미한다. 대부분의 평론가들이 당시 작품경향을 자연주의 수법에 의한 자연주의적 창작 태도로 규정하고 있는 점도 이와 직접 관련된다.[142] 이런 현상에 대해 많은 평론가들은 작품 속에 사상성, 주체성과 작가의식이 없기 때문이라고 노골적으로 불만으로 토로하고 있다.[143] 하지만 실제 이런 작가의식과 주체성이 그저 주어지는 것은 아닐 것이다. 작품 속에 작가의식과 주체성을 집어 넣으라는 것은 현상의 표면에 그치지 말고, 변화된 현실의 본질과 인간성의 문제를 깊이있고 일관성있게 추구하라는 말과 같은 뜻일텐데, 실제 당시로서는 변화된 현실의 본질적인 의미를 밝히는 문제는 여전히 유보될 수 밖에 없었다. 평론가 역시 변화된 현실의 본질이 무엇인지, 변화된 사회와 인간의 관계가 어떠한지에 대해 구체적인 질문도 해답도 준비되어 있지 않았고, 그렇다고 더 이상 보편적인 '순수'의 논리가 전후의 구체적 현실을 직시해줄 수도 없었던 것이다. 많은 평론가들이 실제 그들이 말하는 작가의식이나 주체성이 지니는 근본적인 내용에 대해서 함구하거나, 기껏해야 "문학과

---

142) 이런 점과 관련하여 대다수의 평론가가 당시 문학을 자연주의적 경향, 혹은 자연주의적 수법, 창작태도로 보고 있다. 이에 대해서는 아래의 글을 참고할 것.
  김팔봉 외, 「한국문학의 현재와 장래(대담)」, 《신태양》, 55.2
  곽종원, 「현대한국문학의 방향」, 《현대문학》, 55.3
  양병식, 「비평가의 감각」, 《현대문학》, 55.4
  백철, 「자연주의 뒤에 올 것 -외적 인간과 심리계의 통일-」, 《문학예술》, 56.1
143) 김팔봉외, 「한국문학의 현재와 장래(대담)」, 《신태양》, 55.2, p.204
  박영준, 「문학과 작가의식」, 《현대공론》, 54.8. p.147

인간의 전체적인 탐구를 행동에서 구한다"[144]는 원론적인 내용을 반복하는 것도 바로 이러한 이유 때문이다.

이런 점은 변화된 현실을 본질적으로 규명할 어떤 인식론적인 틀과 방법론적인 틀이 존재하지 않았음을 의미한다. 당시로서는 급박하게 변화하는 현실 속에 개인과 사회적 현실과의 긴장은 고조되고 있었지만 개인에게는 그 현실의 변화를 자신의 것으로 주체화시킬 수 있는 객관적인 문학적 틀이 존재하지 않았던 것이다. 해방 직후부터 지속되어 왔던 '순수주의 문학론'은 사회 속의 인간을 근원적이고, 보편적인 속성으로만 탐구한다는 측면에서 변화된 현실의 구체성을 파악하기에는 부족한 것이고, 그렇다고 마땅히 순수주의 문학론을 대체할 새로운 방법론이 주어진 것도 아니었다. 따라서 당시 작가들은 현실을 구체적으로 바라보기보다는 단지 현실의 외면만을 묘사할 수밖에 없었고, 평론가들은 그런 외면적 현실 묘사에 대해 개별적이고, 주관적, 인상적 비평으로 대처할 수밖에 없었던 것이다.

2) 현실대응적 문학관의 태동과 소설의 변모

새로운 문학이념을 창조하자는 의식이 다분히 원론적인 상태를 벗어나지 못했던 혼란된 과정 속에 있었다면, 반면에 실제 창작에서는 통속성에서 탈피하고 현실에 대한 새로운 인식, 새로운 인간관을 표현하고자 하는 의식은 서서히 등장하고 있었다. 주로 통속적인 세태묘사에 머물러 있던 기성세대의 작품을 비판하면서 등장한 신세대 작가들을 통해 창작상의 이런 변화가 이루어지기 시작했다. 신세대의 작품이 문단의 주류적인 경향을 형성한 것은 1950년대 후반에 들어서면서부터였지만, 신세대적 작품 경향은 이미 전쟁 직후부터 신인들의 문단 데뷔를 통해 나타나기 시작했다. 1954년도 후반기부터 신세대 작가의 작품이 급속도로 늘어나면서, 1955년 한 해동안 생산된 총 작품의 반 이상을 신인들이 차지하

---

144) 백철, 「문학과 주체성의 문제」, 《신태양》, 54.11, p.214

고 있었다.¹⁴⁵⁾ 기성세대들의 작품이 여전히 천편일률적으로 신변사, 혹은 애정사에서 소재를 구하고, 단순히 세태묘사에만 그치고 있었다면, 신세대 작가의 작품들은 나름대로 전쟁과 전후(戰後)현실에 대한 깊이있는 탐색을 통해 문학에 대한 새로운 가능성을 열어 주었다. 곽종원은 이를 구세대작가의 "이전 세계에서 한 걸음도 나아가지 못한 마네리즘"과 신세대 작가의 "자기네 문학 세계를 발굴하기 위한 피땀어린 노력"이라고 구별하여 표현하였다.¹⁴⁶⁾ 물론 이런 신세대 작가의 작품이 아직은 이렇다 할 새로운 현실인식과 세계관을 표명한 것은 아니다. 그렇지만 그들이 취하고 있는 '제재의 심각성', '절박한 현실에 대응하여 발버둥치는 인간상의 추구'는 분명 기성작가들이 지니고 있던 평범한 인생해석과는 질적인 차별을 지니는 것이었다. 이런 질적인 차별은 현실의 표면에 머물러 있던 당시의 창작적 태도를 좀 더 현실에 밀착시키고, 지적(知的)인 태도로 현실을 해명하고자 하는 태도에서 연유된 것이기도 하다. 이런 경향이 통속성의 작품이 주류를 이루던 당시의 작품에 신선하고 새로운 감각을 보여준 것만은 사실이었다.

백철은 신세대의 특성을 세 가지 면에서 구별하고 있다. 우선 새로운 것을 창조하자는 적극적인 인간적 태도, 둘째 현실을 전체적으로 파악, 비판하는 지적 태도와 높은 교양수준, 셋째 작품의 방법적인 기술태도에 있어 새로운 특질을 제시하는 것 등이 기성작가와는 구별된다는 것이다.¹⁴⁷⁾ 백철은 기성작가가 지닐 수 없었던 독특한 세계를 신세대 작가가 보여주고 있다는 점을 주목하고 있다. 무엇보다도 신세대 작가의 새로운 점은 기존 작품이 전후(戰後)현실을 외적으로 관찰하고 단순히 자연주의적으로 묘사하는데 그친 반면, 적어도 신세대 작가는 그런 현실을 지적(知的)으로 관찰하고, 절박한 체험으로 묘사해 나갔다는 점이다. 이런 점

---

145) 곽종원, 「1955년 창작계 별견(瞥見)」, 《현대문학》, 56.1, p.200
146) 곽종원, 「1955년 창작계 별견(瞥見)」, 《현대문학》, 56.1, p.200
147) 백철, 「신세대적인 것과 문학」, 《사상계》, 55.2, p.38

은 당시 손창섭, 장용학, 김성한, 오상원의 초기작을 기성세대가 보면서 느끼던 감정이었다. 백철이 김성한의 「바비도의 최후」를 보면서 "주관성에 있어서 적극적인 리얼리티"를 가졌다거나, 작가가 "현실에 대하여 관조하는 것이 아니라 그것을 이겨내야 하겠다는 하나의 역사의식이 작품정신으로 되어 있다"[148]라고 평가하는 것도 현실과 인간에 대해 작가 나름대로의 일정한 의미를 부여하고, 그것을 작품의 주제로 형상화하고자 하는 태도를 높이 평가한 것이다. 이런 점에서 보자면 신세대 작가들은 기존 작가와는 다르게 현실을 바라보는 일정한 관점을 지니고 있고, 그런 관점을 통해 현실을 보다 절박한 것, 보다 체험적이고 생동감있는 것으로 그리는 것이 장점이었다. 당시 신세대 작품이 주목받았던 것은 다분히 기성문단에 주는 충격 때문이다. 당시 작가들은 대다수의 작품이 지니고 있던 통속성 때문에 반대로 신세대의 작품에 눈을 돌리게 되었고, 거기서 새로운 작품 경향을 찾고자 한 것이다. 다시 말하면 작품이 현실의 표면에만 머문다는 기존의 불신이 새로운 작가의식, 문학의식의 필요성을 강조하게 되고, 또한 이런 관점에서 신세대 작가의 몇몇 작품이 상대적으로 주목을 받게 되었다.

 이런 신세대 작품의 등장은 기존의 작품관에 새로운 변화를 주게 된다. 이런 점은 한편으로 새롭게 등장하는 신세대들의 작품을 통해 영향을 받은 것이면서, 또 한편으로 앞서 말한 새로운 문학적 방법을 탐구하자는 인식이 보다 구체화되어 나타난 것인데, 그 내용은 작가가 단순히 현실의 겉면만을 취할 것이 아니라, 현실을 보다 적극적으로 해석하고 현실의 실체를 묘사하자는 것이다. 따라서 이런 인식은 기존의 안이한 현실묘사로부터 벗어나 적극적이고 구체적인 현실묘사로 나아가고자 하는 다양한 논의들을 수반하게 된다. 우선 '문학은 현실의 반영'이라는 원칙적인 논의가 다시 부각되었고, 문학과 인간에 대한 전체적인 탐구를 작

---

148) 백철, 「신구의 교체가 오는가 - '바비드의 최후'가 근년의 대표작-」, 〈경향신문〉, 54.10.21

가가 주체성을 가지고 인물의 행동을 통해 구현해야 한다는 인식이나 [149] 시시각각 변하는 현실 속에서 현실을 직시하는 비판안(批判眼)과 작가의 태도가 중요하다는[150] 현실 비판과 저항의식의 문제까지 등장하게 된다. 뿐만 아니라 문학이 적극적으로 정치현실에 참여하고 이를 묘사해야 한다는 정치참여의 논의까지 나타나기도 한다.[151]

이런 논의들은 결국 전쟁 기간 중 전개되었던 체제수호문학론의 반공주의(反共主義)적인 작품과 이에 편승해 통속묘사에 그친 작품들을 비판하고 구체적인 현실의 실제적인 계기들을 작품 속에 담고자 하는 인식이 비로소 시작되고 있음을 의미한다. 예를 들면 전후(戰後)현실을 묘사하더라도 단지 전쟁에 따라 변화된 현실의 세태상만을 묘사하는 것이 아니라, 변화된 현실의 의미를 작품 속에서 인물과 환경을 통해 생생하게 표현해내는 그런 창작태도를 뜻한다. 창작에서 이런 현실인식의 대두는 당시 창작 방법론으로서 '리얼리즘'이 요구되고, 기성층에서 '레알리즘'에 대한 재인식이 이루어 졌다[152]는 평가까지 받게 되는 요인이 된다.

하지만 당시 문단에 등장하고 있던 이런 적극적 현실인식의 태도들은 어디까지나 문제제기의 수준이었고, 따라서 현실의 본질을 구체적으로 형상화하고자 하는 리얼리즘적 문학관과는 거리가 있었다. 당시 문단에 제기되던 리얼리즘에 대한 인식은 세태적 묘사를 지양하고, 작가의식을 갖춤과 동시에 현실을 밀도있게 그리자는 단순한 의미에 머물러 있었다. 적어도 문학이 현실의 본질을 인식하고 그것을 구체화하기 위해서는 현실을 전체적으로 바라볼 시각과 그것을 형상화할 수 있는 방법적 틀이 전제되어야 한다. 당시로서는 현실을 단지 개별적, 또는 주관적 시각 속에서만 묘사하거나, 혹은 현실의 외면만을 묘사하던 세태적 경향을 탈피

---

149) 백철, 「문학과 주체성의 문제」, 《신태양》, 54.11, p.214
150) 곽종원, 「작가정신을 통해 본 현실의식 - 1955년도의 문단을 회고하면서-」, 《문학예술》, 55.12, pp.100-103
151) 임긍재, 「문학과 정치의식」, 《현대공론》, 54.8, pp.182-183
152) 곽종원, 「1955년도 창작계 별견(瞥見)」, 《현대문학》, 56.1, p.202

하고 현실의 의미를 보다 구체적이고 실제적으로 형상화하자는 당위성만 제기되고 있었던 것이다. 따라서 작품 속에서 현실의 의미를 어떻게 구체화하고 이를 묘사할 것인가 하는 문제는 여전히 유보할 수밖에 없었다. 이는 당시 소설이 문단적 요구와는 다르게 여전히 세태적인 작품이 우세하거나, 혹은 현실의 의미를 담고자 노력한 작품이라 하더라도 현실의 한 단면만을 부분적으로 드러내거나, 우회적인 방법을 통하여 막연한 의미만을 암시하던 데서 잘 드러난다.

3) 전환기의 장편의 특성과 전개

전쟁과 함께 변화된 현실의 의미를 작품 속에 담아야 한다는 자각은 당대의 세태적 소설경향을 극복하고 문학성과 예술성을 회복해야 한다는 과제와 밀접하게 관련된다. 당시의 문학가들은 전시(戰時)나 종전(終戰) 직후 보여주었던 현실의 겉면만의 묘사를 탈피하고 적어도 문학에서 구체적인 인물과 구체적인 상황의 묘사를 통해서 새로운 현실에 적절하게 반응하는 문학적 태도를 절실하게 요구하고 있었다. 당시의 문학 논의에서 많이 등장했던 '새로운 윤리관'의 강조나 '새로운 인물'의 창조에 대한 요구도 현실의 변화와 함께 문학의 변화를 강조하는 당시의 문학가들의 태도를 적절하게 대변해 주는 것이라 할 수 있다. 앞서 말한 대로 이런 현실관과 인간관에 대한 새로운 시각의 요구는 당시 단편에서 그런대로 반영되어 나타났고,[153] 그런 점에서 평론가들의 주목을 받은 바 있다. 하지만 장편에서는 그런 시각의 변화가 갑자기 이루어 지지는 않았다. 사실 장편은 현실을 전체적 시각에서 바라보고 현실을 폭넓게 묘사해야 하는 형상화의 특별한 방법을 필요로 하기 때문에 갑작스런 변화는 기대하기 힘든 것이다. 단편이 새로운 인간관과 현실관을 단일한 상황에서 집약적으로 표출하여 이런 문학상의 변화에 적절하게 대응할 수 있었다면,

---

153) 이런 작품으로는 김성한의 「바비도」, 「제우스의 자살」, 「오분간」과 박연희의 「증인」, 오상원의 「유예」, 「구열」같은 작품을 들 수 있다.

장편은 현실을 꿰뚫어 볼 수 있는 시각과 전체적 묘사에 대한 방법상의 특별한 진보없이는 이런 문학상의 변화 자체가 불가능하다. 오히려 이 시기의 장편소설은 이런 문학적 요구를 거부하고, 통속적이고 세태적 묘사를 더욱 더 강화하는 경향을 보인다. 전시기(戰時期)나, 종전 직후『취우』나『카인의 후예』,『농민』3부작을 통해 나름대로 현실에 대한 문제의식을 보여주는 작품들이 나타난다면, 종전을 1.2년 경과하면서 장편소설은 대체로 세태상을 더욱 더 노골화한 것이거나, 애정사 중심의 통속성을 드러내는 것이 대부분이다. 현실을 총체적이고 본질적으로 파악할 구체적 방법이 없을 때 장편장르는 오히려 현실의 전체상의 묘사보다는 그것을 포기하는 경향으로 나타나고 있었다.

종전(終戰) 이후 전환기의 이러한 장편소설의 특성은 전후(戰後)문단에 있어 장편장르의 통속성을 확보하게 되는 구체적 계기를 이룬다. 다시 말하면 전후(戰後)문단에 있어 장편소설의 일반적 특성인 통속성이 이 시기를 통하여 확고한 자리를 잡게 되는 것이다. 예를 들면 1954년도에 발표되어 세인의 관심을 끌었던 정비석의『자유부인』[154]을 필두로 한 일련의 통속소설이 이 시기의 장편소설의 경향을 주도하게 된다. 박계주의『구원(久遠)의 정화(情火)』[155], 정한숙의『애정지대』[156], 김래성의『애인』[157], 염상섭의『미망인』[158],『지평선』[159] 등이 바로 그러한 작품이다. 당시 장편소설의 주요작가층이 통속소설을 위주로 하는 김광주, 박계주, 김래성 등과 같은 인물이었음을 볼 때 이런 성격은 확연히 드러난다. 더구나 장편『고개를 넘으면』[160]을 통해 문단에 복귀한 박화성,『푸른 날개』[161]를 통해 문단에 복귀한 김말봉,『광풍』[162]을 통해 문단에 복귀한 장덕조

---

154) 정비석,『자유부인』,〈서울신문〉, 1954.1.1-8.9
155) 박계주,『구원(久遠)의 정화(情火)』,〈경향신문〉, 3.1-9.30
156) 박영준,『애정지대』,〈평화신문〉, 54.10-55.2
157) 김래성,『애인』,〈경향신문〉, 1954.10.1-1955.6.30
158) 염상섭,『미망인』,〈한국일보〉, 1954.6.16-12.6
159) 염상섭,『지평선』,《현대문학》, 1955.1-6
160) 박화성,『고개를 넘으면』,〈한국일보〉, 1955.8.9-1956.4.23

등의 여류 문인들이 통속소설적 경향에 가담했고, 비교적 순문예(純文藝) 작가로 알려진 염상섭, 이무영, 정한숙, 박영준 등도 통속소설적 작품을 양산하고 있었던 것이다.

　종전(終戰) 직후부터 장편소설의 전체적인 경향이 통속화로 흐른 데는 나름대로 이유가 있다. 우선 1950년대 전반(全盤)을 걸쳐 마찬가지이겠지만 장편소설을 실어줄 발표지면이 신문 외에는 마땅한 곳이 없었고, 신문의 상업주의적 속성 상 독자에게 영합해야 하는 통속성은 필연적인 것이었다. 하지만 장편소설의 신문게재는 당시 작가의 생계 유지를 위해서 절실히 필요한 것이었고, 이 점이 당시 통속소설을 양산(糧産)하게 되는 하나의 계기가 되었다. 다음으로 전쟁을 통해 침체되어 있던 문단의 활성을 위해 통속소설이 필요했다는 점을 들 수 있다. 즉 전쟁을 통해 문학으로부터 떠나있던 독자들을 끌어 모으고, 문단의 지반을 다지기 위해 장편소설의 통속화가 불가피했고, 이런 점에서 순문학과 통속문학을 구분하여 통속문학의 독자성을 인정해 주는 방향으로 나타나고 있었다.[163] 문단이 고급독자를 확보하지 못할 바에는 일반적인 독자대중이라도 확보하여 문학의 활로를 트자는 것이다. 이런 점은 당시 『자유부인』에 대한 일부 평론가들의 평이 의외로 호의적이었던 점을 보아도 분명히 알 수 있다. 곽종원은 인물의 성격이 뚜렷히 드러나지는 못했지만, 어쨌든 현대사회를 맞이하여 과거와 다른 새로운 모랄, 새로운 인생관을 보여준다

---

161) 김말봉, 『푸른 날개』, 〈조선일보〉, 1954.3.1-9.13
162) 장덕조, 『광풍(狂風)』, 〈동아일보〉, 1953.8-1954.3
163) 이런 관점에 대한 대표적 논자로서 곽종원을 들 수 있다. 곽종원은 기본적으로 통속문학을 경계하지만, 당시의 여건상 순문학을 구분하여 통속소설은 자신이 가야할 길이 있음을 천명하고 있다.
　"통속문학은 그것대로의 갈 길이 있어야 할 것이다. 흥미를 위한 흥미본위의 문학작품은 독자 대중의 비반을 닦아주는 발판이 되기 때문이다. 우리나라처럼 문화의 후진성을 극복하지 못한 처지에 있어서는 이런 발판이 있어서 점진적으로 독자들의 질적인 향상을 도모하는 길 밖에는 다른 도리가 없으리라고 생각할 때 더욱 더 수긍하지 않을 수 없는 것이다."
　곽종원, 「통속성의 경계와 기술의 연마」, 《새벽》, 54.12, p.46

는 점에서 호의적인 태도를 보이고 있고 [164], 백철은 전쟁 이후 윤리성이 붕괴되어 가는 과정을 보여주며, 단순히 통속성만이 아닌 작가의 사회적 의도를 엿볼 수 있다는 점을 들어 호의적인 반응을 보이고 있다.[165] 그러나 통속소설이 문단부흥을 위해 필요하다는 관점은 이후 50년대 후반에 이르기까지 끊임없이 통속소설을 양산(糧産)하는 결과만을 가져왔고, 신세대 작가들에게 기성세대가 비판을 받는 직접적 계기가 된다. 50년대 후반 이후 통속성에 대한 활발한 비판이 전개되는 것도 이와 관련되어 있다.

하지만 무엇보다 장편소설에서 통속성의 대두는 전환기의 문학적 요구를 적절하게 작품 속에 반영시키지 못한 결과였다고 볼 수 있다. 평론가들은 장편소설에서 단순히 현실의 표피만을 묘사해내는 통속성을 비판하고 현실의 실제적인 의미를 적절하게 작품 속에 담기를 요구하고 있었지만, 실제 장편소설에서는 그것이 그대로 반영되지는 않았다. 특히 장편 작가인 경우 현실을 전체적으로 파악할 수 있는 인식과 이를 작품 속에 담을 수있는 구체적 방법을 발견할 수 없었다. 요컨대 전쟁을 통해 달라진 현실의 본질적인 의미를 인식하고, 이를 인물과 상황의 전체적인 과정 속에서 형상화할 구체적이고도 명확한 방법적 인식이 주어지지 않았던 것이다. 따라서 작가들은 이전에 자신들이 사용하던 안이한 묘사방법을 그대로 답습하여, 전후현실의 혼란한 배경 속에서 애정사의 복잡함만을 나열하는 경향을 반복하고 있었던 것이다.

전환기 장편소설에서 당시 현실적인 문학관의 대두와 함께 변화된 현실의 의미를 작품 속에 담고자 하는 시도는 현실의 구체적인 모습을 단편화시켜 드러내고 있는 경우에서 발견된다. 이런 소설은 현실에 대한 전체적인 형상화가 아니라, 단편적 모습, 혹은 단일한 상황을 통해 전후(戰後)현실의 변화된 의미를 드러내고자 한다. 이런 경향은 부분적이긴

---

164) 곽종원, 「신문소설과 모랄문제」, 《현대공론》, 54.9, pp.158-9
165) 대담, 「한국문학의 현재와 장래」, 《사상계》, 55.2, p.52

하지만 현실의 구체적인 모습과 그 의미를 드러낸다는 점에서 당시 장편소설의 세태적 경향과는 일정한 차이를 지닌다.

이런 장편소설로는 곽학송의 『철로』와 황순원의 『인간접목』을 들 수 있다. 『철로』는 이전 장편소설에서 애정사를 전개하기 위한 하나의 소재적 차원에서만 등장하던 전쟁상황이 비로소 소설을 이끌어 가는 주된 배경으로 등장하고 있다. 『철로』에서는 전쟁상황이 인간의 운명을 좌우하는 엄청난 실체로서 다가오게 되고, 이를 통해 그 인물이 겪게 되는 내면의 상처와 의식의 변화를 사실감있게 보여주고 있다. 전쟁의 급박한 현실 속에 주인공 현수가 겪게 되는 상황과 그의 내면심리가 바로 한국전쟁이 개개인의 삶에 미친 비극적 의미를 구체적으로 직시해 주고 있는 것이다. 하지만 『철로』는 전쟁발발, 인민군의 서울침공, 서울 수복과 같은 역사적 상황이 스토리를 이끌게 되고, 그 속에서 각 인물들은 이런 역사적 상황에 종속되어 정당한 개인의 행위공간을 지니지 못함으로써 완결된 장편적 형식을 보여주지 못한다. 『철로』에서 진행되는 사건은 역사적 상황 그 자체에서 오는 것이지, 인물의 성격과 행동으로부터 나타난 것은 아니다. 이런 점이 『철로』가 이전 소설과 다르게 전쟁상황의 비극성을 의미있게 추구하면서도, 구체적이고 살아있는 소설적 공간을 만들지 못하는 근본 원인이 된다.

황순원의 『인간접목』은 『철로』와는 다르게 현실의 구체성을 단일한 상황과 단일한 주제, 단일한 구성 속에서 구현하고자 하는 특징을 보인다. '소년원'이라는 한정된 공간에서 일어나는 일련의 사건을 배경으로 해서, 그 속에서 전후(戰後)의 가난함과 궁핍함을 보여주는 동시에 작가가 이전부터 추구해왔던 '인간성 회복'이라는 주제를 진지하게 탐구하고 있다. 『인간접목』의 이러한 방식은 변화되는 현실의 구체적 성격을 인식할 수 없을 때 최소한의 단일한 상황에서 현실이 갖는 한 단면의 구체성이라도 확보할 수 있다는 장점을 지닌다. 하지만 『인간접목』은 장편양식이면서도 단일한 상황에서 단일한 인물을 중심으로 사건을 에피소드적으로 결합시킴으로써 단편적 특성만을 보여주게 된다. 『인간접목』에서 전쟁 고아와 같은 전후 현실의 문제를 배경으로 하고 있지만 그것이 사회적 문제로 확대되지 않고 단지 작가가 의도하는 '순수성의 믿음', '순수성의 신뢰'라는 추상적 과제에만 머문 것도 이 때문이라 하겠다. 이런 두 소설의 특징은 다음 절에서 구체적으로 살펴보도록 하겠다.

종전(終戰) 이후 전환기에 나타나는 이런 장편소설의 특성은 전후현실의 모순과 전후현실의 구체적 성격을 형상화할 문학적 이념과 장편적 방법의 부재를 구체적으로 보여주고 있다. 전쟁의 이데올로기적 성격과 이로 말미암은 전후의 전제적이고 권위주의적인 통치, 원조를 독점한 매판적 자본가의 성장, 노동자와 농민의 수탈과 억압과정이 50년대의 사회적 궁핍상을 만들고 있었지만 이런 사회적 모순이 인식될 최소한의 계기도 마련되지 않았다. 그리고 소설 속에서 경제적으로 궁핍화되고 정신적으로 황폐화되는 당시 민중들의 삶을 구체적으로 형상화할 방법적 인식도 자리잡지 못하고 있었다. 당시 소설이 초점을 두었던 것은 전쟁현실의 의미보다도 그 현실을 어떻게 생생하게 드러내느냐 하는 문제였고, 이런 점이 현실의 외면만을 묘사하는 세태적 소설이 나오게 되는 구체적 요인이 된다. 전환기에 변화된 현실의 의미를 작품 속에 구체화시켜야 한다는 문단 내외적인 요구는 이런 통속적이고 세태적 방법을 극복하고 최소한의 현실적 의미를 작품 속에 담아보자는 의미를 지닌다. 하지만 이런 요구 역시 구체적인 인식과 방법의 제시없이는 불가능한 것이다. 설사 장편에서 이런 현실의 의미를 찾고자 하더라도 그것이 단편화된 모습을 취할 수밖에 없는 것도 이런 요인에 근거한다. 전환기와 50년대 중반 이후 신세대 작가들이 서구문학적 방법을 통해 현실의 구체적 의미를 규명하고자 하는 경향도 이런 현실인식의 부재상황과 밀접한 관련을 지닌다.

2. 역사상황의 압도성과 상황과 인물의 분리 : 곽학송의 『철로』

곽학송의 『철로』는 1954년 《교통》지에 발표된 장편소설이다. 『철로』는 한국전쟁의 구체적 상황이 시간의 흐름에 따라 실감나게 그려져 있고, 역사 자체가 소설의 구성에 전면적으로 개입하는 과정을 보여준다. 즉 앞 장에서 다룬 『취우』와 같이 역사적 상황을 개별화시켜 일상의 흐름으로 추상화하거나, 『카인의 후예』처럼 역사를 주관적 시각으로 재해석하여 왜곡시키는 것과는 달리, 『철로』에서는 한국전쟁 자체가 바로 소설의 구체적 상황이 되고 서사를 이끄는 실질적 힘이 되는 특별한 양상을 보여주고 있다. 뿐만 아니라 『철로』는 당시의 통속소설과는 달리 이제 역사 자체가 개인사와 무관하지 않고, 바로 개인사를 구성하는 실제적인 힘이라는 것을 구체적으로 드러내고 있다. 하지만 이런 방식이 바로 '대상의 총체성'을 구성하는 장편적 양식의 특성으로 이어지는 것은 아니다. 『철로』에서는 『취우』와 상반되게 역사적 힘의 실재성이 개인을 압도하고 있다. 『철로』에서는 역사의 무시무시한 힘이 모든 소설의 상황을 구성하고 있고, 이에 비해 개인은 왜소하고 보잘 것없는 존재로 축소된다. 그리고 그 개인은 언제나 역사의 힘에 짓눌려 있으면서 그 역사를 회피하거나 방관하여 자신의 내면적 세계를 구축하고자 한다. 소설의 서사과정에서 배경이 되는 전쟁상황과 이에 대처하는 현수의 의식이 분리되어 드러나는 것도 이 때문이다. 따라서 소설은 인물과 상황의 유기적인 결합을 통해 소설의 전체적 의미를 만들어내기보다는 서로 대립되어 있고, 고립되어 있는 가운데 전쟁의 비극성을 강조하는 데 초점을 둔다.

　『철로』의 서사진행은 한국전쟁의 역사적 흐름과 일치한다. 제1부(前夜)는 인민군이 침공하는 과정을 중심으로 혼란된 상황을 다루고 있고, 제2부(亂中事)에서는 인민군 점령 치하 철도 공무원의 상황이 자신이 근무하는 수색조차장 중심으로 전개된다. 제3부(附逆罪)는 서울수복 이후의 상황을 다루는데, 주인공 현수의 부역문제를 중심으로 철도경찰대에 체포되었다가 석방하기까지의 과정이 이어진다. 『철로』의 주인공 현수는 수색조차장에서 근무하는 통신요원이다. 그는 내향적 성격에 소극적인 인물로 전쟁의 발발과 이에 따른 현실의 변화에 큰 관심을 두지 않는다. 전선이 서울로 확장되고 공습이 시작되면서 수색조차장의 철도 공무원들이 하나 둘 씩 사라질 무렵, 친구 기호의 권유에 따라 어머니를 대동하고 난지도 근처 한강을 도하하려다 실패한다. 그리고 적 치하에서 숨어 있다 권태로움에 못이겨 다시 직장에 복귀하고, 이때부터 그는 어쩔 수 없이 인민군을 도와 철도 일에 종사하게 된다. 소설의 중심에 해당하는 이 부분은 그가 현장에서 전선을 연결하다 부상을 당하는 과정, 그리고 용산역과 한강 복구의 부역에 참가하는 모습이 상세하게 펼쳐진다. 이 와중에서 자신이 한때 사랑했고, 좌익운동에 핵심적 역할을 했던 순이를 다시 만나게 되고 이데올로기와 상관없이 서로의 사랑을 확인하게 된다. 소설의 말미는 유엔군과 국군이 인천에 상륙하고 서울이 수복됨에 따라 현수가 부역죄로 취조받는 과정이 중심을 이룬다. 그는 적치하에서 부역했던 일과 서울 수복과정에서 좌익분자인 순이와 함께 지냈다는 사실 때문에 좌익동조자로 철도치안대에 체포되고, 죽음 직전에 특경대 소대장이었던 형 길수의 도움으로 생명을 건지게 된다. 이처럼 소설의 전개는 한국전쟁의 흐름과 일치한다. 『철로』에서 소설의 각 단계를 결정하는 중심적인 계기인 전쟁에 따른 피난, 인민군 치하의 부역행위, 그리고 서울 수복 후의 부역행위에 대한 재판 등은 소설의 서사를 이끄는 중심적 사건이면서, 한국전쟁에서 피난가지 못한 일상인의 삶의 과정과 바로 맞닿아 있다. 특히 소설이 전쟁의 진행에 따라 현장의 구체성을 획득하는 것은 소설적 공간을 철도역과 철도 공무원들의 삶으로 일정하게 한정시켰기 때문이다. 즉 한국전쟁이 갖는 이데올로기적 특수성과 모순성을 한정된 공간 속에서 구체화시켰고, 이런 한정된 공간 속에서 좌익과 우익의 관계를 날카롭게 대비시키고, 상황 자체의 구체성을 획득하게 되는 계기를 만들어 내고 있다.

구체적으로 『철로』는 두 가지 서사적 전개의 층위를 가지고 진행된다. 그 하나는 역사흐름으로 진행되는 거시적인 서사의 틀이라면, 다른 하나는 현수의 행동과 의식에서 비롯되는 미시적인 서사의 틀이다. 전자는 소설에서 인물의 행동, 사건의 변화를 유도하는 서사의 실질적인 힘이다. 이는 역사적 시간에 종속되는 것으로써 스토리의 표면구조를 실질적으로 지배하고 있다. 『철로』에서 스토리를 전개하는 사건은 오로지 외부로부터 주어진다. 예를 들면 사건의 전개를 구성하는 6.25의 인민군의 침공, 수색조차장의 공습, 피난, 직장대회의 좌익적 분위기, 부역, 서울수복, 부역자로 체포되는 과정은 한국전쟁의 전개과정 그 자체와 바로 이어진다. 그리고 이런 하나하나의 사건이 전체서사의 성격을 결정하면서, 서사전개의 시간성을 담당하는 실질적 계기가 된다.

　소설 속에서 일어나는 여러가지 사건들은 전쟁이 주는 이데올로기적 강압성과 밀접한 관련을 가진다. 좌익과 우익 사이에서 살아남기 위한 기호의 다양한 변신, 자신의 의지와 무관하게 행해진 현수의 부역, 좌익이면서도 한 때 현수의 애인이었던 순이의 죽음, 서울수복 후 부역 때문에 가게 된 현수의 감옥행 등은 각 개인의 의사와는 무관하게 진행된다. 이런 사건들은 서사가 진행되면서 만날 수 있는 우연성과도 거리가 멀다. 그들은 오로지 역사 변화에 그대로 종속되고, 그 속에서 사소한 자신들의 일상적 행위만을 영위할 수 있을 뿐이다. 소설 속에서 전쟁의 상황은 개인에게 엄청난 힘으로 다가오고, 공포스러울만큼 생생하게 드러나고 있다.[166]

　『철로』의 이런 서사적 특성은 소설의 구체적 상황을 만들어 가고 있는 인물들의 행위에서도 그대로 드러난다. 『철로』에서 스토리를 구성하는 모든 인물의 행동은 각각의 개체가 지닌 성격으로부터, 혹은 인물간의 상호갈등으로부터 비롯되는 것은 아니다. 그들의 실제적 행동은 구체적으로 이데올로기가 지닌 강압성으로부터 비롯된다. 말하자면 소설에서

---

[166] 『철로』의 전체서사에서 역사가 지닌 압도적 힘은 각 단위 단위의 서사를 형성하는 계기가 바로 전쟁 상황과 밀접하게 관련되고 있음을 통해 구체적으로 드러난다. 소설에서 각 서사 단위는 대부분은 전쟁 상황의 변화에서 비롯된다. 예를 들면 1장은 직의 서울 침공과 한강다리의 폭발, 피난 등이며, 2장은 좌익의 직장대회, 수색조차장의 공습, 한강과 용산역의 복구사업, 서울 수복의 전투, 3장에서는 부역자의 색출, 심문 등이 소설의 주된 상황을 구성하고 있다. 이런 점은 각 개별인물을 통해 전개되는 스토리의 복합성이 단순히 전쟁상황의 전개라는 시간적 배경으로 대체되고 있음을 보여주는 것이라 할 수 있다.

인물의 행동과 사건이 만들어 지는 계기는 인간상호간의 갈등과 모순이 아니라, 이데올로기가 가져온 대립과 갈등이다. 이런 특성은 소설에서 등장인물의 성격과 행동을 통해서 그대로 드러난다. 주인공 현수의 이데올로기에 대한 무관심, 기호의 우익적 성향과 생존을 위한 다양한 변신, 보선반 수장의 부역과 체포, 좌익분자 순이의 전향, 순오의 변신 등은 인간 삶의 관계에서 파생된 행동이라기보다는 다분히 이데올로기 그 자체가 강요하는 삶의 태도와 대응을 의미한다. 소설 속에서 모든 개별적 인물은 각각의 입장에 따라 좌익이든 우익이든 이데올로기와 대립하여 있고, 이에 따라 자신의 행동을 결정하고 있다. 이런 면에서 보자면『철로』의 서사를 가능하게 하는 진정한 주체는 바로 '전쟁의 상황' 그 자체라고 할 수 있다.[167]

소설에서 이런 역사 상황에 맞서 스토리의 미세한 변화를 주는 것은 역시 주인공 현수의 몫이다. 소설은 현수의 행위로부터 나타나는 다양한 상황을 통해 스토리의 미세한 부분을 결정한다. 현수가 전쟁의 와중에도 철도통신의 약어초고(略語草稿)의 작성에 매달리거나, 통신업무를 포기하고 보선수리과정에 따라 나서다 다치는 것이나, 그리고 전쟁의 와중에 옛 애인 순이를 만나 서로의 사랑을 나누는 것은 전쟁 상황이 전체 서사를 지배하는 가운데 개인의 일상사가 가능함을 보여주는 부분들이다. 실상『철로』의 전체 스토리는 현수의 이런 일상사와 거대한 역사의 소용돌이가 만나는 지점에서 형성되고 있다. 하지만 현수의 일상적인 행동은 언제나 소설의 전체상황과 분리되어 고립적인 성격을 지닌다. 현수의 일상적 행동은 언제나 일상 그 자체에 머물러 있고 전체서사의 흐름에 아

---

167) 이런 점에서『철로』는 주인공 현수와 친구 기호를 제외한 다른 인물들은 그다지 중요한 의미를 띠지 못한다. 그들은 개체적 성격 자체가 형성되어 있지 않고, 상황에 따라 일 부분의 역할만을 맡고 있다. 이는 역사 자체가 개인을 압도하는 상황을 의미하는 것으로, 그들은 역사 상황의 수행자, 혹은 피해자로서의 성격만을 지니고 있다. 이런 인물로는 직업동맹 직장책 강(康), 현수의 약혼자 경혜, 현수의 옛 애인 순이, 보선반 수장, 순오, 현수의 형 길수 등을 들 수 있다.

무런 영향을 주지 못하고 있다. 따라서 일상적 삶 자체가 역사적 상황과 분리되어 있고 이런 점은 현수의 행동이 구체적인 사건과 스토리를 만들지 못하는 직접적인 배경이 된다.

실제『철로』에서 현수의 이런 일상사보다 더 중요한 의미를 주는 것은 현수가 지닌 독특한 내면적 성격이다. 소설에서 현수는 좌익이든, 우익이든 이데올로기로부터 비롯되는 상황에 별 의미를 두지 않는다. 현수는 인민군이 침공하고 서울이 함락되기 직전 친구 기호가 피난가자고 권유해도 아무런 반응을 보이지 않고, 인민군 점령하에서 직업동맹직장책으로부터 권유받은 입당원서를 거부하기도 하며, 부역 도중 피신하자고 권유하는 기호의 청을 냉혹하게 거절하기도 한다. 또한 부역죄로 감옥에 가서도 자신을 옹호하지 않고 처벌만을 기다리기도 한다. 이처럼 소설에서 현수의 행동은 끊임없이 역사적 상황을 회피하는 것으로 나타나고, 나아가 그 상황 자체를 무의미한 것으로 만들고 있다. 소설 속에서 현수는 전쟁의 폭력성이 지배하는 소설적 상황과는 별개의 행동논리를 지닌 인물로 등장하고, 그의 행동을 통해 소설을 지배하는 이데올로기적 세계와는 또 다른 세계를 보여주고 있다. 그리고 그런 세계는 그의 독특한 내면적 성격으로부터 비롯된다.

결코 나는 그 누구를 위해서 존재해 있는 것이 아니다. 오직 나는 나를 위해서 이렇게 존재해 있어야 하는 것이다. 그러나 현수는 그런 생각을 하고있는 사이에 어쩐지 행복감 같은 것을 느끼었다. 그것은 유리창으로 비쳐드는 햇볕이 봄볕처럼 따스한 탓인지도 몰랐다. 결코 십여일 동안의 나의 생활도 실에 있어선 이전의 이십 년간 처럼 나를 위해서 있었다는 것이 점점 명확하게 떠올라 왔다. 치안대원, 대장, 기호, 형사, 검사, 고급장교- 그런 사람들과 내가 주종(主從) 관계에 있었다는 사실이 그리 중요하단 말인가? 요는 그들은 그들의 필요에 의하여 또 나는 나의 필요에 의하여 그렇게 되었을 뿐이다. 그건 그들과 나의 입장이 정반대로 된다 하여도 마찬가지이다. 어디까지나 형태에 지나지 않는 것이다. 우리가 이렇게 존재해 있다는 사실에 구별은 없는 것이다. 하늘과 땅사이의 공간에 존재해 있는 온갖 사물이, 그 하늘과 땅의 작용에 의하여 존속하는 그것들이 언젠가는 그 하늘과 땅의 작용에 의하여 소멸된다는

사실을 나는 이미 알고 있지 않는가[168]

인용문은 현수가 부역죄로 철도치안대에 심문을 당하면서 상황과 동떨어진 내면의 논리를 독백으로 드러낸 부분이다. 언제 죽을지 모르는 순간에 내뱉는 그의 이런 내적 독백은 분명히 현실감각과는 동떨어진 것이다. 소설 속에서 그는 내내 상황과 분리된 자신의 내면적 논리로 일관한다. 현수는 절박한 전쟁 상황에서도 언제나 생존의 논리보다는 자기 내면의 논리, 자기 중심적 사고와 판단을 우선하고 있다. 전쟁의 논리와 동떨어져서 전개되는 현수의 이러한 사고는 전쟁의 비극성을 완화시키면서 전쟁상황과는 또 다른 개인의 주관적 영역이 존재하고 있음을 보여준다. 그리고 현수의 이런 의식은 소설에서 중심되는 서사의 상황과 현수의 의식이 분리되고, 고립되는 근본 요인이 된다.

하지만 소설 속에서 현수의 이런 내면적 의식은 전체서사와 소설의 구체적 상황 자체로부터 동떨어진 것이기에 그것의 의미가 무엇인지 분명하게 드러나지는 않는다. 『철로』에서 현수가 보여주는 '자기화 행위'[169]는 전쟁과는 다른 개인의 영역을 강조한다는 데는 의미가 있어도 그것이 지닌 구체적인 의미는 불분명하게 드러난다. 실상 소설의 진행 중에서 현수가 드러내는 내면의식은 주어진 상황에 따른 모순된 자기 합리화의 태도이다. 그는 모든 행위에 대해 "나에게 마련된 영토 안에서, 나에게 부여된 시간 위에서 가장 타당한 행동을 취하면" 그만이라는 생각을 하

---

168) 곽학송, 『자유의 궤도』, 노동문화사, 1956, p239
    곽학송의 『자유의 궤도』는 『철로』를 개명하여 1956년 노동문화사에서 단행본으로 간행한 것이다. 본 논문에서는 이 단행본을 텍스트로 삼는다.
169) 김병걸은 전쟁상황 속에서 현수가 보여주는 완벽한 '자기화 행위'는 그 자체로 큰 의미가 있다고 본다. 전쟁에서 살아 남기 위해 속물적 인간이 대부분을 차지하던 당시에 현수처럼 자기 영역을 지키는 인물이 나타나는 것은 나름대로 가치가 있다는 것이다.
    김병걸, 「소설 속의 6.25, 그 비극의 문학」, 김승환, 김범순 엮음, 『분단문학비평』, 청하, 1987, p.207

고 있다. 그는 현실의 냉혹한 상황논리보다는 현실 속에서 일어나는 순간순간의 자신의 판단과 행동을 더 중요시하고 있는 것이다. 따라서 기호가 부역을 거부하고 피신을 권할 때도 "나의 생활을 부정할 필요는 없다", 또한 "이 순간의 행동 여하로 나라를 위하여 싸운 투사가 되기도 하고 적군의 협력자가 되기도 하는 그런 것은 좀 우서운 노릇이 아닌가"[170]라는 논리로 그 청(請)을 거절하고 있다. 현수의 이런 사고방식은 전적으로 전쟁에 따른 현실논리와 배치되는 것임에 틀림이 없다. 그는 그 자신의 의식 속에만 갇혀 있고, 이 의식을 통해 전쟁상황과 또 다른 개인의 내면세계를 보여주고 있는 것이다. 현수를 '개인주의자', 혹은 '실존주의자'로 평가[171]하게 만드는 것도 바로 이런 그의 성격 때문이다.

『철로』에서의 서사진행은 앞서 살펴본 대로 전쟁상황을 통해 전개되는 주요 서사와 현수의 내면적 의식이나 돌출적인 행동을 통해 나타나는 부차적인 서사가 서로 밀접하게 관련되기도 하면서 서로 분리되는 형태로 전개된다. 소설에서 전체서사는 끊임없이 주인공 현수와 그 주변인물들을 전쟁의 회오리 속으로 몰아 넣는다. 하지만 전쟁의 상황 하나하나를 받아들이는 현수의 태도는 분명히 이런 이데올로기적 상황과 다른 층위를 형성한다. 소설 속에서 사건과 사건을 결합하는 원리가 시간적 연속(시간성)과 인과관계(논리성)라고 본다면[172] 『철로』에서 사건을 시간적으로 연속시키고, 인과관계적으로 결합시키는 것은 당연히 전쟁상황이 던져주는 서사진행의 몫이다. 『철로』에서 현수의 행동은 오히려 이런 역사적 상황으로부터 끊임없이 벗어나고자 하는 것이며, 이를 통해 상황 자체를 무의미한 것으로 만들고자 하는 의미를 지니고 있다. 소설 속에서 이런 행동은 전체서사와 소설적 상황으로부터 동떨어져 드러나고 있

---

170) 곽학송, 앞의 책, p.124
171) 염무웅은 『철로』에서 현수의 성격을 '에고이스트'나 혹은 사르트르의 개념에 가까운 실존적 인물로 평가하고 있다.
   염무웅, 「현실과 밀폐된 개인-철로」, 『현대한국문학전집』 제10권, p.468, 473
172) S.리몬-케넌, 『소설의 시학』, 문학과 지성사, 1992, P.33

고, 따라서 서사전개에 있어 아무런 주제적 의미도 만들지 못하고 있는 것이다.

이렇게 보면 『철로』에서 보여주는 서사방식의 특성은 아무래도 역사적 상황의 압도적인 힘과 이에 대한 인물의 종속관계로 볼 수 있다. 『철로』의 스토리에서 시간성을 가지는 것은 오로지 전쟁 상황의 변화이다. 만약 이런 시간성을 제거한다면 『철로』는 단지 전쟁 상황에 어울리지 않는 실존적 논리만을 되풀이 하는 현수의 내면의식만 남게 된다. 『철로』는 전쟁 상황의 전개라는 구체적 역사의 시간을 그대로 소설의 공간과 배경으로 삼고 있다. 인간의 개체적인 힘으로는 어찌할 수 없는 전쟁의 상황이 펼쳐지고, 개인의 삶의 체험이 바로 역사적 체험이 되는 그런 상황을 보여주고 있다.

『철로』에서 역사적 상황의 압도성은 당시 장편소설에서는 볼 수 없는 독특한 점이다. 당시 대부분의 장편소설이 전쟁 현실을 삶의 외면적인 면으로만 관찰하거나, 반공주의 시각에서 주관적으로만 관찰하는 경향을 보여주고 있다면, 『철로』에서는 적어도 역사적 상황 그 자체가 실제적 배경으로 소설에 등장하고 있음을 보여준다. 그리고 바로 이런 점이 전환기 장편에서 『철로』가 지니는 독특함이라고 하겠다. 그렇지만 『철로』는 앞서 말한대로 장편소설로서 몇 가지 단점도 지니고 있다. 우선 『철로』는 전쟁의 상황에 따라 종속되는 인간의 삶을 단편적으로만 보여줄 뿐이고, 그것이 전체서사와 밀접하게 결합되어 드러나지는 않는다. 한쪽에서는 전쟁의 흐름에 따라 변화되는 상황이 제시되고, 한쪽에서는 그런 상황을 관념화하고 추상화하는 주인공의 내면적 논리가 소설을 가득 채우고 있다. 두번째로 소설이 전쟁 상황을 구체적 배경으로 하면서도 그것이 각 인물간의 상호연관을 통해 풍부한 상황으로 구체화되어 발전하지 못하고 있다. 따라서 전쟁 상황에 대처하는 각 인물들의 폭넓은 형상화는 사라지고 다분히 지엽적인 공간에서 관념적으로 현실을 대처하는 주인공의 편협된 상황논리가 소설의 한 축을 형성하고 있다. 이런 점은 당시 전환기에 있어 전쟁상황을 각 개인의 삶과 구체적으로 연관시켜 파악할 인식의 힘이 부재했고, 전쟁에 따라 변화하는 현실을 객관적이고 폭넓게 묘사할 장편적 형상화 방법을 확보하지 못했던 결과 때문이라고 할 수 있겠다.

3. 순수성의 회복과 장편의 단편화 경향 : 황순원의 『인간접목』

황순원의 『인간접목』[173]은 『철로』가 지닌 '인물과 상황의 분리'와 같은 양식화의 편향을 일정하게 극복하고 있는 작품이다. 『인간접목』은 무엇보다도 주인공의 성격이 작품의 중심에 살아있고, 상황과의 적절한 교섭을 통해 서사전개를 이어가는 힘이 돋보이기 때문이다. 다시 말하면 『인간접목』에서는 이전 소설(『취우』, 『카인의 후예』, 『철로』)처럼 주인공이 상황의 외면에 서는 것이 아니라, 상황의 중심에 서서 각 인물과의 상호연관 속에서 서사의 중심을 이끌어 가고 있다. 즉 주인공의 성격이 바로 소설의 성격을 결정하는 서사의 특성을 그대로 보여주고 있다. 하지만 그렇다고 하여 『인간접목』이 바로 장편적 양식을 훌륭히 드러내고 있다는 말은 아니다. 『인간접목』은 적어도 인물과 상황의 적절한 결합을 통해 서사전개의 매끄러운 과정을 보여주지만, 그것은 다분히 제한된 상황과 단편화된 플롯의 힘이지 상황전체를 복합적으로 결합하는 서사전개의 원근법적인 과정을 통한 것은 아니다. 『인간접목』은 다분히 개별적인 상

---

[173] 황순원의 『인간접목』은 1955년 1월부터 동년 12월까지 『천사』라는 제목으로 《새가정》지에 연재된 장편소설이다. 이후 57년 10월 『인간접목』이라는 제목으로 바뀌 단행본으로 중앙문화사에서 간행되었다. 황순원의 소설은 판본을 거듭할 때마다 수정을 하였지만, 『인간접목』은 전체스토리에 큰 변화가 없고 그 수정도 미미하므로 이 글은 문학과 지성사에서 1990년 간행된 『황순원 문학전집』 7권을 주 텍스트로 삼았다. 참고로 『인간접목』을 다루고 있는 논문을 소개하면 다음과 같다.
송상일, 「순수와 초월」, 『황순원 문학전집』 7권, 문학과 지성사, 1981
이현란, 「황순원 소설연구-전기장편을 중심으로-」, 성신여대 대학원 석사논문, 1988
배선미, 「황순원 장편소설 연구」, 숙명여대 교육대학원 석사논문, 1990

황을 전제로 하고 있고, 이런 개별적 상황을 인물이 지닌 인도주의적 성격을 통해 결합함으로써 작가가 의도하고자 하는 '인간성 회복'의 주제를 구현해 내고 있는 것이다. 이는 『인간접목』이 장편임에도 불구하고 다분히 단편적 인물과 구성요소를 작품 속에 채택함으로써 역사와 사회적 성격을 전체적으로 보여주어야 하는 장편양식의 부담을 피하고 있다는 것을 의미한다. 『철로』가 역사적인 힘의 압도적 성격 때문에 인물과 상황의 분리를 스스로 드러내고 있다면, 『인간접목』은 이런 역사적 상황을 스스로 피하고, 소년원이라는 한정된 공간 속에서 전후(戰後) 고아들의 단편적인 삶을 통해 서사 자체의 통일성과 일관성을 유지하고 있는 것이다.

황순원의 『인간접목』은 김종호라는 의대생이 상이군인이 되어 '천사원'이라는 소년원에 사감으로 취직하면서 겪는 이야기를 주된 스토리로 하고 있다. 『인간접목』은 한국전쟁 이후 사회문제가 된 고아들의 이야기를 소재로 삼아 그들의 삶의 곡절과 애환을 중점적으로 그림으로써 사회 고발적인 성격을 띠고 있다.[174] 예를 들면 '천사원'의 아이들이 고아가 된 배경을 에피소드 형식으로 보여준다든지, 혹은 그들이 그렇게 될 수밖에 없었던 과정을 당시 궁핍했던 사회배경과 함께 묘사해 낸다든지 하는 점이 『인간접목』을 쓴 황순원의 의도를 짐작하게 해준다. 말하자면 황순원이 애초에 가지고 있던 '인간성의 신뢰', '생명존중사상'을 고아들의 삶을 배경으로 장편적 형식을 통해 보여주고자 한 것이다.

이런 점은 소설 속에서 주인공 종호가 파괴적이고 일탈적인 고아들의 행위들을 감싸주고, 변함없이 한 인간으로 신뢰성을 보여주고자 하는 태도 속에서 잘 드러난다. 소설 속에서 종호가 모든 면에서 파괴적이고 반항적인 '짱구대가리'를 끝까지 믿고 신뢰함으로써 그를 변화시키게 되는 것이나, 또한 모든 면에서 이해타산적이고 냉혹한 홍집사를 끝까지 믿고 따르는 것 등은 작가가 인간에게 어떤 신뢰성을 품고 있는지를 짐작하게

---

174) 이현란, 앞의 논문, p.22

해주는 대목들이다. 소설은 이런 신뢰성을 바탕으로 끊임없이 순수성으로부터 벗어나고자 하는 아이들을 순화시키고 다독거리는 행위를 통해 인간성 자체가 본래 순수한 것, 착한 심성에 바탕을 두는 것임을 증명해 내고 있다.

'인간성의 신뢰'에 대한 이런 주제적 의미는 소설 속에서 기본적으로 인간의 순수성과 그것을 파괴하고자 하는 환경과의 대립을 중심 갈등으로 해서 드러난다. 다시 말하면 작품의 주제는 타락되고 일탈된 인물들과 상황들을 여러 형태로 나열하면서 이를 순화시키고 인간성을 회복시키는 과정을 통해 구체화된다. 이런 주제구현 방식은 소설에서 순수성을 회복시키고자 하는 종호와 이를 파괴하고자 하는 여러 외적 경향과의 투쟁이라는 특이한 갈등의 상황을 만들어 낸 주요 원인이 된다. 소설에서 종호의 역할은 고아들의 삐뚤어진 성품이 인간 본성에서 비롯되는 것이 아니라, 삶의 뿌리뽑힘, 삶의 외상에 의한 것임을 보여주고, 이를 사랑과 신뢰로서 회복시키고자 하는 것이다. 소설은 이런 종호를 중심으로 고아들의 순수성을 파괴하는 외적 현실에 대해 투쟁하고 극복하는 과정으로 진행된다. 소설에서는 종호가 주제를 재현하는 중심적 인물이므로 종호의 주위를 형성하는 모든 인물, 모든 사회적 현상은 대립의 양상을 보인다. 이해타산적인 홍집사, 모든 면에 무력증과 방관성을 노출하는 유선생, 짱구대가리, 배선집 등의 소년원 아이들, 아이들을 소년원에서 빼돌리려는 왕초 등은 바로 종호와 근본적인 갈등을 보이는 인물들이다. 뿐만 아니라 이런 아이들을 만들어 내는 사회적 환경 자체가 바로 종호와 대립하는 갈등의 대상이 된다. 하지만 소설에서 이런 사회적 환경은 어떤 구조적인 모순이나, 혹은 사회의 전체적 성격과 관련되어 나타나는 것은 아니다. 아이들을 타락시키는 사회적 상황은 각 경우에 따라 개별화되어 있고, 이런 개별화된 상황을 하나씩 극복해야만 하는 것이 바로 종호에게 부여된 인간성 회복의 방법이기도 한 것이다.

따라서 소설은 몇 개의 분절화된 이야기가 서로 연관성을 가지고 스토리의 시간적 흐름에 따라 전개된다. 우선 이런 사건은 여섯 개 정도로 요약할 수가 있다. 일요일 점심을 금식이라는 명목으로 주지 않는 데에 대한 종호의 투쟁, 왕초가 아이들을 빼내가는 일련의 사건, 자경대의 조직과 자경대패와 짱구대가리패들의 갈등, 철수의 부모를 찾아주는 과정, 미군의 소년원 시찰과 새로운 아이들의 입소, 김백석의 누나를 찾아주고 그녀가 자살하게 되기까지의 과정 등이 상호연관성을 가지고 진행된다. 소설은 이런 일련의 사건이 시간의 순서에 따라 연쇄적으로 이어지고, 이런 과정에 대처하고 해결하는 종호의 휴머니즘적 태도와 시각이 스토리의 중심을 이룬다. 이런 단편화된 사건들이 그대로 분리되지 않고 일관된 연관성을 가지는 것은 사건 자체를 자신의 문제로 끌어들이는 종호의 휴머니즘적 관점 때문이다. 즉 아이들을 끊임없이 타락시키고 파괴시키는 환경에 대한 종호의 휴머니즘적 대응과 태도가 사건을 모두 종호 자신의 문제로 결합시키고, 서로 연관시키는 근본 배경이 된다. 이런 점은 소설의 성격이 종호의 성격, 특히 인간의 순수성을 회복시키고자 하는 종호의 '내적 윤리성'에 의존하고 있음을 단적으로 보여주고 있다.

이처럼 『인간접목』은 궁극적으로 주인공의 윤리적 성격이 바로 소설의 성격을 결정한다. 따라서 소설은 종호를 중심으로 하여 횡적으로 연결된 단일한 플롯을 구성되어 있고, 각 인물들도 고정되고 평면적인 성격을 벗어나지 못한다. 모든 인물은 종호를 중심으로 상황에 따라 순차적으로 등장하고, 그들이 만들어 내는 사건은 결국 종호의 휴머니즘적 대응에 의해서 하나씩 해결되는 과정을 밟아가고 있다. 『인간접목』이 장편이면서도 단편적 요소를 지니고 있다는 점도 바로 이 때문이다. 주제의 단일성, 사건의 순차적 배열, 단일한 상황과 갈등, 단일한 인물의 등장은 이 소설이 바로 단편적 성격에 바탕을 두고 있음을 그대로 대변해 준다. 이를테면 소설에서 각 개별 사건은 인물과 인물 사이의 갈등, 인물과 환경과의 갈등을 통해 구체화되고 그 나름대로 일정한 소설적 상황을 재현해 내고 있다. 하지만 그러한 사건은 다음 사건의 구체적 배경은 되지 못한다. 다만 이러한 사건에 대처하고 이를 해결하는 종호의 의식 속에서만 서로 연관되는 의미를 지니고 있고 이것이 전체서사를 시간적으로 이어

주는 배경이 된다. 그리고 이런 특성이 '인간성 회복' 이라는 단일한 주제 속에 모든 상황을 종속시키는 요인이 되고 있다.

사실 장편소설과 단편소설 모두 묘사된 현실의 총체적 성격을 드러낸다는 점에서는 동일하다. 다만 장편소설은 묘사된 현실의 외연적 전체성을 목표로 하고, 그 사회의 성격을 드러내는 수많은 인물들의 관계를 통해 전형들의 총체성을 보여준다면,[175] 단편소설은 단일한 상황의 묘사를 통해 다양한 사회적 성격의 한 특징적인 면만을 보여주고, 암시하는 방식을 택한다. 즉 장편소설이 그 사회의 전체성을 보여주기 위해 그 사회에 중심되는 성격을 각 개별 인물들의 상호관계 속에서 묘사해야 한다면, 단편소설은 사회 전체가 아닌 단일한 상황만을 묘사하며, 단일한 플롯과 단일한 인물을 통해 전체성의 한 계기만을 포착한다. 이런 점은 단편적 양식이 시대의 내재적 모순들을 본질적인 구조로 취하는 방식이 아니라, 시대의 한 특징적인 양상을 드러내는 소설이라는 점을 보여준다. 오히려 단편에서는 사회의 자극에 대한 개별 인물들의 반응이 중요한 과제로 부각되고, 이를 통해 다만 인간적이고 개인적인 수준에서 남아 있는 사회적 관계의 개별적인 성격만을 드러내는 것이다. 루카치가 주인공들의 도덕적 성질이 단편 소설의 본질적 내용이라고 말하는 것도 이 때문이다.[176]

이와 관련하여 보면 『인간접목』이 장편이면서도 왜 단편적이고 분절화된 이야기를 중심으로 전개되는가 하는 점이 어느정도 해명이 된다. 장편이 외연적인 총체성을 추구한다는 것은 인간관계의 진정한 본질이 사회적인 힘이라는 것을 전제로 함으로써 가능하다. 장편이 환경묘사에 치중한다는 것, 그리고 다양한 인물의 전형적 성격을 결합하고 연관시키는 전체적 통일성을 중요시하는 것도 바로 이런 인간관계의 사회적 성격을 폭넓게 보여주기 위한 것이다. 하지만 『인간접목』에서는 이런 사회적 성

---

175) G.Lukacs, 『solzhenitsyn』, The MIT Press, 1970, p.9
176) 앞의 Lukacs 글, p.10

격이 구체적으로 드러나지 않는다. 『인간접목』은 인간관계의 모순을 사회적 대응의 차원에서 드러내기보다는 인물 자체의 양심과 도덕의 문제로 바꾸고 있다. 인간은 본질적으로 순수한 존재이고, 그것의 치유는 본질적으로 인간 내면의 문제라는 것이다. 『인간접목』에서 고아들이 지니고 있는 파괴적 성품, 왜곡된 성품은 언제나 사회적 성격보다는 윤리적 성격을 지니게 되고, 종호의 인내심, 인간에 대한 신뢰와 애정이 이들을 구원하는 하나의 실제적인 계기가 된다.

이런 문제는 소설에서 인물과 환경의 관계가 폭넓게 이루어 지지 못하고, 사회의 자극에 대한 개별인물들의 반응에만 초점을 모으는 실질적인 요인이 된다. 단지 사회적 환경은 아이들이 어떻게 순수성을 잃게 되는가, 그리고 순수성의 회복을 어떻게 방해하는가 하는 문제의 배경 역할만을 맡고 있다. 예를 들어 작품 서두에 에피소드화되어 서술되는 다섯 명의 고아 수기는 그들이 어떻게 소년원에 오게 되었는가, 그들이 어떻게 사회로부터 버림받게 되었는가 하는 점을 제한된 범위에서 개별화하여 보여준 것에 불과하다. 그것은 단지 그들이 고아가 되고, 자신의 순수성을 잃어버리게 된 개별적 사실의 근거만을 제공해주고 있다.

소설에서 환경이 개별화된 인물의 내면적 성격의 한 근거만을 형성해줄 때 사회적 환경과 인간이 지닌 전체적인 연관성은 기대하기가 힘들다. 소설이 종호를 중심으로 에피소드화되어 사건 전개가 이루어지는 것도 바로 인물이 지닌 환경적 배경과 사건의 전개를 개별적으로 다룰 수밖에 없는 한계에서 비롯되는 것이다. 인간을 소외시키고, 타락시키는 환경의 전체적 성격이 구체화되지 못할 때 그것은 단편적이고 에피소드화된 상황으로 다가올 수밖에 없다. 소설의 연속된 사건은 언제나 개별적 인물의 개별적 상황에 근거하고 있고, 이런 상황에서 전체 서사전개는 단일한 상황의 연속적인 배열로 나타날 수 밖에 없는 것이다. 그리고 바로 이런 점이 『인간접목』을 장편이면서도 단편적 성격이 강하게 만드는 결정적 요인이 된다.

구체적으로 이런 문제는 『인간접목』이 인간의 순수성의 회복이라는 추상적 윤리성에 그 바탕을 두기 때문이다. 황순원 소설이 '근원적인 인간애, 생명외경사상'에 바탕을 두고 훼손되지 않은 세계와 순수한 인간에 대한 동경을 추구한다는 점[177]은 익히 알려져 있다. 그는 현실을 객체로 바라보기보다는 인간의 내면적 실체로 바라보기를 더 선호한다. 『별과 같이 살다』 이후 현실적인 문제가 소설의 배경을 장식하면서도 여전히 인간의 내면적 욕구 그 자체를 현실 변화의 중심으로 보고 있는 것이다. 즉 현실의 변화를 바라보고 있는 작가의 관심의 초점은 어떤 사건이나, 상황보다 그 사건, 상황 속에 이미 놓여 있는 인간 자체에 있고, 따라서 사건의 외적 형태나 의미는 주인공의 배면(背面)에 물러나 있는 형식을 취할 수밖에 없는 것이다.[178] 『인간접목』에서 모든 상황이 종호를 중심으로 제기되고 극복되는 것은 바로 종호가 가진 인간성에 대한 신뢰, 믿음 때문이다. 종호가 세계를 개별적인 순수성의 집합체로 보고 있다는 것, 더구나 그런 순수성을 근원적이고 보편적인 속성으로 바라보고 있다는 데서 인간과 사회관계의 복잡한 성격은 기대할 수 없는 것이다.

  종호는 잠시 그애의 뒷모습을 바라보며 서있었다. 아지못할 따뜻한 감촉이 목줄기를 짜릿하게 하는 것이었다. 지금 이 애들은 때가 낀 거울과 마찬가지인 것이다. 닦기만 하면 안쪽은 성한 거울알인 것이다. 정교수 말이 떠올랐다. 모성애란 별것 아니다. 친히 궂은 것을 주무르고 매만지는 데서 생기는 것이다. 그러나 그 말은 쉬워도 실천에 옮기기란 여간 힘든 일이 아닐 것이었다. 거울에 낀 때에 따라서는 좀처럼 닦아서 지워지지 않을 수도 있는 것이다. 인내가 필요하다. 종호는 무언가 자신에게 다지는 심정이 되면서 사무실 쪽으로 걸음을 옮겼다.[179]

---

177) 홍정선, 「이야기의 소설화와 소설의 이야기화」, 황순원 외, 『말과 삶의 자유』, 문학과 지성사, 1985, p.99
178) 김병익, 「순수문학과 그 역사성 - 황순원의 최근의 작업」, 『황순원 문학전집』 12권, 문학과 지성사, 1988, pp.26-27
179) 황순원, 『인간접목』, 『황순원 문학전집』 7권, 문학과 지성사, 1990. p.154.

인간을 가장 보편적이고 추상적으로 바라보는 이러한 시각은 상황과 갈등 자체를 윤리와 양심의 문제로 바꾸어 놓고 있다. 따라서 소설은 고아를 양산하게 된 전후 현실의 복잡한 사회적 관계보다는 인간 자체가 지닌 윤리와 양심의 가치회복이라는 문제로 단순화되고 추상화된다. 『인간접목』 속에 나타나는 상황이 극히 단순하고 제한되어 있는 것도 바로 이 점에 기인한다. 소설은 단지 각 개별인물의 타락상과 이를 극복하는 종호의 윤리적인 행위에 초점이 모아지고, 이런 성격이 소설 속에 나타나는 다양한 사건을 종호 중심으로 결합하고 연관시키는 통일성을 보여줌에도 개별사건의 집합이라는 단순화를 벗어날 수가 없게 만드는 것이다.

『철로』와 『인간접목』은 종전(終戰) 이후 현실을 다루는 두가지 관점을 분명하게 대비시켜 보여주고 있는 작품들이다. 『철로』가 전쟁 상황을 본격적으로 작품 속에 등장시켜 중요한 배경으로 삼고 있다면, 『인간접목』은 전쟁과 같은 역사적 현실을 비껴나서 단지 전후(戰後) 현실의 궁핍함과 어려움을 고아들의 삶을 통해 보여주고 있다. 소설 내적인 측면에서 『철로』가 역사적 상황과 개별인물의 관계를 분리시켜 폭넓은 현실의 재현을 보여주지 못함으로써 장편적 소설의 특성을 약화시키고 있다면, 『인간접목』은 각 개별 사건 속에 인물과 상황의 적절한 교섭을 통해 내적 통일성은 보여주지만, 이를 전후사회의 궁핍함과 가난함이 지니는 사회 구조적인 문제까지 의식을 확장시키는 데는 실패하고 있다. 하지만 『철로』와 『인간접목』이 앞 장에서 전시(戰時)소설(『취우』,『카인의 후예』)이 가지고 있는 편향, 즉 현실 자체를 객관화하거나 주관화시키는 경향으로부터 탈피하여 어쨌든 역사적 상황이든, 일상적 상황이든 구체적 현실을 소설의 배경으로 설정하고 있다는 점은 분명한 사실이다. 적어도 이 소설들은 구체적 현실을 소설의 중요한 소재로 상정하고, 인간 삶에 대한 일정한 견해를 소설의 주제로 삼아 작품을 이끌어 나가는 소설적 규범은 보여주고 있다. 이런 점은 당시의 소설이 대부분 현실의 외면적 현상을 자연주의적 수법으로 묘사하여 세태적 경향을 보여주고 있는 점을 감안할 때, 현실에 대한 소설적 인식 변화를 구체적으로 보여주는 한 계기는 될 수 있는 것이다.

하지만 『철로』와 『인간접목』이 당대 현실을 소설의 중요한 소재로 삼았음에도 불구하고 이 소설들이 전쟁과 전후현실을 해명해 줄 어떠한 인식적 틀과 방법을 찾았음을 의미하는 것은 아니다. 『철로』에서는 역사적 상황의 압도적 형국이 체험 그대로 소설 전체를 지배하고 있고, 『인간접목』에서는 현실의 구체성을 여전히 작가의 지속적인 문제의 틀 속에 넣어 단순화시키고 추상화시키는 결과를 가져오고 있다. 이는 변화하는 현실에 대한 실제적인 의미를 파악하기에는 여전히 불가능했던 당대 현실을 구체적으로 직시해주고 있다. 현실을 문학적 이념의 틀 속에서, 그리고 그것을 구체적 방법을 통해 파악했던 것은 신세대의 서구사조 도입 이후의 일이다.

Ⅳ. 신세대적 문학이념의 성립과 현실의 관념적 서사화
― 장용학의 『원형의 전설』, 오상원의 『백지의 기록』, 황순원의 『나무들 비탈에 서다』

1. 서구 문학이념의 도입과 전후 후기 장편의 경향

1) 신세대의 등장과 '현대성'의 문제

앞 장에서 설명한 대로 1950년대 중반은 현실을 인식하고, 그 인식을 개념화하는 데에 많은 전환기적 문제점을 내포하고 있었다. 창작의 부분에서 그 나름대로의 변화를 가져왔음에도 불구하고 이를 뒷받침해 줄 문학의식상의 변화는 구체적으로 그 모습을 드러내지 않았다.[180] 하지만 이미 전쟁과 전후 현실을 통해 문학이 더 이상 순수주의, 혹은 자연주의적 묘사의 영역에만 머무를 수 없다는 인식이 일반화되어 있었고, 급속하게 들어오는 원조물자와 함께 서구사조의 유입이 광범위하게 이루어져 문학과 현실의 관계에 대한 새로운 인식의 필요성이 제기되고 있었다. 따라서 이런 인식상의 변화가 서서히 문학이론으로 개념화되어 감과 동시에 창작에서의 변화도 급격하게 나타나기 시작했다.

구체적으로 이런 인식상의 변화가 현실을 바라보는 하나의 개념틀로

---

180) 이는 앞 장에서 설명한 바대로 단편보다도 장편에서의 과도기적인 형태를 통해 구체적으로 알 수 있다. 현실의 변화를 인식하고 형상화할 구체적인 개념이 형성되지 못했을 때, 다시 말하면 세계를 전체적으로 바라볼 인식상의 개념이 확고하게 자리잡지 못했을 때 장편이 단편적인 방식을 취하거나 우회적인 방법을 취할 수밖에 없었던 것이다.

서 드러나게 된 것은 1950년대 중반기 신세대 문학가가 본격적으로 등장하기 시작하면서부터였다. 문단에 신세대 작가가 등장한 것은 기성 세대의 문단 재편성기('예술원' 파동과 '한국문협', '자유문협'의 분리)[181]를 전후하여 본격적으로 이루어졌고,[182] 이들의 등장은 전후 새롭게 유입되는 서구사조와 함께 본격적으로 신세대적인 의식, 문학이념을 형성하는

---

181) '예술원파동'은 1952년 8월 정부에서 입안한 '문화보호법'이 공포되면서부터 시작된다. '문화보호법'은 정부에서 문화인의 자격을 심사하고, 자격심사에 통과한 '예술인'을 통해 예술원 회원을 뽑는다는 것이다. 이에 따라 53년 4월 '문화인 등록령'이 발효되고 105명의 문학인이 심사를 거쳐 등록증을 발부받게 된다. 105인의 투표를 통해 뽑힌 초대 예술원 회원(문학분야 7명)은 염상섭, 박종화, 김동리, 조연현, 유치환, 서정주, 윤백남이었다. 당시 정부의 '문화보호법'에 따른 '예술원' 설립과 그 과정에서 일어난 문단 내부의 반목과 갈등은 종전 이후 문단을 결속시키고 문학의 부흥을 꾀하는데 막대한 타격을 주었다. 52년부터 55년까지 지속된 이러한 혼란은 결국 '문총' 내부의 갈등을 거쳐 '자유문협'의 분리로 이어진다. '자유문협'의 분리는 한편으로 '예술원' 설립에 따른 문협의 주도권(김동리, 조연현)에 대한 반발과 한편으로는 정부에 의해 좌지우지되던 문화정책에 대한 반발 때문이었다. '자유문협'의 창단멤버는 김광섭, 백철, 이무영, 김팔봉, 이헌구, 박계주 등이었고, 이들은 '예술원' 설립에 가장 반대하던 사람들로 주로 해방기에 중간파적인 시각을 견지했던 문인들이었다. 이에 대해서는 아래의 글을 참고할 것.
김광섭, 「예술정신의 평가 - 예술원을 중심으로」, 〈조선일보〉, 54.4.19
김동리, 「'예술원'의 실현과 예술운동의 장래 - '예술원' 회원 선거의 경위와 그 문단적 비판을 분석함」, 『신사조』, 54.8
임긍재, 「작금 1년간의 문화적 동태」, 《청춘》, 54.10
조연현, 「'예술원' 성립의 배경-그 조직경위와 반대여론의 분석」, 《현대문학》, 55.2
김철「한국보수우익 문예조직의 형성과 전개」, 《문학과 논리》, 3호, 1993
한국문인협회 편, 『해방문학 20년』, 정음사, 1966
182) 신세대 의식은 신세대 평론가들의 등장과 밀접한 관련을 가진다. 1950년대 중반 이미 다양한 신세대 작가들이 작품활동을 하고 있었는데 반해 이를 결집하고 하나의 특성으로서 세대적 의미를 부여한 사람들은 신세대 평론가들이었다. 신세대 평론가들의 등장으로 말미암아 비로소 신세대 작가들은 그들이 추구하고자 하는 창작세계에 대한 공통적인 문학이념을 확보할 수가 있었던 것이다. 참고로 당시 신세대 의식을 대변하는 작가와 평론가들은 아래와 같다.
작가 - 손창섭, 장용학, 김성한, 오상원, 김광식, 서기원, 선우휘, 이범선 등
평론가 - 김양수, 천상병, 정창범, 홍사중, 윤병로, 최일수, 이 환 등
최일수, 「신인의 배출과 문학적 상황」, 《자유세계》, 1958.4
백철, 「비평의 신세대」, 《문학예술》, 1956.3 참고할 것.

데 결정적인 계기가 되었다. 이는 1950년대 중반 전환기에 구세대가 바라고 있던 새로운 문학의식의 성립이 바로 신세대에 와서 비로소 형성되었음을 의미하는 것이기도 하다. 하지만 신세대는 기성 세대가 지닌 문학의식을 비판하고, 이를 극복히는 데서 출발하고 있었다. 이미 신세대 문학인들은 기성 세대가 지니지 못했던 현실인식을 위한 어느 정도의 지적인 힘을 지니고 있었고, 이를 바탕으로 그들 나름대로의 인식의 개념적 틀을 확보하고 있었다. 물론 이런 지적인 힘이 바로 서구에서 유입된 문학의 현대적 개념이었던 것은 주지의 사실이다. 그리고 이러한 서구적 현실 인식의 방법을 통해 그들은 최소한도로 우리 문학이 지니고 있던 근대적 방법(기성세대의 문학방식)을 불식하고 문학의 현대성을 추구해야 한다는 공통의 인식을 지니고 있었던 것이다.

신세대 문학가가 지니고 있던 우리 문학에 대한 '현대성'의 추구는 근본적으로 이전의 문학적 방법으로는 우리 문학의 구체적인 힘을 살릴 수 없을 뿐만 아니라 낙후된 문학의 '후진성'을 극복할 수 없다는 다분히 신세대적인 위기의식으로부터 출발한다. 그들은 이전의 문학적 방법이 단순히 현실을 재구성해 내는 "자연주의 수법의 테크닉"에 불과한 것으로 보고, 이를 통해서는 "문학에 있어 새 윤리성, 새로운 역사적인 변혁"를 기대하기가 어렵다고 보았던 것이다.[183] 해방 후 10년간 생산된 작품의 90%가 남녀 치정관계의 내용에 머물러 있었다는 이무영의 말대로[184] 구세대의 문학은 답보상태를 벗어나지 못하고 있었고, 이런 정체의식은 당시 문학이 지닌 역사적 성격을 구체적으로 파악하지 못하는 데서 비롯되었다는 신세대적인 세대감각이 날카롭게 자리잡고 있었다. 이는 구세대가 근본적으로 변화된 현실의 성격을 구체적으로 인식하지 못하고 있으며, 전쟁의 세계사적 성격, 현대적 성격을 인식하지 못함으로써 다분히

---

183) 이영일, 「역사적 경험과 문학 - 작가정신과 그 책임에 대하여 -」, 《시와 비평》, 1956.1
184) 이무영, 「우리 문학의 가는 길, 가야 할 길 - '신윤리주의' 문학론 서설」, 《사상계》, 1955.10, p.66

문학의 근대성에 머물 수밖에 없다는 한계성을 그대로 지적한 것이기도 하다.

이처럼 당시 신세대의 기성세대에 대한 불신과 비판은 당대 문학의 성격과 과제를 근대적이냐, 현대적이냐 하는 문제로 귀납시키고 기성세대를 근대적 문학인으로 일방적으로 치부함으로써 비롯되었다. 그들이 기성세대의 근대성을 문제삼는 것, 또한 기성세대가 변화된 역사성, 사회성을 파악하지 못한다고 강조하는 것은 무엇보다도 구세대적 근대문학의 논리로부터 벗어나 서구문학과 같은 현대성을 획득하는 것만이 우리 문학이 시급히 지향해야 할 과제로 보아 왔기 때문에 그러하다. 이는 우리 문학이 지향해야 할 성격을 서구적 문학개념으로서 '현대성'으로 규정하고 이를 통해 새로운 문학이념을 세우고자 하는 신세대적 사고논리의 한 단면을 보여 주는 것이다. 신세대 문학가들은 서구적 보편성이 결국 실제적으로 우리 현실을 지배하게 된다는 것, 또한 그러한 입장에서 우리 현실이 분명히 서구적 보편성 안에 포괄되어 진다는 점을 강조한다. 따라서 그들은 우리 문학 속에 남아 있는 근대적 성격을 불식하고 서구적 현대성을 획득하는 것만이 우리 문학의 진보성을 확보할 수 있다고 보았다.

 오늘의 역사적 현실에서 새로운 형성기인 질서에 대한 의식은 서구의 역사와 정신도 우리의 역사적 경험으로 포괄하게 되었다. 현대에 있어서 우리는 새로운 인간을 창조해 가는 것으로 해서 형성적인 질서와 사상을 건설하지 않으면 안 된다. 이러한 까닭으로 하면 오늘날 우리의 문학은 의심할 여지가 없이 현대성을 띠고 있는 것이다. 앞에서 봐 온 것과 마찬가지로 이미 보수적인 전통의 소유이기를 거부한 오늘날 우리들은 현대라고 하는 상황과 문학이라고 하는 고독한 작업을 통해서 우리 스스로를 위한 증언자가 되어야 하게 되었다.[185]

---

185) 이영일, 앞의 글, p.30

여기에서 그들이 강조하고 있는 것은 기성세대와는 다른 당대의 현실인식과 문학의 이질성이다. 그래서 그들 스스로도 신세대 작가의 등장을 이전 세대와 다른 시대적 조건에서 나왔던 것이며, 또한 이런 점이 단순히 '현상의 변화', '의미의 변질'이 아니라, '차원의 진화'라고 강조하고 있다.[186] 그리고 이런 차원의 진화는 구체적으로 변모된 현실의 성격, 즉 '현대성'에 그 바탕을 두고 있다고 말한다. 그렇다면 이런 '차원의 진화'를 가져오게 한 '현대성'의 의미는 구체적으로 무엇을 의미하는 것일까? 물론 이 같은 질문의 밑바탕에는 폭넓게 변모된 20세기적인 서구현실과 역사적 인식이 자리잡고 있음은 두말할 나위가 없다. 그러나 실제로 우리의 현실 속에서 서구적 보편성으로서 '현대성'의 의미를 느끼게 하는 동인은 서구의 그것과 똑같을 수는 없을 것이다. 그리고 그것이 구체적으로 우리 문학에 끼친 영향 역시 같은 무게만큼으로 재단할 수도 없는 노릇이다. 하지만 분명한 것은 적어도 근대성과 다른 그 무엇을 대부분의 신세대 작가가 몸으로 느끼고 있었으며, 그런 점들이 기성세대와는 다른 현실인식과 내용을 지니게 하는 요인으로 작용하고 있었다. 실제 그런 성격은 구체적으로 기성세대와 다른 전후사회와 역사를 바라보는 시각과 체험의 농도에서 나타나고 있다. 그리고 이러한 의미에서 신세대의 성격을 규정짓는 일종의 문학의식이 보편적으로 자리잡게 되는 것이다.

우선 이런 시각과 체험의 농도를 정봉래가 말한 대로 생리적인 것과 사상적인 것으로 바꾸어 생각해 볼 수 있다.[187] 여기에서 생리적이라 함은 전쟁과 전후현실을 겪는 체험의 절박함이 기성세대보다는 신세대가 상대적으로 강했음을 의미하는 것이거니와, 이런 체험의 절박함이 보다 더 구체적으로 '불안'과 '절망'에 기조를 두는 '현대성'에 직접 다가서는 의미가 있음을 부정할 수 없다. 하지만 이런 절박함이 현실적 규정력을 지

---

186) 이봉래, 「신세대론 - 작가를 중심으로 한 시론 -」, 《문학예술》, 1956.4 p.131
187) 정봉래, 「세대와 작가의 관념」, 《자유문학》, 1959.2, p.448

니기 위해 무엇보다도 사상적인 내적 동인이 필요하고, 작품에서 이런 이념적 기반을 형성시켜 주는 것이 바로 서구문학이 갖는 전후감각, 20세기 모더니즘의 사고였던 것이다. 신세대 문학가들이 일반적으로 갖는 '현대성'의 감각은 제1차 세계대전 이후에 나타난 서구 모더니즘의 사조에 전반적인 근거를 두고 있다. '쉬르레알리즘', '다다'와 '표현주의'의 모더니즘적 사고의식, 키엘케고르, 야스퍼스, 하이데거의 실존사상, 엘리엇의 문명비판적인 시각 등이 함께 어우러져, 때로는 기성 현실에 반항적이면서 절망하고 좌절하는 현대인의 모습으로, 때로는 실존적 존재의 자각을 통한 개체자, 고립자의 모습으로, 또한 기계문명과 물질문명에 대항하는 반항적 인간의 모습으로 복잡하게 혼재되어 막연하나마 자신들이 지닌 '현대성'의 의미와 그 인간상을 드러내게 된다.[188] 이러한 사고는 이후 카뮈와 사르트르의 실존철학을 접하면서 현실 속에서의 존재의 의미와 참여, 저항의 의미로 폭넓게 확산되지만, 근본적인 기조는 어

---

[188] 이러한 현대성의 관점을 보이는 평론을 여기서 일일이 다 거론할 수는 없다. 전시부터 1950년대 후반까지 전체를 통틀어 서구문학사조를 소개하고 설명하는 글, 또한 이에 바탕을 두고 신세대의식을 강조하는 글은 헤아릴 수 없을 정도로 많다. 당시 구세대를 포함한 대다수의 문학인이 서구문학사조에 나타나는 이러한 관점을 인식하고 있었다. 하지만 구세대가 이러한 문제를 대체로 우리 현실과는 먼 서구사조의 변동으로 인식하여, 구체적 적용에서 다분히 냉소적이고 회의적인 태도를 보여 주었다면, 신세대는 이러한 인식을 보다 더 체험적이고 현실적인 것으로 받아들여 구체적으로 우리 문학에 적용되어야 할 과제로 생각하고 있었다. 따라서 이러한 의식이 신세대 작가의 작품을 규정하는 근거가 되고 있다. 다만 신세대 문학가들 속에서도 인식의 미비에서 오는 혼동과 다양성이 폭넓게 존재하고 있었고, 이에 따라 당시 신세대 문학의 성격을 규정하는 데는 각자가 일정한 차이점을 보이고 있다. 이와 관한 몇 가지 평론을 소개하면 다음과 같다.
이영일, 「차원의 이질성과 지양 - 50년대 문학의 엄호(掩護)와 반성 -」, 《예술집단》, 1955.12
백철, 「세기말의 인간관 - 소위 '파토스'인의 등장 -」, 《사상계》, 1956.2
이봉래, 「신세대론 - 작가를 중심으로 한 시론」, 《문학예술》, 1956.4
김양수, 「비평에서의 미의 추구」, 《현대문학》, 1956.12
백철, 「현대소설의 과정」, 《자유문학》, 1957.8
이철범, 「역사적 체험과 비평정신」, 《자유문학》, 1958.2

디까지나 현대철학이 갖는 문명비판적 사고에 있었다. 신세대가 지니는 이러한 의식은 당연히 표면적인 외적 현실의 묘사보다도 현실 속에 처한 인간 개개인의 구체적 존재와 그 의미에 집착하게 되는 것으로, 이로부터 현실 속에 처한 다양한 인간의 문제가 제기되고, 이것이 불안과 절망 의식으로 보편화되어 나타나게 된다. 이런 문제는 근본적으로 구세대와 달라지는 신세대 문학의 한 특성을 이루고 있다. 다시 말하면 서구의 현대사조를 얼마나 체험적으로 그리고 직접 우리 현실에 부딪치는 절실한 문제로 다루느냐 하는 것이 신세대의 절실한 문학적 감각이었고, 이런 점에서 서구사조를 어느 정도 회의적으로 보던 기성세대와는 일정하게 차별되는 지점에 있었던 것이다.

그렇지만 신세대가 지니고 있던 문학의 '현대성'도 실제 창작에서 영향을 발휘하기까지는 몇 가지 문제점이 남아 있다. 우선 신세대들이 받아들이는 서구이론의 수준이 지극히 초보적이고 상식적인 것이었고, 따라서 작품 속에서는 인간 개체의 실존적 모습인 불안의식, 허무주의가 상대적으로 과장되어 드러난다는 점이다. 신세대의 이론적 가치체계는 근본적으로 니체, 키엘케고르, 야스퍼스, 사르트르의 실존적 문제의식의 초보적 단계에 머물러 있었다. 즉 서구 합리주의 사상에 대한 반발, 과학적 문명세계에서 비롯되는 이론적 세계관에 대한 반발이 이념의 근본배경을 이루었고, 이로부터 인간 존재의 삶을 강조하고, 삶의 현실을 구성하는 세계의 불안정, 즉 허무와 불안의 세계를 과장해서 드러내고 있었던 것이다. 다시 말하면 신세대적 사고는 '인간이 세계를 인식하는 방식'으로부터 '인간이 존재를 체험하는 방식'으로 전환된 그 언저리에 머물러 있었고, 그로부터 20세기적인 기계문명, 물질화된 세계관 속에서 나타나는 위기의식과 소외의식이 문학적 인식의 대종을 이루었던 것이다. 장용학의 현대 기계문명에 대한 반발, 손창섭의 인간소외와 인간에 대한 불신, 김성한의 반근대주의적인 알레고리적 방식 등은 바로 이런 가치관의 소설적 표현 방식이다. 신세대들이 일반적으로 현대의 특성을 '모든 질서의 혼란과 부조리' 상태나, 혹은 '황무지적인 과도기'[189]로 지칭하는 것도 바로 이에 기인한다.

2) 실존사상과 휴머니즘

이처럼 서구의 전후 '허무주의' 사상을 '현대성'의 의미로 설정하고 우리 현실에 그것을 적용시킬 때 우리의 문학은 단순히 전후의 '불안','절망'의 의식으로 대치될 수밖에 없었다. 그것은 전후의 불안상태를 서구적 개념을 통해서 '거짓 보편화' 시키는 이상의 의미가 없는 것이었다. 따라서 우리의 구체적 현실은 어디까지나 문학에서 허무주의적인 절망의 성격으로 환원되고, 체험적 불안 속에 용해되어 버리고 만다. '허무주의' 방식은 인간 삶의 확고한 의미를 주체적이고, 절대적인 존재적 상황에서 찾기 때문에 객관적 현실과 사회적 의미가 끼어들 수 있는 틈이 없다. 키엘케고르의 말처럼 "모든 무(無)의 현상들과 불안이 인간의 본질"[190]에 해당하게 되고, 삶은 보다 더 근원적이고 보편적인 의미를 띠게 된다. 이런 경우 현실에 대한 인식은 추상적이고 관념론적 차원에서만 가능하게 된다. 최일수가 신세대 문학에서 "니힐(허무주의)의 초극은 현실에서는 불가능하며, 증대된 내면의 세계에서 우러난 영원한 것의 계시"[191]에서만 가능한 것처럼 보인다고 비판하는 것도 바로 이와 같은 추상성과 관념성을 지적한 것이다.

신세대 문학의 '현대성'이 실제 우리 문학의 '후진성'을 극복하고자 하는 대안으로서 등장하였으면서도 그것이 현실적 당위성을 확보하지 못하는 이유는 우리 현실의 문제를 구체적으로 바라보지 못하고 서구문학의 이념을 그대로 추종함에 따라 나타난 지식인적 관념성 때문이다. 더구나 현실을 구체적으로 조망하고 전망하고자 하는 문학의 경우, 허무주의는 단순히 현상의 불안한 모습, 그 자체를 개인적 차원에서 조망해 줄 수밖에 없는 한계성을 가지고 있다. 나아가 현상을 구체적이고 현실

---

189) 이봉래, 「전통의 정체」, 《문학예술》, 1956.8, p.148
190) 이규호, 『현대 철학의 이해』, 제일출판사, 1979, p.165
191) 최일수, 「니힐의 본질과 초극정신」, 《현대문학》, 1955.10, p.176

적으로 창조해야만 하는 작가의 경우, 초월적이고 존재론적인 방법으로써는 도저히 우리의 구체적인 현실을 조망하고, 전망할 방법이 없어지는 것이다. 이는 결국 현실의 모습을 다양하게 펼쳐보이고, 그 본질을 제시해야 하는 문학의 본질과 작가의 창조행위가 모순되는 것을 의미한다. 근본적으로 허무주의적 문학은 "문학의 현실적인 창조성과 작가의 니힐(허무주의)관과의 모순"[192]을 전제로 한 것이다. 다시 말하면 문학이 문학으로서 앞으로 나아갈 수 있는 길이 애당초 막혀 있다는 것이다.

　신세대의 '현대성'의 개념, 즉 모더니즘적 불안과 허무의식, 존재론적인 실존의 문제가 이처럼 벽에 부딪혔을 때 거기에 대한 출구의 모색이 말로, 쌩떽쥐뻬리의 행동주의와 카뮈와 사르트르의 실존주의 문학이었다. 물론 현대인의 불안, 절망에 근거를 두는 모더니즘적 인식과 실존주의는 20세기적 서구문학의 상황에서 같은 뿌리를 지니고 있다. 하지만 그럼에도 불구하고 1950년대 우리 문학의 상황에서 이 두 가지 경향이 서로 다른 관심과 방향을 가질 수 있었던 것은 구체적 현실에 대한 적용성과 작가적 모랄의 문제 때문이었다. 1950년대 상황에서 우리 현실의 구체성을 살리기 위해서는 현실에 적극적으로 개입하고 그 현실을 저항, 비판할 수 있는 문학적 태도가 필요했고, 이런 태도를 허무주의보다는 절망에 반항하고 행동하는 말로와 카뮈, 사르트르의 실존문학에서 찾았던 것이다. 이런 방식은 서구문학의 지적 경향을 살리면서도 현실에 대한 작가적 모랄을 살릴 수있는 적절한 방법이기도 했다.

　실존주의와 휴머니즘의 내용은 김붕구나 이어령의 글 속에 잘 드러난다. 김붕구와 이어령은 처음부터 존재적 불안과 절망을 근거하는 실존주의의 선조(파스칼, 니체, 키엘케고르, 야스퍼스, 하이데거, 카프카)에 대하여 별 관심을 표명하지 않는다. 그들은 인간이 처한 존재론적인 고립보다 구체적 현실 속에서 그것을 어떻게 자각하고 극복하는가 하는 점에 더 관심을 쏟았다. 다시 말하면 현대성 속에 '실존' 자체의 문제보다는 그

---

[192] 최일수, 앞의 글, pp.176-177

실존이 구체적 상황 속에 어떻게 관계 맺고 있는가, 그리고 그것의 문학적 기능은 어떻게 가능할 것인가 하는 문제에 초점을 맞춘 것이다. 따라서 그들은 존재적 상황의 극복을 관념적이고 초월적인 곳에서 찾았던 이전의 사상가(니체, 키엘케고르, 하이데거)보다도 카뮈의 '존재적 반항'과 사르트르의 '선택', '책임', '자유', '앙가주망' 속에서 존재론적 상황의 극복과 실존주의의 참 모습을 발견하고자 한다. 그리고 이런 의미에서 그들은 실존주의의 선조를 말로, 쌩떽쥐베리의 행동주의에서 찾고 있다.[193]

이런 실존주의적 방향은 일단 인간상황을 불안과 허무에 근거한 존재론적인 주관으로부터 구체적 인간 삶의 공간, 행동의 장으로 끌어내리는 데에 큰 의미가 있다. 적어도 카뮈와 사르트르의 실존주의는 인간 삶의 부조리는 인정하되 그 부조리적인 삶의 의미를 주관적이 아닌 현실의 문제로 다루고 그 속에서 극복의 문제를 제기하고 있다. 카뮈와 샤르트르는 비록 이론의 출발을 삶의 무의미성과 부조리성에서 시작했다 하더라도, 궁극적으로 그것이 어쩔 수 없는 삶의 조건에서 유래되는 것이며, 인간은 그 속에서 끊임없이 주체적인 자기인식을 확보하고, 보다 더 인간다움을 향한 운명적인 선택과 결단을 내려야 하는 윤리적인 문제를 제시하고 있는 것이다. 카뮈가 말하는 '반항적 인간'이나, 사르트르의 '앙가주망'의 문제도 결국 '인간에게 숙명지워진 불합리에 대한 영원한 반항의 상태'[194], 즉 존재론적 실존의 현실적 행위조건을 시사하는 것이기 하다. 따라서 말로의 행동주의나 카뮈나 사르트르의 실존사상은 당시로서는 관념적이고 주관적인 인간상으로부터 어느 정도 구체적인 인간상의 문제를 제기하는 문학적인 의미를 지니고 있었다. 오상원이나 선우휘의 소설이 장용학이나 김성한과 다르게 적어도 실제적인 현실을 바탕으로 하고 있다는 것, 그리고 그 현실 속에 인간이 처한 한계상황과 이로부터

---

193) 김붕구, 「실존주의 문학」, 《사상계》, 1958.8
　　이어령, 「실존주의 문학의 길」, 《자유공론》, 1959.3
194) 박광선, 「까뮈의 작품세계」, 《자유문학》, 1958.1, p.209

나오는 반항과 행동을 소설의 주된 테마로 삼았다는 것도 바로 이런 실존주의적 성격 때문이다.

앞서 말한 카뮈와 사르트르의 실존의식은 당시에 풍미하던 '휴머니즘'과 밀집한 관련이 있다. 우선 당시에 논사들이 실존주의를 철저하게 '휴머니즘'으로 바라보았다는 점이 그러한데, 이는 앞서 말한 카뮈의 '반항적 인간'과 사르트르의 '앙가주망'의 성격 때문이기도 하다. 실존주의에서 휴머니즘은 "인간성을 기저로 한 비판, 선택을 근본으로 삼는 인간정신의 자세"[195]를 말하는 것으로 그 속에는 인간존재의 부조리성에 대한 자각과 이에 대한 주체의 행위와 실천의 의미가 강조되어 있는 것이다. 따라서 실존주의에서 주장하는 '휴머니즘'의 문제는 실존적 인간조건에 대한 반항과 나아가 현실에 대한 선택, 책임의 문제까지 포함하고 있다. 궁극적으로 이때 '휴머니즘'은 극한 현실에 처한 개개인에게 윤리적인 행위의 결단까지 내포하는 작가적 모랄의 문제와 깊이 관련되어 있는 것이다. 예를 들면 카뮈의 『페스트』에서 반항인 '따루'를 통해 보여 주었던 자기 희생, 연대적인 공동투쟁은 바로 절망적 상황 속에서도 흔들리지 않는 인간적 가치를 향한 작가의 투철한 모랄정신의 반영이기도 하다. 이런 정신이야말로 생의 부정을 긍정으로 전환시키는 카뮈의 '휴머니즘' 정신을 그대로 드러내는 것이며,[196] 당시에 평론가들이 주장하는 '휴머니즘'의 실제 내용이기도 하다.

따라서 당시의 입장에서 '휴머니즘'의 내용은 인간의 보편적 조건탐구라는 점에서 실존주의에 바탕을 두고 있으면서, 문학의 내용에서는 인간의 존재론적 조건에 대한 반항, 저항이라는 사르트르와 카뮈, 말로의 문학정신을 그대로 표방하고 있었던 것이다. 그렇지만 '휴머니즘'의 개념은 실제 우리의 작품 속에 전개될 때 그 개념과 의미를 그대로 드러내는 것은 아니다. 우선 부조리한 상황의 개념이 무엇인지, 그것이 구체적으

---

195) 김성한, 전봉건, 「왕복서신」, 《문학예술》, 1956.7, p.127
196) 김붕구, 「휴머니즘의 재건 - 까뮤를 중심으로 한 비판」, 《자유문학》, 1958.2, pp.25-28

로 우리의 현실에서 어떻게 적용될 지 전혀 감각을 잡을 수가 없었던 것이다. 서구와는 다르게 이에 대한 실제적인 논의가 없었던 상황에서 '부조리한 상황에서 실존적 반항'이라는 '휴머니즘'의 명제는 어떻게 보면 단순히 명제적이고 추상적인 논의에 불과할 수도 있다. 더구나 당시로서는 반공 이데올로기가 보편적 의식으로서 지식인들을 강제하고 있었고, 이 점에서 신세대 작가들도 예외는 아니었다. 따라서 '부조리한 현실에 대한 존재론적 반항'이라는 과제는 우리 현실 속에서 구체적인 사회, 역사적 성격을 분명하게 드러내지 못할 때 다시 막연한 '행동주의' 혹은 '인간성 회복', '인간성 옹호'라는 과제로 돌아갈 수밖에 없는 것이기도 했다. 실제 창작에서 이런 '휴머니즘'의 경향은 극한 상황에서 목표없는 반항적 행위를 강조하는 행동문학적인 경향으로 드러나거나, 현실과 동떨어진 주관적 화해 양상을 보여 주는 것도 이 때문이다. 예를 들어 오상원이 「모반」과 같은 작품에서 극한 상황을 상정하고 행동적 반항을 보여주고, 장편 『백지의 기록』에서는 막연한 인간성 옹호나, 주관적 화해 방식을 보이는 것도 이런 혼동된 상황을 구체적으로 드러내는 것이라 하겠다. 실존주의 문학을 추구했던 신세대 작가들이 그의 작품 속에서는 대부분 구체적인 현실의 문제를 다루기 보다는 추상적이고 보편적인 인간의 문제만을 거론하는 것도 이 때문이다.

하지만 사르트르와 같은 실존철학에서 보여 준 '휴머니즘'의 문제는 적어도 전후 절망적 현실 속에서 인간의 문제를 중심적으로 다루어야 한다는 실제적인 과제를 환기시켜 주었다는 점에서 큰 의미가 있었다. 이는 당시 현실의 겉면만을 훑고 있던 통속적 작품이나 불안과 허무주의적인 인간실종의 경향에 머물고 있던 기존작품들에게 적어도 현실의 의미를 찾아야 한다는 과제를 일깨우는 계기를 형성해 준 것이다.

3) 신세대 장편소설과 그 특징

1950년대 후반은 이처럼 신세대적인 경향이 하나의 유행처럼 전 문단을 휩쓸고 있었다. 그들의 문학적 태도는 분명히 기성세대의 그것과는 다른 것이었다. 현실을 바라보는 시각, 문학적 표현방식, 등장인물의 성격 등은 모두 이전과 다르게 새로운 성격을 보여주고 있다. 그들은 현실을 그대로 모방하고, 현실의 겉면, 삶의 외양을 그대로 소설의 주된 소재로 삼던 기존방식으로부터 벗어나, 현실을 해부하고, 현실 속의 인간을 하나의 존재로 상정하고 그 가치를 새롭게 규명하는 방식을 보여 주고자 했다. 신세대 작가들은 이전의 모든 문학을 근대적인 것으로 취급하여 배척하였고, 서구의 신진 이론을 도입하여 그것을 하나의 문학적 이념, 문학적 방법으로 사용하고자 했던 것이다. 신세대 소설은 이런 면에서 전쟁과 전후현실을 다시 새롭게 조명해 보는 문학이기도 했다. 소설에서 전쟁의 체험이 비로소 절박한 상황으로 다시 작품 속에 등장하기 시작했고, 전후현실의 모순, 불안, 절망의 개념들이 새롭게 떠오르기도 했다. 구체적 현실에 대한 전망이 없기에 현실 자체를 부정하고 보다 더 추상적이고 보편적인 이념 속에서 자신의 문학적 가치를 세우고자 했던 것이다.

1950년대 후반의 신세대 장편소설들도 이런 점에서 예외가 아니다. 그들의 작품은 당시 풍미하던 세태소설과 질적인 차별을 지니고 있고, 추구하는 문제의식도 다른 것이었다. 1950년대 후반 장편소설은 대부분 세태소설적인 작품이 주된 경향을 형성하였고, 그런 면에서 당시 장편소설은 전후현실의 구체적 양상과 새롭게 떠오르는 현실인식을 보여 줄 수 없는 것들이었다. 1950년대 후반에도 전반(前般)과 마찬가지로 장편소설의 주요 매체는 신문이었고, 따라서 그들 작품 대부분은 여전히 통속적이고, 세태묘사를 위주로 하고 있었다. 이런 면에서 보자면 역시 1950년대 후반의 특징을 보여 주는 것은 신세대들의 장편소설이다. 신세대 장편소설들은 현실의 외피만을 묘사하던 당시의 장편과 다르게 절망과 허무, 새로운 현실인식의 대두라는 시대적 특징을 보여 주고 있다. 즉 이들의 장편소설에서는 새롭게 대두되는 전후의식과 함께 당시 작가들이 지니고 있던 현실인식의 태도, 인간관, 문학관까지도 소상히 밝혀 주고 있는 것이다.

이런 점은 당시 장편소설의 양상을 살펴보면 구체적으로 드러난다. 사실 몇몇 장편을 제외한다면, 당시의 장편은 통속성과 퇴폐성을 드러내는 작품이 대부분이었고, 작품의 주된 내용은 현실의 세태묘사를 위주로 하고 애정사의 삼각관계를 드러내는 것이었다. 전쟁이나, 1950년대의 절망적 시대상황을 배경으로 취한 것도 많지만, 그것은 단지 말 그대로 배경에 지나지 않고 복잡한 애정사의 관계를 묘사해 내기 위한 하나의 장치에 불과하다. 굳이 전후현실이 아니더라도 얼마든지 일어날 수 있는 일상사의 복잡함이나, 애정사의 복잡함이 소설의 전면을 메우고 있었던 것이다. 당시 장편소설의 세태적 경향과 통속적 경향이 얼마나 심각하였는지는 평론가들 사이에서 순문학과 신문소설을 구별하려는 시도까지 일어난 것을 보아도 알 수 있다. 예를 들면 대다수 평론가들은 신문의 장편소설을 아예 논평의 대상에서 제외하거나, 아예 통속소설, 대중소설의 범주로 규정하여 따로 평가하려는 경향마저 있었던 것이다.[197] 물론 이는 신문 자체가 지닌 속성, 대중성과 상업성이라는 특성에서 비롯된 것이기도 하다. 신문이나 몇 개의 문예잡지를 제외하면 사실 장편소설을 발표할 지면은 전혀 없었고, 이런 면에서 대중에 영합하는 통속성은 이미 예정된 것이나 다름없었다.[198]

하지만 신문소설이 통속화하는 데는 무엇보다도 작가 자신의 역량과 의식문제가 컸다. 당시 신문소설의 통속성이 문제가 되어 평론가들 사이에 많은 논의[199]가 펼쳐지는데, 여기에서 주된 관점은 작가의식의 문제,

---

197) 정봉래, 「신문소설의 위치 - 새로운 가치추구를 위하여」, 〈세계일보〉, 1959. 7. 17
198) 김광식은 신문소설의 통속성과 관련하여 작가들의 생계문제, 발표지면의 문제 등을 중점적으로 제기하고 신문소설의 질적 향상을 위해 이런 경제적인 문제가 우선 해결되어야 함을 말하고 있다.
　　김광식, 「장편소설과 발표형식」, 〈조선일보〉, 1959. 3. 17
199) 당시 신문소설의 통속성에 대한 주요 논의는 아래와 같다.
　　박화성, 「신문소설과 그 위치」, 〈서울신문〉, 1959. 4. 15
　　곽종원, 「문학적인 것과 비문학적인 것」, 〈동아일보〉, 1958. 4. 20
　　안수길, 「통속과 순수의 차이점」, 《자유문학》, 1959. 2
　　곽종원, 「신문소설의 공과」, 〈동아일보〉, 1958. 5. 28

작품에 '모랄'과 '사상성', '리얼리티'를 부여하는 것 등이었고,[200] 이런 점에서 신문소설의 통속성은 전적으로 작가 자신의 역량 문제임을 천명하고 있는 것이다. 이런 과정에서 신문소설로서 그나마 평론가들로 호평받은 것은 김말봉의 『화관의 계절』[201], 홍성유의 『비극은 없다』[202] 정도이다. 그렇지만 이런 작품 역시 상황의 우연성, 작품구조의 산만함, 전형적인 연애구도의 설정 등으로 인해 기존소설의 경향을 벗어나고 못하고 있다. 오히려 당시 장편소설은 신문소설보다 문학잡지나 종합지에 실린 것이 훨씬 작품성이 높고, 문제적인 작품이 많다. 다음에 살펴 볼 신세대의 작품들이 그러하고, 임옥인의 『월남전후』[203], 박경리의 『표류도』[204], 황순원의 『나무들 비탈에 서다』[205]등이 당시로서는 뛰어난 편이었다.

이런 점에서 보자면 역시 1950년대 후반의 장편소설적 특성을 보여 주는 작품은 앞서 말한 대로 신세대 장편소설들이다. 이들 장편소설들은 이전에는 볼 수 없었던 전후현실에 대한 근본적인 회의와 반항, 절망과 허무의 문제를 담고 있고, 나아가 전후 현실에 대한 삶의 조건, 인간존재의 의미를 새롭게 탐구하고 있다. 신세대 장편들은 이전과 달리 현실에

안수길,「통속소설이면서 순문학 - 신문소설의 나아갈 길 -」,〈서울신문〉, 1958.7.9
정봉래,「신문소설의 위치」,〈세계일보〉, 1959.7.17
유동준,「신문소설의 생태」,〈동아일보〉, 1957.11.2
200) 안수길,『통속소설과 순문학 -신문소설의 길』,〈서울신문〉, 58.7.9
201) 김말봉,『화관의 계절』,〈한국일보〉, 1957.9.18-1958.5.6
이에 대한 평으로는 조연현,「김말봉작 '화관의 계절' 평-문장,회화의 묘미와 성격의 유형성」,(〈한국일보〉, 58.5.9) 있음
202) 홍성유,『비극은 없다』,〈한국일보〉 1958.5.7-1958.12.2
이에 대한 평으로는 김팔봉,「뛰어난 솜씨」(〈한국일보〉, 58.3.1, 장편소설 심사소감)과 연재를 끝내면서 〈한국일보〉1958년 12월 3일부터 7일까지 7편의 독자평이 있다. 홍성유의 『비극은 없다』는 전쟁 당시의 참담한 현실 속에서 4명의 젊은이들이 겪는 비극을 다루고 있다. 긴박한 전쟁상황의 묘사와 함께 전쟁에 얽힌 젊은이들의 애정의 애환을 그림으로써 당시에는 대단한 인기를 얻은 작품이지만 전형적인 애정의 삼각관계, 그리고 사건의 우연성, 비현대적인 묘사 때문에 순수문예물로는 일정한 한계가 있다.
203) 임옥인,『월남전후』,《문학예술》, 59.7-59.12
204) 박경리,『표류도』,《현대문학》, 59.2-59.10
205) 황순원,『나무들 비탈에 서다』,《사상계》, 60.1-7

대한 즉자적 인식만을 보여주는 것이 아니라 현실에 대한 새로운 해석을 통해 적극적인 대응방식을 보여 주고 있다. 즉 현실을 하나의 인식대상으로 삼아, 현실에 대한 자기 나름대로의 가치규명을 시도하는 것인데, 이는 전후현실 속에서 자아와 대상세계간의 대립과 반목을 직시하고, 그 모순의 내적 갈등을 작품 속에 주된 소재로 형상화하는 것을 의미한다. 신세대의 이런 방식은 앞장에서 설명한 대로 서구의 모더니즘 사상과 실존주의를 끌어들임으로써 가능했다. 예를 들면 장용학 소설에서 나타난 서구 모더니즘의 경향과 오상원의 말로적 방식의 차용이 그러한 것인데, 작품 속에서 이런 성격은 기성 현실에 대한 부정과 반항, 반전통과 반모랄, 한계 상황에서의 존재의식에 대한 탐구, 보편적 인간성의 옹호 등으로 폭넓게 나타난다.

하지만 신세대 장편들 역시 장편소설의 일반적 특성인 현실의 폭넓은 형상화, 현실의 전체성을 구현하는 데는 실패하고 있다. 일반적으로 신세대 장편들은 체험적 현실과 이념적 주제 사이에 깊은 분열상을 보여주는데, 이는 서구적 현실과 우리의 구체적 현실을 등치시켜 두고, 전후 서구적 문학이념을 그대로 우리 현실에 적용시키고자 하기 때문이다. 이럴 경우 작품은 작가의 이념을 형상화할 실제적 현실을 찾을 수 없게 되고, 현실은 단순히 작가의 이념을 구현하는 관념적 등위물이 되고 마는 것이다. 특히 장편이 구체적 현실의 삶 자체를 작품의 구조로 삼는다는 점에서 이런 관념성은 더욱 구체화된다. 일반적으로 신세대 작가들의 장편이 추상적이고 보편적인 이념세계를 보여주거나, 주관적인 화해의 결말을 보여 주는 것도 바로 이런 관념성 때문이라 할 수 있다.

이런 성격을 바탕으로 신세대 장편소설은 크게 두 가지 경향으로 나누어 볼 수 있다. 우선 장용학의 『원형의 전설』과 손창섭의 『낙서족』의 경우인데, 이들 작품은 현실에 대한 절망의식, 허무의식을 작품 내면에 깊숙이 깔고 있다. 장용학과 손창섭의 장편은 1950년대 전후 현실을 가치상실의 시대, 기존가치에 대한 회의의 시대로 규정하고 다분히 현실을 냉소적으로 바라보거나, 현실 자체를 부정하고, 해체하고자 한다. 『원형의 전설』에서 보이는 반전통, 반모랄의 성격, 플롯의 해체, 초월주의적인 이상주의의 추구 등과 『낙서족』에서 보이는 인물에 대한 희화화, 역사성에 대한 풍자 등이 이를 구체적으로 보여 준다. 『원형의 전설』은 서구 모더니즘의 사상을 철저히 내면화한 경우인데, 구체적으로 작품 속에서 기계문명의 거부, 합리주의의 거부, 전통모랄의 거부 등과 같은 반근대주의적이고 반문명적인 논리를 강조하는 경향을 띤다. 『낙서족』은 손창섭이 지니고 있던 인간에 대한 회의, 현실 자체의 부정 등이 체험적 방식으로 드러난 것인데,[206] 소설에서는 아이러니칼한 방식을 통해 인물 자체를 희화화하고, 역사성 자체를 부정하고 있다.[207] 이들 소설의 특징은 '현실에 대한 실제적 묘사'라는 소설규범을 부정하고, 알레고리와 반어적 방법을 통해 세계 전체를 풍자화하는 것이다.

이와는 조금 다른 성격을 지닌 작품으로 선우휘의 『깃발없는 기수』와 오상원의 『백지의 기록』이 있다. 이들 작품은 현실세계의 거부나, 부정보다는 극한 상황 속에서의 인간존재의 문제와 인간성회복의 문제를 다루고 있다. 즉 세계 전체를 부정하고 추상화하는 것이 아니라, 현실 상황을 인간존재의 극한 상황으로 치환하고, 그 속에서 인간존재의 보편적 의미를 묻고자 하는 것이다. 따라서 이들 작품이 근본적으로 추구하고 있는 문제는 부조리한 상황 속에서 '인간존재의 자기 확인' 방식이다. 『깃발없는 기수』에서 극한 상황 속에 목적없는 행동을 강조하는 방식이나, 『백지의 기록』에서 절망적 현실을 인식하고, 자살 직전 주관적 화해를 구하는 방식도 바로 이런 존재론적 자기확인과 연관되어 있다. 이런 면에서 이 두 소설은 실존주의에 보다 더 가깝게 다가가 있다. 『깃발없는 기수』에서는 인간의 부조리성, 무의미성을 목적없는 자기행동을 통해 구체화시키

---

206) 『낙서족』이 체험적 방식이라 함은 그의 동경 유학시절의 이야기가 인물만 바뀐 채로 반복되고 있기 때문이다. 그의 전기적 사실을 담은 작품 『신의 희작』을 읽어 보면 이러한 사실을 알 수 있다.
207) 이 점에 대해서는 김덕한, 「1950년대 한국 장편소설 연구」, 서울대 대학원, 1993, 제2장을 참고할 것.

고 있다. 반면에 『백지의 기록』은 인간의 부조리성과 무의미성에 바탕을 두면서도, 이를 주관적인 화해의 방식으로 극복하고자 한다. 특히 『백지의 기록』은 실존주의의 휴머니즘이 우리 현실과 만날 때 막연히 '인간성 옹호', '인간성 회복'의 감상적 휴머니즘으로 변하는 경향을 구체적으로 보여 준다.

신세대 장편소설이 대부분 추상적 경향과 관념적 경향을 보여 주는 것은 앞서 말한 대로 서구이념 자체를 우리의 구체적 현실 속에 그대로 적용시키고자 하기 때문이다. 실제 추상적인 서구적 이념들이 작품 속에 구체화될 때 체험적 현실과 이념적 주제 사이의 괴리는 피할 수 없게 된다. 작가는 작품 속에서 이념을 구체화할 실제적인 공간을 찾을 수 없게 되고, 따라서 막연히 이념성을 구현해 낼 사건과 행동만을 추상적으로 나열할 수밖에 없는 것이다. 이런 경우 소설 속의 인물들은 필연적으로 이념적 주제 아래 종속되고, 이때 현실의 전체성과 구체성은 살아나올 수가 없다. 이처럼 신세대 작가들이 보편적 이념성을 우위에 둔다는 것은 오히려 현실의 폭넓은 재현을 제한하고, 현실을 관념적이고 추상적으로 재단하는 결과를 가져오게 된다. 다시 말하면 장편소설이 추구하는 현실의 폭넓은 전체상은 살아나올 수가 없고, 오히려 이념적 관념성만 무성한 결과를 가져오는 것이다. 이는 신세대들이 현실을 겉면만 바라보는 기성세대의 세태묘사적 방법을 비판하고 현실을 구체적으로 '나의 것'으로 만들 방법적 원리를 찾았음에도 결국 그 방법적 원리 때문에 오히려 현실을 추상화시키는 결과를 가져왔음을 의미한다. 오히려 이런 관념적 방법의 극복 가능성은 현실을 현실답게 재구성해내고, 현실의 전체성을 폭넓게 보여주고자 하는 황순원의 장편 『나무들 비탈에 서다』에서 발견된다.

2. 규범적 세계의 부정과 관념적 유토피아로의 지향
: 장용학의 『원형의 전설』

1) 신세대적 보편성과 장용학

장용학의 소설은 전후소설 중에서도 가장 특이한 소설의 하나로 손꼽힌다. 그의 소설은 대부분 내적 의식의 흐름, 난삽한 관념체의 문장, 플롯을 무시하는 특이한 전개방식, 우화와 알레고리의 신비적 이미지를 통해 전통적 소설에서는 볼 수 없는 특이한 소설형식을 보여 주고 있다. 이런 소설형식은 전후초기의 기성세대의 작품에서는 볼 수 없는 것으로서 그 특수성으로 인해 문단의 각별한 주목을 끌었다. 장용학의 소설은 기법의 특이성과 함께 이미 기성윤리로서는 받아들일 수 없는 반전통, 반모랄의 성격을 지니고 있었고, 이러한 성격을 통해 전후 문단의 재편과정과 함께 새로운 문학관, 새로운 세계관을 형성하는 신세대적 특성을 가장 대표적으로 보여 주고 있었던 것이다. 이전에는 볼 수 없었던 이러한 방식은 전후 현실 속에서 현실의 겉면만을 훑기에 여념이 없던 당시의 작품경향으로서는 분명 충격적인 것이었고, 기존의 안이한 현실 해석과 문학적 표현에 대한 반항과 새로운 도전으로서도 충분한 것이었다.

실제로 장용학의 소설은 그 이전에 볼 수 없었던 전후 사회현실에 대한 근본적인 회의와 삶의 조건에 대한 반항을 그 이면에 깔고 있고, 이를 바탕으로 새로운 인간 해석과 새로운 문학적 방식을 전면에 제기하고 있다. 그의 창작 경향은 분명히 전쟁이라는 인간 존재의 극한 상황과 전후 현실의 불안한 위기의식에 바탕을 두고 있으며, 이로부터 인간의 숙명적인 고독과 절망을 표현하고 인간의 존재론적 자기회복의 문제에 관심을 쏟는다. 그의 작품에서 특히 주목을 끄는 현대의 물질문명에 대한 반항, 현실적 규범의식의 부정 등은 모두 이런 전후 현실에서 존재의 자기회복이라는 과제와 밀접한 관련을 가진다. 장용학의 이러한 작품경향은 인간의 근원적인 존재 조건을 문제삼는 것으로서 전후 현실을 부정하고 인간의 삶의 조건을 보다 더 이상적 공간에 두고자 하는 신세대적 문제의식을 그대로 보여 준다. 장용학의 작품은 전후 신세대 작가들이 취하고 있던 '제재의 심각성', '절박한 현실에 대응하여 발버둥치는 인간상의 추구', '인간 내면의 존재론적 본질에 대한 집착' 등의 특성을 그대로 보여주고 있고, 이것이 현실의 안이한 묘사를 탈피하고 전후 현실을 새롭게 해석하고자 하는 신세대적 문제의식과 그대로 이어지고 있는 것이다.[208]

그런데 이러한 문제의식은 현실 그 자체를 대상으로 삼아 그것을 극복하고자 하는 것은 아니었다. 장용학의 소설에서 말하고자 했던 것은 보다 더 초월적인 인간 현실이었고, 현실의 절망과 위기에 직면하여 인간이 처한 실존적 조건과 그것의 총괄적 의미였다. 다시 말하면 전후현실의 절망적 상황을 보다 더 보편적인 의미로 환원시키고, 현대문명 속에 보편적 인간조건의 의미를 획득하고자 하는 것이었다. 그는 현실의 절망과 위기적 의식을 절박하게 느끼면서도 그것의 극복을 보다 더 추상적이고 근원적인 방법에서 찾았던 것이다. 그의 소설에서 구체적 현실의 절망과 불안은 언제나 현대 문명 속의 보편적 인간조건으로 환원되고, 문학적 기법은 병적 현실을 해체하는 자의식의 실험으로 대체되는 것도 이와 관련된다.

장용학 소설의 이런 추상적 방식은 근본적으로 기성세대의 낡은 문학적 방식에 대한 반감과 서구문학의 이념과 방법을 우리 문학 속에 도입하여 문학의 '현대성'을 이루고자 하는 신세대적 '지적 허위성'과 밀접한 관련을 지닌다. 신세대들은 기성세대의 문학적 논리를 근대적인 것으로 인식하고 그것으로부터 벗어나 서구문학과 같은 현대성을 획득하는 것만이 우리문학의 '후진성'을 극복할 수 있는 방법으로 보았다. 다시 말하면 그들은 종래의 근대적 문학개념을 넘어서 현대적 의식, 세계적 의

---

[208] 백철은 이런 신세대적 문학의 경향을 세 가지 면에서 특색이 있다고 말했다. 우선 새로운 것을 창조하자는 적극적인 태도, 둘째 현실을 전체적으로 파악, 비판하는 지적 태도, 셋째 작품의 방법적인 기술태도에 새로운 특질을 제시하는 것 등으로 기성작가의 태도와 구별하여 보고자 했다.
백철, 「신세대적인 것과 문학」, 《사상계》, 1955.2, p.38

식으로 나아가는 것을 하나의 문학적 지표로 삼았던 것이다. 신세대들은 "한국문학에 있어서 50년대 문학은 결별이요, 출발"[209]이라든지, "세계문학의 일부를 이룰 수 없는 것이라면 그것은 한국문학도 아니며, 또한 문학이라고 할만한 가치도 없는 것"[210]이라는 전통부정과 문학의 '현대성'을 과감하게 내세우고 있다.

이런 의미에서 문학의 '현대성'은 기성세대를 부정하고 그들 나름대로 신세대의 성격을 규정짓는 보편적 잣대가 되는 셈이다. 사실 신세대 작가들이 내세우는 문학의 '현대성'은 분명히 20세기적인 서구현실의 인식과 문학적 방법이었음은 두 말할 나위가 없다. 특히 신세대의 이념적 기반을 형성해 주었던 것은 제1차 세계대전 이후에 나타났던 합리성에 대한 비판, 이성에 대한 비판에 근거한 반문명적 시각이었다. 계몽사상 이후부터 지속되었던 이성중심적 혹은 합리주의적 경향에 반발하고, 인간존재 자체로 관심을 회귀하는 것, 즉 인간을 절대적 존재로서 회구하는 실존적 과제에 대해 관심을 표명하는 것이었다. 그런 면에서 이영일은 50년대 문학의 관심은 "현대문명에 대한, 또는 극단주의적인 이성주의에 대한, 실증사회과학에 대한 반성과 재확인"이며, "메카니즘적 문명화와 전제화에 따른 인간의 불행과 불안"을 막는 데 있다고 말하고 있다.[211]

장용학은 이런 신세대적 '현대성'과 가장 밀접한 관계에 있다.[212] 오히

---

209) 이영일, 「차원의 이질성과 지양 - 50년대 문학의 엄호와 반성 -」, 《예술집단》, 1955, 12, p.65
210) 송욱, 「작가의 형성과 환경」, 《사상계》, 1957, 9, p.55
211) 이영일, 앞의 글 p.60
212) 물론 이는 넓은 의미에서 신세대적 보편성을 총괄하여 하는 말이다. 일반적으로 신세대가 서구문학의 방법론에 기대어 기성세대를 비판하고 문학의 현대성을 논했던 것은 사실이었다. 하지만 그 속에서도 많은 인식적 차이를 지니고 있다. 예를 들면 평론에서는 이영일, 홍사중, 이봉래처럼 반문명적 시각의 서구 모더니즘의 경향을 띠는 경우도 있고, 김붕구, 이어령, 정명환처럼 실존주의 방법을 강조하는 경우도 있으며, 최일수처럼 민족문학론을 주장하는 경우도 있다. 소설에서는 반문명적 시각을 보이는 장용학과 행동주의 혹은 실존주의적 휴머니즘을 강조하는 오상원이나 선우휘, 서기원 등

려 신세대적 특성과 관련시켜 보면 장용학이야말로 가장 신세대다운 작가라고 말할 수 있다. 그는 신세대의 '현대성'을 적극 강조하고 있고, 기성세대의 문학적 논리를 비판하는데 주저하지 않았다. 그가 기성세대의 문학적 방법을 얼마나 혐오하고 있었는지, 그리고 서구적 문학 방법 속에서 우리 문학의 '현대성'을 이루고자 하는 신세대적 문학논리를 얼마나 옹호했는지는 그의 단편적인 글에서 잘 드러난다. 그는 기성세대의 문학을 자연주의적인 것으로 몰아 근대적이고 구시대적인 문학논리라고 신랄하게 비판하고 있으며[213], 이에 반하여 신세대의 문학이야말로 우리 문학의 '현대성'을 가능케 하는 주류적인 문학이 되어야 한다고 말하고 있다. 그는 신세대의 문학이 단지 서구문학의 모방에 불과하다는 비난에 대해 신세대야말로 "자연주의를 배격하고, 존재를 작품세계 속에 끌어들였고, Fiction에 종지부를 찍게 하였으며, 인물의 묘사에서 인간의 구원에로 창작활동의 초점을 옮겨 놓"[214]았다고 신세대를 옹호한다. 그리고 이런 신세대가 지닌 성격이야말로 '참다운 문학의 리얼리티'라고 강조하고 있다.

이 일정한 차이를 보이고 있다. 그렇지만 대체로 이들의 문학 역시 서구적 작가나 이론가의 영향 아래 있었으며, 민족보다는 문학의 세계성을 주장하는 지적 방식을 선호하고 있었다. 따라서 이들의 문학 역시 현실의 구체성보다는 서구의 현대적 문학방법을 강조하고 그것을 관념적으로 도입하고자 했던 지적 추상성을 벗어나기는 어려웠다. 장용학의 문학적 방식에 보다 더 가까운 것은 전후현실 전체를 부정적으로 보고자 김성한이나 손창섭이라고 보아야 할 것이다.
이어령, 「한국소설의 현재와 장래」, 《지성》, 1958.6
최일수, 「신인의 배출과 문학적 상황」, 《자유세계》, 1958.4 참고할 것.
213) 신세대의 기성세대에 대한 비판은 주로 백철과 김동리에게 집중된다. 신세대 문학가들은 그들(백철, 김동리)이 "침묵을 지키다가 신춘문예나 문학상 씨즌이 되면 활개를 친다"고 말하면서, 그들의 문학적 행위가 "자기 위치를 유지시키는 급급한 것"에 불과하다고 비판한다. 뿐만 아니라 그들을 "구대륙을 지키기 위해 신조류를 막아 내려는 방파제의 번병(番兵)이라는 의미에서 신세대의 적"이라고 규정한다.
장용학, 「감상적 발언」, 《문학예술》, 1956.9, pp.171-172 참고할 것.
214) 장용학, 「감상적 발언」, 《문학예술》, 1956.9, p.173

반사연주의, 자연주의를 배격한다고 해서 레알리티를 배격한다는 것은 아닐 것이다. 자연주의적 레알리티만이 레알리티가 아니라는 것이다. 일상적 눈에 비쳐드는 것에만 레알리티가 있는 것은 아니라는 것이다. 과학만능을 신봉하는 다이나마이트 시절의 레알리티는 원자탄과 신화의 계절인 오늘날의 레알리티가 되기는 어렵다는 것이다. (중략). 그들(기성세대-필자)과 우리가 살고 있는 세계가 다르다. 그들이 둘러워 싸인 것은 소위 '환경'이어서 그들은 그것을 관찰하였지만 우리는 '메카니즘' 속에서 호흡하고 있다. 그들의 불행은 '유전(遺傳)'에서 온 것이지만 우리의 그것은 부조리에서 온 것이다.[215]

장용학이 바라본 '리얼리티'는 불안과 허무에 바탕을 두는 세기말적 서구현실이었다. 그리고 그러한 시각에서 볼 때 전후 우리의 현실이야말로 세기말적 상황 그 자체가 되는 것이다. 그는 도스토예프스키로부터 사르트르에 이르는 서구의 우울하고 침울한 세계인식을 받아들이고 있었다.[216] 이를 전후현실의 절망의식과 불안의식에 그대로 적용시켰던 것이다. 그의 작품에 나타나는 현실에 반항적이면서 절망하고 좌절하는 현대인의 모습, 때로는 실존적 존재의 자각을 통한 개체자, 고립자의 모습, 또한 기계문명과 물질문명에 대립하는 인간의 소외된 모습은 바로 이와 같은 서구문학의 세기말적 사상을 그대로 우리의 현실 속에 받아들이고, 그 속에서 막연하나마 문학의 '현대성'과 그 인간상의 의미를 취했기 때문이다.[217]

---

215) 장용학, 「감상적 발언」, 《문학예술》, 1956.9, p.174-175
216) 장용학, 「실존과 요한시집」, 『한국전후문제 작품집』, 신구출판사, 1963, p.400
    그는 이 글에서 도스톱예프스키와 사르트르의 작품에 영향을 받았다고 말하고 있다. 또한 실존주의문학을 〈도스톱예프스키-神性 = 사르뜨르〉라고 공식화하고 있다.
217) 신세대 작가의 작품 속에 나타나는 현실거부, 현실불안의 모습들은 20세기 모더니즘 사상이 지니고 있던 불안, 공포, 절망, 부조리, 허무적인 요소와 무관하지 않다. 손창섭의 현실증오와 비정한 세계의 묘사, 김성한의 풍자와 조소를 통한 문명비판, 장용학의 현실거부와 관념적 이상세계의 추구, 오상원, 선우휘의 행동을 통한 상황 속의 '나'의 추구는 대부분 20세기적 현실 상황과 인간의 존재라는 서구 모더니즘의 근본문제를 암암리에 하나의 보편성으로서 내면에 깔고 있는 것이다. 그리고 이런 보편성이 하나의 과제로서 우리 문학의 근대성과 그 극복의 문제를 제기할 수 있었고, 그런

장용학 소설의 특이성은 이처럼 서구의 세기말적 문학인식을 구체적으로 우리현실의 것으로 만들고자 하는 그의 '지적 허위성' 속에서 구체적으로 해명될 수 있다. "연못에 조각배를 띄우고 양산도를 부르는 것도 좋다. 그러나 세계사의 낙오자가 되면서까지 양산도를 부르기보다는 차라리 양산도를 버리겠다"[218]라고 부르짖는 지적 오만과 허위성, 서구문학에의 추수주의 속에서 비로소 그의 문학이 추구하는 세계와 방법을 이해할 수 있는 것이다. 장용학의 작품 속에서 나타나는 인물묘사, 플롯, 배경 등의 새로움은 "자연주의의 유족(遺族)들 틈에서 사생아처럼 돌연히 출연한 것"[219]이지만, 그것은 이미 데카당스의 기법을 문학의 '현대성'으로 전환하고자 하는 그의 성급한 모더니즘 추구의식의 한 단면을 보여 주는 것이며, 현실을 추상화하고 현실의 구체성을 서구문명의 보편성으로 취하고자 하는 신세대 문학의 특성을 그대로 드러내 주는 것에 불과하다.

일반적으로 장용학을 의식과 기법의 양 측면에서 조명해야 할 작가[220]라고 규정하는 것도 바로 이러한 그의 특성에서 비롯된다. 장용학 소설이 1950년대 전후 현실의 불안과 위기의식을 극명하게 반영하고 있으면서도 그것이 철저하게 존재론적인 관념 속에 갇혀 있고, 전통적인 소설 기법을 무시하는 반소설적인 특성을 보여 주는 것도 이와 무관하지 않다. 장용학 소설을 분석하는 데 가장 중요한 문제가 되는 실존주의와의 연관관계, 소설이 의미하는 내용의 문제, 기존 소설과 다른 기법의 문제 등도 바로 이와 같은 서구적 방법과 그것의 추상적 적용 속에서 해명될 수 있다.[221] 그가 우리의 현실을 어떻게 절망적이고 허무적으로 보고 있

면에서 그들은 문학에 있어 새로운 인간관계의 문제, 기법의 문제를 거론할 수 있었다. 그들이 서구 문학의 영향을 강조하고, 전통부재를 내세우며, 기성세대에 대한 노골적인 불신을 표명하는 것도 서구사상의 보편성 위에 우리 문학의 '현대성'이라는 과제를 세우겠다는 것과 결코 무관하지만은 않은 것이다.
좌담회, 「신예작가는 이렇게 말한다」, 《문학예술》, 1959.3, pp.64-68 참고
218) 장용학, 앞의 글, p.174
219) 특집해설, 「형이상학적 소설의 가능성」, 《새벽》, 1960.8, p.243
220) 변화영, 「장용학 소설연구」, 전북대 대학원, 1992, p.3

었는가 하는 문제와 이런 위기적 현실인식을 어떻게 초월적이고 보편적인 문제로 전환하는가 하는 문제는 결국 그 시대의 지성이 지니고 있던 지적 허위성과 모더니즘적 대체이념 속에서 규명할 수 있는 것이다. 그럼으로써 그의 소설이 어떻게 기성세대의 소설과는 또 다른 방식으로 현실을 추상화시키고, 현실의 전망을 무력화시키는지를 알아 볼 수가 있다.

장용학의 소설은 1950년대 전반에 걸쳐 크게 변모하고 있지는 않다. 1953년도 「찢어진 윤리학의 근본문제」에서부터 1954년 「부활미수」, 1955년 「요한시집」, 1956년 「비인탄생」, 1956년 「역성서설」, 1960년 「현대의 야」, 1962년 장편 『원형의 전설』에 이르기까지 그의 중심문제는 끊임없이 현대 메카니즘 속에서 상실된 인간의 근본 가치를 회복하고자 하는 것이었다. 구체적으로 그의 대표작이라고 할 수 있는 「요한시집」에서는 존재의 자각과 한계상황의 문제, 「비인탄생」과 「역성서설」에서는 물질문명 속에 겪는 인간의 정신적 외상과 반항의 문제, 「현대의 야」에서는 이데올로기적 메카니즘의 질곡과 인간의 소외 문제 등을 전반적으로 다

---

221) 장용학 소설에 대한 평가의 다양성도 바로 이에 기인한다. 단순히 신세대적 특이성 속에서 장용학의 소설을 바라볼 때 그의 소설은 전후 현실에 대해 좌절하고 절망하는 인간의 조건에 대한 반항의 소설로서 간주될 수 있다. 또한 서구 실존주의 사상을 우리 문학에 적용한 작가로 평가할 수도 있다. 하지만 그의 소설이 우리 현실의 구체성을 벗어나 철저하게 서구적인 것을 의식하면서 창작되었음을 감안하면 그의 소설적 내용이나, 기법 역시 허위적인 것이고, 모방적인 것일 수밖에 없다. 따라서 대부분 그의 소설은 부정적 관점에서 관념적이고 난삽한 이념 소설로 분류된다. 그의 소설에 대한 주요한 연구를 몇 가지 소개하면 다음과 같다.
천이두, 「안타오스의 자유」, 《현대문학》, 1960.11
이주재, 「존재의 고뇌와 자유의 의미」, 《세대》, 1963.12
김교선, 「심리적 지적 사색과 소설적 형식」, 《현대문학》, 1964.5
이철범, 「장용학론」, 《문학춘추》, 1965.2
임헌영, 「장용학론」, 《현대문학》, 1966.11
서수생, 「사르트르와 장용학의 비교연구」, 『경북대 논문집』16집, 1972
김용구, 「장용학 소설에 나타난 저항의 문제」, 전광용 외, 『한국현대소설사연구』, 민음사, 1987
강신경, 「장용학의 실존주의 수용양상에 관한 연구」, 중앙대 대학원, 1990

루고 있다. 지금 우리가 살펴보고자 하는『원형의 전설』역시 이러한 내용에서 크게 벗어나지 않는다. 오히려『원형의 전설』에서는 이 모든 것을 종합하고자 했고, 이를 통해 인간의 존재적 상황과 그것을 넘어서는 극복의 문제를 다루고자 했다. 그가 그리고자 하는 것은 주로 현대인의 정신적 외상이며, 이를 가능케 한 현실세계를 부정하는 것이며, 또한 이를 초월하고자 하는 이상적 세계이다.『원형의 전설』이 1962년에 창작되었으면서도 철저히 1950년대 신세대적 사고 방식을 벗어나지 못하는 것도 바로 이러한 특성 때문이다.

2) 원형적인 서사구조와 반서사의 의미

(1)서사구조의 짜임새와 성격

장용학의『원형의 전설』은 현대 기계문명에 대한 반항, 기성가치와 윤리에 대한 반항 등을 통해서 물질문명 속에서 인간 존재의 모습을 규명하고자 한 장편소설이다. 이는 앞에서 말한 바대로 장용학의 소설이 추구하고 있는 근본적인 물음, 즉 현대 사회의 보편적인 인간조건, 인간존재 의미를 탐구하고자 하는 것과 무관하지 않다. 그는 6.25라는 전쟁의 복잡한 상황과 전후의 불안, 절망의 현상을 결합시켜 이를 하나의 커다란 서사적 장치로 재구성해 냄으로써 이런 질문에 대한 해답을 찾고자 하고 있다. 소설은 사생아인 이장(李章)을 주인공으로 등장시켜 자신의 출생 배경을 찾아 가는 스토리를 통해 자신의 운명적인 존재를 자각하는 과정으로 전개된다. 작가는 이런 스토리를 중심으로 현대 사회에서 인간 존재의 문제와 그의 반근대적인 사상을 함께 제시하고 있다. 이런 면에서『원형의 전설』은 전후의 절망적 존재조건을 근거로 하여 인간이 처한 보편적 존재, 실존적 존재의 문제의식으로 바로 이어지고 있다.

『원형의 전설』에서 장용학의 이런 문제의식은 다소 특이한 방식으로 제기된다. 소설의 의도가 부조리한 인간조건에 반항하고, 세계상황의 허위성을 고발하는 데 집중되어 있으므로, 서사진행은 단순히 인물의 삶과 운명을 통해 주제를 제기하는 방식과는 근본적으로 배치된다. 소설에서는 주인공 이장이 취하는 그때그때의 행위, 대화 자체가 바로 세계의 허위성를 구성하고, 그것을 직접 고발하는 형식을 띠고 있다. 즉 근친상간으로 태어난 이장의 출생비밀과 그 비밀을 밝혀 가는 과정, 이장이 맺는 인물 간의 관계, 대화, 그리고 자신이 직접 근친상간을 행함으로 죽음을 택하는 서사과정이 바로 기성세계의 윤리를 거부하고 파괴하는 형식을 띠게 된다. 또한 이런 서사과정뿐만 아니라, 서술과정에서 곳곳에 나타나는 관념적 사설과 관념적 대화를 통해 기성세대에 대한 반항의 의미를 직접 부각시킨다. 서사의 진행이 서술적 화자에 의해 직접 제시되는 것, 그리고 서술적 화자가 바로 작가 자신이라는 점을 직접 노출시키는 것도 작가 자신이 직접 상황을 구성하고, 주제를 제시하고자 하는 의도와 밀접한 관련을 지니는 것이다.

『원형의 전설』에서 서사 과정이 복잡하게 느껴지는 것은 이처럼 주제를 직접 제시하고자 하는 작가의 의도와 간섭 때문이다. 소설에는 기본적으로 이장의 삶을 통한 서사진행이 펼쳐지고, 중간중간에 복잡하게 얽힌 관념적 사설이 나타난다. 그리고 이런 관념적 사설은 이장의 엉뚱한 행위와 결합되고, 서사 자체를 뒤엉키게 만들어 놓는다. 따라서 기본서사는 작가의 관념적 사설 중간중간에 제시되는 사건의 진행제시를 통해 나타나는데, 이를 면밀히 관찰하지 않으면 알 수가 없다. 독자는 한편으로는 작가가 제시하는 관념적 사설의 의미를 이해해야 하고, 한편으로는 서술적 화자에 의해 제시되는 서사의 흐름을 면밀하게 파악해야만 하는 이중적 인식구조 속에 놓이게 되는 것이다.

우선 이런 과정이 복잡하게 얽혀 있으므로 소설의 기본 스토리부터 파악해보도록 하겠다. 먼저 소설의 기본 테마는 주인공 이장(李章)의 출생비밀이다. 소설은 이장이 양부(養父) 이도무가 죽음 직전 들려 준 친부(親父)에 대한 단서로부터 자신의 출생비밀을 하나씩 밝혀 나가는 과정으로 진행된다. 작품 전반부는 전쟁 발발과 함께 죽은 양부 이도무를 통해 자신이 양자임을 알고, 전쟁 과정 속에서도 자신의 과거를 찾아 나가는 것으로 전개된다. 이 과정에서 인민군 선임하사로부터 자신의 출생지인 방골마을의 전설을 듣게 되고, 자신의 출생비밀에 대한 의혹은 점점 커지게 된다. 작품 중반부는 이북에서 간첩으로 남파되어 남한으로 내려온 이후의 삶이 전개된다. 친부 오택부의 딸 안지야(安芝夜, 마담 바타플라이)와 만나고, 자신의 어머니인 기미(起美)의 옛 애인 현만우로부터 자신의 부친이 바로 오택부(吳澤富)라는 것, 그리고 근친상간에 의해 출생하게 되었다는 것을 확인하게 된다. 작품 후반부는 이런 출생비밀이 밝혀짐에 따라 이복 동생 안지야와의 근친상간을 통해 오택부에게 복수하고, 자신이 죽게 되는 과정이 펼쳐진다. 작품에서 이런 과정은 남과 북을 오가며 다소 혼란스럽게 전개되므로 이를 간단히 요약하면 아래와 같다.

〈제1장〉
(1) 6.25발발 - 양부모로부터 사생아임을 확인
(2) 의용군 입대 - 인민군 하사에게 방골마을 전설 확인
(3) 국군에 편입 - 압록강변 후퇴중 낙오
〈제2장〉
(4) 사냥꾼 털보노인에게 구출 - 근친상간으로 임신한 윤희(倫姬) 만남
(5) 휴전 이후 북한에 남음 - 탄광, 대학, 교원생활
〈제3장〉
(6) 간첩교육 후 남파 - 대학교수생활
(7) 마담 바타플라이(安芝夜), 현승우, 공자와의 만남 - 간첩생활에 회의
(8) 어머니의 옛 애인 현만우와의 만남 - 자신의 친부 오택부임을 확인
〈제4장〉
(9) 오택부에 의해 동굴 감금 - 오택부의 아들을 통해 근친상간 확인
〈제5장, 제5장〉
(10) 동굴 탈출 - 안지야에게 결혼신청
〈제6장〉
(11) 오택부에게 결혼사실 통보 - 오택부로부터 근친상간한 사실 암시받음.
(12) 동굴로 신혼여행 - 동굴에서 오택부, 안지야, 이장의 죽음

소설 전체는 7장으로 되어 있고, 1, 2장이 전쟁과 간첩으로 남파되기 직전까지이고, 4, 5, 6, 7장이 이남에서의 생활이므로, 대부분의 서사전개는 남파이후 안지야와의 만남, 현만우로부터 확인한 자기 출생비밀의 확인, 그리고 이에 대한 복수의 과정으로 이어진다. 서사전개가 뒤로 오면서부터 느려지고 혼란스러워지는 것은 중간 중간에 관념적 사설이 많아지기 때문이다.

소설은 근친상간으로 태어난 이장이 근친상간으로 죽음을 맞는 과정으로 전개된다. 처음 근친상간으로 태어난 이장이 불합리한 인간세계를 경험하고, 이후 그것에 반항하는 삶을 살다가 자신 역시 근친상간으로 끝을 맺게 된다. 이런 과정은 시작과 끝이 다시 제자리로 올 수 밖에 없다는 서사과정의 환원구조를 보여 주고 있다. 어차피 작가는 작품의 서두에서 이 이야기가 하나의 전설이라는 것과 전설은 주인공의 출생과 함께 시작되고, 주인공의 죽음으로 끝이 날 것을 암시하고 있다. 즉 작가는 전설상의 인물을 설정하고, 그 인물의 삶을 통해 자신의 생각을 펼쳐보이겠다는 의도를 분명히 하고 있다. 따라서 소설은 한 인물이 세상의 바깥으로부터 와서, 세상을 경험하고, 세상의 바깥으로 나가는 과정으로 되어 있고, 이 인물이 세상에서 우여곡절을 겪는 과정이 하나의 알레고리적 구조를 띠면서 세계의 허위적 성격을 폭로하는 것으로 되어 있다. 『원형의 전설』의 서사전개가 복잡함에도 실상 따져 보면 한 인물의 일대기에 불과한 것도 이 때문이다.

그런데 이런 서사 과정은 소설에서 작가가 세계를 바라보는 시각과 밀접하게 관련된다. 작가는 현재 세계를 인간이 진정으로 자신의 존재의미를 지키며 살 수 없는 공간으로 설정한다. 작품에서는 이런 세계의 성격을 '인간적(人間的)'이라고 표현한다.[222] 그리고 이런 '인간적' 세계에

---

222) '인간적(人間的)'이란 표현은 물질문명과 기계문명에 소외된 현대인간의 모습을 상징하는 것이다. 작가는 현대사회의 인간과 인간관계를 '인간적(人間的)'이라는 표현을 써서 모든 것이 인위적이고 허위적인 것임을 강조하고 있다. 이와 반대되는 의미는 '인간(人間)'이라는 표현으로 진정한 주체로서 인간존재의 참모습을 상징하는 것이다. 예

대한 거부와 반항을 통해 탈출하는 것만이 진정한 인간의 모습, 즉 '인간(人間)'의 세계를 찾는 길이라고 보고 있다. 따라서 서사는 '인간'의 세계로부터 와서 '인간적' 세계를 경험하고 다시 '인간'의 세계로 돌아가는 과정을 보여 준다. 그리고 이런 과정을 매개하는 것이 바로 이장(李章)의 죽음이다.[223] 서사 진행의 이런 특성을 요약해 보면 아래과 같다.

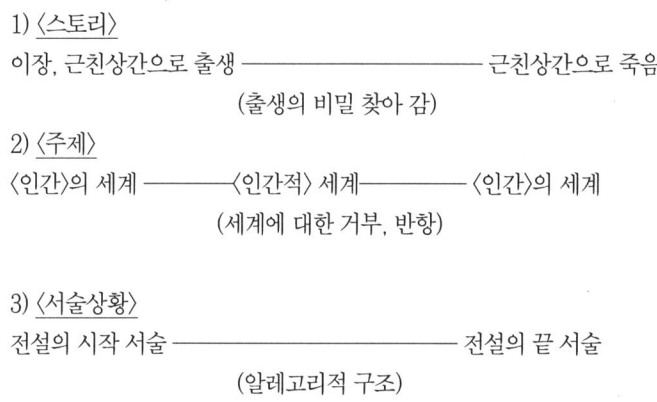

1) 〈스토리〉
   이장, 근친상간으로 출생 ─────────── 근친상간으로 죽음
                   (출생의 비밀 찾아 감)

2) 〈주제〉
   〈인간〉의 세계 ──── 〈인간적〉 세계 ──── 〈인간〉의 세계
                   (세계에 대한 거부, 반항)

3) 〈서술상황〉
   전설의 시작 서술 ─────────── 전설의 끝 서술
                   (알레고리적 구조)

위 도표에서 볼 수 있듯이 스토리(표1)는 근친상간으로 출생한 이장이 자신의 출생비밀을 찾고 다시 근친상간으로 죽게 되는 과정으로 이루어진다. 여기서 근친상간의 모티프는 세상의 윤리, 규범의 파괴를 의미하는 것으로 세계에 대한 완전한 부정을 상징한다. 주제(표2)는 '인간적' 세계에 대한 폭로, 거부와 반항이다. 이장이 세상에 태어나서 경험하는

를 들어 실존주의에서 말하는 '존재가 본질에 선행한다'라는 표현과 비교하여 보면 이 때 존재는 '인간', 본질은 '인간적'이 되는 것이다. 장용학은 아마 이런 점을 염두에 두고 이런 표현을 사용했던 것 같다.

223) 이런 점은 뒤에 다시 설명하겠지만 『원형의 전설』이 추상적 초월성에 바탕을 두고 허무주의로 빠질 수밖에 없는 근거가 된다. 현실세계를 완전히 부정한다는 점과 현실세계에서 어떠한 전망도 지닐 수 없다는 점은 현실세계보다는 죽음을 통한 이상적 공간에서 완전한 세계를 추구하게 되는 근본 바탕이 된다. 그것이 서사과정에서 구체성보다는 이념적 보편성을 강조하는 알레고리적 성격으로 나타나는 것이다.

공간이 바로 '인간적' 세계의 실상이고, 작가는 이를 이장의 삶, 대화, 관념적 서술 등의 장치를 통해 직설적으로 드러낸다. 세계에 대한 완전한 거부는 결국 이장의 죽음으로 완성되는데, 이로써 이장은 진정한 '인간'의 세계에 들어갈 수 있게 된다. 즉 현실 세계의 완전한 부정은 죽음밖에 없는 것이다. 서술상황(표2)은 작품의 서두에 이 소설이 전설임을 암시해 주는 서술적 화자의 직접적 표현이 나타나고, 서술적 화자가 작품의 스토리를 직접 관장하다가, 작품 말미에 이장의 죽음으로 전설이 끝났다는 것을 직접 표현해 주는 것으로 되어 있다. 이로써 소설의 서사구조는 하나의 전설, 즉 알레고리적 구조를 띠게 된다. 따라서 이장의 삶이 중심이 된 전체 스토리 역시 인위적인 세계를 고발하는 알레고리적 의미를 지니게 된다.

(2) 반서사적 성격과 원리

앞에서도 잠깐 언급한 바와 같이 『원형의 전설』의 서사의 성격은 정통 서사문법과는 많은 차이를 보인다. 정통서사에서 보이는 서술적 화자의 감춤, 인물의 성격형성과 발전, 그리고 인물과 상황의 적절한 교섭을 통한 전체 주제의 형성 등이 『원형의 전설』에서는 완전히 무시된다. 반면에 서술적 화자는 직접적으로 노출되고, 서사과정에 빈번하게 개입하며, 스토리 자체를 주도한다. 성격의 형성이나 발전은 무시되며, 많은 부분에서 사건의 개연성조차 확보되지 못한다. 이런 서사의 파괴는 작가가 전체 서사를 통해 주제를 드러내기 보다는 자신이 직접 주제를 제시하고 주제의 의미를 설명하고자 하기 때문이다. 그리고 이런 서사의 파괴를 통해 한편으로 기성의 규범체계를 부정하고, 한편으로는 자신의 이념적 가치체계에 대한 내적 의미를 확보하고자 하는 의도를 공공연히 드러내고 있다.

우선 전통 서사성을 근원적으로 파괴하고 소설의 관념적 성격에 결정적 영향을 미치는 부분으로 작가의 직접적 서술 개입을 들 수 있다. 이런 점은 서사진행 전체를 서술적 자아(작가 자신)가 직접 장악하는 과정에서 드러난다. 모든 서술의 종지법은 '것입니다', '이었읍니다'로 끝나 화자의 존재를 분명히 보여주고, 심지어는 '줄거리까지 째어진 것입니다.'[224], '오택부를 찾아가는 장면은 삭제되고'[225] 식의 화자의 직접 개입까지 마다하지 않는다. 이는 소설전체를 작가가 직접 발화자로서 이끌겠다는 입장을 분명히 보여 주는 것으로, 마치 판소리의 담화처럼 발화자를 직접 노출시켜, 발화자가 이야기를 이끌어 나가는 주체임을 확인시켜 주는 방식을 취하는 것을 의미한다.

소설에서 발화자를 직접 노출하는 것은 소설에서 주제적 의미를 작가가 직접 제시하겠다는 것과 무관하지 않다. 『원형의 전설』이 전설이라는 점, 그리고 이를 통해 작가 자신 이야기를 엮어 나가겠다는 점을 서두에서 보여 주는 것도 이와 직접 관련이 있다. 실제 소설에서는 기본 스토리가 진행되는 과정에서 작가는 곳곳에서 서술적 개입을 통해 관념적 주제를 환기시킨다. 서사진행과 관련없이 드러나는 이런 부분은 작가가 직접 세계의 의미를 규정하고 이를 설명해 주는 방식을 띠게 된다. 전체 서사에서는 이장의 행위와 이 행위의 뒤를 이어 꼬리를 물고 이런 관념적 서술개입이 나타난다.

아침에 그렇게 산에서 내려와 지난 날의 挑避코스를 巡禮한 것은, 어쩌면 누가 이상하게 여겨서 경찰에 密告라고 해주었으면 해서였는지도 모를 일입니다. 그렇지 않다면 그의 그러한 행동은 설명이 되지 않는 것이고, 사람이란 자기 생각이 아닌 생각도 하는 것입니다.
그러나 '자기 생각이 아닌 생각'도 '자기 생각'인 것입니다. 자기 마음 속에 일어난 생각인데, '자기 생각이 아닌 생각'이라면 누구의 생각이겠읍니까. 인간은 이러한 食言위에 構築되어 있는 것이고, 그것이 이른바 그들의 '人間的'이라는 것입니다. 그들이 겉으로는 不幸한 일이라고 하는 것 같은 表情을 지어내지만 內心으로는 큰 자랑거리로 삼고 있는 '모랄리티'라고 하는 것은 어느 생각이 정말 내 생각일까 하면서 두 생각을 싸움시키는 일입니다. 그리고

---

224) 장용학, 『원형의 전설』, 《사상계》, 1962.8, p.362
225) 장용학, 『원형의 전설』, 《사상계》, 1962.8, p.362

결국 '내 생각이 아닌 생각' 이 이기기로 마련인 것입니다. 그렇지만 이름은 여
전히 '내 생각이 아닌 생각' 인 것입니다. 그들에게 하나님이 必要하기도 했던
所以然은 이러한 데에도 있는 것이고, 에네르기의 浪費요, 人間을 食言하는,
不道德이라기보다 罪라고 이름해야 했을 것입니다.(중략)[226]

위의 인용문은 서사진행의 뒤를 이어 관념적 서술이 진행되는 부분이
다. 이 장면은 이장(李章)이 산에서 동료간첩을 죽인 후 위험을 무릅쓰고
자신의 거처들을 돌아보는 부분인데, 작가는 이장의 이런 행위를 뒤이어
인간이 지니고 있는 내면의 이중성, 즉 자신의 생각이면서 자신의 생각
이 아닌 것처럼 위장하는 사고의 허위성을 지적하고 있다. 작가는 이장
이 자기도 모르게 사고하고 행동하는 과정과 인간이 보편적으로 지니고
있는 사고의 이중성, 즉 위장된 사고에 대한 비판을 결합시키는 것이다.

대체로『원형의 전설』에서 관념적 서술은 위의 경우처럼 이장의 행위
뒤를 이어 그 행위의 의미를 부언(附言)해 주는 형식을 띠고 있다. 짧은
것은 5, 6행으로 끝나는 것도 있지만, 긴 것은 서사진행과 무관하게 2-3
페이지에 걸쳐 지루하게 반복되는 경우도 있다.[227] 작가는 이런 관념적
서술을 통해 작가가 비판하고자 하는 세계의 허위상을 직접 제시하는 방
식을 취하는 것이다.

『원형의 전설』에서 보여 주는 이런 관념적 서술 개입은 전체서사 형성
에 치명적인 결함을 주게 된다. 인물의 형성이 불가능할 뿐만 아니라, 디

---

226) 장용학,『원형의 전설』,《사상계》, 1962.9, p.355
227) 소설에서 관념적 진술은 한 페이지를 넘어가는 긴 것만 약 12회 나타난다. 이 밖에 짧
 은 것은 서사진행 도중 수없이 나타난다. 보편적으로 이런 관념적 진술은 현대문명 사
 회와 기존질서를 비판하는 내용으로 되어 있다. 각각의 관념적 진술은 자신이 비판하
 고자 하는 내용을 지니고 있고, 이런 내용은 때로는 이장의 행위와 결부되기도 하고,
 때로는 전혀 상관없이 갑자기 나타나기도 한다. 이런 관념적 진술은 판소리에서 발화
 자가 서사진행 상황과 그 의미를 설명해 주는 아니리와 같은 역할을 한다. 그러나 아니
 리가 등장인물의 행동과 밀접하게 관련되어 극적 스토리를 사설식으로 엮는 것이라면,
『원형의 전설』에서 관념적 서술은 전적으로 스토리와 고립, 분리되어, 바로 작가의 관
 념적 의식을 직접 표출하는 방식으로 등장한다.

테일의 묘사도 불가능하게 된다. 작가가 직접 서술에 개입하여 주제에 필요한 상황만을 제시해 주기 때문에 정상적인 인물의 행동, 인물간의 갈등, 성격의 형성, 구체적인 상황의 제시 등은 모두 불가능하다. 예를 들어 이장을 비롯한 소설의 주요 등장인물은 모두 개연성이 없는 기형적인 성격을 지니고 있다. 이장, 안지야, 공자 등은 정상적인 사고, 행동을 하는 인물은 아니다. 그들의 대화, 행동방식, 성격 등은 모두 현실에서 불가능한 방식만을 취하고 있다. 이들은 상황과 전혀 관계없는 엉뚱한 관념적 대화만을 나열하기도 하고, 때때로 사건진행과 관련없는 돌출적인 행동을 보여 주기도 한다. 이런 인물의 모습은 작가가 인물들의 행위를 중심으로 사건을 구성하지 않고 직접적인 서사개입을 통해 인물과 사건들을 배치하기 때문이다. 실제 소설에서 주제와 관련된 인물의 행위만 드러날 뿐 배경묘사, 인물의 행동과 관련된 상황묘사가 거의 보이지 않는 것도 이 때문이다.

『원형의 전설』에서 나타나는 이런 관념적 서술은 소설에서 서사진행의 흐름을 방해하면서 서사가 지닌 속성, 즉 자연적 시간에 종속된 질서와 지속의 의미를 상쇄시킨다. 소설에서 관념적 서사가 기본 스토리에 끊임없이 개입하면서 그것의 성격을 변화시킬 때 서사의 자연스러운 흐름은 깨질 수밖에 없다. 따라서 서사진행의 시간은 불분명하게 되고, 사건 자체도 불명료하게 된다. 예를 들면 이장의 삶의 여정은 남과 북을 종횡무진하지만 그 자체가 스토리의 필연적 개연성을 가진 것은 아니다. 작가는 남과 북의 다양한 상황 속에서 이데올로기의 비판, '인간적' 세계의 허위성을 폭로하는 데 집중하게 되고, 서사진행은 이런 관념성의 의도 아래 전적으로 종속된다.

『원형의 전설』에서 보여 주는 이런 서사파괴 현상은 작가가 의도하는 주제와 밀접한 관련을 가진다. 작가는 한국문학의 새로운 경향이 '인물의 묘사'에서 '인간의 구원'에로 창작활동을 옮겨 놓는 것이라고 말하고, 현실의 병적 상황이 문학에서 일상성을 파괴하고 철학성을 띨 수밖에 없으며, 그것이 표현의 난해성으로 나타날 수밖에 없다고 말하고 있다.²²⁸⁾ 이를테면 불합리한 현실에서 새로운 인간존재의 규명은 기존질서의 파괴형식으로 나타날 수밖에 없고, 문학 양식에서도 이런 점은 예외가 아니라는 것이다. 따라서 서사 양식의 파괴 역시 소설 주제가 암시하는 기존질서의 거부, 반항과 일정하게 연관을 가지게 된다. 하지만 이런 연관이 인간 존재의 새로운 차원을 보여 주고자 하는 형식적 실험을 의미하는 것은 아니다. 오히려 소설 속에서 서사성의 파괴는 관념성만 남발하는 결과를 가져왔고, 주제 자체가 산만해지는 결과만을 가져오고 있다. 그는 기존형식의 파괴가 지닌 의미를 새로운 인간존재의 탐구에까지 확장하고자 하지만 실제 소설에서 이런 의미로 실상 작가가 의도하지 않은 주제의 파괴로까지 이어지고 있는 것이다. 따라서 『원형의 전설』에서 보이는 반서사적 경향 역시 새로운 인간존재, 인간관계에 대한 형식적 실험이 되지 못하고, 기존형식에 대한 단순한 반항만을 보여 주고, 서투른 관념성만 유발하는 결과를 가져오고 있다. 이런 점은 그가 이런 형식 파괴를 통하여 무엇을 주장하는가 하는 것을 살펴 보면 더욱 구체화된다.

3) 실존적 문제인식과 현실 부정의 원리

(1) 실존적 문제인식

앞에서도 말한 바처럼 장용학의 작품세계는 인간이 세계 속에 처한 한계 상황 속에서의 실존적 의식의 발견으로부터 시작된다. 그는 「요한시집」이 사르트르의 『구토』를 모방한 것이라고 언급한 바 있다.²²⁹⁾ 그가 『구토』와 같은 실존주의 문학을 통해서 구체적으로 느낀 것은 바로 사물을 보는 '눈' 이었다. 예를 들면 '들어오는 것'은 사물의 각도에 따라 '나가는 것이 된다는 것'²³⁰⁾, 혹은 $\langle 1+1=2 \rangle$의 세계에서 $\langle 1+1=3 \rangle$이 공공연

---

228) 장용학, 「감상적 발언」, 『문학예술』, 1956.9, p.173-176
229) 장용학, 「작가의 변(辯)」, 《새벽》, 1960.8, p.245
230) 장용학, 「실존과 요한시집」, 『한국전후문제작품집』, 신구출판사, 1963, p.400

하게 자행되고 있기 때문에 〈1+1=3〉의 세계를 갈망하는 것 자체가 바로 〈1+1=2〉의 세계를 갈망하는 것이 된다'[231]는 식의 인식과 발상의 전환을 꾀하는 것이다. 나아가 그는 이런 인식과 발상의 전환을 현대 문명 속에 존재론적 자각, 실존적 상황의 인식과 깊이 결부시킨다. 다소 엉뚱하기조차 한 이런 문제의식은 근본적으로 현대사회를 실존의 한계상황으로 보고자 하는 그의 인식과 맞물려 있다. 현대의 메카니즘의 사회가 더 이상 인간을 인간답게 하는 존재론적 상황과는 멀다는 것, 사르트르의 표현대로 '존재가 본질을 선행한다'면 그 '존재'야말로 현대 물질문명의 세계에 구속을 받는 인간적 본질과는 거리가 멀다는 것, 그것이 그의 논리의 초점이다.[232] 그런 면에서 그는 현대사회의 인식과 발상을 온통 뒤바꾸어 놓는 부정과 반전의 사고를 필요로 한다.

새로운 것이 있다면 이런 모색 위에다 새로운 질서를 세워서 현실적으로 현 질서와 대치시켜보자는 어쩔수 없는 그 반역성(叛逆性)에 있는 것인지도 모른다. 어떤 사람은 그런 것을 캐내서 무슨 소용이 있겠는가, 병적 희롱이라고 비난하겠지만, 현실이 병(病)적인데 거울에 비쳐든 그림자가 병(病)적이 아니면

---

231) 장용학, 「감상적 발언」, 『문학예술』, 1956.9, pp.175-176
232) 이런 면에서 본다면 그가 인식하고 있는 실존주의, 즉 사르트르의 사상도 잘못된 것임을 알 수 있다. 사르트르의 실존적 자각(실존이 본질을 선행한다)이란 본질에 앞서 자신의 본질을 창조하고, 이러한 본질을 인간의 자유에 의해 '무엇'으로 정립하는 것을 말한다. 이러한 자유에 의해 정립된 인간은 동시에 세계(상황) 속에서의 나의 정립(기투 企投 project)을 꾀하게 된다.그리고 여기에서 사르트르의 자유, 선택, 책임의 개념이 나타난다. 장용학이 사르트르의 실존철학의 영향을 받았다는 것은 단지 상황 속에 독립된 존재로 나타나는 개체적 '나'의 발견이라는 단지 초보적인 인식에만 머물러 있다. 이런 점에서 그의 사고를 사르트르의 실존철학에 비교하는 것은 전혀 무의미한 것이라 할 수 있다.(장용학을 다룬 논문 중 많은 수가 사르트르의 실존주의와 장용학의 관계를 논하는 것이다) 오히려 장용학의 시고는 절망과 불안을 실존적 개체 인식으로 바라보고 실존적 역설을 꾀하는 키에르케고르나, 반합리주의, 반이성주의의 철학을 전개하는 니체에 보다 더 가깝다고 해야 할 것이다.
Max Muller, 『실존철학과 형이상학의 위기』, 박찬국 역, 서광사, 1988, pp.58 - 68
이철범, 「실존주의와 휴머니즘 – 사르트르의 경우」, 《문학예술》, 1957.12, pp, 190-195 참고할 것.

오히려 그 거울이 병(病)적일 것이고, …(중략)… 사람은 미지를 동경하는 병(病)을 가지고 있다. 병(病)은 나쁘지만 병(病)은 사실이다.[233]

그의 논점은 현실이 모순과 부조리의 병적 세계이며, 이런 병적 세계에 대한 고발과 반항이야말로 진정한 존재의 모습을 찾기 위한 것이며, 또한 그것이 현실을 현실답게 묘사하는 길이라는 것이다. 따라서 그는 오늘의 문학이 행해야 할 것은 바로 인간의 세계가 만들어 놓은 메카니즘(병적 현실)에서 인간을 구출하는 것, 즉 "합리적 〈인간성〉에서 〈인간〉을 구출해 내는 인간주의의 의욕"이어야 한다고 말한다.[234] 그가 '합리적 〈인간성〉'이라는 말을 사용하는 것은 근본적으로 인간의 존재적 조건을 속박하는 것이 현대문명적 사고라는 것을 염두에 두고 있기 때문이다. 그는 이런 문명적 속박에서 벗어날 때 참다운 인간의 모습이 산출되리라 보았고, 이를 위해서 끊임없이 정치, 사회제도, 도덕, 윤리와 같은 기존의 메카니즘을 부정하고, 거부해야 한다고 보았다. 그의 작품에서 나타나는 '존재의 자각'이라는 것도 바로 이런 현실을 인식하는 것이며, 이런 현실로부터 부정하고 벗어나는 것이다.

하지만 이런 현실부정과 반항은 결국 현실을 벗어나는 초월적 공간으로 회귀하는 것을 뜻하게 되고, 이로써 구체적 인간의 모습은 상실되어 버리고 만다. 그의 소설이 새로울 것도 없는 단 한 가지 사실, 즉 '인간의 발견'이 곧 '인간의 상실'을 의미한다는 명제[235]로부터 시작되는 것도 바로 이 때문이다.

(2) 반문명적 시각과 현실부정의 원리

장용학이 현실 세계를 병적인 세계로 바라보는 것, 그리고 인간이 그

---

233) 장용학, 앞의 글, P.176
234) 장용학, 앞의 글 P.178
235) 김교선, 「심리적 지적 사색과 소설의 형성 - 『원형의 전설』의 현대적 의의와 표현상의 맹점 -」,《현대문학》, 1964.5, P.278

세계로부터 진정한 자기 존재를 찾기 위해서는 기존 메카니즘에 끊임없이 반항하고, 부정해야 한다는 인식은 작품 속에서 현실세계에 대한 부정, 즉 기존의 질서와 규율, 도덕과 윤리의 파괴로 나타난다. 작품에서는 이장의 삶을 통해 문명의 메카니즘이 지닌 인위성의 문제, 제도와 이데올로기의 허위성 문제, 절대적이고 보편타당한 인식이 지닌 허구성의 문제를 끊임없이 제기하는 것도 이런 기존 질서의 파괴와 밀접한 관련이 있다. 앞에서 말한 바 있지만 이런 문제는 작품 속에서 '인간'과 '인간적'이라는 대립구도를 통해서 정식화된다. 그는 현실세계를 구성하는 모든 가치체계를 '인간적'이라는 의미 아래 두고, 이런 '인간적 세계'가 바로 인간을 억압하고, 인간을 자유로운 존재로 두지 못하는 근본 요인이 된다고 본다. 따라서 작품에서 기존질서를 구성하는 것은 모두 '인간적'인 세계에 해당되고, 이는 진정한 존재의 세계인 '인간'의 세계와 대립하여, 부정되고 거부되어야 할 대상이 된다.

문제는 존재와 본질은 적대관계에 있다는 사실이다! 〈人間〉과 〈人間的〉은 서로 대적하고 있다는 사실이다! 〈人間的〉은 獄이요, 〈人間〉은 그 囚人. 囚人의 고향은 自由다. 그는 자유를 期한다. 〈人間〉은 反〈人間的〉이기를 주장한다![236]

인용문은 이장이 안지야와의 근친상간을 행하기에 앞서 자신의 행위의 타당성을 강조하고 있는 부분이다. 이장이 바라본 세계가 바로 수인(囚人)과 같은 세계였다면 그 세계는 바로 인간이 정한 인간의 제도에 의한 물질문명의 덕분이다. 장용학의 입장에서는 이런 물질적인 제도, 규범의 사회가 인간이 추구하는 진정한 존재의 세계가 아니라는 것이다. 이런 점은 '존재가 본질을 선행한다'라는 명제를 작가 자신이 '존재와 본질을 대척관계에 있다'라는 명제로 대체시켰음을 의미한다.[237] 장용학

---

236) 장용학, 『원형의 전설』,《사상계》, 1962.9, pp.366-367
  이 글은 『현대한국문학전집』(신구문화사, 1969) p.206에서 인용했음.

은 개별적인 존재이자 자유적 존재인 인간은 본래부터 타자에 대한 의존이나 결합, 지향, 그 밖의 어떠한 사회적 연관관계도 불가능하며 진정한 실존의 모습은 관계 이전의 모습, 그 자체라고 보고 있다. 따라서 소설은 진정한 존재를 찾기 위해 끊임없이 세계를 부정하고, 모든 기성질서, 규범, 인식적 원리를 거부할 수 밖에 없는 것이다.

『원형의 전설』에서 나타나는 현대문명과 사고에 대한 다양한 부정방식은 현대 문명의 제도 그 자체에서부터 이데올로기, 규범과 윤리에까지 폭넓게 나타난다.[238] 그의 현실 부정방식 중 핵심적인 부분은 현대 문명의 '획일성'을 조장하는 논리적이고 규범적인 사고유형이다. 예를 들면 그는 현대문명의 '획일성'을 조장하는 가장 근본원인으로서 인간세계가 지니고 있는 '일원론'과 '이분법'을 지적한다. 둘에서 셋을 더하면 다섯 뿐이라는 물질세계의 원리, 이런 일원론의 원리 속에서 궤변(詭辯)이 생기고, 각자 이설(異設)로 혼란된 수많은 사상이 생긴다.[239] 이분법 역시 마찬가지이다. 삼라만상이 다 제각기 돌고 도는데 세상을 이분법으로 분리하여 규정하고자 하는 사고, 그런 획일적 사고 속에서 인간의 다툼은

---

237) 이런 의미는 바로 장용학이 사르트르의 주장을 받아들였음에도 철저하게 사르트르와 차별되는 지점에 있음을 보여 준다. 사르트르는 존재의 우선권을 인간의 자유와 선택의 의미로 확장시킨다. 그리고 이러한 확장은 즉자적 존재로부터 대타적 존재로 나아가는 사회적 의미를 띠고 있다. 장용학의 사상은 존재의 우선권을 현대 물질문명과는 다른 초월적인 위치에 둔다. 그리고 그는 이성 비판, 합리성 비판의 반문명적인 사상을 표면화한다. 이런 점에서 그의 사상은 사르트르보다는 니체의 반문명적 사상과 유사하다.
238) 이와 같은 현대문명에 대한 비판은 『원형의 전설』에서 수없이 나타난다. 예를 들면 '제도는 하나의 자유를 위해서 백의 자유를 마취시키는 것'(앞의 『한국현대문학전집』, p.36)이라든지, 현대에 '도덕은 바로 부도덕이며, 윤리는 곧 반윤리'(『전집』, p.143)라고 강조하는 것이나, 현대의 '세계상에 반항하여 그것을 파괴하는 것이 현대의 양심'(『전집』, p.148)이라는 표현이 그러한 것인데 작품 속에서는 이러한 표현이 수없이 등장하여 장용학의 반문명적 시각을 그대로 드러내 주고 있다. 이러한 시각은 주로 주인공 이장의 내적 독백이나 화자의 주술적 논평을 통해 이루어지는데 그 자체가 바로 내적 작품의 주제를 의미하는 것이다.
239) 장용학, 『원형의 전설』, 《사상계》, 1962.3, pp.413-414

시작된다.[240] 이런 '획일성'의 부정은 근본적으로 근대사회의 이념적 근간이 되는 '합리성'의 부정을 전제로 한 것이다. 그래서 장용학은 당연히 "현대인의 의식생활을 마비시키고 있는 것이 '합리적'이라는 만유인력(萬有引力)이다"[241]라는 표현을 스스럼없이 드러내 놓고 있다.

그는 인간사고를 획일적으로 규정하는 이런 '일원론'과 '이분법'을 통해 현대 문명 전체를 폭넓게 비판한다. 그는 '자유'와 '평등'의 개념은 실제 서로 분리할 수 없는 것임에도 이분법으로 서로 분리하여 자본주의와 사회주의가 서로 다투고 있으며, 규정된 사고의 획일성으로 자유를 억압하는 기존 제도로부터 인간은 고립화되며, 그때그때의 규범에 따라 인간활동을 제한하는 기존윤리와 도덕체계로부터 인간은 부자연스러워진다고 비판한다. 따라서 그는 현대 문명사회를 구성하는 모든 가치체계에 대한 역설이야말로 참다운 존재를 나타내는 동시에 대립을 해소하는 지름길로 보고 있는 것이다.[242]

『원형의 전설』에서 보여 주는 이러한 인식방식은 모든 인식은 처음부터 주관적이요, 개별적인 동시에 상대적이라고 하는 인식의 주체성을 강조하는 니체의 관점과 유사하다.[243] 어느 곳, 어느 때, 어떤 사람에게도 예외없이 보편타당한 진리는 존재할 수 없다는 것, 옳고 그름, 아름다움과 추함처럼 사물에 대하는 인식의 기준은 오로지 주관에 대해서만 진리라는 것, 우리가 사물을 인식한다는 것은 언제나 개별적이며, 그것이 처해 있는 특수한 상황에 대한 조건의 산물이라는 것, 이런 상대주의적이고 회의적인 세계인식이 『원형의 전설』을 통해 작가가 바라본 기본관점이다. 그리고 이런 관점하에서 바라본 세계는 결국 언제나 '규범'과 '인과율'에 얽매인 허위의 공간일 수밖에 없다.

---

240) 장용학, 『원형의 전설』, 《사상계》, 62.7, p.335
241) 장용학, 『원형의 전설』, 《사상계》, 1962.7, pp.341-342
242) 장용학, 『원형의 전설』, 《사상계》, 1962.7, p.332
243) 이에 대해서는 정동호, 「니이체의 인식이론」, 정동호 편, 『니이체 철학의 현대적 조명』, 청람, 1985, pp.20-28 참고

3) 이원론적 세계관과 허무주의

(1) 현실의 추상화와 초월주의

『원형의 전설』은 추상적이고 관념적인 작가의 이념 자체가 문제가 되는 소설이다. 작품에서는 한국전쟁과 전후 현실을 배경으로 하고 있음에도 이런 현실은 철저하게 보편적이고 추상적인 공간으로 환원된다. 사실 이장의 삶은 역사적 격동기에 겪어야 했던 당시 젊은이의 일반적인 삶과 크게 다르지 않다. 전쟁의 혼란 속에서 겪는 이장의 삶은 자신의 의지와 무관하게 강요되고, 선택당할 수밖에 없는 당시 역사적 상황을 분명히 보여 준다. 작품 속에서 이장이 의용군에 끌려가고, 그 이후의 수많은 전투를 겪게 되고, 인민군의 포로가 되는 것 등은 그 자체로 하나의 역사적 구체성을 띨 수가 있다. 작품 초반에 겪는 이장의 삶은 좌우 이데올로기의 대립과 전쟁이라는 급박한 현실하에서 생존해야만 하는 개체적 삶의 역사적 의미가 최소한 살아날 수 있는 공간적 의미를 지니는 것이었다. 하지만 이런 전쟁 상황은 작품 속에서 그대로 추상적 공간으로 대체된다. 좌우의 이데올로기 대립은 인위적인 이념의 대립으로 설정되고, 그 속에서의 삶은 순수하게 허위적인 것으로 전환된다. 전쟁의 현실은 "단순히 푸른 기(旗)와 붉은 기의 거짓 이념의 싸움"[244]에 불과한 것이 되고, 이장이 남과 북을 거치면서 겪는 고난도 현대 문명의 제도적 모순으로 귀착된다. 전쟁 도중 일어나는 모든 비윤리적인 행위도 단순히 현대의 윤리는 반윤리라는 반규범적인 시각 속에서 정당화 된다.

이처럼 『원형의 전설』에서는 세계를 인간 고통의 산실로서, 또한 이해할 수 없는 하나의 불가해한 현실로서 추상화되는 과정을 그대로 보여 주고 있다. 『원형의 전설』에 나타나는 등장인물들은 사회와 교섭하여 정상적인 인간관계를 보여 주기보다는 언제나 분리되고 고립된 환경 속에서 자신의 존재론적 의미를 추상화하는 작업에 매달리고 있다. 현실은

---

244) 장용학, 『원형의 전설』, 《사상계》, 1962.3, p.394

이미 그들과 멀어져 있고, 자신의 진정한 삶을 형성시키며 살아 갈 공간도 아니다. 『원형의 전설』속의 세계는 역사의 움직임과 역사 속에 인간의 삶을 결정하는 진정한 조건들로부터, 또한 그 이면에 감추어진 복잡한 인과관계의 상이한 사회적 투쟁으로부터 벗어나 있고, 이런 것들은 모두가 추상적이고, 보편적 공간세계로 전환되어 있다. 따라서 세계는 인간의 보편적 존재조건을 일반화시키는 하나의 상징과 기호체계의 역할밖에 하지 못하고 있으며, 구체적이며 실제적인 삶의 목적성으로부터 동떨어진 신비하고 환상적인 구조물로서 존재하고 있다. 구체적으로 우리는 『원형의 전설』에서 수많은 알레고리와 에피소드, 관념적 논설 속에서 비로소 그 세계의 의미를 개념적으로나마 파악할 수 있는 것이다.

장용학의 모든 작품이 세계의 허위상을 부정, 고발하는 데 집중되어 있는 것은 대부분 극단적인 초월적 경향, 이데아의 세계를 상정하고 현실을 하나의 가상(假象)으로 치환, 부정하는 것에서 기인한다. 그는 많은 작품에서 이런 이데아의 세계를 노골적으로 표현한다. 『원형의 전설』에서 나타나는 '원시시대(原始時代)'나 「비인탄생」과 「역성서설」에서 나타난 '천동시대(天動時代)'가 바로 그러한 이데아의 표상이다. 그가 '인간의 막(膜)을 찢어 버리면서 천동시대는 온다'[245]라는 표현은 바로 『원형의 전설』에서 안지야와의 근친상간을 통한 인간의 마지막 윤리를 파괴하고 '사차원(四次元)'의 세계로 초월하고자 하는 의식과 일치한다. 그래서 그는 "인간답게 살든가, 초인(超人)이 되든가, 둘 중 어느 것을 택하는 것은 네 자유다"[246]라는 표현 속에 초월을 향한 강한 신념을 드러낸다. 그의 작품에서 역사 밖에 있는 보다 더 근원적인 세계에 대한 강렬하고도 열정적인 추구는 현실세계에 대한 강한 부정과 긴밀한 연관을 갖는다. 『원형의 전설』에서 보여 준 기존의 윤리, 가치, 제도, 이데올로기에 대한 비판은 바로 이와 같은 현실부정에 대한 대응개념이었던 것이다. 그리고

---

245) 장용학, 「역성서설」, 앞의 전집, p.284
246) 장용학, 「비인탄생」, 앞의 전집, p.241

그것은 곧 바로 현실에 대한 초월적 개념으로 상승하게 된다.『원형의 전설』에서 이장의 삶을 둘러 싼 현실의 공간은 이런 이데아의 세계에 대한 안티-테제였고, 따라서 이장은 자신의 삶 속에 현실공간을 끊임없이 배제시키며 단절시킬 수밖에 없었다.[247]

일반적으로 이데아적 세계관은 역사와 시간적 공간 밖에 있는 초월적 이념의 세계를 현실의 세계와 대립시키고, 현실의 세계를 부정한 채 초월적인 이데아의 세계만을 집착하는 정신적 태도를 말한다.[248] 이런 이데아적 세계관은 객관적 현실을 가상(假象)으로 보기 때문에 근본적으로 현실적 구체성을 획득하기가 힘들다. 반면에 현실의 다양한 계기들을 보편화시키고 이를 추상화시켜 비판하는 데 초점이 주어진다. 장용학이 작품 속에서 추구하고자 한 것은 현실적 삶의 제 요소가 아니라 언제나 이와 같은 이상적이고 절대적인 개념들이다. 그리고 이런 이상적인 개념들은 현실적 구체성과 객관성을 형성시키지 못한다는 점에서 분명히 주관적인 것이다. 따라서 우리는『원형의 전설』에서 왜 이장의 성격을 형성하는 객관적 환경이 조성될 수 없었는가 하는 구체적인 이유를 알 수 있다.

구체적으로 주관적 개념에 의해 구성된 이런 초월적 이미지는『원형의 전설』에 나타나는 알레고리적 성격을 통해서 확연히 드러난다. 우선『원형의 전설』은 전적으로 현실세계가 아닌 작가의 주관 속에 형성된 우화나 전설의 세계임은 분명하다. 작품 서두에 화자는 마치 옛날의 이야기를 전해 주듯 작품 전체가 하나의 전설임을 명시하고 있다. 전설로서 시작된 이야기는 이장의 삶을 통해 순수성이 상실된 공간을 경험하고, 작

---

247) 앞 장에서 살펴본 바와 같이 이런 점이 바로『원형의 전설』에서 환경과 교류하는 성격의 개념이 살아날 수 없는 근본적인 이유이다. 이장의 삶은 언제나 주관성의 영역 속에서 일정한 의미를 지닌다. 따라서 현실적 세계는 거부되고 부정되어야 할 공간으로 환원된다.『원형의 전설』에서 이데아의 세계에 대한 언급은 전집 p.40을 참고할 것.
248) 하정일,「1950년대 단편소설 연구」, 연세대 대학원, 1986, p.77-78
장용학의 이데아적 세계관에 대해서 하정일은 코제브의 플라톤 주의와 밀접하게 관련시켜 설명하고 있다. 플라톤 주의에 대해서는 다음의 글들을 참고할 것.
코제브,『역사와 현실 변증법』, 한벗, 1981, p.81

품 결말에 이장의 죽음을 통해 잃어버린 원초적 공간을 회복하는 것으로 나타난다. 작품의 이런 구조는 이장의 출생으로부터 이장의 죽음으로 이어지는 원형적인 구조를 지니고 있고, 이는 순수성을 상실한 공간에서 순수성을 회복한 공간으로 환원하는 과정을 띠고 있다. 이런 순환적 과정은 전체적으로 작품을 하나의 초월적 이미지로 상승시킨다. 그리고 그 속에서 수많은 개별적 세계를 분해하고 재해석하여, 구체적인 것을 보편화시키는 알레고리적 성격을 드러내게 되는 것이다.

다음으로 우리는 『원형의 전설』에서 개별적으로 재해석된 세계의 파편들을 찾아볼 수 있다. 치열한 전투는 언제나 무감각이 승리할 수밖에 없는 '감각'과 '무감각'의 전쟁으로 보편화되고, 옆구리에 총을 맞아 생사의 기로에 있는 순간에도 '인간=생(生)'이라는 일원론적 사고와 제도의 허위성을 비판하며, 오택부에 의해 동굴에 갇히어 있을 때도 인간의 순수성을 파괴하는 현대적 사고논리를 비판하는 반문명적 의식이 전개된다. 이처럼 『원형의 전설』에서 나타나는 수많은 개별묘사는 언제나 보편성에 의해 재해석되고 그 의미가 새롭게 주어진다. 각각의 세부묘사가 지닌 현실적 의미는 사라지고 그 자리에 추상적 보편성이 자리를 잡게 된다. 이런 면에서 『원형의 전설』에서 세부묘사는 작가가 추구하는 이데아적 세계와 직접적인 관련성을 가지게 되고, 초월의 세부적 기능이 된다. 따라서 『원형의 전설』에서 나타나는 알레고리의 본질이 초월성이라는 것은 무엇보다 분명해지는 것이다.

현실의 객관적 해석을 부정하고 거기서 초월적 미를 발견하고자 할 때 현실의 구체적 세계는 사라진다. 순수한 절대세계, 원초적 공간은 결코 현실세계 속에서 발견될 수 있는 것이 아니기 때문이다. 장용학의 많은 작품이 알레고리적 기법을 통하여 추상적 이데아의 세계를 창조하고자 했지만 결국 허무주의로 끝나고 마는 것도 바로 이런 점과 관련된다. 현실적 공간이 사라진 곳에서 진정한 의미의 낙원은 존재할 수 없는 것이다. 그가 강조하는 이데아의 세계,'원시시대'와 '천동시대'라는 것도 언제나 시간과 공간을 해체하는 추상적 영역 속에 있고, 이런 점에서 이는 철저히 허무주의의 산물이라 볼 수 있다. 실제 그는 작품 속에서 이런 이상적 공간은 현실 속에서는 존재할 수 없고, 시간을 해체한 추상적 영역 속에 있음을 반복해서 암시하고 있다.[249] 이는 그가 추구하는 이상세계가 현실적 개념이 아니라, 다만 끊임없는 현실의 부정을 통하여 나타날 수 밖에 없는 가상적 개념이라는 것을 구체적으로 보여 준다. 따라서 현실은 순수히 부정되어야 할 공간 그 이상의 의미를 지니지 못하게 되고, 작품은 현실에 대한 허무주의적 이념만을 노출하게 되는 것이다.

어둡다는 것은 빛이 가까워진다는 반어(反語)라는 것, 이것이 나의 사고 방식이고 인간에 대한 나의 신념이다. 내 작품의 생리도 이것인 것이다. 구원(救援)이 관심이어야 할 것이다. 벽(壁)이 있는 한 새로운 땅은 벽 저 쪽에 있다. 거기 도달하려고 나는 몇 번 그 벽에 부디쳤다가는 쓰러졌던 것인가. 헛된 일인지도 모른다. (중략)
오늘날의 휴머니즘은 인간성(人間性)에서 인간(人間)을 해방시키는 기도(企圖)가 되어야 할 것이다. 인간성이 인간이 아니다. 인간의 가장 '리얼' 한 모습은 '인간+무(無)=인간' 이라는 데 있다. 이 공식 위에 서게 된 것이 이를테면 현대적 신화(神話)이며 이 신화를 이루게 한 무(無)가 무엇이고 그것과 대결하는 것이 현대적 문학의 문제라고 믿는다. 그러기에 현대문학의 성격은 위기(危機)의 문학일 수 밖에 없다. 새로운 땅은 벽 저쪽에 전개된다는 말은 대도(大道)는 위기에서 열린다는 것을 의미하기 때문이다. 오늘날 의미는 위기(危機)에 있는 것이다.[250]

이처럼 인간이 참다운 삶을 살아 갈 수 있는 공간을 발견하지 못할 때, 그의 말대로 '인간의 가장 리얼한 모습은 '인간+무(無)=인간' 이라는 허무주의적 공식이 만들어진다. 그리고 이런 허무주의는 현실의 위기와 절망의 또 다른 표현에 지나지 않는다. 장용학이 말하고자 하는 위기는 현실의 불안과 절망의 표현이며, 이에 대한 구원은 벽 저쪽에 위치하고

---

249) 장용학, 『원형의 전설』,《사상계》, 1962.7. pp.341-343
250) 장용학, 「나의 작가수업」,《현대문학》, 1956.1 p.156-157

있는 이상적 세계에 대한 끊임없는 도전, 결코 거기에 도달할 수 없음에도 이를 시도할 수밖에 없는 비극적 인간상의 절망적 몸짓이다. 그리고 그러한 표현은 현실의 구체성을 직시하는 산문적 방식이 아니라, 현실의 테두리를 넘어서서 미래를 투시하는 초월적 방식의 신화였던 셈이다.[251]

(2) 절망적 의식과 허무주의

장용학이 지니고 있는 이런 허무주의적 사고는 전적으로 그가 현실을 어떻게 바라보고 현실을 어떻게 규정하고 있는가 하는 당대 현실에 대한 그의 인식에서 비롯되고 있음은 분명한 사실이다. 그의 작품에서 인간과 사회, 삶과 사회적 조건 사이의 갈등은 이미 해결할 수 없는 문제임을 분명히 보여주고 있다. 현실은 이미 움직일 수 없는 거대한 신비적 대상으로 규정되어 있고, 그 속에 인간은 고립되고 단절되어 있다. 현실 그 어디에서도 희망의 빛이 보이지 않을 때 이미 절망과 허무주의는 삶 자체의 절대적인 속성으로 자리잡게 되고, 작품은 이를 구체화하게 된다. 따라서 현실의 위기와 불안에 대한 주관적 인식은 이제 객관적이고 보편적인 실재가 된다. 그리고 그것은 엄청난 절망과 두려움으로써 주관적 인식을 사로잡게 되고, 이는 현실 자체를 부정하고 추상화시킬 수밖에 없는 필연적인 결과를 가져오는 것이다. 그의 작품이 '보편적 이념'만을 추구하는 알레고리적 방식을 통해 관념적이고 추상적인 이상세계로 초월하게 되는 것도 바로 이에 기인한다.

장용학의 허무주의는 실제 1950년대 현실 속에서 겪었던 절망과 비참함에서 유래되었음은 분명한 사실이다. 이미 이전의 소설,「비인탄생」과

---

251) 이런 점과 관련하여 홍사중은 당시에 유행하던 작품의 우화적 성격을 분석하면서 신화적 의식은 존재를 초월한 일종의 현실 소외의 의식이며, 사회적 테두리를 벗어난다는 점에서 하나의 위기의식으로 규정한다. 즉 당시에 풍미하던 신화적 방식이 현실 절망의 대체양식으로 유행하고 있음을 지적한 것이다. 그는 신화가 하나의 가능성 있는 방식이 되기 위해서는 어느 정도 정확하고 투철한 시대의식을 가져야 한다는 점을 강조하고 있다.
홍사중,「문학적 성과와 과제 (하)」,《신세계》, 1956.10, P.258

「상립신화」에서 이러한 사실을 구체적으로 보여 주고 있다. 와병 중인 어머니의 죽음 앞에서 사회적으로나 경제적으로도 아무런 구실을 할 수 없었던 자신의 모습, 월남하여 어디서도 안주할 수 없는 좌절된 지식인의 모습이 구체적으로 묘사되어 있고, 이는 실제 그의 현실과 크게 다르지 않다.[252] 그에게 현실은 절망적 상황 그 자체였고, 그런 점에서 그는 비참한 현실에의 출구를 실존적 존재의 자각을 통해 현실의 초월로 상징화했던 것이다. 그가 끊임없이 시도했던 초월적 이상 세계는 분명히 현실에서 이루어질 수는 없는 주관적 영역의 공간이다. 그가 현실적 삶이 갖는 불안과 절망에 체념하면서도 그것을 관념적으로나마 극복하고자 하는 것은 「요한시집」에서 나타난 것처럼 세계와 자아가 아무런 근심없이 조화할 수 있는 본원적인 고향, 유년시절에 대한 향수와 같은 공간을 그리워하고 있기 때문이다. 현실에 눈을 돌리는 순간 그 이상은 허무하게 무너질 수밖에 없는 것임에도 그는 그 세계에 대한 꿈을 좀처럼 포기하지 않는다. 그리고 그 세계야말로 개체적 인식이 세계와 분리되기 전에 얻을 수 있는 즉자적 인식의 세계, 즉 평온한 '유년'의 공간이며, 자신이 꿈꾸어 볼 수 있는 최선의 세계이다. 이는 분명히 월남한 신세대 작가가 공유하고 있던 '선험(先驗)으로서의 고향상실'[253]과 밀접한 관련을 가지는 것이다.

『원형의 전설』이 구체적으로 이장의 '뿌리찾기'에 테마를 두고 있음도 이와 무관하지 않다.[254] 그의 작품이 기계문명에 반항하고, 제도적 모순, 획일성의 사고를 통하여 인간불신, 인간성 말살의 현대문명의 현실을 부정하고 있으면서도 언제나 구체적 현실에 대한 직접적 비판이 되지 못하

---

252) 실제 장용학이 월남하여 겪은 작가 생활의 궁핍함과 어머니의 죽음은 그의 글 〈실존과 요한시집〉에서 잘 나타나 있다. 그는 이 글에서 작가 생활의 궁핍함과 외로움, 그리고 고생 끝에 돌아가신 어머니에 대한 회한을 괴롭게 토로하고 있다.
   장용학, 「실존과 요한시집」, 『한국전후문제작품집』, 신구출판사, 1963, p.402
253) 김동환, 「한국 전후소설에 나타난 현실의 추상화방법연구」, 한국현대문학연구회 편, 『한국의 전후문학』, 태학사, 1991, p.210
254) 김동환, 앞의 글, p.211

고 초월로서 추상화되는 것도 바로 이런 회귀의식과 밀접하게 관련된다.[255] 그리고 이러한 회귀의식이야말로 현실의 불안과 절망을 초월적이고 이상적인 공간을 통해 가장(假裝)하고, 그 속에서 관념적으로나마 안온함을 얻고자 했던 '지적 허위성'의 실제적 근원이 된다.

이런 면에서 장용학의 사고는 전후 현실의 절망과 불안을 서구 모더니즘의 위기적 세계관과 등가관계로 놓아 현실적 구체성을 추상적 보편성으로 전환시키는 신세대적 의식의 대표적인 경우에 해당된다. 그는 신세대가 품었던 기성세대와 전후현실에 대한 반항, 역사적 가치에 대한 회의, 허무의식을 그대로 지니고 있었고, 이를 서구적 의미의 '실존'이라는 개념 아래 작품 속에 실재화하고자 했다. 장용학은 신세대가 지니고 있던 현실에 대한 절망과 위기의식을 그대로 지니면서 이를 더욱 더 추상화시켜 하나의 신화적 공간을 창조해 내고 있다. 그리고 이러한 신화적 의식은 현실 속에 실제적 자아를 해체하고, 거기서 얻은 강렬한 반항의식을 초월적인 이상(理想) 위에 둔다는 점에서 신세대적 절망의식과 동궤에 놓인다.[256] 그리고 이러한 허무의식이야말로 전후 현실에 있어 현실과 이상을 주관적으로 융합하던 도시 인텔리겐챠의 절망과 반항의 상태를 그대로 대변해 주는 것이다.[257]

---

255) 이와 관련하여서는 카프카의 알레고리, 상징, 비유적 방법과 비교해 보면 잘 드러난다. 카프카의 방법은 여러 가지 추상적 방법을 통하여 현실의 구체성을 가로막고 있다는 단점은 있지만, 분명한 점은 자본주의 현실에 대한 날카롭고, 예리한 인식이 전제되어 있었고, 이에 대한 비유적이고 상징적인 비판이었다는 점에는 이의가 없다. 하지만 장용학의 경우 자본주의적 현실에 대한 구체적 인식이 거의 희박하다. 그의 경우 대체로 현실의 불안, 절망이 대종을 이루고, 이런 인식이 현실적 공간을 회피하기 위한 '원시시대'나 '천동시대'의 전근대적인 추상적 공간을 설정하고 있는 것이다.
256) 이봉래, 「신세대론」, 《문학예술》, 1956.4, P.
257) 이에 대한 최일수의 지적은 한번 음미해 볼 만하다. 최일수는 근본적으로 허무주의가 도시 지식인의 고립감, 즉 개인과 사회. 현실과 이상이 조화를 이루지 못하는 데서 나왔다고 본다. 그는 허무주의가 개인과 사회전반이 분열되어 지식인의 기능이 현실적으로 상실된 전환기에 등장한다고 보고, 지식인이 이런 분열상의 극복을 내면적인 세계, 주관적인 세계 속에서 찾았음을 의미한다는 것이다. 실제 지식인의 현실적 좌절감의 극복은 현상세계에서는 불가능하고 내면의 세계, 주관의 세계에서만 가능하게 되는

장용학이 지니고 있는 이런 절망과 반항의 정신은 한편으로 현실을 자신이 추구하는 이상적 공간으로 추상화시키지만, 한편으로 현실에 대한 강한 부정의 정신과 그 의미를 담고 있다는 점에서 주목할 필요가 있다. 현실세계를 전적으로 거부하고 초월적 이데아의 세계에 집착하는 것은 현실에 구체성을 두지 않음으로써 허무주의에 빠질 공산이 커지만, 반면에 강력한 현실비판, 체제 비판의 의미를 함께 지니기 때문이다. 『원형의 전설』에서 보이는 이데올로기의 허위성에 대한 강한 고발이나, 자유와 평등의 개념에 대한 새로운 해석들은 당시 전후 정치체제를 바라보는 그의 현실감이 무엇이었는 지를 짐작케 해준다. 장용학의 소설에서는 남한 사회가 이데올로기적 대립에 직면하여 '자유'라는 의미로서 체제의 우월성을 강하게 주장하고 있지만 실은 그 '자유'라는 개념 자체도 허위임을 작품에서는 여실히 규명해주고 있는 것이다.

『원형의 전설』에서 '자유'가 '평등'이라는 의미와 분리되지 않는다는 점, 그리고 그 개념이 서로 대립되는 것이 아님을 여러 번에 걸쳐 설명하는 것도 이와 연관이 있다. 장용학에게는 오히려 '자유'라는 이름하에 민주주의적 이념이 실종되고 그 공백을 대신하여 경제적 궁핍과 정치적, 사회적 소외만이 남아있는 현실 자체가 문제가 되는 것이다. 따라서 그의 문학에는 50년대 남한 사회의 극도의 궁핍화와 독점자본주의하의 파행적 정치상, 관료체제하의 규범적 통제 등에 대한 강한 대타적 의식이 자리잡고 있고, 이런 점들이 이상적 공간의 추구를 통한 현실 전체에 대한 부정, 알레고리를 통한 현실의 풍자, 냉소로 나아가게 하는 근본원인이 된다. 장용학의 또 다른 작품 「현대의 야」에서는 주인공이 겪는 비극적 삶이 바로 이데올로기로부터 비롯된다는 점을 강하게 주장하고 있다. 남이든 북이든 주인공 현만우에게는 어느 곳도 자유롭게 안주할 수 있는

데, 이런 점이 현실을 초월하고 추상세계로 나아가는 근본 원인이 된다. 최일수는 지식인의 이런 속성이 현실에 거부하고, 반항하는 경향으로 나타나며, 이는 현실에 대한 불안과 절망의 또 다른 표현이라고 본다.
최일수, 「니힐의 본질과 초극정신」, 《현대문학》, 1955.10

곳은 아니었고, 결국 조직과 규율, 합리적 법칙이라는 가장된 논리가 지배하는 남쪽 사회에서 스스로 간첩이라는 누명을 쓰고 죽음을 당하게 된다. 장용학에게 보이는 이런 현실인식은 남이든, 북이든 어디서도 안주할 수 없다는 강한 체제 비판의 성격을 띠게 된다.

그러나 이런 현실에 대한 부정의식은 그것이 전후현실에서 구체적으로 제기되고 받아들일 수 없다는 점에서 절망적 인식을 함께 공유하고 있다. 장용학의 작품이 최소한 현실적 구체성도 확보하지 못하는 것은 이런 절망이 바로 현실에 대한 거부와 초월주의로 순간적으로 환원되기 때문이다. 『원형의 전설』에서는 이렇듯 강한 현실비판을 기본정신으로 하여 이데올로기, 체제, 규범, 윤리, 사고방식, 삶의 형식까지도 부정하는 경향을 띠게 되고, 이런 점들이 세계 자체를 부정적으로 보는 허무주의적 사고로 이어지게 된다. 현실에 대한 조금의 가치도 용납할 수 없다는 그의 정신이 신세대 작가 중에서도 가장 특이한 문학적 형식을 만들어 내고 있다.

3. 전쟁 상처의 감상적 극복과 휴머니즘의 대두
   : 오상원의 『백지의 기록』

1) 오상원 소설의 일반적 특성과 휴머니즘

앞서 이야기한 대로 전후현실의 문제를 보다 더 심각한 내면의 문제로 다루는 것은 신세대 작가에 와서부터이다. 신세대 작가들은 전쟁체험을 자신의 삶의 근원적인 원천으로 삼고 있었으며, 이로부터 자신의 인식적 기반과 문학적 상상력을 얻을 수 있었다. 신세대 작가들은 전쟁이 준 깊은 상처와 전후의 어두운 현실을 새롭게 규명할 지적(知的)인 세계 해석의 방법과 길을 모색하고자 했다. 이미 기존의 방법으로는 변화된 현실을 절박한 자신들의 체험대로 형상화할 수 없었기 때문이다. 신세대들이 구세대의 문학방법을 끊임없이 비판하는 것도 현실을 주관적으로 겉면만 보는 세태묘사가 아니라, 바로 현실을 절박한 '나의 것'으로 만들어 줄 방법적 원리를 찾고자 함이었다. 그들이 결국 서구의 세기말적 데카당스나 실존주의 사상에서 자신의 방법적 원리를 찾았음도 이와 직접 관련된다. 신세대 작가들이 서구문학의 방법을 차용했던 것은 한편으로 변화된 현실을 규명할 어떠한 객관적인 방법도 존재하지 않았던 당시 문학이론의 부재상태에서 비롯된 것이기도 하지만, 다른 한편으로는 서구 실존주의 사상이 지니고 있던 존재적 자기인식, 즉 절박한 상황 속의 개체의 인식이라는 '자기확인'의 방식이 주는 매력이 자리잡고 있었음도 부정할 수 없다. 실존주의가 모순된 세계 속에 던져진 인간 자신을 규명하는 방법이라면 신세대 작가들은 이런 방법을 통해 전후(戰後) 불안한 현실 속에 보편적 존재로서 자기 자신을 확인하고자 했던 것이다.

따라서 여기에서부터 역사적이고 사회적인 존재로서의 개인이 다분히 추상적이고 보편적인 개인으로 바뀔 수밖에 없는 한계를 지니게 된다. 그들이 추구하는 것은 절박한 한계 상황에 놓인 보편적 존재로서의 '인간'의 모습이지, 역사 현실 속에 놓여 있는 사회적 존재로서 '나'의 모습은 아니다. 따라서 대상을 객관적으로 바라 볼 거리도, 대상을 냉철하게 분석할 근거도 사라지게 된다. 앞장에서 살펴본 장용학의 알레고리 방식도 바로 이러한 신세대적 사고 유형의 한 극단을 보여 준다. 실상 장용학이 추구했던 방식도 현실 속에서 절망적인 '자기 인식'의 한 극단을 보여주고 있다. 장용학의 작품은 어디에도 뿌리를 내릴 수 없는 존재의 부정적 상황을 현실에 대한 부정과 삶의 무의미성으로 대체시켜 보여 주고 있는 것이다. 그런 점에서 장용학은 실존을 이야기하면서도 존재 그 자체의 의미보다는 현실에 대한 절망과 허무의식을 이야기한 셈이 된다.

신세대 작가들이 추구하는 극한 상황 속에서의 '자기확인'은 분명히 전쟁과 전후 현실이라는 절박한 체험의 영역(전쟁에 대한 직접적 피해의식, 전후현실에 대한 불안, 거부의식)에서 비롯된다. 따라서 이런 체험의 영역을 어떻게 소설적 문법으로 전환시키는가 하는 문제는 중요한 의미를 띠게 된다. 전쟁과 전후현실에서 얻은 체험을 소설적 매개과정 없이 바로 '현대문명에 의한 인간의 보편적 절망'이라는 추상적 의미로 환원시킬 때 장용학의 알레고리 방식이 나타난다. 하지만 이런 체험의 영역을 적절히 소설적 공간으로 활용하면서 그 속에서 인간존재에 대한 '자기확인'의 방법을 추구할 때 최소한 소설의 구체적 공간은 살아나게 된다. 예를 들어 오상원의 「모반」이나 「유예」는 해방공간과 전쟁상황이라는 구체적 배경을 지니고 있고, 이런 배경 속에서 인간이 존재한다는 것은 무엇인가, 인간이 행동한다는 것은 무슨 의미를 지니는가 하는 근본적인 물음을 제기한다. 소설의 주제 자체가 근원적이고 추상적인 의미를 띠는 것이지만, 그 배경은 당시 현실의 구체적인 상황을 전제로 한 것이기에 '존재에 대한 의문'으로서 보다 더 실제적인 의미를 지니게 되는 것이다. 이는 장용학이 전설과 같은 알레고리적 공간에서 인간존재에 대한 근원적인 의문을 제기하는 것과는 근본적인 차이가 있다. 적어도 오상원에 있어서는 장용학처럼 현실적 삶 전체를 부정하여 현실을 알레고리화 시키지 않고 해방공간의 정치적 혼란상이나 전쟁의 긴박한 상황같은 적절한 배경을 보여줌으로써 그 속에서 자연스럽게 존재적 물음을 제기하고 있는 것이다.

  오상원은 전후 현실 속에 인간의 절망적 존재 조건을 문제삼는다는 점에서 장용학이나 김성한, 손창섭과 동일하다. 그러나 현실과 인간을 성급하게 부정적으로 규정하여 시대와 역사, 인간을 희화화하고 비판하지는 않는다는 점에서 그들과 구별된다. 예컨대 손창섭은 병적(病的) 인물을 주인공으로 하여 인간관계의 근원적인 부정과 삶에 대한 냉소주의를 통하여 인간에 대한 절망, 불신, 혐오 등을 거침없이 드러내고 있다. 그의 소설 「공휴일」, 「비오는날」, 「생활적」 등을 통하여 보여주는 인간관계는 거의 동물적 본능에 가까우리만치 비윤리적이고 부도덕하다. 김성한은 당대 현실을 바라보는 관점이 다른 작가에 비해 훨씬 비판적이고 풍자적이다. 그는 전후현실의 부정상을 현대문명의 퇴폐상과 거의 동일한 시각에서 바라본다. 따라서 그의 작품은 전후현실 자체를 우화화하고 그속에서 역사와 인간의 의미를 바로 풍자해내고 있다. 이들 작가들에게는 현실 자체가 부정적 대상이기에 실제 작품이 구체적 공간을 배경으로 현실답게 구성되어야 한다는 점은 큰 의미를 지니지 못한다. 이들의 작품에서 현실이 비윤리적이고 비합리적인 공간으로 나타나거나, 아니면 바로 우화적 공간으로 설정되는 것도 이와 같은 관점 때문이다.

반면에 오상원은 전후사회를 성급하게 현대문명의 위기의식과 일치시키거나, 부정되어야 할 공간으로 단정하지는 않는다. 그가 전후현실을 절망적 공간으로 바라보고 있는 점은 위의 작가들과 동일하지만 오히려 그의 관심은 그런 공간 속에서 인간이 지닐 수 있는 존재의 의미를 묻는 것이다. 따라서 그는 이런 절망적 공간, 혹은 절박한 상황 속에 인간을 밀어 넣음으로써 그 속에서 인간이 스스로 자기존재를 확인하는 '자기인식'을 강조하고 있다. 오상원은 절박한 공간, 절망적 상황에서 인간은 무엇을 할 수 있으며, 인간은 어떤 존재인가 하는 보편적 질문을 던지고 있다. 그리고 그런 상황을 통해 인간은 무엇이다 라는 명제를 확인하라는 것이다. 김성한과 장용학이 당대 현실에서 겪는 절망적 체험을 통해 전후현실을 부정되어야 할 공간으로 설정하고 이를 현대문명의 위기의식과 그대로 일치시킨다면[258] 오상원은 부정적인 현실 그 자체에서 인간의 보편적 존재의미를 찾고자 하는 것이다. 그리고 그러한 점이 또 다른 신세대적 '자기확인'의 방식이 되고 있다.

하지만 오상원의 이러한 존재인식은 결국 허무와 부조리성에 그 바탕을 둔다는 점에서 결코 관념적 방식을 벗어난 것은 아니다. 일반적으로 오상원의 소설에서 '행동'과 '자기의식'을 강조하지만, 이런 방식도 결

---

258) 이런 점은 당시 사회가 정치에 대한 직접적 비판을 허용하지 않았던 점과 밀접한 관련을 가진다. 사회 전체를 반공이데올로기가 지배하고 있었고, 작가 역시 이런 영향에서 벗어날 수 없었던 것이다. 따라서 전후현실에 대한 비판 역시 정치적, 사회적 비판으로 나타날 수는 없었다. 한편 이런 상황이 가능했던 것은 당시 지식인을 지배했던 서구사조의 영향관계도 폭넓게 자리잡고 있다. 한국사회에 대한 구체적 분석이 불가능했던 당시로서 현대문명을 비판하는 서구 모더니즘 사상이 바로 우리 현실을 비판하는 잣대로 대치되고 있었던 것이다. 당시 평론에서 광범위하게 소개되던 서구사상과 모더니즘적 인식이 이를 잘 대변해 준다.

국 인간이 처한 부조리성과 무의미성을 전쟁과 전후현실같은 절망적 상황 가운데서 인식한다는 것이고, 이런 절망적 상황의 탈출구가 결국 막연한 '행동성'을 강조하거나 휴머니스틱한 '자기화해'로 드러날 수밖에 없었던 것이다. 오상원의 「유예」나 「모반」, 「구열(龜裂)」, 「표정」 등에서 보이듯이 극한 상황 속에서 '행동'을 통해 자기자신을 확인하는 방식은 근본적으로 이런 부조리성과 무의미성을 밑바탕에 깔고 있다. 「유예」에서 전쟁상황에서 죽음을 앞두고 의미없이 '나'란 존재 의미에 대한 독백을 반복하는 것이나, 「모반」과 「구열」에서 '민'과 '박'이 무의미한 줄 알면서도 목적없이 행하는 테러들은 인간상황 자체가 바로 부조리와 무의미이며, 그것을 벗어나고자 하는 몸부림 역시 무의미하다는 것을 역으로 보여 주고 있다. 특히 오상원의 소설에서 '죽음'과 '고독'이라는 존재의 한계 상황과 조건을 끊임없이 문제삼는 것도 인간 존재를 사회적 관계 속에서 구체적으로 바라보기보다는 부조리한 상황 속에 던져진 존재로서 바라보고자 하는 실존주의적 인식과 밀접한 관련을 가지고 있다.

오상원 소설에서 보이는 휴머니즘도 결국은 인간 자신은 세계 속에서 홀로 존재하는 것이며, 무엇보다도 자기 자신에 대한 입법자라는 실존주의적 명제를 우선적으로 인정하는 가운데서 나타난다.[259] 그리고 이런 인

---

[259] 오상원 문학에서 실존주의 영향은 지대하다. 오상원이 서울대학교에서 불문학을 전공했으며, 서구 실존주의 사상과 말로의 문학에 심취해 있었다는 것은 다 알려진 사실이다. 실제 그는 자신의 글에서 실존주의를 열렬히 옹호하기도 했으며, 「구열」, 「모반」이 말로의 소설 「인간의 조건」, 「정복자」를 모방하고 있다고 공공연히 밝히기도 했다. 그는 한 좌담회에서 자신이 서구의 영향을 완전히 받고 있다는 점과 사르트르적인 것이 독자에게 더 매력적임에도 자신의 문학에서는 적용시키지 못했다는 점, 그리고 자신은 사르트르와 까뮈의 성격을 다 지니고 있는 말로의 문학을 추종하겠다는 점을 분명히 밝히고 있다. 또한 그는 최일수와의 논쟁을 통해 실존주의를 옹호하는 글을 쓰기도 했다.
좌담회, 「신예작가는 말한다」, 《문학평론》, 1959.3
오상원, 「실존주의는 개인주의인가 -하나의 시정으로서」, 〈경향신문〉, 55.5.12
오상원, 「나의 문학수업」, 《현대문학》, 1956.5
오상원, 「서구사조와 우리의 생리」, 〈동아일보〉, 1958.2.17

식으로부터 어떠한 이데올로기나 제도, 관습보다도 인간 존재가 우선이라는 휴머니즘의 도식이 나오게 된다. 오상원 소설이 극한 상황 속에서 '자기의식'과 '행동'을 강조하는 것도 제도와 이데올로기같은 부정적 현실 상황에 대항하여 인간 자신이 자기 존재를 확인하는 방식이다. 그리고 그런 방식이 '인간이 모든 것에 우선한다'는 입장에서 '인간성 회복'과 '인간성의 옹호'라는 휴머니스틱한 과제와 조응을 이루게 된다. 따라서 오상원에게 나타나는 행동주의[260]도 '행동의 효과보다도 행동 그 자체에 중요성과 의의를 두는 말로와 카뮈의 이상주의'[261]와 50년대의 전후현실 속에서 인간 중심이라는 휴머니즘적 사고가 적절하게 결합된 것이었고, 소설적 공간을 구체적 상황 속에서, 그리고 소설의 주제를 지적(知的) 방식 속에서 구성하고자 하는 신세대적 방법에 부합되는 것이기도 했다. 뿐만 아니라 이는 장용학과 김성한처럼 전후현실 전체를 부정하고 현실을 우화적 공간으로 추상화시키는 방식을 극복하고, 소설 속에 인간 중심의 '모랄'을 획득할 수 있는 적절한 방식이기도 했다.

휴머니즘을 '어떤 민족, 어떤 계급이건간에 인간인 한에서 '보편적인 인간가치'를 인정하고, 이런 견지에서 '인간성'을 강조하려는 것'[262]이라면 오상원은 이런 휴머니즘의 가치를 '행동', '자기의식'과 같은 자기존재의 확인 방식(그의 대부분의 단편소설)과 공동체의 화해를 통한 주체 자신의 회복 방식(『백지의 기록』) 속에서 찾고자 했다. 하지만 이런 방식

---

260) 전후소설에서 행동적인 경향은 오상원뿐만 아니라 선우휘에게서도 발견된다. 그는 작품 「불꽃」이나 『깃발없는 기수』를 통해서 부조리한 상황에 저항하는 행동주의적인 경향을 보여 준다. 하지만 선우휘의 행동주의도 주관적 체험을 절대화하거나, 목적없는 행위만을 강조함으로써 추상적 성격을 벗어나기가 힘들다, 그의 행동주의가 단순히 소극적 개인주의에 머문다는 평가(염무웅)나, 반공주의의 일환(강진호)이라는 평가도 이에 기인한다.
강진호, 「전후현실과 행동주의 문학의 실체-선우휘의 50년대 소설考-」, 송하춘, 이남호 편, 『1950년대 소설가들』, 나남, 1993,
염무웅, 「선우휘론」, 《창작과 비평》, 1967.12 참고할 것.
261) 정명환, 「사실과 가치」, 《사상계》, 1962.9, P.68
262) 최재희, 「시국과 휴매니즘」, 《새벽》, 1959.11, P.147

자체가 구체적인 역사성을 가진 것은 아니다. 오상원의 문학은 장용학과 다르게 소설 공간의 구체성을 그 나름대로 확보하고 있으면서도 작품에서 추구하는 의미는 부조리한 인간조건, 보편적 인간존재의 확인, 인간성의 회복에 근거를 둠으로써 또 다른 층위의 추상성을 만들어 내고 있다. 그가 추구하는 '인간중심'이라는 과제도 실제 우리 현실에서의 구체적 '인간'과 동떨어진 개념에 불과하다. 따라서 그가 주장하는 '휴머니즘' 역시 막연히 인간성을 옹호한다는 차원에 머물 수밖에 없는 것이다. 이런 점에서 오상원의 문학이 '인간 생명의 존엄성'이라는 서구문학의 사상과 기분을 너무 쉽게 한국적 풍토에 적용시키는 추상성을 지니고 있다는 평가를[263] 받게 되기도 한다.

2) 『백지의 기록』과 휴머니즘 소설의 한계

오상원의 『백지의 기록』은 신세대 작가가 추구하는 인간중심의 휴머니즘이 장편소설의 양식을 통하여 최초로 나타난 작품이다. 『백지의 기록』에서는 전쟁을 통해 상처받은 젊은이들의 좌절과 방황, 그리고 그 극복 과정을 보여 주고 있다. 소설 속에 나타나는 여러 인물들의 전쟁 체험과 그로 인한 정신적, 육체적 방황의 모습들은 전후 소설에서 흔히 드러나는 보편적인 양상이지만, 『백지의 기록』에서는 이런 상처들을 어떻게 극복하고, 어떻게 서로간의 신뢰를 회복하는가 하는 점에 초점을 두고 있고, 이런 점에서 전후(戰後) 휴머니즘 소설의 한 전형을 보여 준다.

『백지의 기록』은 오상원의 소설 중에서도 특별한 의미를 지닌다. 오상원의 소설이 주로 단편 양식을 통해 전쟁과 같은 극한 상황 속에서 인간 존재의 문제를 다룬다면,[264] 『백지의 기록』은 이런 문제를 확장하여 전쟁

---

263) 김우종, 「오상원론 – 사회와 행동」, 《문학춘추》, 1965.2, P.56
264) 일반적으로 오상원의 단편소설은 세가지 경향으로 나누어 생각해 볼 수 있다. 우선 첫째로 극한 상황의 설정을 통한 인간조건을 탐색하고자 하는 소설이 있다. 이런 소설들은 대부분 실존주의적인 존재 문제를 따지거나, 막연한 행동주의를 강조하는 경향을 보인다. 이런 계열의 소설들은 오상원의 데뷔작인 「유예」를 시작으로 그의 단편 소설

의 비극 속에서 상처입은 사람들의 절망과 좌절을 다루고, 나아가 이의 회복 문제를 본격적으로 거론한다. 이전에 그의 단편이 주로 부조리한 인간조건의 문제와 인간본질론(아포리즘)에 머물러 있었다면, 이제 그는 장편 양식을 통해 그런 인간조건에 의미를 줄 수 있고 인간적 가치를 회복할 수 있는 방법적인 가능성을 타진해 보는 것이다. 이를테면 그의 단편이 주로 인간이 처한 부조리한 현실과 인간조건을 탐색하는 과정에 머문다면, 장편 양식인 『백지의 기록』은 단편의 후일담으로서 부조리한 인간조건에서 어떻게 공동체적 인간관계를 회복하느냐에 초점을 모으고 있다.

이렇게 보면 장편 양식인 『백지의 기록』 역시 전체적으로 오상원이 단편에서 추구하던 문제의식에서 크게 벗어난 것이 아님을 알 수 있다. 오히려 『백지의 기록』은 단편에서 보여 주었던 문제의식의 연장선 상에 있고, 단편에서 부족한 현실성과 구체적 공간성을 그 나름대로 보완해 주고, 문제의식을 확장해 주는 역할을 하고 있다. 예를 들면 단편에서 극한 상황에 저항하는 인간의 절박하고 고독한 모습만을 중심 대상으로 삼고 있다면, 『백지의 기록』은 그런 존재에 의미를 주고 가치를 회복시키는 방향으로 발전하고 있다. 결국 『백지의 기록』은 이미 이전에 그가 단편에서 끊임없이 문제삼았던 실존주의적 휴머니즘에 대한 공식적인 결말인 셈이고, 오상원의 휴머니즘적 경향에 대한 하나의 분기점을 형성하는 그런 성격을 지니고 있다. 사실 『백지의 기록』과 같은 관념적인 휴머니즘 소설

의 대부분을 형성하고 있는데, 「구열」, 「죽어살이」, 「탄혼」, 「사상(思像)」, 「모반」, 「표정」, 「현실」 등이 이에 속한다. 두번째로 전쟁에 대한 피해의식과 상처를 다룬 소설들이 있다. 이런 소설들은 대체로 전쟁으로 말미암아 파괴된 인간적 삶과 회복할 수없는 상처를 다루고 있다. 「증인」, 「파편」, 「훈장」, 그리고 희곡 「이상(裏像)」이 이에 속한다. 세번째는 전후 현실의 냉혹함을 객관적이고 사실적으로 묘사한 작품들이 있는데, 「부동기」, 「황선지대」와 같은 작품들이 여기에 속한다. 필자가 보기에는 오상원 소설 중 주목할만한 것은 세번째 계열의 작품인 것 같다. 오상원의 「황선지대」 같은 작품은 전후현실을 사실 그대로 객관적으로 묘사함으로써 당시의 어려웠던 삶의 현장을 잘 보여 주고 있다.

을 거치고 난 이후에야「부동기」나「황선지대」와 같은 객관적이고 사실주의적인 소설이 가능했던 것이다.

그런 관점에서 이 장(章)에서는『백지의 기록』이 지니고 있는 휴머니즘의 성격과 그것의 주관성과 관념성에 초점을 맞추고자 한다. 이를 위해서 우선 작품 속에 나타난 서사구조와 서술상의 문제와 전후(戰後) 절망의식과 주관적 화해의 문제를 중점적으로 살펴보도록 하겠다.

(1)인물과 구조의 도식성 문제

주지하는 바와 같이『백지의 기록』은 전쟁을 통해 상처받은 인물들의 정신적, 육체적 회복과정을 그리고 있다. 이 작품 속에는 전쟁을 통해 상처받은 수많은 인물들이 나타난다. 구체적으로 중서, 중섭 형제와 그 부모, 중서의 애인인 정연, 중서의 친구 순희, 그리고 중섭의 친구 준이 바로 그들이다. 이들 인물들은 바로 전쟁을 통해 이전에 안온했던 삶의 근거를 한순간에 잃어 버린 사람들로 묘사되고 있다. 소설은 이들이 전쟁을 경험하고 그 상처 속에 좌절하는 모습이나, 혹은 그 상처를 극복하는 모습을 통해 구체적으로 전개된다. 하지만 소설의 중심 테마는 무엇보다도 중섭, 중서 형제의 자기상실과 자기회복의 과정이다.『백지의 기록』에서는 이들 형제를 중심으로 이전 소설에서 보여주던 절망과 좌절, 휴머니즘의 난맥상을 탈피하고 가족과 같은 공동체의 회복을 통하여 화해와 회복의 메시지를 던져 주고자 하고 있다. 따라서 소설은 중서와 중섭 형제를 중심으로 전쟁 상처를 극복하는 방식으로 전개되고 있다.

구체적으로 소설은 중섭, 중서 형제를 중심으로 하여 '전쟁으로 인한 자기상실 – 전후의 좌절과 방황 –화해와 극복'이라는 도식을 충실히 밟아간다. 소설의 전반부는 전쟁터에서 손과 다리를 잃은 중섭과 성한 몸으로 귀향했지만 정신적 상처를 입은 중서의 방황과 좌절이 중점적으로 그려지고 있다.『백지의 기록』에서 전체 분량의 삼분의 이 정도를 차지하는 이 부분은 전쟁이 젊은이들에게 가져다 준 충격과 그 속에서의 좌절, 절망이 중심이 된다. 전반부에 등장하는 모든 인물들은 전쟁이 안겨다

준 충격에서 헤어나지 못하는 사람들이다. 구체적으로 중서와 중섭이 그러하며, 중섭의 부모 역시 그러하다. 뿐만 아니라 중서의 주변 인물로 등장하는 성순희, 정옥경 같은 여성들 역시 그들 나름대로 전쟁의 상처를 안고 있다. 따라서 소설 전반부를 형성해 주는 모든 상황과 사건들은 전쟁을 통한 상처입은 자들의 절망과 좌절로 모아진다.

소설 후반부는 전쟁을 통해 상처입은 자들의 회복 문제가 중점적으로 부각된다. 중섭은 팔, 다리를 잃었다는 절망으로 자살을 기도하고, 중서는 전쟁 후유증으로 정신적 상처를 입고 방탕한 생활을 지속한다. 이들이 보여 주는 절망과 좌절은 도저히 회복할 수 없는 극한 상태를 대변해 준다. 따라서 이런 절망의 극복 방식은 그들 스스로의 힘으로는 이루어질 수 없고, 우연히 주어지는 외적인 계기에 의존하게 된다. 중섭은 자살 시도 이후 정신병원에서 옛 친구 준을 만나고, 자기보다 심한 부상에도 불구하고 꿋꿋하게 재활의 생활에 몰두하고 있는 준의 모습을 통해서 절망을 극복한다. 중서는 같은 정신병원에서 옛 애인 정연을 만나고, 정연의 회복에 모든 힘을 쏟게 됨으로써 자신의 방탕했던 지난 생활을 후회하고 전쟁의 상처를 극복하게 된다. 즉 중섭은 전쟁에서 중섭과 유사한 부상을 입고 정신과로 진로를 바꿔 재활의 의지를 보여 주는 의과대학 친구 준를 통해 삶에 대한 새로운 의지를 다질 수 있었고, 중서는 자신의 첫사랑이었으며 동경의 대상이었던 정연이 등장함으로써 그녀의 회복과 이를 통한 삶의 희망을 새롭게 세울 수 있었던 것이다.

『백지의 기록』에서 보여 주는 전쟁으로 인한 좌절과 절망 회복 방식은 중섭과 중서를 중심으로 이루어지는 것이지만, 소설에서는 이런 과정이 실제 그들의 주체적인 행동과 의지를 통해서 이루어지는 것은 아니다. 그들은 주어지는 상황을 벗어날 수가 없고, 그 상황에 철저히 종속되어 있다. 전쟁은 주어졌고, 전쟁에 상처를 입었고, 그 상처에 따라 그들은 때로는 자학하고, 때로는 체념하는 태도만을 보여 준다. 이처럼 상황에 대한 인물의 종속성은 『백지의 기록』이 사건 중심의 행동소설적인 특성보다 인물 중심의 성격소설적인 특징을 지니고 있음을 보여준다. 즉 『백지의 기록』은 상황을 구성하는 인물의 성격 자체가 중심이 되고, 이런 인물의 성격이 내면의식을 통하여 상황 자체를 재현해 주는 특성을 지닌다. 따라서 스토리의 각 단계마다 특정한 인물이 등장하고 이 인물을 통해 상황의 구체적인 성격과 서사전개의 단서를 얻게 된다. 이런 인물의 특성을 요약하면 아래와 같다.

〈소설 전반부〉　　　　　　〈소설 후반부〉

중섭 ─────── 중섭의 부모 ─────── 준, 장형
중서 ─────── 성순희, (형란) ─────── 정연
(행위 주체)　(비극 심화의 매개적 인물)　(상처회복의 매개적 인물)

　전체 소설은 전반부(1장-6장)와 후반부(7장-9장)로 나뉘는데, 소설의 대부분이 전쟁의 상처가 심화되는 과정을 다루고 있는 전반부에 집중된다. 전반부는 중섭과 중서가 전쟁에서 상처를 입고 귀대한 후 절망과 좌절하는 모습을 중점적으로 담고 있는데, 이 과정에서 비극을 심화시키는 매개적 역할을 하는 것이 바로 중섭의 부모와 성순희 같은 인물들이다. 중섭은 자신이 더 이상 의학공부를 할 수 없다는 상실감에 빠지지만, 오히려 그것보다는 자신 때문에 절망에 빠진 부모와 가정의 분위기가 비극을 심화시키고 절망을 극대화시키는 역할을 한다. 중서의 경우는 전쟁이 모든 순수한 것을 빼앗아가 버렸다는 것을 상기시켜 준 성순희에 의해 방황과 좌절이 더 깊어지고 심화된다. 소설은 중섭과 중서 외에 이들을 등장시킴으로써 더 이상 구원의 가능성이 없다는 것, 그리고 비극적 상황은 도처에 깔려 있는 보편적 상황임을 상기시켜 준다.
　소설 후반부에서는 이런 비극적 상황이 일순간에 변모되는데, 이는 중섭과 중서의 주체적인 행동의 결과라기보다는 친구 준과 옛 애인 정연의 등장에서 비롯된다. 중섭의 자살시도와 중섭의 방황이 깊어져 더 이상 구원의 가능성이 없을 때 이들은 등장한다. 그리고 중섭에게 삶의 희망을 부어 주고, 중서에게 살아야 할 존재의미를 던져 준다. 절망 끝에 나타

나는 이들은 결국 소설에서 긍정적인 결말을 맺기 위한 하나의 매개적 역할을 맡게 되고, 서사전개는 이에 따라 상처회복의 과정을 순조롭게 밟아 간다. 중섭과 중서 이외에 등장하는 인물들은 서사의 중심을 형성하지는 않는다. 이런 인물들은 자신의 개별적인 행위공간을 가진 것도 아니고, 구체적으로 자신들의 성격을 드러내 보여주는 것도 아니다. 단지 중섭과 중서의 행위공간을 따라 내면심리를 변화시켜 주는 하나의 매개적 역할만을 맡고 있다. 따라서 이런 인물들은 스토리가 진행되면서 주요인물의 심리변화에 따른 필요성이 제기될 때만 부분적으로 등장하게 된다.

『백지의 기록』의 이런 도식적인 인물배치와 도식적인 구조설정은 작가가 작품의 주제와 구성을 등장인물의 행위 속에서 구현시키기보다는 자신의 관념 속에서 구성하고 그것을 각 단계별로 배치시켰음을 보여 준다.[265] 작가는 소설을 구상할 때 그의 관념 속에서 이미 각각의 형상으로 갖추어진 일정한 인물들을 설정해 두었다가 사건의 매 계기마다 이를 등장시키고, 주요인물의 내면변화를 유도할 수 있도록 상황을 구성한다. 그리고 이런 주요인물의 내면변화가 이루어지면 다음 단계의 상황으로 스토리를 이동시킨다. 따라서 소설에서 주요인물은 동적인 성격보다 정적인 성격을 지니게 되고, 등장인물들이 갖는 내면심리와 정신적인 변화

---

265) 이런 특성은 작가의 창작 습관 속에 그대로 드러난다. 우선 강렬한 테마를 결정하고, 그 테마에 맞는 인물을 결정하고, 거기에 맞춰 환경을 설정한다는 작가의 말이 작품의 성격과 유사하게 드러난다. 대표적으로 『백지의 기록』이나 그의 초기 단편은 모두 이 경우에 해당될 것이다. 작가가 자신의 창작 습관에 대해 언급한 부분을 인용하면 아래와 같다.
 '나는 처음에 테마를 잡고 그 테마를 가장 강렬하게 표출시킬 수 있는 인물을 설정한다. 그리고 나서 그 테마와 인물이 가장 적절하게 투입되어 활약할 수 있는 환경을 설정하고 〈스토리〉를 구상한다. 이 단계가 지나면 첫번 스타트를 끊을 수 있는 문장을 생각하고 사건이 계기를 이룰 수 있는 부분까지의 문장을 거의 암기하다시피 머리에 짠다.(중략)그리하여 이 단계가 지나면 구체적인 내부의 부분으로 들어간다.인물과 인물이 만났을 때의 (중요한 대목의) 대화까지 생각한다. 이렇게 하고 나서야 비로소 작품을 쓰기 시작하는 것이다.'
 오상원, 「초조한 마음」, 『한국전후문제작품집』, 신구문화사, 1960, P.422

가 보다 더 중요한 성격을 띠게 된다. 작품은 인물간의 갈등과 행동을 통한 사건으로 진행되기보다는 상황 속에 처해진 인간의 심리변화와 내적인 갈등으로 진행되고 있는 것이다.[266] 예를 들면 중섭과 중서에 대한 묘사는 행동을 통해서 상황을 구성하는 데 집중되기 보다는 상황에 따라 변화되는 내면심리를 드러내는 데 집중되고 있다. 그들은 소설 전반부에서 전쟁에서 상처입은 젊은이의 내면적 속성을 드러내 주는 역할을 하며, 후반부에서는 전쟁상처를 극복하는 양상을 심리적 변화를 통해 보여준다. 한편 중섭의 부모, 성순희, 준과 정연과 같은 인물들은 단지 이런 상황의 각 단계를 매개시켜 주는 역할에만 머무르고 있다. 소설에서 상황과 사건은 이미 작가로부터 주어진 것이기 때문에 상황을 엮어 가는 인물들의 행위가 중요한 것이 아니라, 사건의 진행에 따라 등장인물의 내면의 갈등이나 심리적인 변화가 더 중요하다. 그리고 그것이 직접 전쟁 이후의 젊은이의 절망과 좌절, 이의 휴머니스틱한 극복이라는 주제를 상기시켜 주고 있다.

『백지의 기록』에서 이런 방법은 소설의 서사전개를 인물의 의식 안에서 묘사되게 함으로써 전후현실과 그 속에서 행위하는 인물의 구체성을 약화시키는 결과를 가져온다. 오상원이 초기 소설에서부터 잘 사용하던 방식이 지적인 인물을 기용하고, 그 지적인 인물의 내면을 통해 소설적 상황을 규정하고 인물의 행동을 엮어 나가는 것인데, 이는 소설의 주된 스토리를 인물이 지니는 내적 갈등이나 심리변화를 통해서 전개시키는 방법을 말한다. 「유예」, 「모반」, 「구열」, 「표정」 등이 모두 이러한 내면의

---

[266] 이런 점이 앞서 말한 대로 성격소설의 중요한 특성이다. 성격소설에서는 작가가 의도하는 주제를 미리 상정하고, 상황에 따라 인물을 배치하고 인물의 성격을 분위기에 따라 드러냄으로써 전체 주제를 환기시킨다. 따라서 성격소설에서 등장인물의 내면적 성격은 무엇보다도 중요하게 되고, 작품 전체의 성격은 이런 인물의 성격에 따라 결정된다. 이런 소설은 어떤 종류의 인생상을 제시하는 데 유용하다. 이 점에 대해서는 아래의 책을 참고할 것.
E. 뮤어, 『소설의 구조』, 정음사, 1983, PP.7-39
F.K.스딴젤, 『소설형식의 기본유형』, 탐구당, 1990, PP.122-123

식의 변화에 따라 주제를 환기시키는 방식을 채택하고 있다. 즉 소설 서두나 작품 중간에 극적 상황을 설정하고 이를 통해 인간이 처한 보편적인 성격, 존재의미를 생각하게 하는 것이다. 이런 경우 이런 내적 의식을 이끌고 나갈 지적인 주인공이 반드시 필요해 지는데, 작가는 이런 지적인 인물의 의식을 통해 상황에 대한 분석과 판단을 내리고, 행동의 당위성을 이끌어 낸다. 「황선지대」, 「부동기」를 제외한 그의 작품 대부분에서 관념성이 짙게 배어나오는 것도 이 때문이다.

『백지의 기록』에서도 이런 점은 예외가 아니다. 『백지의 기록』에서 전체 서사진행은 주로 중섭과 중서의 내적 독백과 이를 뒷받침해 주는 서술적 화자의 진술을 통해 전개된다. 『백지의 기록』의 전체 서술은 대체로 장소와 시간을 명시해 주는 서술적 화자의 서술과 그 상황에 반응하는 인물의 내적 독백이 지배하고 있다. 하지만 실상 소설에서 내적 독백 역시 서술적 화자의 서술과 크게 다르지 않다. 『백지의 기록』에서 인물의 내적 독백은 일반적으로 서술자의 시점과 인물의 시점이 중복되어 나타나고, 때에 따라서는 서술적 화자의 시점을 통해서 제시하는 경우도 빈번하게 나타난다.[267] 이럴 경우 개별적 인물의 시점은 확보되기 어렵다. 말하자면 인물의 내면의식 역시 작가의 일방적 서술에 의존하는 경우가 많고, 이런 점이 소설 곳곳에서 감정이입의 문장과 신파조의 문장을 만

---

267) 내적독백에서 인물의 시점과 서술적 화자의 시점이 겹쳐나오는 경우는 『백지의 기록』 곳곳에서 발견된다. 『백지의 기록』에서는 한 내면독백의 단락에서 서술자적 시점과 인물의 시점이 한 문장 한문장 서로 연결되면서 묘사되는 경우는 일일이 지적할 수 없을 만큼 빈번하게 나타난다. 뿐만 아니라 등장인물의 내면독백을 서술적 화자가 대신하는 경우 역시 작품 여러 곳에서 발견되다 예를 들면 '지금의 내가 아니라 그 ㅠ이 나를 그리워하고 있는 것이다'(연재 3회 p.345)라는 표현은 내적 독백을 서술적 화자가 직접 대신해 주는 경우이다. 문장 중간의 '내' 나 '나'의 표현은 내적 독백의 주체를 의미하지만 종지법의 '있는 것이다'는 서술적 화자가 이 문장에 직접 개입하고 있음을 드러내고 있다. 서술적 화자가 인물 내면의식에 직접 개입하는 것은 소설에서 신파조나 감정이입의 문장들을 드러내게 되는 원인이 된다. 이런 신파조의 문장은 대표적으로 연재 1회, p.346-348
연재 5회, p.328-9, 335 등에서 나타난다.

들어 내는 원인이 된다. 각 인물이 가진 내면의식, 서사진행까지 서술적 화자가 일방적으로 지배할 때 객관적 현실의 묘사는 전적으로 서술적 화자의 시각에 의존할 수밖에 없게 된다. 그리고 작가의 의식 속에 주제의 관념성이 선행될 때 작품 전체는 현실적 시각보다 관념적 시각이 지배하는 결과를 낳는다. 『백지의 기록』이 일방적으로 전후 현실에서 겪는 젊은 이들의 방황과 좌절을 강조하고, 이를 순간적으로 전환시킴으로써 상처극복의 의미를 단지 관념적 의식의 변화에만 두는 것도 이 때문이다.

(2) 비극의 과장과 전쟁상처의 절망성

『백지의 기록』은 도식적인 구조와 인물의 선택으로 인해 서사전개에서도 극히 단조로운 경향을 보여 준다. 인물과 인물 사이의 극한 대립도 없고, 상호간의 갈등도 없다. 소설은 오로지 전쟁을 통해 나타나는 상처를 내면적으로 어떻게 치료할 것인가 하는 점에 초점이 맞추어져 있다. 따라서 소설 전체는 전반부에서는 전쟁에 의해 상처입은 자들의 절망과 좌절을 극대화시키고, 이를 후반부에서 극적인 반전을 통해 상처를 회복시키는 단순 구조를 보여 주고 있다. 그런데 이런 극복방식이 어떤 개연성을 가지고 있는 것은 아니다. 앞서 이야기한 대로 소설은 등장인물의 주체적인 행동과 상호관계를 통해 스토리가 구성되는 것이 아니라, 다분히 주어진 상황에 내면적으로 대응하고, 이런 내면의식의 변화 자체가 전체 스토리를 이어가고 있다. 이럴 경우 전쟁 상처와 이의 회복이라는 주제는 상황 자체에서 야기되는 것이 아니라, 변화하는 인물의 내면에 의존할 수밖에 없고, 따라서 전후현실의 다양한 모습은 확보되기가 어렵다. 소설에서 전쟁상처에 의한 절망과 좌절이 전후현실에서 어떤 의미가 있는 지를 구체적으로 밝히지 못하고 단순히 전쟁 때문에 모든 젊은이들이 겪을 수밖에 없는 일반적 상황으로 파악하는 것도 이 때문이다. 그리고 이런 문제는 작가가 의도하는 '전쟁 상처의 회복'이라는 주제가 실제적인 의미를 띨 수 없는 구체적인 이유가 되기도 한다. 이런 점은 『백지의 기록』에서 전쟁 때문에 겪는 젊은이들의 절망과 좌절이 어떤 추상성을 떠고 있는지, 그리고 전쟁 상처의 회복이 어떻게 주관적이고 관념적으로 드러나는 지를 살펴보면 보다 더 확실해 진다.

먼저 『백지의 기록』에서 전쟁상처를 안고 돌아 온 중섭과 중서의 내면적 갈등과 방황이 전체 소설의 삼분의 이에 해당된다는 점을 설명한 바 있다. 소설은 중섭과 중서가 어떻게 전쟁에서 부상을 입고, 전후에도 정신적 방황을 지속하는가 하는 점에 초점을 맞춘다. 그리고 이로부터 절망 상황의 극대화, 비극의 극대화를 꾀하고 상황의 반전이 주는 효과를 최대한 상승시키고자 하고 있다. 하지만 이런 비극적 상황은 구체적 현실과의 조응이 없기 때문에 소설에서는 단지 내면적으로만 다가오는 관념상의 절망으로만 나타난다.

사실 중섭과 중서는 전쟁에서 필연적으로 상처받을 수밖에 없는 당시의 세대를 대표하고 있고, 이런 점에서 이들은 전후소설이 담고 있는 비극적 현실을 그들 나름대로 대변해 줄 수 있는 인물들이다. 그들은 원하지 않는 전쟁에 다녀왔고, 그 전쟁을 통하여 모든 것을 한 순간에 잃어 버렸다. 그리고 모든 것을 상실한 '백지'와 같은 상태에서 현실을 거부하고 절망 속에 빠져든다. 중섭이 자살을 꾀하고, 중서가 방탕한 생활 속에 자신을 던지는 것도 모두가 이런 절망적 현실을 인정하는 행위들이다. 그들은 이미 자신이 진정으로 의미를 두고 행위해야 할 공간을 잃어 버리고 있다. 모든 세계는 무의미하고 무가치한 것으로 변모된 것이다.

소설 전반부에서 중섭과 중서를 통해 보여 주는 무의미하고 무가치한 세계 인식은 작가에 의해 의도된 결과이기도 하다. 작가는 전쟁과 같은 비극적 상황은 아무도 원치 않았던 숙명이라는 것, 그리고 그것이 자신의 선택과는 아무런 상관없이 운명적으로 다가온 현상이라는 것을 강조하고 있다. 중섭과 중서의 좌절과 방황이 그들의 잘못이 아니라 어떤 외적인 힘에 의해 주어졌다는 것은 결국 현실과의 정당한 교류를 부정하고 현실에 대해 절망적 반항만을 지속할 수밖에 없는 근본적 동기가 된다. 더구나 작가는 중섭과 중서의 주위를 형성하는 성순희, 형란과 같은 인물을 통하여 이런 비극이 전쟁 이후 도처에 깔려 있는 보편적 상황이라는 것을 암시하고 있다. 비극은 자기가 원하지 않은 순간에 어느덧 자신의 주위를 둘러싼 절대적 상황이 되고 말았다는 것이다.

소설에서 비극성이 지니는 절대적인 의미, 그리고 필연적이고 운명적이었던 점을 강조하는 것은 전쟁을 바라보는 인물들의 시각에서 구체화된다. 전후의 현실 속에서 절망과 좌절을 하나의 필연적인 과정으로 보는 것은 근본적으로 전쟁이라는 피할 수 없는 불가사의한 힘의 실체 때문이다. 소설에서 전쟁은 현재의 모순을 가져왔을 뿐만 아니라, 가정, 사회까지 황폐화시킨 근본 원인이 된다. 그리고 그런 전쟁은 아무도 피할 수 없는 운명적인 힘으로 전환되어 있다.

> 중서야, 너는 전쟁에 갔다 왔다. 너는 전쟁으로 인하여 커다란 상처를 입었다. 정신적인 상처이건 육체적인 상처이건 그것은 마찬가지다. 그러나 전쟁에 갔다 온 너희들만 상처를 입은 것은 아니다. 너의 어머니를 보렴. 너의 어머니는 직접적으로는 아니지만 간접적으로 너희들을 통하여 너희들보다 더 큰 전쟁으로 인하여 상처를 입고 있는 거다. 알겠니……? 내 말이 무엇을 뜻하려는 것인지를…?내가 말하려는 것은 그것뿐이다.[268]

전쟁으로 인한 상처는 모든 인물이 지닌 행위의 근본적인 동기를 형성해 준다. 중섭의 자기학대, 중서의 방탕한 생활, 형란의 자살, 정연의 정신이상 등은 전쟁 때문에 가능하게 된다. 이들의 모든 불행은 전쟁으로부터 시작되었고, 전쟁을 통해 현재까지 지속되고 있다. 따라서 소설에서 모든 인물들은 전쟁을 철저하게 증오하고 거부하는 태도를 취하게 된다. 중섭이 훈장을 팽개치면서 "전쟁에 대한 저주지 훈장에 대한 것은 아니다"[269]라고 말하는 것이나, 중서의 친구 순희가 "전쟁이란 청년들에게 더 없이 가혹한 것이었지만 우리 여성들에게 있어서도 또한 못지 않게 가혹한 것"[270]이라고 말하는 것도 이 때문이다. 현재의 모든 불행과 방탕,

---

268) 오상원, 『백지의 기록』, 《사상계》, 1957.11, p.322
269) 오상원, 『백지의 기록』, 《사상계》, 1957.5, p.348
270) 오상원, 『백지의 기록』, 《사상계》, 1957.10, p.300

좌절의 삶은 바로 전쟁이라는 원인이 가져다 준 결과에 불과하다. 소설에서 현재에 대한 목적없는 부정성이 그 나름대로 타당한 이유를 지니는 것도 바로 인간 개개인의 개체적 윤리와는 무관하게 존재하는 전쟁의 필연적 악성(惡性) 때문인 것이다.

『백지의 기록』에서 현재의 비극을 전쟁 때문으로 보고, 이런 전쟁이 가져온 비극상을 절대적이고 필연적인 것을 보는 것은 근본적으로 전쟁 이전의 세계와 현재의 비극상을 대비해 보기 때문이다.[271] 소설에서 이미 파괴되어 버린 공간이 더 이상 회복될 수 없는 것은 이전과 같은 과거의 상태로 돌아갈 수 없다는 절망감과 깊이 관련된다. 작품 내부에서 철저히 전쟁 이전의 과거는 선(善), 전쟁 이후 현재는 악(惡)이라는 공식이 만들어 지는 것도 이 때문이다. 소설에서 중섭과 중서에게 과거는 "언제나 아름답고 즐거웠던 꿈같은 기억"[272]들로 나타난다. 중섭의 자기 상실은 의사라는 사회적 신분과 사회적 기능의 상실을 의미하는 것이고, 또한 그것은 본질적으로 인간상실의 문제로까지 확장되어 나타난다.[273] 중서의 상실감은 과거의 편안했던 시절, 정연과의 아름다운 사랑이 살아 있던 공간의 파괴에서 비롯된다. 이제 더 이상 이전의 나와 지금의 나 사

---

[271] 이런 문제는 오상원뿐만 아니라 장용학, 이범선, 선우휘, 송병수와 같은 신세대 작가들에게 공통적으로 나타나는 문제이다. 이들이 월남 작가라는 점, 그리고 월남 이후 남한 현실에 대해서도 비판적 입장을 견지하는 것은 이런 과거에 대한 '향수'와 밀접한 관련을 지닌다. 사실 '과거의 세계',' 잃어 버린 공간'을 아름답게 보고자 하는 것은 현실의 절망적 상황을 부정하고 거기에서 벗어나고자 하는 욕구를 하나의 대타적 개념으로 표현하는 것이다. 그들이 북한 체제를 버리고 남쪽을 택했음에도 남한 현실에서 안주하지 못하는 것도 바로 이런 '과거에 대한 향수' 때문으로 볼 수 있다. 이런 '과거에 대한 향수'는 때로는 현실을 비판적으로 보는 계기가 되지만, 때로는 현실을 추상화하고 전근대적인 세계로 회귀하거나 초월하는 계기가 되기도 한다. 이범선의 서정소설이나 장용학의 관념소설이 이런 경우라 하겠다.
김동환,「한국전후소설에 나타난 현실의 추상화 연구」, 현대문학연구회 편,『한국의 전후문학』, 태학사, 1991, pp.207-213 참고할 것.

[272] 오상원,『백지의 기록』,《사상계》, 1957.10, p.314

[273] 장윤수,「6.25, 그 문학적 대응의 한 양상 – 오상원론」, 송하춘, 이남호 편,『1950년대의 소설가들』, 나남, 1994, p.175

이에 자아동일성을 확인할 수 없는 데서 비극은 절망적이고 움직일 수 없는 실체로 다가온다.

> 그는 잠시 자신의 사진을 내려다보았다. 〈메스〉를 든 건전한 손 빙긋이 정면을 향하여 웃고 있는 그는 분명히 자기였지만 지금은 자기가 아닌 것이 되어 버리고 만 것이었다. 어머니 마음 속에 남아 있는 아들은 지금의 자기가 아니라 건전하였던 그때의 아들인 것이다. 그리고 지금의 내가 아니라 그 때의 나를 그리워하고 있는 것이다.[274]

과거의 아름다운 시절과 현재의 비극적 상태의 대비는 끊임없이 현실을 절망과 좌절, 고통과 허무로 바라보게 한다. 현재의 상태는 결국 자신이 원하던 것이 아니라, 자신의 의사와는 전혀 무관하게 찾아 온 것이기에 그 비극적 의미는 더욱 커진다.

소설에서 전쟁이 결코 주체적인 성찰의 대상이 되지 못한다는 것은 모든 현실적 비극의 원인을 단지 전쟁 탓으로만 돌리는 감상적 체험의 의식이 강하게 작용하고 있기 때문이다. 모든 인물들은 전쟁에 대해 저주를 퍼붓지만 그 전쟁의 의미에 대해서는 아무도 이야기하지 않는다. 다시 말하면 전쟁의 사회적, 역사적 의미는 애초부터 문제가 되지 않는다는 것이다. 전쟁은 다만 지금 여기의 자신을 만들어 준 하나의 불가사의한 힘으로서 존재하고 있다. 뿐만 아니라 자신의 선택과는 상관이 없는 전쟁이란 불가사의한 힘이 있기에 모든 인물들은 지금 자신의 처지를 비관하고 그것에 대해 반항하고 절망할 수 있다. 지금 자신의 절망, 좌절, 자신의 방탕한 생활을 단지 전쟁 탓이라고 하는 심리적 투사가 언제든지 가능한 것이다.

> 예. 얼마든지 꾸짖어 주십시오. 그러나 제 탓은 아닙니다. 저는 다만 전쟁에 갔다 왔을 뿐입니다. 마음대로 꾸짖어 주십시오. 전쟁에 갔다 왔다는 것, 그것

---

274) 오상원, 『백지의 기록』, 《사상계》, 1957.8, p.345

뿐입니다.[275]

과거와 현재의 대비를 통한 현실적 절망감, 전쟁에 대한 비극적 저주 등을 통해『백지의 기록』에서 모든 인물들은 스스로 무의미한 삶에 자신을 던진다. 그들은 무엇보다 자신의 힘으로 어찌할 수 없는 운명적 비극에 대해 절망하고 좌절한다. 현실에 대해서 어떻게 해 볼 수 없는 개인적 한계를 실감하고, 그 한계 속에 자신을 스스로 가두어 버리는 것이다. 이처럼 소설 전반부에 나타나는 모든 인물들의 절망과 좌절은 바로 현실세계가 안고 있는 운명적 모순을 스스로 인정함으로써 나타난다. 뿐만 아니라 그들은 현재의 절망에서 한 걸음 나아가, 삶 자체가 무의미한 것으로, 인간 자체가 무의미한 것으로 확장한다.

생활에 대한 주장의 상실은 이미 욕구를 잃어버린 생활인 것이다. 의존해 산다는 것 그것은 무의미하다. 무의미를 위해서도 살아야 한단 말인가? 그 순간 중섭은 문득 세차게 떠오르는 한가닥 생각에 사로잡혔다.
'뭐, 인간이란 것이 별난 건 줄 알어? 무의미한 거야. 인간이 장하다는 게 어디 있는지 알어? 무의미하다는 것을 알면서도 거기다 의미를 붙여가지고 산다는데 있는 건…. 쳇!'[276]

중섭의 이러한 사고 방식은 자신뿐만 아니라, 중서, 성순희, 형란 심지어 중섭의 부모에게까지 확장되어 드러난다. 삶에 대한 아무런 의의와 가치를 느끼지 못할 때 삶과 인생 전체까지도 무의미한 것, 무가치한 것으로 느껴지게 된다. 중섭이 자살을 결심하게 되는 것도 결국 이런 의식과 직접 연관된다.『백지의 기록』에서 전후의 절망이 아무런 사회적 연관

---

275) 오상원,『백지의 기록』,《사상계》, 1957.11, p.321
276) 중섭의 이런 사고는 전쟁터의 한 장교를 회상하면서 나타난 것이다. 소설 초반부는 이런 사고를 점차 확대하는 과정으로 나타난다. 그리고 중섭의 자살과 중서의 방탕한 생활을 내적으로 합리화시켜주는 의식이 된다.
오상원,『백지의 기록』,《사상계》, 1957.8, p.342

관계를 가지지 못하는 것은 결국 절망 자체가 인간의 힘으로 어찌할 수 없는 보편적 상황이라는 것, 나아가 그 속에서의 삶 역시 무의미하고 무가치하다는 추상적 인식을 긍정함으로써 나타난 것이다.

『백지의 기록』의 전반부에서 보여 주는 절망과 허무의 생활 방식, 세계와 인간에 대한 무의미성은 이미 이전의 단편에서 풍부하게 보여 주던 방식이다. 오상원의 「유예」나 「구열」 같은 초기 행동주의 소설에서 이미 극한 상황 속에 인간존재의 허무성과 무의미성이 분명하게 드러나 있고, 전후 현실을 다룬 「증인」과 같은 소설에서 전쟁의 상처를 통해 더 이상 삶의 의미를 찾을 수 없는 절망적 인간상을 표현하고 있었던 것이다. 다만 『백지의 기록』에서는 현실적 절망의 원인을 부조리한 세계상황으로 직접 보편화하기 보다는 전쟁이라는 보다 구체적인 힘으로 대체하고 있다. 하지만 이 전쟁도 어디까지나 인간의 한계 상황을 규정하는 매개적 역할만을 하고 있다는 것은 자명하다. 소설에서 전쟁의 구체적 의미는 어디서도 표현되지 않고 단지 전쟁에 따른 절망감과 좌절감만이 부각되어 있다. 전쟁이 한 개인이 겪는 사회, 역사적 경험으로 구체화되지 못할 때 등장인물들은 전쟁과 같은 부조리한 상황에 대한 자신의 피해의식만을 드러내게 되고, 절망을 과장하고 체념하는 태도만을 보여주게 된다. 이 때 그들이 보여주는 '사회에 대한 냉소적 시각은 사회로부터 스스로를 고립되는 결과'[277]를 만들어 내고 있다.

(3)주관적 화해의 방식과 도식적 휴머니즘

소설 전반부에서 전쟁과 같은 극한 상황 속에서 인간을 고립적, 절망적 존재로 보고자 하는 의식이 오상원의 초기소설에서 보여 주었던 문제의식을 그대로 가져온 것이라면, 소설 후반부에 나타나는 화해와 극복의 방식은 『백지의 기록』만이 가지는 독특한 점이라 할 수 있다. 이런 방식은 초기 소설이 가지는 고립과 단절의 문제의식을 극복하고 그 나름대로

---

277) 송태욱, 「오상원 소설연구」, 연세대 대학원, 1992, p.58

인간적 가치를 확보하고자 하는 오상원의 휴머니즘적 의식에서 비롯되었다. 그리고 장편의 분량을 감안하여 전쟁의 피해의식만이 아닌 그 후일담을 다루고자 하는 점도 고려되었을 것이다. 초기소설에서처럼 테러나 죽음과 같은 행동을 통한 자기극복의 방식은 이미 그 자체로 허무적인 속성을 가지기 때문에 진정한 인간성의 가치회복이란 애당초 불가능하였다. 테러, 죽음과 같은 방식은 부조리한 상황에 대한 극단적인 항거의 의미는 있어도 그것 자체가 진정한 인간성의 가치회복을 의미해 주지는 못한다. 『백지의 기록』에서는 중서의 방탕한 행동을 통해서 보여주듯이 여성과의 성적 행위를 통한 에로티시즘에서 절망과 허무를 해소하고 자신의 존재의미를 확인하고자 하지만, 이런 방식 역시 진정한 사랑 없이는 또 다른 허무와 절망을 확인하는 것에 지나지 않는다.[278] 『백지의 기록』에서 절망은 전쟁과 같은 부조리한 상황을 하나의 절대적 존재조건으로 인정하는 가운데 나타난 것이고, 이런 상황을 바꾸지 않는 한 절망의 극복은 불가능하다. 따라서 전쟁상처의 극복과 회복의 방식은 그런 현실을 인정하고, 그 속에서 삶의 의미를 찾고자 하는 의식의 전환을 통해서만 가능하게 되고, 이런 의식의 전환을 위해 소설 후반부 여러 가지 인위적인 장치를 동원하게 된다.

『백지의 기록』에서 상처극복의 과정은 중섭과 중서가 현실을 바라보는 의식의 변화에서부터 시작된다. 소설 전반부에서는 비극적 상황에 대한

---

278) 인간이 절대적인 한계 상황에서 느끼는 고독과 절망을 극복하기 위하여 죽음, 살인, 에로티시즘을 이용한다는 것은 말로의 소설에서 단적으로 드러난다. 그의 소설 『정복자』나 『인간조건』, 『왕도』 등에서 이런 방식이 집중적으로 거론되지만 결국 그것은 또 다른 허무와 절망을 가져올 수밖에 없다는 것을 소설 자체에서 보여 주고 있다. 말로는 이보다 혁명과 같은 집단적 행동과 형제애와 같은 사랑을 통해서 절망 자체를 극복하고 인간 자신을 확인하고자 한다. 하지만 오상원의 소설에서 존재의 자기확인 방식은 행동이나 죽음, 성적 에로티시즘으로만 나타나고 이것이 사회적 문제의식으로 확장될 가능성은 보여주지 않는다. 이런 점은 오상원의 여러 소설이 말로의 형식적 기법만을 빌려오고 있음을 증명해 주는 것이다.
정영미, 「앙드레 말로에 있어서 존재 의미의 추구」, 연세대 대학원, 1982
최태규, 「앙드레 말로에 있어서 '행동의 모랄' 연구」, 성균관 대학원, 1982 참고할 것.

주체적 성찰이 불가능하였으므로, 소설 후반부에 나타나는 의식의 전환 역시 등장인물의 주체적 성찰에 의해서 이루어질 수 있는 것은 아니다. 그것은 지극히 우연적이고 도식적인 방법에 의해서 이루어진다. 전쟁의 상처에서 헤어나지 못하던 중섭과 중서에게 극복의 계기가 주어지는 것은 친구 준과 옛 애인 정연을 우연히 만남으로써였다. 자살을 기도하였던 중섭이 정신병원에서 친구 준을 만나고, 중서는 거기에서 옛 애인 정연을 만난다. 그리고 여기서부터 스토리는 급격한 반전으로 이어진다. 중섭은 친구 준이 자신과 마찬가지로 전쟁에서 불구가 되었음에도 그 상처를 잊고 재활의 의지를 다지는 모습을 통해서, 그리고 중서는 옛 애인 정연이 살아 있음을 보고 다시 옛날과 같은 순수하고 아름다운 공간을 회복할 수 있다는 믿음을 통해서 삶의 의욕을 되찾는다. 하지만 이런 과정들은 지극히 우연적이고 갑작스런 계기를 통해서 이루어진다.

'사람이란 아무리 불행해져도 불행한 대로 남아 있는 능력이 있오. 그 능력을 살리면 되는 거요. 그 능력만도 죽을 때까지 다 발휘하고 죽을 수 있다면 그 사람으로선 더없는 행복일 거요. 완전한 몸을 가지고 그 능력을 만분지 일도 발휘치 못하고 죽은 사람들보다는…. 나는 그때부터 나에 대한 자신을 가졌다. 그러니 다른 생각일랑 아여 집어치워요. 내 내일 꼭 뵈어 줄 곳이 한 곳 있어'
  여러가지 위로를 주고 준이 나간 다음 중섭은 자리에 그냥 쓰러져 누웠다. 그는 눈을 꾹 지려감고 동요되는 마음의 격동을 잠시 이겨가고 있었다. 준의 말은 참으로 강한 충격을 그의 마음에 남겼던 것이다.[279]

중서의 가슴속에서는 뜨거운 피가 확 터져나오는 것만 같았다. 한가닥 옛보습도 찾아 볼 길 없이 부숴져 버린 정연이. 나 또한 그런 것이다. 우리는 둘이 다 자기를 잃어 버리고 무너져 버린 젊음인 것이다. 우리는 이 무너져 버린 서로의 얼굴 속에서 다시 몸을 마주대고 시작해야 하는 것이다. 이렇게 생각이 들자 중서는 벌떡 일어섰다. 그의 가슴을 덮고 있던 수많은 어두운 그림자들

---

279) 오상원, 『백지의 기록』, 《사상계》, 1957.11, p.330

이 그와 동시에 아득한 옛이야기처럼 걷혀 가는 것만 같았다.[280]

위의 글은 중섭과 중서가 이전의 절망적 상황을 딛고 자신을 회복해 가고자 하는 의식의 변화를 보여 주는 부분이다. 중섭은 친구 준의 재활 의지와 설득을 통해, 그리고 중서는 정연의 살아 있음을 통해 다시 새롭게 시작할 수 있다는 그 나름대로의 자신감을 얻는다. 하지만 이런 의식의 변화는 지극히 주관적이고 관념적이다. 이들이 의식의 변화를 일으키는 내적 계기 역시 필연성이 희박하다. 중섭이 친구 준의 재활 의지와 '우리들의 마을'에 있는 불구자의 강한 생활의지를 보고 마음을 돌렸다는 것 자체가 지나친 도식화의 일환일 뿐만 아니라, 중서가 옛 애인인 정연을 만남으로써 자신의 방황을 청산하고 새로운 삶의 의지를 다진다는 것은 아무래도 작위적인 느낌을 떨쳐 버릴 수가 없는 것이다. 위의 글에서 보다시피 소설 전개에서 이런 갑작스런 의식의 변화는 스토리 전개과정에서도 개연성을 확보하기가 어려울 뿐만 아니라 소설 전체를 도식적으로 만드는 직접적 요인이 된다.

이러한 작위적이고 도식적인 일련의 변화는 소설 전체의 흐름으로 보아 다분히 작가 자신의 휴머니즘적 의식에서 비롯되었음은 분명하다. 예를 들면 소설의 대부분을 중섭과 중서의 방황과 좌절의 모습을 담고 있다가 갑자기 연재 마지막 1회 반의 분량을 통해 친구 준과 정연을 등장시키고 이들을 통해 극적인 변화를 이루어 낸다는 것은 소설의 흐름이 현실에 바탕을 두는 것이 아니라 작가의 관념에 의해 좌우된다는 것을 단적으로 보여 주고 있다. 이런 점은 소설 말미에 나타나는 신파조의 감정이입의 문장에서 그대로 드러난다. 작품 속에서 "조용히 그들의 대화를 듣고 있던 청년의 눈에서는 눈물이 주루루 흘러내리고 있었다"[281]나, 혹은 "중서야. 그렇다고 낙심할 것은 없어. 정연이는 죽었다만 우리는 더

---

280) 오상원, 『백지의 기록』, 《사상계》, 1957.12, pp.323-324
281) 오상원, 『백지의 기록』연재 5회, 《사상계》, 1957.11, p.335

꿋꿋이 살아야지"[282]라는 식의 신파조의 서술은 작가가 바로 인물의 내면에 일어나는 변화를 유도하고 있음을 보여 준다. 어차피 『백지의 기록』에서 전후현실의 절망 자체가 현실에 대한 구체적 의미를 드러내는 것이 아니기에 이의 극복 역시 관념적이고 추상적일 수밖에 없다. 그리고 이런 관념적 태도는 결국 '극한 상황 속의 인간조건 - 허무, 절망, 좌절의 인간태도 - 인간성의 회복'이라는 작가 자신의 감상적인 휴머니즘의 공식을 그대로 작품 속에 집어넣은 도식성을 만들어 내고 있다.

3) 『백지의 기록』과 한계와 그 극복

위에서 본 바대로 작품구조의 도식적 방법과 주제를 처리하는 관념적 태도는 『백지의 기록』이 오상원의 초기소설에서처럼 여전히 실존주의적 휴머니즘의 영향 아래 있음을 보여 준다. 물론 『백지의 기록』이 전후현실의 절망적 상황과 그 극복이라는 구체적 과제를 들고 나온다는 점에서 초기소설과 다소 차이가 있긴 하지만, 근본적으로 세계를 바라보는 시각, 태도에는 큰 변화가 없다. 현실을 사회적 연관관계 속에서 보지 않고 고립되고 추상적인 공간, 즉 부조리한 상황으로 바라보는 시각은 여전히 변하지 않고 있다. 절망적 상황에 처해 있는 인간의 보편적 조건과 그 상황으로부터 탈피하여 화해와 회복의 인간성을 보여 주는 것이 모든 보편적 휴머니즘의 속성일 테지만, 『백지의 기록』에서는 특별히 전후(戰後) 절망적 현실이 허무, 무의미라는 보편적 인간조건과 함께 과장되어 드러난다는 것, 그리고 전쟁을 저주하면서도 전쟁과 같은 사회, 역사적 제반 규정들이 소설 속에서 아무런 상관관계를 지니지 못한다는 점은 주목할 필요가 있다. 작품 결말의 도식적이고 작위적인 화해와 회복의 과정은 바로 이런 성격에서 비롯되는 것이다.

『백지의 기록』에서 나타나는 휴머니즘에 대한 관념적 태도는 초기 그의 단편이나 논설에서 보여 주는 대로 실존주의적 영향에서 비롯되고 있

---

282) 오상원, 『백지의 기록』 연재 6회, 《사상계》, 1957.12, p.343

다는 점은 분명한 사실이다. 그는 최일수와의 논쟁에서 '실존이 본질보다 앞선다' 라는 명제를 분명히 밝히고 있고, 우리 현실에서 인간의 불안과 부조리를 규명하기 위해 실존주의가 필요하며, 또한 사르트르의 선택, 자유, 책임 등의 예를 들어 실존주의가 개인주의가 아니라 인류에 대하여 책임을 지는 것이라는 점을 강조해서 말하고 있다.[283] 그가 "실존주의야말로 철저히 행동주의요 낙관주의"[284]라고 말하는 이면에는 전후의 절망적 현실에서 사회적 관심보다는 인간 그 자체에 대한 관심을 두고자 하는 의도를 드러낸 것이라 볼 수 있다. 따라서 그가 소설에서 관심을 두고자 하는 인간은 '실존이 본질에 앞선다' 라는 실존주의적 의미처럼 철저하게 역사와 사회적 의미가 삭제된 것이다. 『백지의 기록』에서 보이는 휴머니즘 역시 절망적 상황 속에서 보편적 인간을 중심에 두고자 하는 사고의 일종이며, 이는 소설에서 시대상황과 연관없이 단순히 '인간성 회복', '인간성 옹호' 로 나타나는 근본적 배경이 된다. 그의 단편 「유예」, 「구열(龜裂)」, 「죽음에의 훈련」, 「사상(思像)」, 「현실」, 「표정」 등에서 여러 번 보여 주었던 극한 조건에서 인간존재의 탐구는 이런 실존주의적 인간상의 탐구방식의 일종이다. 즉 그가 말한 대로 인간이 "자기 스스로 자기의 운명을 만들어 가는 존재"이며, "사람은 그 행동에 의하여 결정되는 존재"[285]라면, 이런 존재의 탐구 방식은 전후의 절망과 좌절 속에서 최소한 개체적 인간존재의 의미를 살릴 수 있는 하나의 방법적 원리가 되는 것이다. 하지만 이런 경우 인간이라는 개념이 전후현실과 구체적인 연관을 맺는 것이 아니라, 고립적이고 추상적인 성격을 띠는 것이기에 그의 휴머니즘 역시 구체적인 의미보다 관념적인 성격을 띨 수 밖에 없다. 오상원에게 있어 휴머니즘은 막연히 '인간성 구원', '인간성 옹호' 의

---

283) 오상원, 「실존주의는 개인주의인가 – 하나의 是正으로서 –」, 〈경향신문〉, 1955. 12
이 글은 최일수의 실존주의에 대한 비판의 글인 「실존문학의 총화적 비판– 하나의 서론적 고찰–」(〈경향신문〉, 1955.4.3-15)에 대한 반박의 글이다.
284) 앞의 오상원 글, 〈경향신문〉, 1955.5.12
285) 오상원, 앞의 논문, 〈경향신문〉, 1955.5.13

차원으로 드러날 수밖에 없는 것도 이 때문이다.

『백지의 기록』에서 보이는 관념적 경향은 실존주의적 휴머니즘이 안고 있는 모순과 밀접한 관련이 있다. 실존주의에서 인간이 부조리와 허무의 보편적 존재조건을 필연적으로 안고 있는 것이라면, 화해와 회복의 인간성, 사회적이고 공동체적 인간성을 강조하는 것은 애당초 무리이다. 예를 들어 인간이 어떠하다는 존재론적 조건과 인간이 어떠해야 한다는 당위론적 의무 사이에는 필연적으로 심각한 모순이 생길 수밖에 없는 것이고, 부조리한 인간존재에 대한 사실적 인식과 인간적 가치를 설정하려는 윤리적 욕구 사이에 괴리가 생기게 된다.[286] 이런 문제는 까뮤나 말로, 사르트르의 휴머니즘론 자체가 안고 있는 모순이지만, 실존주의를 하나의 휴머니즘으로 받아들이던 전후(戰後)의 현실에서는 근본적인 비판이 불가능했던 것이다. 『백지의 기록』 역시 절망적 인간상과 이의 휴머니즘적 극복 사이에는 일정한 괴리가 있다. 당시의 지적 풍토에서 나온 것이긴 하지만 전쟁으로 인한 비극적 현실을 절망과 좌절의 인간조건으로 대체하는 것과 한편으로 휴머니즘의 기본 요소이기도 한 인간성의 회복을 동시에 강조하는 것은 소설의 구조를 어렵게 만들고, 궁극적으로는 우연적이고 도식적인 결과를 가져오게 만든다. 따라서 작품 전체는 '절망적 인간조건 - 화해와 극복'이라는 다분히 도식적인 구조의 해결에만 집중하게 되고, 그 속에서 전쟁의 상처와 극복이 지닌 사회적이고 현실적인 의미는 살아나올 길이 없어진다.

『백지의 기록』이 가지는 휴머니즘적 허약성은 바로 이런 휴머니즘의 요소 자체에 있다. 단순히 절망적 현실을 인간의 존재적 조건으로 삼는 것이나, 휴머니즘에서 말하는 인간성 회복이라는 당위적 범주를 좇아가는 것은 오히려 진정한 의미에서 휴머니즘적 성격을 더 허약하게 만들 수 있다. 진정한 휴머니즘이란 오히려 현실의 비극성을 있는 그대로 보

---

286) 이점에 대해서는 정명환, 「사실과 가치 -사르트르의 휴머니즘이 남기는 문제-」, 《사상계》, 1962.9, pp.66-75 를 참고할 것.

여 주는 것, 그리고 그것도 가장 현실답게, 현실의 삶을 그대로 재현하는 과정에서 나올 수 있는 것이다.

『백지의 기록』에서 나타나는 이런 관념적 경향은 1955년 「유예」로 등단하여 전쟁체험을 실존주의와 같은 서구적 방법을 통해 해명하고자 한 오상원의 초기 소설적 특성을 그대로 보여주고 있다. 그의 소설에서 나타난 주제는 주로 전쟁의 비인간적인 측면을 강조하거나, 전후현실에 적응하지 못하는 참전 용사의 정신적, 육체적 상처를 다루는 것이고, 이를 통해 반전(反戰)적인 휴머니즘과 인간중심의 사고를 강조하고자 하는 것이었지만, 그것이 전후현실의 폭넓은 상호관계 속에서 형성되지 못함으로써 단지 부조리한 세계와 고립된 인간이라는 관계 속에서 전후현실의 절망과 좌절을 드러내는 데 그칠 수밖에 없었다. 이런 점은 오상원 스스로가 전쟁상처의 직접적 체험으로부터 시간적 거리를 가지지 못했고, 전쟁과 전후현실을 이성적이고 객관적으로 바라볼 시각적 여유도 가지지 못했음을 의미한다. 그에게 필요했던 문제는 무엇보다도 전쟁 체험과 전후의 불안의식을 직접적이고 효과적으로 드러내는 것이었고, 이런 점들이 서구의 전후사상을 직접 받아들이는 계기가 된다. 이를테면 전쟁을 통해 상처입은 젊은이들이 받아들일 수 없었던 당시 사회적인 분위기와 전쟁과 전후현실을 객관적으로 바라보고 이를 구체화할 수 없었던 시간적 근접성이 전쟁을 다루는 체험의 직접성으로 나타나고, 이를 개체적 존재를 강조하는 서구적 실존주의 속에서 '절망적 상황 속에 인간중심'이라는 단순한 명제로 구체화되었던 것이다.

오상원의 소설이 '극한상황 대 고립된 개인'[287], '인간의 존재적 자각과 인간성 옹호'라는 과제 속에서 상황설정, 인물설정이 유형적으로 반복되는 것도 이 때문이다.[288] 『백지의 기록』을 포함하여 「유예」, 「사상(思

---

287) 송태욱, 앞의 논문, p.73
288) 오상원 소설에서 인물의 유형적 반복에 대해서는 아래의 글을 참고할 것.
　　송태욱, 앞의 논문, p.73

想)」,「죽음에의 훈련」,「현실」,「증인」,「파편」,「실기(失記)」 등 대부분의 그의 소설은 예외없이 동일한 상황과 동일한 인물들을 반복해서 등장시키고 있다. 전쟁 중에 지성적 인물을 등장시켜 자기 존재에 대한 내적 독백을 반복하고 있고, 주제는 이런 내적 독백이나 회상, 회고를 통해 환기된다. 전후현실을 다룬 소설에서도 전쟁의 후유증을 앓고 있는 인물이 예외 없이 등장하고, 이를 통해 어디서도 안주할 수 없는 현실적 절망을 드러내 보인다. 이런 소설에서도 내적 독백, 회상, 회고의 방식은 주제를 형성하는 중요한 계기가 된다. 전쟁을 다루건, 전후현실을 다루건 오상원의 소설은 전쟁의 상처와 그 상처 속에 인간의 존재 의미를 묻는 것이 주된 테마가 되고 있다. 그가 전후현실을 다루고자 한 소설마저도 결국 전쟁과 그 후유증을 이야기한 셈이 되고 마는 것도 이와 관련된다.『백지의 기록』도 결국 전후현실을 다루었다기 보다는 전쟁과 그 영향을 다루었다는 점이 더 적합할 것이다.

    오상원 소설이 이처럼 단순한 상황과 인물을 반복해서는 변화되는 전후현실을 객관적으로 반영할 수 없다는 점은 자명하다. 문제는 이런 전쟁상처로부터 벗어나고 주관적 시야를 확대하여 다양한 인물을 통해 현실을 객관적으로 재구성하는 것인데, 이런 점은 이후「부동기」나「황선지대」를 통해 드러나게 된다.「부동기」는 전후의 궁핍상을 한가족의 몰락을 통해서 보여주고 있는 작품이다. 이 속에는 단지 전후의 궁핍상만이 강조되는 것이 아니라, 그런 궁핍상을 만들어 주는 사회, 정치적인 요인이 잠재적으로 드러난다. 전쟁 전에 공장을 경영했으나 전쟁을 통해 모든 것을 잃고, 정치적 배경이 없어 공장을 회복하지 못해 낙심하고 패배적 삶을 살아가는 아버지, 정치적 활동을 통해 잃은 것을 보상받으려는 형, 생계 문제를 위해 술집작부가 되었던 누나, 이런 한 가족의 파멸된 모습을 어린 화자(소년 영식)의 눈을 통하여 보여주고 있다.「부동기」에서는 한 가족의 경제적 파탄상이 전후사회의 사회적 모순과 결합되어 있으며, 그런 가족의 파탄상이 전후사회에서 결코 회복될 수 없는 것임을 보여주고 있다.「황선지대」는 전후(戰後) 미군부대 주변을 배경으로 하여 사회에 낙오된 자들의 삶을 사실감있게 펼쳐보이는 소설이다. 이 소설에는 월남하여 생활의 안정을 찾지 못하는 자, 참전군인, 유복한 가정에 있다가 전쟁으로 인해 창녀가 된 여인 등이 등장하여 전쟁의 상처보다 더 심각한 문제인 생활의 궁핍을 극복하기 위해 밑바닥 인생을 전전하는 모습들을 보여준다. 이들은 미군 기지촌을 벗어나기 위해 미군 창고를 털 계획을 세우고 이를 실천하지만 소설 말미에 빈 창고만을 보여줌으로써 이런 희망 자체가 불가능함을 암시하고 있다.

「부동기」와 「황선지대」는 『백지의 기록』을 비롯하여 오상원 소설이 지니고 있는 일반적 특성과는 많은 차이를 보인다. 이 소설들에서는 『백지의 기록』에서처럼 내면적 묘사가 전체 상황을 결정하고 스토리를 진행시키는 것이 아니라, 사실에 대한 객관적 묘사가 전체 스토리를 이끌고 있으며, 주동인물에 한정되어 있던 상황과 행동의 묘사가 주변인물들로 폭넓게 확산되고 있다. 무엇보다 중요한 것은 소설의 주제가 인간실존 문제나 인간본질론(아포리즘)으로부터 벗어나 전후현실의 부정적 모습을 객관적으로 재구성하여 보여주고 있다는 점이다. 이런 점은 오상원 소설이 전쟁의 피해의식으로부터 벗어나 비로소 전후(戰後)의 객관현실에 대해 눈을 돌리고 있음을 의미한다. 「부동기」와 「황선지대」에 와서야 『백지의 기록』에서 보이는 현실에 대한 관념적 경향이 사실에 대한 실제적 인식으로 바뀌고 있는 것이다. 하지만 「부동기」와 「황선지대」가 단편이나 중편의 형식을 취하고 있음을 볼 때 장편소설로서 관념적 경향의 극복가능성을 제기하고 있다고 분명히 말하기는 어렵다. 단지 『백지의 기록』에서 보여주는 일정한 서사구조의 단점과 서술표현의 단점을 나름대로 극복하고 있으며, 50년대 후반 점점 암울해 지고 있던 정치적 현실에 맞추어 당대 현실을 객관적으로 묘사하고자 하는 사실주의적 경향으로 바뀌고 있음을 보여준다.

4. 전쟁체험의 내면화와 전후현실의 구체적 묘사
    : 황순원의 『나무들 비탈에 서다』

1) 『나무들 비탈에 서다』와 장편소설의 가능성

(1) 체험적 방식과 관념적 소설의 극복

전후(戰後) 장편 소설 중에서 대상의 거리두기, 대상의 객체화가 비로소 분명하게 드러나는 소설은 황순원의 『나무들 비탈에 서다』이다. 황순원의 『나무들 비탈에 서다』는 신세대 장편이 지닌 관념성을 극복하고, 전후 현실의 다양한 삶 속에서 소설적 전체성을 나름대로 가늠해 볼 수 있는 대표적 장편이다. 앞 장에서 살펴 본 바대로 염상섭의 『취우』나 황순원의 『카인의 후예』는 각자 객관과 주관의 세계에 사로잡혀 있음으로 해서 현실의 전체상을 드러내기가 어려웠다. 신세대 작가의 작품인 장용학의 『원형의 전설』이나 오상원의 『백지의 기록』은 전후현실 전체를 부정하여 현실을 초월하고자 하는 경향을 보이거나, 관념적 휴머니즘으로 현실을 추상화하는 결과를 가져오고 있다. 결국 전후 장편은 현실을 다루는 방식이 주관적이든 객관적이든 혹은 관념적이든 모두 대상을 객관화 시키지 못하고 작가의 주관아래 둠으로써 객관적 현실의 다양한 모습을 형상화하는 데는 실패하고 있다. 『나무들 비탈에 서다』는 전쟁에 참여한 젊은이들의 내면적 상처를 다루는 소설이면서도 비교적 객관화된 서술방식과 다양한 서사구성를 통해 '생활 그 자체의 형식'을 좇아 현실을 재구성하는 장편소설 특유의 방식을 나름대로 보여주고 있다.

『나무들 비탈에 서다』가 신세대 장편 소설과 달라지는 점을 몇 가지로 구분해 보면 다음과 같다. 우선 전쟁과 전후현실의 객관적 모습들이 소설의 구체적 배경을 형성하고 있다. 『나무들 비탈에 서다』에서는 상황과 인물의 구성방식이 신세대 작가의 작품처럼 전쟁 체험과 주관적 현실해석에 따라 좌우되는 경향을 보여주지는 않는다. 신세대의 장편소설이 전쟁과 전후의 절박한 체험에 따라 현실을 관념적으로 재해석하여 현실의 부정성을 드러내는 데 초점이 두고 있다면, 『나무들 비탈에 서다』에서는 전쟁과 전후현실에서 상처입은 자들의 삶의 모습을 있는 그대로 사실감 있게 묘사함으로써 전후현실의 삶의 한 단면을 훌륭하게 재구성하고 있다. 『나무들 비탈에 서다』에서는 전쟁현실을 다룸에 있어 신세대 소설처럼 회상, 회고의 방식을 사용하는 것이 아니라, 전쟁과 전후의 실제적 상황을 현실의 흐름 그대로 재구성해 낸다. 이런 방식은 현실을 자신의 지적(知的)관념성 속에서 해석하던 경향을 보여주던 신세대와 확연한 차이를 이루게 된다.

다음으로 다양한 인물들의 상호작용을 들 수 있다. 『나무들 비탈에 서다』에서 나타나는 다양한 인물들은 이전처럼 작가의 관념 속에서 이미 각인된 주관적 인물은 아니다. 각 인물은 자기 나름대로 개체성을 지니고 현실 세계 속에 발을 붙이고 있다. 소설 속에는 전후 현실에 좌절하고 방황하는 현태와 같은 인물이 있는가 하면, 이전에 볼 수 없었던 현실주의자 윤구와 같은 인물도 있다. 그리고 현실의 고통을 한 몸에 안아 미래에 대한 희망을 포기하지 않는 숙과 같은 인물도 등장한다. 무엇보다도 중요한 점은 소설 속에는 이 인물들이 취하는 각양각색의 삶의 방식들이 풍부한 디테일을 통해 재현되고 있어, 전후 상처를 보여준다 하더라도 몇몇 인물의 내면적 상처와 그 의미에 집중하여 소설이 단순히 관념적 등위물로 전환되는 것을 막고 있다는 점이다.

『나무들 비탈에 서다』에서 나타나는 이러한 특성은 황순원이 취하고 있는 객관적 묘사 방식에 크게 힘입고 있다. 『나무들 비탈에 서다』에서는 묘사하는 주체가 서술자로부터 인물 중심으로 크게 변모하고 있으며, 이런 점들이 각 인물의 행동에 따라 디테일의 풍부성과 사건구성의 다양함을 가져오는 근본 요인이 된다. 이를테면 소설의 전체 공간을 작가가 직접 개입하여 묘사하는 방식을 택하지 않고, 각 인물의 행위와 사건의 진행에 따라 각 개체의 입장에서 서술하는 객관적 묘사방식을 취함으로써 인물과 사건, 스토리의 흐름 자체를 객관화할 수 있는 여지를 만들고 있다. 이런 점은 대상 자체를 자신의 주관 속에 귀속시켰던 신세대의 관념적 창작 방식과는 근본적으로 다른 것으로, 현실을 사회의 폭넓은 관계 속에서 재구성할 수 있는 가능성을 보여주는 것이라 할 수 있다.

『나무들 비탈에 서다』에서는 관념적 소설이 갖는 협소한 시각의 입지를 벗어나, 다양한 인물의 등장과 인간관계가 지닌 복합적인 상호관계를 통해 도식적인 인물배치와 획일적인 인물구성을 벗어났다는 점에서 이전 소설과 달리 장편소설의 한 발전 경향을 보여준다. 한 평자의 말처럼 "다양한 세계관과 성격의 인물들이 결코 획일적인 모습으로 제시되지 않으며, 구체화되어 있고, 이들이 발디디고 있는 세계 또한 우리가 살아가는 현실의 무대에 한 걸음 더 다가와 있"[289]다는 것이다. 소설 속에서는 전쟁을 바탕으로 하면서 여기에서 일어나는 여러가지 측면과 가능성을 함께 보여주고 있다. 즉 전후 현실이 단지 순수함의 파괴만은 아니라는 것, 그리고 그 현실의 복합성 안에는 비관주의와 낙관주의, 허무주의와 현실주의의 양면성이 내재되어 있다는 것을 작품 속에서 적절히 보여주고 있다. 『나무들 비탈에 서다』는 현실의 관념적 취급과 지나친 세태묘사, 애정사의 통속성에 몰입되어 있는 당대의 장편과 비교하였을 때 상대적으로 그것이 가진 현실주의적 방식이 분명히 드러나 보인다. 특히 전후현실의 양상을 폭넓게 보여주고 있다는 것과 대상에 몰입되지 않고 어느 정도 시각적 거리를 두고자 하는 묘사 방식에서 그러하다. 이러한 점은 50년대 전반에 걸쳐 통속성과 관념성이 주류를 이루던 장편소설의 경향을 극복할 수 있는 하나의 가능성을 보여준 것으로 볼 수 있다.

(2)황순원 소설의 내재적 발전과 역사인식의 확장

50년대 산문적 인식의 발전은 황순원 장편의 발전과 밀접한 관련성이 있다. 물론 황순원 자신이 소설론에 관한 글을 쓰지 않았기 때문에 직접 평론적인 글 속에서 그것을 확인할 수 있는 것은 아니다. 하지만 황순원은 작품을 통해 끊임없이 역사와 사회에 대한 자신의 입장을 확장시켜왔

---

[289] 김덕한, 「1950년대 한국 장편소설 연구」, 서울대 대학원, 1993, p.49

고, 이런 점들이 50년대 장편의 발전에 있어 중요한 의미를 띠고 있다. 사실 황순원 장편은 50년대라는 시대 상황과 뗄래야 뗄 수 없는 밀접한 연관성을 가지고 있다. 그는 1950년대에 들어서 본격적으로 장편의 세계에 눈을 돌리기 시작하는데,[290] 그것은 전쟁과 전후 상황을 단순히 단편적 세계로서만 형상화할 수 없다는 역사인식의 발전과 밀접한 관련을 가지는 것이다. 이런 점은 그가 시적 상상력으로 문학을 시작했던 초기의 관점으로부터 벗어나 점차적으로 사회, 역사적인 관점을 획득해 가는 과정과 일정한 대응을 이룬다. 초기 인간의 순수성, 생명의 귀중함 등을 문학의 테마로 삼아 시적 이미지를 통해 문학의 아름다움을 추구했던 그가 어떻게 변화하는 역사와 사회의 혼란상을 작품 속에 담아내게 되었는가 하는 문제는 1950년대 전후 문학이 즉자적 상태로부터 대자적인 인식으로 나아 가는 하나의 과정을 보여주는 것이다. 다시 말하면 인간에 대한 신뢰와 생명주의에 바탕을 두던 그의 서정성[291]이 인간의 순수성 자체를

---

290) 황순원의 장편은 1948년 창작된 『별과 같이 살다』에서부터 시작된다. 하지만 『별과 같이 살다』는 소설을 설화체로 이야기화하는 그의 단편적 방식이 그대로 드러난 것으로 장편 양식으로는 구성상 미흡한 점이 많다. 황순원의 장편은 『카인의 후예』에서 비로소 그 특성을 구체적으로 드러낸다. 『카인의 후예』에서 현실을 주관적으로 재단하는 경향을 보이긴 하지만, 대상이 『별과 같이 살다』보다는 훨씬 객관화되어 있고, 각 인물의 개체성도 살아 있어 본격적인 장편 양식의 성격을 보여주는 것이다. 황순원은 『카인의 후예』로부터 점차 1950년대적 현실에 눈을 뜨게 되고, 이로부터 『나무들 비탈에 서다』에 이르기까지 현실성을 구체적으로 확보하는 과정으로 발전하고 있다.

291) 이를 문영희는 황순원 소설을 지배하고 있는 시적 근원성이라 지칭하고 이를 바탕으로 하는 것은 문체면에서의 서정성과 주제면에서의 생명외경사상이라 말하고 있다. 황순원 소설의 생명외경사상은 구창환이 지적했던 것으로써 이를 모든 생명체를 사랑하는 '범생명주의'라고 지칭하고 있다. 반면에 김윤식은 생명의 존엄성을 지키기 위해 한정된 생명에만 경외감을 표현하는 '선택된 생명경외사상'이라고 수정해서 지적하고 있다. 즉 연약한 생명을 노리는 포악한 생명에 대해서는 경외감을 지닐 수 없다는 것으로 생명자체의 순수성(특히 가치있고 약한 자의 생명)을 지키기 위한 현실주의적 태도를 지적한 것이다. 이런 생명에 대한 존중은 그의 소설에서 모성애적인 강한 사랑 속에서 인간에 대한 아가페적인 순수한 사랑으로 확대되고, 근원적으로는 인간에 대한 신뢰, 믿음으로 내면화되어 그의 소설의 중요한 사상적 배경이 되고 있다. 이는 김현이 그의 소설에 등장하는 인물들이 '병적인 낭만주의자'라고 칭한 것과 같은 의미를 형성한다. 따라서 그의 소설은 대체로 서정적인 시적 문체와 인간에 대한 순수성의 신뢰,

지킬 수 없는 현실과 역사의 거대한 소용돌이 속에 직면했을 때 그의 세계관과 소설대응방식 역시 변모될 수 밖에 없었던 것이고, 그것이 바로 소설 속에 산문적 구체성을 확보해나가는 하나의 과정으로 드러난다.

사실 그의 소설은 식민지 말기 - 해방직후 - 한국전쟁 - 전쟁 직후에 따라 세계관과 문학적 대응방식에서 일정한 편차를 보여준다. 특히 이런 편차는 단편보다는 장편양식에서 더 두드러지는 데, 단편에서는 역사의 변화와 함께 시적 근원성에 바탕을 둔 서정적 경향과 전후 현실에 바탕을 두는 산문적 경향이 함께 대두되고 있었다면, 장편에서는 본격적으로 '역사 가운데 처해진 문제적 개인'[292]에 관심을 갖기 시작하는데, 그것은 삶의 한 단면에서가 아니라 삶의 전체적인 방향에서 인간과 현실의 대응관계를 조심스럽게 타진하고 있는 데서 구체적으로 드러난다. 즉 인간의 순수성, 생명의 귀중함과 같은 문제가 더 이상 역사와 유리된 채 추상적 낭만적 세계에만 머무를 수 없다는 한계의식을 스스로 보여주는 것으로써 현실과의 접목을 시도하지 않을 수 없는 소설 내적인 필연성을 증명해 주는 것이라 볼 수 있다. 예를 들면 그 자신이 순수함과 시적 근원성에 바탕을 두는 낭만주의적 세계에 머무르고 싶어도 역사, 혹은 집단의 현실이 끊임없이 그 순수성을 억압하고 조건지우고 있다면 이제 그 변화되는 역사 그 자체를 개인적 삶의 일부분으로 조건지우지 않을 수 없는 소설 내적인 필연성을 지니게 된다.[293] 개인과 조직, 인간과 사회의 괴리에서 인간의 편에 서는 것이 작가의 임무이며, 인간이 고통받는 그러한 현

믿음 등이 완성도 높은 예술성과 함께 어울어져 뛰어난 예술적 감흥을 주고 있는 것이 대부분이라 할 수 있겠다. 하지만 이러한 평가도 어디까지나 단편을 위주로 한 것이고, 현실과 사회의 총체성을 추구하는 장편에서는 또 다른 경향을 보여준다.
문영희, 「황순원 문학의 작가정신 전개양상 연구」, 경희대 대학원, 1988, p.10
구창환, 「황순원 문학연구」, 『어문논총』 7집, 조선대, 1965, pp.33-55
김윤식, 『한국현대문학사』, 일지사, 1976, p.183
김현, 「소박한 수락(受諾)」, 『황순원 연구』 황순원 전집 12, 문학과 지성사, pp.98-111
292) 송상일, 「순수와 초월」, 『황순원 전집 7』, p.532
293) 김병익, 「순수문학과 그 역사성-황순원의 최근의 작업」, 『황순원 연구』, 황순원 전집 12, p.28

실 자체를 관찰하고 증언해야 한다는 의식도 바로 인간에 대한 신뢰, 믿음의 또 다른 표현이 되는 것이다.

하지만 실상 전후 문학에 있어서 주목되는 것은 이런 장편적 전환이 아니라 그 장편 자체가 지니고 있는 내재적 발전의 문제이다. 『별과 같이 살다』에서부터 『카인의 후예』, 『인간접목』, 『나무들 비탈에 서다』로 이어져 오면서 그는 독특하게 장편이 안고 있는 현실 인식의 문제를 발전시키고 확장시켜 왔다. 황순원 장편의 이러한 발전은 한편으로는 대상을 바라보는 역사 인식의 확장이면서, 동시에 소설 속에서 그것을 구체화하는 형상화 방법의 발전이기도 하다. 초기 그의 장편은 현실을 주관적인 시각에서 단순히 서술자적인 태도로 해설해 나가는 단편적 경향으로부터 시작된다. 이후 그의 장편은 객관적 현실을 가장 개별적인 경우를 통해 구체화시키는 단계를 거쳐 현실을 다양한 인간관계의 장(場)으로서 삶의 전체적인 모습을 형상화하고자 하는 구체적인 장편의 단계로 발전하고 있다. 이런 발전의 단계는 『별과 같이 살다』와 『카인의 후예』, 『인간접목』을 거치면서 『나무들 비탈에 서다』에 이르는 과정을 통해 구체적으로 나타난다. 따라서 황순원 장편의 발전은 바로 50년대 소설이 지닌 현실인식의 발전과 그 궤를 같이 한다고 할 수 있다.

하지만 이런 경향이 쉽게 파악되는 것은 아니다. 왜냐 하면 그의 소설에서 시대나 역사의 변화와 함께 인간 삶의 현실을 소설화하는 작가 자신의 시각이나, 주제 면에서의 변화과정이 그리 단순한 것만은 아니기 때문이다. 그의 장편에서는 그의 단편 소설이 지니고 있는 순수성의 내적 지향이 암암리에 내포되어 있으면서도, 단편이 지니지 못하는 서사화의 가능성을 함께 보여주고 있다. 쉽게 말해 그의 장편에서는 대상을 보다 근원적인 삶이나 순수성으로 보는 서정성의 시각과 대상으로부터 거리를 두고 대상을 냉철하게 관찰하는 서사성의 시각이 복잡하게 얽혀있고, 이런 점에서 그의 장편은 그가 지속해온 '근원적인 인간애 혹은 생명외경사상'[294]의 연장이면서, 인간이 순수하게 살아갈 수 없는 외부세계에 대한 관찰과 증언의 외적 표현이기도 하다. 그의 장편은 그의 단편이 추구해 온 문제의식에 대한 연속성과 변화의 양면성을 함께 내포하고 있는 것이다.

이를 구체적으로 살펴보면 두 가지 면에서 그러한 성격을 지적할 수 있다. 첫째, 그의 장편은 역사와 사회의 변화에 따라 구체적인 현실을 소설의 전면에 내세운다 할지라도 그 이면에는 여전히 예술적 미의 아름다움, 인간의 순수성에 대한 신뢰를 내포하고 있다는 것이다. 이는 황순원이 외면의 현실 변화와 함께 인간 내면의 변화를 보다 중시하는 데서 구체적으로 드러난다. 이런 문제는 그가 "현실을 객체로 바라보기보다는 내면의 실체로 묘사"[295)]하기를 즐긴다는 점에서 소설 내부 구조의 문제까지 확장될 수 있는 성질의 것이다. 예를 들면 그의 장편은 어떤 사건이나 상황에 중심을 두기 보다는 오히려 그 상황에 대처하는 인간의 반응 양식, 태도에 더 중심을 두고 있고, 이에 따라 소설 구조도 자연히 인간의 순수성을 짓밟는 현실과 역사의 억압성을 드러내는 데 초점을 두게 된다. 따라서 황순원 장편에서 산문적 방식은 역사의 본질을 파악하는 과정이라기 보다는 역사의 내면적 성격을 인간과의 관계 속에서 드러내는 과정이 된다. 황순원 장편의 이런 특성은 일단 사회와 역사의 변화 속에서 인간의 운명을 소설적 구조로 삼는 장편적 형상화 원리에 부합되는 것이긴 하지만, 반면에 역사에 따라 변화하는 인간 자체에만 초점을 맞춤으로써 인간의 삶 이면에 감추어져 있는 사회와 역사의 본질을 분명하게 드러내지 못할 위험성도 지니고 있는 것이다. 두번째로 그의 장편은 대상을 객관적으로 서술해 나가는 서사체의 문장을 확보하고 있으면서도, 여전히 그의 단편이 지니고 있는 시적 서정체의 문체와 그 밖의 기법을 광범위하게 차용하고 있다는 점이다. 예를 들면 짧게 응축된 문장과 감각적인 문장이 여전히 장편소설에서 중요한 문체로 등장하고 있으며, 꿈과 설화체의 우화들, 내면묘사와 관련된 연상기법 등이 스토리 전개상

---

294) 김병익, 「순수문학과 그 역사성 - 황순원의 최근의 작업」, 전집 12, p.22
295) 앞의 김병익 글, p.25

의 중요한 테마로 기능을 하고 있다.[296] 이런 요소들은 황순원 소설에서 단편에 주로 사용되는 방법이었지만, 장편에 차용됨으로 해서 소설 전체의 어감과 분위기를 미묘하게 만드는 역할을 한다. 단순히 사건 자체의 변화보다는 사건을 서술하고 해석하는 화자의 관점에 따른 정서적 효과가 소설의 성격을 가늠하는 중요한 변수가 되는 것이다. 이것은 결국 서정성과 서사성이 미묘한 충돌을 야기하면서, 이로부터 발생하는 미묘한 정서적 분위기가 작품을 구조화하고 전체분위기를 이끄는 것을 의미한다. 따라서 황순원 장편에 있어 해석의 어려움도 바로 이러한 성격에 기인한다고 볼 수 있다.

하지만 이런 서정성과 서사성의 혼용이 황순원 장편의 전체적 성격을 규정하는 것은 아니다. 『별과 같이 살다』에서부터 『신들의 주사위』까지 이런 서술상의 특징은 여전히 존재하지만, 거기에는 시기에 따라 그 질적 차이가 엄연히 존재하고 있고, 이런 질적 차이의 특성이 바로 산문성을 회복하는 하나의 과정으로 이어져 있음을 주목해야 한다. 황순원 장편에 있어 『별과 같이 살다』에서부터 『나무들 비탈에 서다』에 이르는 과정은 분명히 서정성으로부터 서사성을 획득해 가는 과정으로 이루어져 있고, 이는 초기 소설이 가지고 있던 서정성의 문체와 기법을 벗어나면서 대상의 전체성을 포착하려는 일련의 과정으로 볼 수 있는 것이다. 특히 『나무들 비탈에 서다』에서는 이전의 서정성이 상당부분 사라지고 있으며, 대상의 거리두기를 통한 객관성의 확보와 다양한 인물들의 병치를 통한 장편적 전체성이 나름대로 뚜렷이 부각된다.

---

296) 황순원의 문체와 형상화 기법에 대해서는 아래의 글을 참고할 것
  김병익, 「순수문학과 그 역사성」, 『황순원 연구』, 문학과 지성사, 1985
  권영민, 「황순원의 문체, 그 소설적 미학」, 『말과 삶의 자유』, 문학과 지성사, 1985 홍
  홍정선, 「이야기의 소설화와 소설의 이야기화」, 『말과 삶의 자유』, 앞의 출판사
  구수경, 「황순원 소설의 담화분석연구」, 충남대 대학원 석사논문, 1987
  박선미, 「황순원의 문체연구」, 이화여대 대학원 석사논문, 1986

2) 이원적 구조와 '유리' 상징성의 의미

(1) 서사구조의 이원성

『나무들 비탈에 서다』는 한국전쟁 당시 젊은이들이 겪는 피비린내 나는 전쟁터의 체험과 전쟁터에서 얻은 정신적 상처를 삶의 일부분으로 삼아 생활할 수밖에 없는 전후현실의 양상을 등장인물의 내면적 상처를 중심으로 펼쳐 보이는 장편소설이다. 소설은 전쟁상황의 체험과 전후의 정신적 방황이라는 두 부분(1부, 2부)으로 나누어 진행된다. 1부는 1960년 1월부터 3월(연재 1회- 3회)까지 《사상계》에 연재된 것으로, 등장인물인 동호, 현태, 윤구가 전쟁터에서 겪는 전투체험을 배경으로 그들이 전쟁을 통해 겪는 정신적 상처를 내용으로 하고 있고, 2부는 1960년 4월부터 7월(연재 4회-7회)까지 《사상계》에서 연재된 것으로, 휴전 후 전후 현실을 배경으로 하여 현태, 윤구, 석기가 전쟁 상처를 안고 살아 가는 모습을 조명하고 있다. 1부가 전쟁을 통한 실제 상황과 그 속에서 젊은이들이 자신의 순수함을 잃고 직접적 상처를 받으며 이에 대처하는 것이 중심이라면, 2부는 이런 전쟁의 상처가 어떻게 전후 현실 속에서 실제 삶에 영향을 미치는가 하는 점, 다시 말하면 전후현실 속에서 등장인물의 각각이 전쟁의 상처에 어떻게 좌절하여 방황하고 또 이를 극복하는가 하는 것이 중심 내용이 된다.

소설에서 1, 2부는 각각 한국전쟁 막바지와 이로부터 3년 이후라는 단절된 시간의 배경을 통해 이어지고 있지만, 내용 면에서는 서로 긴밀히 연관되어 단일한 스토리로서 소설의 전반과 후반을 형성한다.[297] 소설에

---

297) 간혹 『나무들 비탈에 서다』가 시간적으로 3년의 차이를 두고 현실 배경도 다른 공간에서 시작된다는 점에서 이를 연작 장편으로 보기도 하지만, 이는 분명히 잘못된 시각이다. 작가는 이 작품이 연재되기 이전 전체 작품 구상을 마쳤다고 이야기하고 있고, 『나무들 비탈에 서다』가 분명히 완결되고, 독립된 작품임을 밝히고 있는 것이다. 소설 내부의 연관관계도 이를 부정한다. 1부에서 동호의 죽음은 바로 2부에서 주된 스토리를 형성하는 직접적인 테마를 형성한다. 2부의 주요 스토리는 동호의 죽음의 과정을 밝히려는 숙과 이를 피하려는 현태와의 관계를 통해 형성되는데, 이런 부분이 바로 1

서는 1부와 2부의 중심되는 사건과 등장인물이 서로 밀접하게 연관되어 있고, 1부와 2부의 스토리의 흐름 자체가 서로 내적인 연관이 없이는 이해될 수 없도록 구성되어 있다. 소설을 1부와 2부로 구성하고 있는 점은 현실의 직접적 상황 속에서 소설 구조를 배치하고자 하는 작가의 의도와 밀접한 관련을 가진다. 즉 전쟁상처를 다룬 전후소설이 전쟁 공간을 많은부분 회상이나, 회고, 내면적 독백 속에서 처리하는 것과 달리 『나무들 비탈에 서다』에서는 모든 상황이 당시 현실의 실제적 공간 속에서 구성되고 묘사된다. 1부는 피비린내 나는 전쟁 현실을 그대로 소설적 배경으로 취하고 있고, 2부는 전쟁에서 입은 젊은이들의 정신적 상처를 전후현실 속에 직접적으로 구성해 낸다. 소설에서는 그만큼 상황이 주는 직접성이 사실감있게 살아나고 있고, 각 인물의 성격도 이런 현장감을 통해 실감있게 전달된다. 소설에서 1부, 2부가 3년이라는 시간 차이가 있음에도 불구하고 서로 직접 연결되는 것은 전쟁과 전후현실이 갖는 생생한 현장감과 함께 각 인물의 성격과 행동이 밀접한 연관을 가짐으로써 전체적으로 '전쟁상처와 이의 회복'이라는 주제상의 통일로 이어지기 때문이다. 그러면 이제 이런 상호연관성 속에서 1, 2부의 스토리의 흐름과 특성을 간단히 살펴보기로 하겠다.

1부는 동호와 현태라는 인물을 중심으로 전쟁터에서 일어나는 상황을 긴박감있게 펼쳐보이고 있다. 그 속에는 적정(敵情) 수색과 부대의 고립, 포로에서 탈출과 같은 긴박한 전투상황이 벌어지고, 휴전 이후의 휴식과 술집 작부와 관계, 부대 주보에서의 병사들간의 다툼 등이 인물들간의 상황과 시간 구성에 따라 적절하게 펼쳐진다. 소설에서는 이런 과정을 통해 전쟁의 비극성에 대처하는 각 인물들의 성격과 행위가 구체화된다.

부의 동호의 죽음과 직접 관련되고 있는 것이다.
이봉범, 「민족사의 소설적 재현과 그 문학적 성과 - 1950년대 황순원 장편소설의 성격-」, 조건상 편, 『한국전후문학연구』, 성균관대학교 출판부, 1993, P.109
황순원, 「비평에 앞서 이해를」, 『황순원 연구』, 문학과 지성사, 1983
황순원, 「한 비평가의 정신자세」, 『황순원 연구』, 문학과 지성사, 1983

예를 들면 전쟁이라는 생존논리가 지배하는 공간에서 순수성을 지키지 못하고 죽음을 택하게 되는 동호나, 동호의 순수성에 호감을 지니면서도 그 순수성을 깨지 못하면 현실적 적응이 힘들 것이라고 보고, 순수성을 파괴하고자 하는 현태, 전쟁의 비극성을 종교적이고 초월적인 입장에서 바라보는 선우상사, 전투에서 살아 남기 위해 묵묵히 생존의 논리에 적응하는 윤구, 말썽만 피우던 김하사의 고향에 대한 애착 등이 다양하게 펼쳐지고, 이를 통해 전쟁의 비극성을 구체적으로 보여준다. 소설에서 1부는 극한 상황을 겪는 젊은이들의 다양한 삶의 방식과 전쟁현실의 절박함이 적절하게 결합되어 있고, 이런 점들이 전쟁현실을 다양하고 풍부하게 만드는 데 기여하고 있다.

하지만 이런 다양한 상황 속에서 1부의 중심 스토리를 형성하는 것은 아무래도 동호의 순수성과 그 순수성의 파괴를 통한 죽음의 과정이다. 동호의 죽음은 그 순수성의 의미 자체가 지닌 모호성에도 불구하고 결국 전쟁세대가 겪을 수 밖에 없는 삶의 절망과 파멸을 의미한다. 소설에서 동호의 죽음은 숙과 현태, 술집 작부 옥주 등의 다양한 인간관계의 속성에서부터 비롯된다. 동호로 하여금 끊임없이 순수성의 영역에 머물게 만드는 숙의 회상, 이런 순수성을 파괴하고자 하는 현태, 새로운 인간관계를 맺고자 하지만 이를 배신하는 옥주 등이 소설 속에서 서로 상처주고 상처받는 관계로 설정되어 있고, 이런 점들이 전쟁상황 속에서 순수성이 더 이상 유지될 수 없는 소설적 상황을 만들고 있다. 결국 동호의 죽음은 전쟁터의 절박한 생존논리 속에 인간과 인간의 순수한 관계가 더 이상 유지될 수 없다는 점을 보여준다.

동호의 죽음은 전쟁을 통해 상처받고, 상처줄 수 밖에 없는 전쟁세대의 내면적 상처를 상징적으로 대변해 주고 있다. 따라서 이런 상처는 이후 전후현실로 이어져 전후의 현실을 규정짓는 하나의 내면적 의식이 된다. 1부의 끝 부분에서 동호가 '대체 우린 가해잘까 피해잘까?'라는 질문을 던지는 것이나, 전역을 앞두고 고향으로 돌아 갈 꿈을 꾸는 윤구에게 현태가 한 말은 전쟁세대의 비극성이 이후에도 지속될 수 밖에 없다는 것을 상징적으로 보여주는 것이다.

> 윤구가 입가에 쓴 웃음을 떠올리며,
> "자식 죽을려구 혼이 나갔든 모양이지, 주솔 다 잊어 먹게"
> "하기야 그 친구의 경우 유서같은게 문제될건 없지. …. 그럼 서울에서 만나세"
> "에잇, 인제서야 이놈의 생활도 끝났군"
> 현태가 담배에 라이터를 켜대면서 천천히 말했다.
> "그럴까. 끝났을까."[298]

2부는 이로부터 3년 후인 1957년 경을 배경으로 하고 있다. 2부는 현태를 중심으로 스토리가 진행된다. 1부에서 동호가 전쟁을 통해 자신의 순수성을 훼손당한 인물로 등장하는 것처럼, 2부에서 현태 역시 전쟁을 통해 자신의 구체적 삶의 가치를 잃어 버린 인물로 나타난다. 전쟁에 피해자이면서 가해자이기도 한 현태는 전후 방황과 나태의 생활을 지속한다. 소설에서 이런 나태한 생활은 현태가 주도하고 윤구, 석기가 참가하는 토요주회(酒會)로부터 시작된다. 토요일마다 술을 마시면서 대화를 나누는 모임이 제대 후 어김없이 지속되는데, 이런 모임을 통해서 그들은 의미없는 전후의 삶을 이어 나간다. 하지만 동호의 옛 애인 장숙이 등장하면서 잠재되어 있던 전쟁의 상처들은 하나씩 드러나기 시작한다. 먼저, 잊고 있던 동호의 유서가 새삼 화제로 떠오르고, 현태의 무의식 속에 잠재되어 있던 전쟁터에서 있었던 무고한 여인의 죽음이 하나의 죄의식으로 의식의 겉면에 드러나기 시작한다. 현태는 옛 일을 잊기위해 술을 마시고 파출소에 드나들며, 술집여자 계향을 찾기 시작함으로써 더욱 방탕한 생활을 하게 된다. 이미 잠재되어 있던 전쟁상처가 드러나기 시작하면서 현태의 좌절과 절망은 걷잡을 수 없이 깊어지는 것이다.

2부의 이런 상황은 전쟁의 상처가 전후에도 각 인물의 내면 속에 잠재

---
[298] 황순원, 『나무들 비탈에 서다』, 《사상계》, 60.3, p.390

되어 있고, 그것이 지속될 수 밖에 없음을 보여주는 것이기도 하다. 다분히 현태의 피해의식은 전쟁상황에서 비롯되고, 그것이 2부를 구성하는 절대적인 근거가 된다. 그는 수색 중 무고한 여인을 죽였으며, 동호로 하여금 자살하도록 만든 근본 동기를 제공한 인물이기도 하다. 그가 삶의 가치를 찾지 못하고 나태와 방황의 세월을 보내는 것도 바로 이런 전쟁의 충격과 죄의식으로부터의 벗어나지 못한 결과라고 볼 수 있다. 현태가 의미없는 토요주회의 모임을 그만두고 미국으로 유학갈 결심을 하는 것이나, '과수나무 전정'의 상징에서 보여주듯이 자신의 무의미한 생활을 어떻게 하던지 청산함으로써 그런 전쟁상처로부터 도피하고자 한다. 하지만 전쟁상처로부터의 도피가 이런 생활의 정리로 이루어 질 수 있는 것은 아니다. 이미 현태의 의식 속에 전쟁 상처는 깊이 내재화되어 있고, 그로부터 벗어날 수 있는 어떠한 희망도 없다. 1부의 동호와 마찬가지로 전쟁 상처 속에 절망하고 좌절하여 죽음을 택할 수 밖에 없는 것이 2부에서 현태의 삶이 보여주는 필연적인 과정이다. 결국 『나무들 비탈에 서다』에서 서사구조가 이원화되어 있음에도 불구하고 전쟁상처를 통해 1부에서 동호의 삶이 2부에서 현태의 삶으로 이어지고 있음을 구체적으로 보여주고 있다.

　소설에서 현태를 중심으로한 이런 전쟁의 상처는 다양한 인간관계 속에서 폭넓은 형상화의 과정을 통해 드러난다. 이런 점은 다분히 『나무들 비탈에 서다』가 지니고 있는 소설적 장점이라 하겠는데, 그것은 소설이 신세대 작가의 경우처럼 관념화되지 않은 구체적 요인이 된다. 즉 동호와 현태의 절망은 충분한 개연성과 폭넓은 인물들의 상호관계 속에서 드러남으로써 단순히 시대적 절망의 의미나 보편적 절망의 의미로 바로 추상화되지 않는다. 소설 속에는 어쨌든 일상의 삶을 유지하고자 하는 윤구같은 현실주의자의 모습도 드러나고, 절망적 현실에서 상처를 극복하고자 하는 숙과 같은 긍정적인 여인의 모습도 나타난다. 다시 말하면 단순히 절망만이 아니라, 절망 속에서도 지속되어야 할 전후현실의 상황이 여러 인물의 상호연관을 통해 구체적으로 드러나고 있다. 소설 2부가 지닌 의미는 전쟁의 비극성이 전후현실로 이어질 수 밖에 없으며, 그럼에도 불구하고 현실은 다채롭게 지속되고 절망의 극복은 이루어져야 한다는 것을 암시해 주는 것이다. 이는 현실의 절망을 이야기 하더라도 단순히 절망 그 자체만을 과장해서 묘사하는 것이 아니라 다양한 삶의 상호연관성 속에서 전후의 절망적 상황이 어떤 성격을 띠고 있으며, 어떻게 극복되어야 하는 지를 보여주고자 하는 것이라 할 수 있다.

(2)서사구조의 상호연관성

『나무들 비탈에 서다』의 1부와 2부의 관계는 전쟁과 전후라는 상이한 상황에도 불구하고 몇가지 점에서 서로 밀접한 상호연관성을 가지고 진행된다. 우선 소설에서 1부와 2부는 인물구성 면에 있어 서로 반복과 변이의 구조를 보여준다. 여기에서 반복과 변이의 구조는 서사과정에서 2부가 1부의 인물구성과 서사배치를 그대로 반복하고 있으면서도 그 내용에 있어 어느정도 차별성을 지니고 있다는 것을 의미한다. 1, 2부가 서로 반복과 변이의 구조를 보여주는 것은 한편으로 1, 2부가 전쟁상처를 중심으로 주제면에서 서로 관련이 있음을 보여주면서, 다른 한편으로는 1, 2부가 전쟁과 전후라는 서로 다른 서사공간에 있음으로써 인물의 구성과 행동방식에서 일정한 차이가 있음을 보여준다. 우선 소설의 1부와 2부는 주요 등장인물 면에서 일정한 반복성과 변이성이 나타난다. 1부에서 순수주의자 동호와 상대편에 그 순수성을 파괴하려고 하는 현실주의자 현태가 등장한다. 그리고 이 두 사람의 주변에 머물면서 단지 자신의 현실적 욕구만을 충족하고자 하는 소극적 현실주의자 윤구가 자리잡고 있다. 2부는 상황이 바뀌어 전쟁의 피해의식에 사로잡힌 현태를 중심으로 상대편에 전후 현실에서 생존하기 위해 적극적 현실주의자로 변한 윤구가 자리잡고 있고, 그 사이에 다소 방관적인 소극적 현실주의자로서 석기가 새롭게 등장한다. 1부의 주요 인물이 '동호-윤구-현태' 라고 한다면, 2부의 주요 인물은 '현태-석기-윤구' 가 된다. 이를 도표로 그려보면 아래와 같다.

〈1부〉
　　　동호 ──────── 윤구 ──────── 현태
　　(순수주의자)　(소극적 현실주의자)　(적극적 현실주의자)

〈2부〉
　　　현태 ──────── 석기 ──────── 윤구
　　(순수주의자)　(소극적 현실주의자)　(적극적 현실주의자)

　1부에서 동호의 상대편에 위치해 적극적으로 전쟁상황에 대처하는 현태가 2부에서 동호와 같이 전쟁의 피해의식에서 벗어나지 못하는 순수주의자로 변화하는 것은 동호와 현태가 서사를 이끄는 주요인물이라는 점에서 전쟁의 비극성을 강조하고자 하는 소설의 주제와 밀접하게 관련되는 것으로 보인다. 소설의 주제가 '전쟁상처와 이의 회복'이라면 스토리의 흐름을 이끌어 가는 동호와 현태가 전쟁상처에서 벗어나지 못하는 인물로 등장하리라는 점은 자명하다. 다만 1부에서 현태가 매사에 소극적인 동호와는 달리 적극적인 현실주의자로 등장하고, 동호의 파멸에 일정한 역할을 담당한다는 점에서 차이점을 보여주는데, 이는 전쟁상처가 전쟁상황에 직면하는 다양한 인간관계에 의해 나타난다는 점을 구체적으로 보여주고 있다. 윤구의 성격이 1부보다 2부에서 보다 적극적인 성격으로 변화하는 것은 전쟁상황과 전후현실의 차이에서 기인하는 바가 크다. 전쟁에서 적당히 자신의 생명만을 유지하면 되었던 것이 전후현실 속에서 살아남기 위해서는 영악한 현실주의자가 되어야 함을 소설은 구체적으로 보여주고 있다.
　이를 다시 인물의 영향관계의 측면에서 살펴보자. 우선 1부에서 가해자로서 현태가 원인이라면, 동호는 피해자로서 결과가 된다. 하지만 2부에서는 피해의식의 제공자로서 동호가 원인이 되고, 피해의식의 당사자로서 현태가 결과가 되고 있다. 이는 앞서 말한 대로 1부에서 동호의 순수성을 적극적으로 파괴하고자 했던 현태는 2부에서는 이로 말미암아 오히려 전쟁의 피해의식에 사로잡히게 되고, 이를 벗어날 수 없는 인물로 변모된다. 1부에서 동호의 파멸에 적극적인 영향을 끼친 현태는 결국 이 때문에 2부에서 자신 역시 파멸되고 마는 것이다. 이를 도표로 그려보면 아래와 같다.[299]

　　〈 1부(1-3회) 〉　　　　　　　　　〈 2부(4-7회) 〉
　　현태(원인)- 동호(결과) ──────── 동호(원인)- 현태(결과)
　　　　（ 원 인 ）　　　　　　　　　　　（ 결 과 ）

이런 스토리의 흐름은『나무들 비탈에 서다』에서 1부, 2부가 동호와 현태를 중심으로 서로 전쟁의 상처를 주고 받으면서 긴밀한 영향관계에 있음을 극명하게 보여준다. 또한 이런 구조는 전쟁의 상처가 각 인물의 의식 속에 어떻게 내면화되는가 하는 과정을 보여 주면서, 그 과정이 단순히 전쟁에 의한 피해 의식만이 아닌 복잡한 상호관계, 복잡한 인과관계의 틀로 구성되어 있음을 단적으로 드러내 주고 있다.

1부와 2부의 상호연관성은 등장인물뿐만 아니라 사건의 대응된 구조를 통해서도 확연히 드러난다. 1부에서 동호와 술집 작부 옥주의 관계는 2부에서 현태와 술집 작부 계향의 관계에서 비슷하게 반복된다. 동호가 옥주을 통해 자신의 순수성을 박탈당하고 자살하는 것과[300], 현태가 전쟁의 피해의식을 벗어나기 위해 계향을 통해 죽음을 당하는 모습은 서로 대응되는 상황임을 구체적으로 보여 준다. 실상 동호와 현태의 죽음이 직접적이든, 간접적이든 전쟁의 상처에서 비롯된다고 본다면 그 죽음이 지닌 내면적 의미는 같아진다. 작품에서도 이런 유사성을 드러내기 위해

---

299) 위 도표 중 아래 것은 조남현,「황순원의 '나무들 비탈에 서다'」,『한국현대소설의 해부』, 문예출판사, 1993. p.86에서 인용하였음.
300) 하지만 실상 동호의 죽음은 옥주를 통한 것이기 보다는 전쟁 자체가 안고 있는 모순된 상황논리와 동호의 성격 때문이라는 것이 보다 정확할 것이다. 그가지니고 있던 순수성을 무너뜨리는 것은 옥주이지만, 이미 이전에 전쟁의 상황논리가 그의 순수성을 허용할 수 없었다. 따라서 그는 전쟁상황에 적응하지 못하게 하는 자신의 순수성을 일종의 결벽증으로 보고 있고, 이 때문에 스스로 순수성을 파괴하고 죽음을 택하고 있다. 이 점에 대해서는 다음 절에서 자세히 설명하겠다.

옥주의 입에서 불려졌던 제주도 민요를 우연히 계향의 입을 통해 들려주는 장치를 마련하고 있다. 이런 장치를 통하여 현태 역시 동호와 마찬가지로 전쟁의 상처로부터 벗어날 수 없다는 점을 작가는 암시하고 있다.

『나무들 비탈에 서다』에서 전체 서사구조가 갖는 상호연관성은 소설 1부, 2부가 서로 동떨어진 것이 아님을 말해 준다. 실상 전쟁의 상황과 전후의 상황은 밀접하게 관련될 수밖에 없는 것이고, 또한 연속성을 가지고 지속될 수밖에 없는 것이기도 하다. 따라서 1부, 2부의 구성은 서로 단절되어 있고, 분리되어 있는 것 같으면서도 인물과 사건의 상호연관을 통해 '전쟁의 비극성과 이의 극복'이라는 주제를 향해 서로 지속되고 이어지는 것임을 알 수 있다. 이는 1부와 2부가 시간적 차이와 공간적 차이에 따라 전쟁 현실의 냉혹함, 그 이후의 전쟁상처, 전쟁상처의 극복이라는 주제적 테마에 따라 스토리를 이어가고자 하는 '작가의 치밀한 계산의 결과'[301]였다고 볼 수 있다. 실제 소설에서 1, 2부의 시간적, 공간적 단절은 소설구조의 상호연관성을 통해 효과적으로 극복되고 있다.

『나무들 비탈에 서다』에서 1, 2부의 구조가 분리되어 있으면서도 내적으로 상호긴밀한 연관관계를 가지고 있는 것은 소설의 배경 자체를 시대적 제약 아래 놓음으로써, 현실의 변화에 따라 소설의 공간을 구성하고자 하는 작가의 의도 때문이라고 볼 수 있다. 『나무들 비탈에 서다』에서 소설을 1, 2부로 나누는 것은 '전쟁기-전후현실'이라는 배경에 따라 작품구조를 단순도식화한다는 위험성도 있으나, 일단 소설을 현실의 흐름에 따라 재구성한다는 점에서 당시 신세대 장편소설의 관념성을 극복할 수 있는 하나의 방법이 될 수도 있다. 즉 신세대 작가들이 선호하던 회고적 방식[302]이나, 극적 방식[303]을 지양하고 현실의 상황을 있는 그대로 묘

---

301) 조남현, 앞의 글, p.89
302) 루카치는 사회상황을 '회고적인 반성'을 통해서 드러내는 것은 모더니즘의 전형적인 방법으로 보고있다. 이는 인간 자체가 고독하고 비사회적인 존재라는 것을 미리 상정하고 있는 방법이라는 것이다. 이럴 경우 자신과 마찬가지로 타자들 역시 고독하고

사함으로써 작가의 관념적 의도에 따라 소설의 내용을 성급하게 재단하는 것을 막을 수 있는 것이다. 이를테면 오상원 장편 『백지의 기록』에서 중섭과 중서가 겪었던 전쟁의 상황은 순전히 등장인물의 회상이나 독백을 통해 재현된다. 하지만 이런 회상은 실제 현실의 모습을 좇아 구성되는 것은 아니다. 중섭이 죽음을 무릅쓰고 부상병을 찾고, 죽은 병사의 시신 앞에 눈물을 흘리고 신파조의 독백을 반복하는 모습은 현실적인 구체성을 지닌 것이라기 보다는 다분히 중섭의 휴머니티를 드러내기 위한 작가의 의도적 묘사에 불과하다. 하지만 『나무들 비탈에 서다』는 전쟁 상황을 객관적 현실의 흐름을 좇아 그대로 묘사해낸다. 그 속에는 절박한 전쟁상황의 객관성이 살아 있고, 전쟁의 상처가 어떻게 각 인물에게 내면화되는가 하는 점이 구체적으로 드러난다. 그리고 이런 생생함과 구체성을 통해 2부에서 전쟁상처에 방황하는 각 인물의 행위가 개연성을 얻을 수 있는 것이다. 장용학이나 오상원이 자주 사용하는 '회고적 방식'이 세부현상의 묘사를 배제하고 제시된 사건과 인물을 의도된 주제아래 귀속시키고 있다면, 객관적 현실 묘사의 방법은 각 인물이 자신의 주체성을 지니고 소설의 현실을 이끌게 한다. 따라서 『나무들 비탈에 서다』에서 1부, 2부로 나누어서 현실의 흐름을 좇아가게 한 것도 소설의 객관성을 강

의미없는 존재들이기에 애당초 의미있는 인간관계는 불가능하다. 따라서 자신과 자신, 자신과 타인의 관계는 작가의 관념성 아래 종속되는 것으로 회고나 반성의 계기를 통해 실질적으로 표상화된다. 다만 리얼리즘 문학에서 회고와 반성의 방법은 언제나 전체 속의 한 국면, 한 단면을 의미하는 것으로 전형적 상황과의 밀접한 관련을 이룬다. 루카치, 『우리시대의 리얼리즘』, 인간사, 1986, p.20

303) 극적 방식은 현실의 모순성 그 자체에 촛점을 맞춤으로써 단편소설을 구성하는데 유용한 방식이 될 수 있다. 하지만 극적 방식은 '대상들의 총체성(Totality of Object)'을 추구하는 장편 양식에서는 적절한 방식이 될 수 없다. 왜냐 하면 장편에서 현실의 본질을 드러내는 방식은 사회의 전체상의 재현을 통해 복잡한 상호관계의 모습 속에서 그 본질이 드러나기 때문이다. 반면에 극적 방식은 모순의 결정적인 지점, 그 자체만을 강조하거나, 그것을 통해 전체적인 성격을 환원시키려는 성격이 강하다. 따라서 장편이 추구하는 현실의 전체적 성격은 살아나오기 힘들다. 장편의 장점은 다양한 인물의 행동과 이에 따른 운명적 변화를 통해 현실 자체의 폭넓은 제과정을 보여주는 것이다. 이런 과정을 통해 현실의 제반 성격과 모순이 스스로 드러나게 되는 것이다.

조하고, 전쟁과 전후 현실의 전체성을 폭넓게 형상화하고자 하는 장편적 방식의 한 일환이라고 볼 수 있다.[304]

(3) '유리' 이미지의 상징성과 그 의미

『나무들 비탈에 서다』를 평가하는 논문[305]들은 대부분 소설의 앞 부분에 명시된 '유리'의 상징성 분석으로부터 시작한다. '유리' 상징은 『나무들 비탈에 서다』에서 서사구조의 의미를 파악하는 데 결정적인 역할을 하고 있기 때문이다. 동호와 현태의 죽음, 나아가 소설 1부와 2부의 상황을 내면적으로 받쳐 주는 의식이 바로 이 '유리'의 상징이다. 소설에서 '유리' 상징의 의미는 전쟁 상황 속에서 등장인물이 겪는 '극한적 한계상황의 의식'[306]이라고 말할 수 있다. 인간이 절박한 순간에 놓일 때 자신도 느끼지 못하는 불안감과 앞이 꽉 막힌 듯한 한계상황을 인식한다는 것인데, 이런 불안과 한계상황의 인식이 소설 전체의 분위기와 인물들의 행위를 지배하는 역할을 한다. 따라서 '유리' 상징은 등장인물 대부분의 심

---

304) 물론 『나무들 비탈에 서다』에서 보여준 이러한 방식이 장편소설을 형상화하는 데에 있어 가장 훌륭한 방법이었다는 의미는 아니다. 장편소설은 인물들의 상호대립과 갈등을 폭넓은 세부묘사를 통해 보여주어야 하면서도 중심주제를 향해 세부상황을 원근법적으로 선택, 조정하는 것이 필요하다. 『나무들 비탈에 서다』에서처럼 소설을 1, 2부로 나누어 단순히 현실의 흐름을 좇아가게 한 것은 이런 원근법적인 방법을 적절하게 사용한 것이라고 볼 수는 없다. 『나무들 비탈에 서다』가 보다 장편다와 지기 위해서는 1, 2부의 서사적 단절을 극복하고 전쟁기와 전후현실을 하나의 서사성아래 포용하고 원근법적인 탄력성을 구축하는 것이 필요하다고 하겠다. 그렇지만 『나무들 비탈에 서다』의 구성방법이 50년대 후반 당시 신세대 소설의 관념성을 타개할 수 있는 가능성을 보여주었다는 점은 분명한 사실이다.
305) 『나무들 비탈에 서다』의 '유리상징성'에 대한 분석이 나와 있는 논문은 아래와 같다.
   조남현, 「황순원의 '나무들 비탈에 서다'」, 『한국현대소설의 해부』, 문예출판사, 93
   이봉범, 「민족사의 소설적 재현과 그 문학적 성과 - 1950년대 황순원 장편소설의 성과―」, 조건상 편저, 『한국전후문학연구』, 성대출판부, 1993
   배규호, 「황순원 소설의 작중인물 연구」, 계명대 대학원 석사논문, 1989
   전혜선, 「'나무들 비탈에 서다'에 관한 연구」, 이화여대 대학원 석사논문, 1984
   배선미, 「황순원 장편소설연구」, 숙명여대 대학원 석사논문, 1990
306) 원형갑, 「'나무들 비탈에 서다'의 背地」, 《현대문학》, 61.1, p.299

리 상태를 드러내는 소설적 표현 장치일 뿐만 아니라, 미래에 다가올 비극적 상황을 암시하는 서사적 장치가 되기도 한다. 투명해서 벗어날 수 있을 것 같으면서도 벗어날 수 없는 상황, 깨어지면 거기에서 비롯되는 치명적 피해, 그리고 언제 깨어질 지 모르는 위기감, 그런 것들이 전쟁과 전후의 불안한 상황을 암시하면서 인물의 운명을 시대의 한계 상황 속에 가두어 두는 역할을 하고 있다.

<u>이건 마치 두꺼운 유리 속을 뚫고 간신히 걸음을 옮기는 느낌이로군, 펀뜻 동호는 생각했다.</u> 산밑이 가까워지자 낮기운 여름 햇볕이 빈틈없이 내리부어지고 있었다. 시야는 어디까지나 투명했다. 그 속에 초가집 일고 여덟 채가 무거운 지붕을 감당하기 힘든 것처럼 납작하게 엎드려 있었다. 사람은 고사하고 생물이라곤 무엇하나 살고 있지 않은 상 싶게 주위가 너무나 고요했다. <u>이 고요하고 거침새 없이 투명한 공간이 왜 이다지도 숨막히게 앞을 막아서는 것일까. 정말 이건 두꺼운 유리속을 간신히 뚫고 걸음을 옮기고 있는 느낌인데,</u> 하고 다시 한번 동호는 생각했다. 앞으로 향한 총뿌리를 꽉 옆구리에 끼고 한 발자욱씩 조심조심 걸음을 내어 디딜 때마다 그 거창한 유리는 꼭 동호 자신이 순간순간 짓는 몸 자세 만큼씩만 겨우 자리를 내어줄 뿐, 한결같이 몸에 밀착한 위치에서 앞을 막아서는 것이었다. 절로 동호는 숨이 가빠지고 이마에서 땀이 흘렀다. 2미터쯤 간격을 두고 역시 총뿌리를 옆구리에 긴 채 앞을 주시하며 걸음을 옮기고 있던 현태가 이리로 고개를 돌리는 것이 느껴졌다. 무슨 농말이라고 한마디 건너려는지 모른다. 그러나 동호는 모른척 했다. 잠시나마 한 눈을 팔았다가는 지금 자기가 가까스로 헤치고 나가는 이 밀도 짙은 유리가 그대로 아주 굳어 버려 영 꼼짝달싹 못하게 될 것만 같은 것이었다.[307]

위의 인용문은 동호가 속한 분대가 수색에 나섰을 때 동호의 내면의식과 긴박한 심리상태를 '유리' 상징을 통해 표현한 것이다. 전쟁 상황의 긴박함과 함께 앞으로 전개될 서사구조의 내용이 비극적 상황을 향해 치달을 수밖에 없음을 상징적으로 보여 주고 있다. 특히 이 상징이 소설 앞부

---

307) 황순원, 『나무들 비탈에 서다』(연재 1회), 《사상계》, 60. 1, pp.286-287

분에 집중적으로 표현된 것은 주목해 볼 만하다. 소설 서두에 동호, 현태, 윤구가 한적하고 적막한 마을을 향해 수색해 들어가면서 모두 이런 '유리' 이미지의 공포를 느끼는데, 소설에서는 이를 네번이나 반복해서 묘사하고 있다. '유리' 상징에 대한 이런 반복적 표현은 전투 상황 자체가 주는 긴박감을 효과적으로 나타내는 역할을 하고 있지만, 소설 서두부터 전체 소설의 분위기와 서사구조의 내용을 상징적으로 드러내는 역할을 한다. 예를 들면 "고요하고 투명한 공간에서 어떤 색다른 압박감"과 "한없이 두꺼운 유리 속을 헤치고 지나가는 듯한" 느낌을 받는다는 표현은 전투 상황의 긴박감을 표현하는 동시에 소설이 지닌 전체적인 심리적 분위기를 보여주고, 전쟁상처로 인해 파멸로 향해 가는 서사구조를 암시하는 효과를 지니는 것이다. 소설 서두가 지닌 이런 상징의 효과는 결국 1부에서 동호가 순수성을 지키지 못하고 자살에 이르는 과정과 2부에서 현태가 죽음을 당하게 되는 과정를 통해 구체화된다.

> 동호는 다시금 엄청나게 두꺼운 유리 속에 자신이 들어가 있다는 느낌에서 억눌려야만 했다. 이 유리가 저쪽 어느 한 귀퉁이에서 부서져 들어오기 시작하면 걷잡을 새 없이 몽땅 조각이 나고 말테지. 그리고 <u>그 무수한 날이 선 유리 조각이 모조리 내 몸에 들어박힐 거다.</u> 동호는 전신에 소름이 끼쳐 몸을 한번 떨었다.[308]

위 인용문은 동호가 작품 서두에 전투상황 중에 느끼는 유리 파편에 대한 공포를 서술한 부분이다. 이런 분위기는 순수성을 견지하고 있던 동호에게 순수성 자체가 언젠가 무너질 수밖에 없으며, 그것이 자신에게 파멸을 안겨 줄 것이라는 점을 암시한다. 동호가 그토록 두려워했던 '유리'에 대한 이미지는 결국 작품 1부 결말에 자신이 '유리' 조각으로 동맥을 끊어 자살하는 과정으로 이어진다. 이처럼 작품 서두에 나타나는 '유리'에 대한 상징은 전쟁과 같은 극한 상황 속에서 누구든지 상처받을 수

---

[308] 황순원, 『나무들 비탈에 서다』(연재 1회), 《사상계》, 60.1, p.288

밖에 없다는 것과 인간의 순수성은 지켜질 수 없다는 것을 보편적 상황 개념으로 제시해 주는 것이라 하겠다.

'유리' 상징은 1부 뿐만 아니라 2부에서도 여전히 작품의 배경으로서 영향력을 미치고 있다. 물론 2부에서는 현태에 의해 '과수나무 전정'이라는 또 다른 상징이 제시된다. 이는 전후 현실 속에서 나태와 방탕한 생활만 지속하는 자신이 스스로 전정되어야 할 존재라는 것을 암시한 부분이기도 하다. 하지만 현태의 나태와 방황이 전쟁에 대한 피해의식에서 기인된 것임을 볼 때 '과수나무 전정'의 상징 역시 '유리' 상징이 지닌 전쟁상처의 의미에서 결코 벗어나는 것이 아니다. 과수나무가 자라기 위해서는 필요없는 가지와 잎을 잘라 주어야 한다는 '과수나무 전정'의 상징이 현태의 외적 행동에 대한 표상이었다면, '유리' 이미지의 상징은 이런 외적 행동을 가능하게 한 내적 의식의 표상이 되는 것이다.

2부에서 이런 '유리' 상징의 의미는 현태가 송도에서 숙을 범하고 난 이후 다방에서 숙과 만나는 장면에서 구체적으로 드러난다. 그는 숙을 보면서 끊임없이 전투의 투명한 영상, 그리고 유리처럼 숨막히게 앞을 가로막던 전쟁 당시를 회상한다. 그리고 이어 자신이 죽였던 무고한 여인을 떠올린다. 현태가 여전히 과거로부터 벗어나지 못한다는 점을 바로 이 '유리' 이미지의 상징을 통해 보여주고 있다.

현태는 다시 그네의 등 위 너머의 유리창 쪽으로 시선을 들었다. 밖은 그냥 꽤 센 바람이 가로수 가지를 흔들고 있었다. 저렇게 나무가지가 바람에 흔들리고, 유리창이 덜거덩거리는 다방 안은 사람들의 말소리로 웅성거리고, 바로 앞에는 분노에 쌓인 숙이가 앉았는데, 현태는 어느 무인지대의 고즈녁한 산비탈을 내리고 있었다. 여름철 낮기운 햇볕이 빈틈없이 내리부어지고 있었다. 시야는 어디까지나 투명했다. 그 속에 초가집 열여덟 채가 무거운 지붕을 감당하기 힘든 듯이 납짝하게 엎드려져 있었다. 현태는 앞으로 향한 총뿌리를 꽉 옆구리에 끼고 한 발자욱씩 조심조심 발을 내어디디고 있었다. 그런데 이 고즈녁하고 거침새없이 투명한 공간이 왜 이다지도 숨막히게 앞을 막아서는 것일까. 현태는 옆을 보았다. 동호가 역시 총대를 옆구리에 긴 채 조심스럽게 한걸음 한걸음 발자욱을 옮기고 있는 것이었다. 현태는 동호에게 한마디 건네고 싶었다. 어이 시인, 이런 때 느낌을 뭐라고 표현하였음 좋지? 차라리 적병이라 두 눈앞에 뵈는 편이 낫지 않겠어? 여전히 밖은 가로수 가지가 흔들리고, 유리창이 덜거덩거리는 다방 안은 웅성거리고, 바로 앞에는 분노에 찬 숙이가 고개를 비낀 채 앉아 있고, (중략) 이윽고 숙이가 다시 고개를 들어 정면으로 말했다. 그 눈이 안으로부터 뿜어지는 듯한 불길에 타고 있었다.

"당신네들은…. 동호씨나 당신이나 모두 구원받을 수 없는 인간들예요."[309]

위 인용문에서 볼 수 있듯이 현태가 전후현실에서 겪는 아픔은 전적으로 전쟁에 의한 상처 때문이다. 그의 이런 상처는 회상을 통해 '유리' 상징의 이미지로 표현되고 있다. 그가 전후현실에서 방황하고 방탕한 생활을 영위할 수밖에 없었던 것도 이처럼 전쟁 상처가 내면화되어 하나의 절망적 상황으로 그의 모든 생활을 규제하고 있었던 까닭이다. 전쟁 당시 동호가 절망으로부터 벗어나기 위해 죽음을 택했던 것처럼, 현태 역시 절망적 상황을 벗어나기 위해 죽음을 택하고 있다. 그런데 여기에서 한 가지 주목해야 할 것은 '유리' 상징성으로 암시되는 전쟁의 상처가 전쟁에 참여한 병사면 누구나 얻게 되는 그런 보편적이고 추상적인 성격의 것만은 아니라는 점이다. 위의 인용문 마지막 부분에서 숙에 의해 동호와 현태 모두가 구원받을 수 없는 인간이라는 표현은 전쟁의 상처가 서로가 서로에게 상처주고 상처받은 인간관계의 속성에서 비롯되고 있음을 보여준다. 앞 장에서도 살펴본 바 있지만, 동호와 현태는 서로에게 상처주고 상처받는 관계로 설정되어 있다. 그리고 이런 인간관계는 두 사람뿐만 아니라, 숙과 다른 사람들에게까지 폭넓게 확산된다. 이런 인간관계를 가능케 한 것은 물론 전쟁 상황 때문이지만, 이런 전쟁의 상처가 다분히 다양한 인간관계의 속성 속에서 구체화되고, 그런 관계로부터 벗어날 수 없다는 점을 서로가 서로에게 심리적 분위기로 암시하는 것도 바로 이 '유리' 상징의 의미라고 할 수 있다.

---

309) 황순원, 『나무들 비탈에 서다』(연재 6회), 《사상계》, 60.6, pp.426-427

『나무들 비탈에 서다』에서 상징을 사용하여 전체 분위기와 인물의 행동을 암시하는 것은 분명히 특별한 의미를 지닌다. 소설에서 상징을 활용하는 것은 황순원이 즐겨 사용한 서술적 방법이라 하더라도, 『나무들 비탈에 서다』에서는 이를 서사과정의 일환으로 사용함으로써 그의 이전 작품들과는 분명히 다른 성격을 보여 준다. 그가 이전에 사용하던 상징은 다분히 우화적 성격을 지닌 알레고리적 의미를 강하게 지닌 것이었다. 예를 들면 단편에서 옛날 이야기를 하나의 우화처럼 다루어 전체 스토리를 상징화하는 것은 황순원에게는 아주 흔한 방법이었다.[310] 장편 『별과 같이 살다』에서 지주 김만장과 한명인의 성격은 반드시 우화를 통해 상징화된다. 『카인의 후예』에서 김훈과 오작녀의 신비한 사랑은 '큰 아기 바윗골'의 전설을 통해 상징화된다. 초기의 소설이 주제를 전체 스토리를 통해 바로 상징화하는 알레고리적 성격이 강하다면, 후기의 소설에 올수록 상징은 단지 서사구조 속의 한 기법으로 자리를 잡는다. 따라서 황순원 소설의 현실인식의 확보는 바로 이런 알레고리적 상징으로부터 서사적 상징으로의 진화과정을 통해서도 구체적으로 드러난다고 볼 수 있다.

『나무들 비탈에 서다』에서 나타나는 상징성은 그 자체가 소설의 전체 의미를 환원시키는 그런 성격의 것은 아니다. 분명히 '유리' 상징은 인물의 행동에 대한 배경적 의미의 역할을 하고 있을 뿐이며, 1부와 2부를 이어 주는 서사성의 한 특별한 장치로서의 기능만을 담당한다. 예를 들어 동호와 현태의 파멸은 상징을 통해 나타난 직접적 결과는 아니며, 다만 죽음과 같은 행위의 내면적 필연성을 강조하고, 두 사람의 성격을 심리적으로 이어 주는 역할만을 하고 있다. 2부에서 나타나는 '과수나무 전정'의 상징 역시 절망적 현실을 도피하고자 하는 내면적 의식을 표현한

---

[310] 황순원 단편에 나타나는 이런 설화성의 이야기체는 소설 전체를 하나의 우화적 공간으로 만드는 동시에, 이런 우화적 공간을 통해 인간의 순수성, 영원성을 강조하기 위한 하나의 수법이었다. 이에 대해서는 홍정선의 「이야기의 소설화와 소설의 이야기화」, 『말과 삶의 자유』, 문학과 지성사, 1985 참고할 것.

것이지, 그것이 바로 주제로 환원되고 있지는 않다. 이처럼 『나무들 비탈에 서다』에서 상징은 인물의 행위에 대한 개연성을 강화시켜 주는 동시에 그때그때 서사적 전개에 따른 내적 필연성을 확보해 주는 역할을 하고 있다. 이는 어디까지나 전체 서사가 현실에 바탕을 둔 객관적 묘사를 통해서 이루어지고 있기 때문이며, 디테일의 상세한 묘사와 다양한 인물의 상호관계를 통해 전체 주제를 만들어 가고 있기 때문이기도 하다. 적어도 『나무들 비탈에 서다』에서 상징은 신세대가 즐겨 사용하는 알레고리처럼 현실의 보편적 성격을 현실적 매개과정없이 바로 개별로부터 보편으로 추상화하지는 않는다.[311] 어디까지나 상징은 서사 구조의 내부에 포함되어 있고, 전개될 서사구조의 내용을 암시할 뿐만 아니라 지배를 받는다. 이런 점은 상징 자체가 분명히 서사화의 일환으로 사용되었기 때문에 가능한 것이라 볼 수 있다.[312]

---

311) 물론 소설의 서사구조에서 작품의 특정적 의미를 현현하는 데 상징 자체가 주요한 배경적 역할을 한다는 것은 그렇게 바람직한 것은 아니다. 상징은 분명히 내재적 의미가 구체적인 형상을 찾지 못하거나, 혹은 내재적 의미 자체가 불분명할 때 이루어 지는 방법이다. 현상의 본질적 의미는 여전히 개별화되지 못했고, 구체화되지 못한 형식이며, 그것의 외재적 의미는 단지 상징의 형체 속에 이미지로서 상상될 뿐이다. 헤겔이 상징적 설명을 통한 형식은 단지 보편성, 그 자체만을 이끌어 오지 더 이상 어떤 것도 가져오지 못한다고 말하는 것도 바로 이 때문이다. 상징 그 자체는 우리에게 추상적 개념만을 제시해 주지 구체적인 의미는 제시해 주지 못하는 것이다. 이런 점에서 『나무들 비탈에 서다』가 전쟁을 단지 상징의 대상으로 삼거나, 의식의 대상으로 삼아 추상화시키고 있다는 평가도 가능하다고 할 수 있다. 하지만 『나무들 비탈에 서다』에서 보여주는 상징은 전쟁의 성격을 구체적으로 파악할 수 없을 때가 전쟁에 상처입은 당시 젊은 이들의 내적인 심리상태를 효과적으로 드러내는 특성을 지닌다. 전쟁의 상처 속에 파멸할 수밖에 없는 각 인물들의 행동에 대한 내적 동기를 암시해줄 뿐만 아니라 서사적 전개에 있어 개연성을 확보해주는 구체적인 의미를 지니고 있다.
G.W.F.Hegel, 『Hegel's Aesthetics』, Clarendon press.Oxford, 1975, p.312
정한숙, 『현대한국소설론』, 고대출판부, 1977, pp.155-156
이봉범, 「민족사의 소설적 재현과 그 문학적 성과」, 앞의 책, pp.109-111 참고할 것.
312) 이런 점과 관련하여 볼 때 문제는 상징 자체가 아니라 오히려 당시의 시대적 상황, 전쟁과 같은 절망적 현실과 그 의미를 상징으로 밖에 처리하지 못하는 역사인식의 결핍에 있다고 볼 수 있다. 분명히 젊은이들이 전쟁에 참여했고, 그 전쟁으로부터 상처를 입었다. 그리고 그 상처의 근원은 바로 분단 이데올로기에서 비롯되는 전쟁의 구체적

3) 인물구성의 다양성과 서사적 현실 구성의 원리

(1) 주요인물의 내면화 경향

『나무들 비탈에 서다』에서 주요 인물의 성격을 형성하는 원리는 '내면화'의 방식이다. 여기에서 내면화 방식이라는 것은 인물의 행위를 규정하는 궁극적 원천이 인물의 내적인 심리상태에서 비롯되고 있음을 의미한다. 즉 소설에 등장하는 주요 인물의 행동은 상황의 전개를 통한 인물간의 갈등에서 비롯된다기보다는, 상황을 받아들이고 스스로 재구성한 심리적 환경에서 비롯된다. 이는 구체적으로 전쟁이라는 상황이 이미 절대적 힘으로 전제되어 있고, 이를 각 인물들이 어떻게 받아들이고 그 상처를 내면화하느냐에 따라 행위양식이 달라지기 때문이다. 『나무들 비탈에 서다』에서 나타난 '내면화'의 방식은 소설 자체가 전쟁의 피해의식을 구체적 대상으로 하고 있다는 점, 그리고 전쟁의 구체적 성격과 사회적 영향관계가 뚜렷이 드러나기 어려울 때 상황 자체에 대한 개인적 반응과 태도를 다룰 수밖에 없다는 점에서 필연적으로 나타날 수밖에 없는 방식이기도 했다.[313] 『나무들 비탈에 서다』는 한편으로 전쟁의 비극성에 대한

의미가 내재되어 있는 것이다. 전후의 현실 역시 전쟁 상처의 모습뿐만 아니라 그 상처를 덧나게 하는 사회구조의 모순이 잠재되어 있음을 부정하기 어렵다. 하지만 황순원은 단지 '유리' 상징이나 '과수나무 전정'의 상징을 통해서 그런 의미의 현상만을 제시하고 있는 것이다. 이런 점에서 『나무들 비탈에 서다』가 전쟁에 대한 역사성과 현실에 대한 비판이 없다는 지적을 받을 수 있다. 하지만 이런 정치적 모순과 사회적 모순에 대한 본질적인 형상화는 당시로서는 크게 기대할 수 있는 성격의 것은 아니다. 오히려 『나무들 비탈에 서다』는 이런 상징성을 통해 전후상처가 어떻게 젊은이들의 의식 속에 내면화되는가, 그리고 그것이 전후현실에서 어떤 영향을 미치는가를 효과적으로 보여주고 있다고 볼 수 있다. 그리고 이를 통해 한국전쟁 이후 매듭지어야 할 전쟁상처와 이의 극복 문제를 포괄적으로 제시하고 있는 것이다.

313) 이런 점에서 전후소설에서 전쟁피해의식을 다룬 소설들은 대부분 내면화 방식을 취한다는 점을 인식할 필요가 있다. 다만 이런 내면적 방식이 어떻게 외적 현실과 폭넓은 상호관계를 가지면서 묘사되느냐 하는 점이 문제가 된다. 앞서 다룬 장용학, 오상원 역시 이런 내면화 방식을 사용한다. 다만 이들이 성격형성에 사용하는 내면화 방식은 특정한 몇몇 인물의 내면 자체에서 모든 서사가 진행된다는 점이 문제가 된다. 대체로 이들의 소설이 관념화되어 있고, 주관화되어 있는 것도 이 때문이다.

고발을 다루면서도, 또 한편으로는 전쟁에 상처입은 자들의 모습과 이의 극복을 다루고 있다. 이럴 경우 바로 이런 피해의식을 내면화한 당사자가 소설의 주된 스토리를 이끌게 된다.

동호는 1부의 중심인물이다. 그는 전쟁이란 극한 상황 속에서도 순수함에 대한 내적 지향을 지닌 인물로 등장한다. 그는 전투 행위의 격렬함 속에서도 숙과의 순수한 사랑을 견지하고 있고, 그런 순수성을 사람과 사람 사이의 관계의 문제로 확대해서 인식하고 있었다. 현태가 무고한 부녀를 죽일 때도, 그리고 전투중 살벌한 육박전을 전개할 때도 그는 그런 상황에 대한 거부감을 드러낼 뿐만 아니라, 내면적 순수성에 대한 지향 역시 포기하지 않는다. 하지만 전쟁의 생존논리 속에서 언제까지 그런 순수성을 지속할 수는 없는 것이다. 여기에서부터 그의 내면적 갈등은 시작된다. 그는 전투에서 끊임없이 나약한 비겁자가 되는 것을 두려워했고, 자신의 나약함이 숙에 대한 순수성에서 비롯되는 것이 아닌가 하는 의심을 버리지 못한다. 숙의 편지를 불태우고, 술집 출입에 스스로 앞장서는 것도 이런 내면의 갈등이 행위로서 표출된 것을 의미한다. 동호는 전쟁 상황의 살벌한 생존논리와 자신의 순수성 사이의 모순을 인정하고, 자신의 순수성에 대한 스스로의 파멸을 통해 새로운 의미를 기대하지만 전쟁터의 생존논리 속에서 그런 것이 허용될 수는 없었다. 그와 술집 작부 옥주의 관계는 결국 동호의 죽음으로 끝날 수밖에 없었던 것도 이 때문이다. 동호의 순수성은 현실적 상황으로부터 벗어나 있고, 그런 면에서 그는 '아이디얼리스트'[314]에 가깝다. 그가 전쟁상황 속에 내면적 갈등을 일으키고, 상처받는 것도 결국 전쟁터의 생존논리와 순수성을 지키고자 하는 내면적 성격과의 모순에서 비롯되고, 이런 모순은 궁극적으로 해결할 수 없는 것이기에 죽음과 같은 극단적인 방법을 택할 수밖에 없었던 것이다.

2부에서 중심인물로 등장하는 현태 역시 전쟁상처의 피해를 입는다는

---

[314] 정한숙, 앞의 책, p.160

점에서 동호와 다를 바 없다. 동호의 파멸이 전쟁의 상처를 직접적으로 내면화한 그의 순수한 성격에서 비롯된다고 한다면, 현태의 파멸은 전쟁 상처를 간접적으로 내면화한 상황적 논리에서 비롯된다. 그가 무고한 부녀를 죽였다는 것, 그리고 동호의 죽음에 대한 일종의 윤리적 책임을 지니고 있다는 것 등은 모두 전쟁이 남긴 후유증이고 상처이다. 그가 전후 현실에 적응하지 못하고 나태하고 방종한 생활을 지속하는 것도 바로 이런 전쟁의 상처로부터 벗어날 수 없음을 구체적으로 보여 주는 것이다. 현태는 동호와 마찬가지로 전쟁에 따른 내면적 갈등을 지속하고 있다는 점에서 순수주의자이다. 하지만 그의 상처는 동호처럼 순수성과 그것을 파괴하고자 하는 외적 현실과의 대결에서 나온 것은 아니다. 오히려 그의 상처는 순전히 전쟁상황 속에서 잉태된 것으로, 전쟁기간 중 순수성의 파괴에 동참하고 전쟁의 논리를 직접 받아들인 결과 때문이기도 하다. 1부에서 동호가 전쟁에 참여한 젊은이들을 모두 피해자라고 말하는 데 비해 2부에서 현태는 전쟁에 참여한 젊은이들을 피해자이기도 하며, 동시에 가해자라고[315]말하는 것은 바로 이런 전쟁상황의 논리를 받아들임으로써 나타나는 내적 갈등의 모습을 구체적으로 보여 주는 것이라 할 수 있다.

하지만 어쨌든 동호나 현태는 전쟁상황에서 비롯되는 갈등의 내면화 현상을 겪고 있다는 점에서 동일하다. 이런 갈등은 분명히 전쟁상황 속에 놓인 그들의 존재와 의식, 행위 사이의 모순에서 나왔음이 분명하다. 소설에서는 분명히 전쟁이라는 거부할 수 없는 상황이 존재하고 있고, 이런 상황을 어떤 의미로 받아들이고, 어떻게 행위하느냐에 따라 전쟁상처가 달라지기 때문이다. 전쟁기간이나 전후에 전쟁상처를 입는다는 것은 전쟁상황이 주는 이런 모순을 내면화하느냐, 않느냐에 달려있다. 동호와 현태가 전쟁상처를 입고 파멸할 수밖에 없었던 것도 직접적이든 간접적이든 이런 전쟁상황의 모순을 하나의 상처로서 자신의 의식 속에 내

---

315) 황순원, 『나무들 비탈에 서다』(연재 6회), 《사상계》, 60.6, p.421.

면화하였던 까닭이다. 이런 점은 전쟁을 같이 겪었던 윤구가 전쟁상황의 모순을 철저히 외면함으로써 전후 냉혹한 현실주의자로 변모하는 과정을 살펴보면 보다 분명해 진다. 『나무들 비탈에 서다』가 전쟁상처를 다룬 소설이라는 점을 감안할 때 동호와 현태같은 인물이 주인공이 될 수 밖에 없었던 점도 바로 이런 내면화 과정에 근거하고 있다.

『나무들 비탈에 서다』에서 나타난 이와 같은 내면화 방식은 분명 장용학의 『원형의 전설』이나 오상원의 『백지의 기록』에서처럼 현실 자체를 추상화하고 관념화할 위험성을 지니고 있다. 신세대 소설처럼 소설 전체가 전쟁의 피해의식만을 내면화시켜 다루고 있다면 관념적 소설의 틀을 벗어나기가 어려웠을 것이다. 하지만 『나무들 비탈에 서다』에서는 동호와 현태의 몰락을 중심구조로 삼으면서도 그것이 관념성이나 추상성 자체로 끝나지는 않는다. 오히려 내면화의 과정이 바로 서사화의 폭넓은 과정 속에서 이루어지고 있음을 보여 준다. 즉 각 인물의 내면적 의식은 전체 서사에서 각 단계의 성격을 규정할 뿐이지, 관념소설처럼 전체소설의 흐름을 지배하는 것이 아니라는 것이다. 다시 말하면 각 인물의 성격 형성과 행동에서 내면화 방식이 사용된다고 하더라도 그것이 외면적 상황과 유기적인 결합을 맺음으로써 어디까지나 전체 서사구조의 한 부분으로 드러나고 있다. 그리고 그런 내면화 방식은 디테일의 풍부함과 다양한 인물들의 복합적인 유기적 관계 속에서 적절한 서사적 의미를 획득하고 있다.

(2) 인물의 다양성과 전쟁상처의 극복

동호와 현태의 성격에서 내면적 경향은 전체 서사구조의 성격을 결정하고, 죽음과 같은 극단적인 방향으로 스토리의 중심이 이루어지게 하는 근본 요인이 된다. 하지만 소설 전체가 이런 내면성과 관련을 맺는 것은 아니다. 앞서 말한 대로 내면성과 구체적 상황과의 상호연관성, 그리고 디테일의 상세한 묘사는 동호와 현태의 내면적 갈등을 서사적 과정 아래 묶어 놓는 역할을 하고 있다. 뿐만 아니라 『나무들 비탈에 서다』에서는 소설의 중심인물보다는 훨씬 덜 극단적이고, 덜 내면화된 인물들을 다양하게 병치시켜 놓음으로써 서사 전체가 내면성으로 전환되는 것을 막고 현실의 다양한 구체성을 확보하고 있다. 이런 인물로는 1부에서 윤구와 김하사, 2부에서 윤구와 석기, 그리고 장숙 등이 있다. 우선 이 중에서도 가장 중요한 인물인 윤구와 장숙에 대해 간단히 살펴보도록 하겠다.

윤구는 1부와 2부에 걸쳐 소설의 중심인물인 동호와 현태의 주위에 배치되어 중심 스토리의 내면화 경향을 막으면서 서사전개에 있어 현실성을 확보해 주는 역할을 하고 있다. 윤구의 등장은 단지 전쟁의 피해의식에 사로잡힌 삶만이 아니라, 적어도 현실을 영악하게 살아 가는 삶의 태도가 소설 속에 존재함을 의미한다. 윤구는 1부와 2부에서 선우상사와 동호, 현태와는 전혀 다른 성격과 행동방식을 보여 준다. 그는 전시와 전후의 삶, 어떤 곳에서도 철저하게 현실주의적 태도를 견지한다. 1부에서 꿈자리가 좋지 않다면서 전투에서 빠지는 것, 포로가 되었다가 탈출하여 목숨을 건지는 것, 그리고 "제 돈 안들이고 적당히 얻을 수 있는 쾌락을 마다할 필요가 없다"는 생각으로 현태와의 술집 출입에 적극적으로 참여하는 모습 등은 그가 지닌 현실주의적 속성의 한 단면을 보여 준다. 특히 1부에서는 현태와 함께 동호의 열등의식과 결벽증을 자극함으로써 동호의 순수성을 무너뜨리고, 동호로 하여금 자살케 하는 데 일정한 역할을 하고 있다. 하지만 1부에서 윤구의 모습은 어디까지나 동호와 현태의 주변에서 보조적 역할만을 담당하고 있음에 유의해야 한다. 1부에서 그의 역할은 동호와 현태의 극단적 성격을 완화시키면서, 전쟁상황에 대처하는 다양한 삶의 유형을 보여주는 데 있다. 1부에서 그는 김하사와 함께 전쟁상황에 대처하는 다양한 행위 공간을 만들어 내는데, 이런 점들이 동호를 중심으로 전쟁상처의 직접성 속에 1부의 스토리가 일방적으로 몰락구조로 떨어지는 것을 막고 있는 것이다.

하지만 2부에서 윤구의 역할은 더욱 구체적이고 실제성을 띠고 있다. 1부에서 보조적 인물에 불과했던 윤구는 동호가 빈 2부에 와서 중심적 인물로 부상한다. 2부에서 윤구가 중요인물로 떠오르는 것은 전시와 달라진 전후현실 속에서 일상생활을 지속해야 하는 현실적 삶의 당위성을 보여주는 것이라 할 수 있다. 이는 분명히 1부와 2부의 구체적인 삶의 환경이 달라졌음을 의미하는 것으로 적어도 전쟁의 논리가 아니라 생활의 논리가 필요하게 되었음을 말해주는 것이다. 사실 2부에서 윤구의 삶의 태도는 현태의 나태와 방황과는 달리 하나의 일관된 방향성을 띠고 있다. 그는 끊임없이 풍족한 현실적 삶을 추구하고, 이를 위해 모든 방법을 동원한다. 미란과 정책적 결혼을 시도하고, 그것이 여의치 않자 현태의 돈을 빌어 양계장을 시작한다. 윤구의 현실주의적 성격은 그가 현태의 도움을 받으면서도 현태에 대해서 언제나 이해타산적으로 대하는 태도 속에 분명히 드러난다. 현태가 전쟁상처로 인해 방황과 좌절의 내면적 갈등을 겪는다면, 윤구는 이런 상처를 철저히 외면하면서 현실적 삶의 길을 걷고 있는 것이다. 2부에서 두사람은 이런 상반된 성격을 통해 서로를 필요로 하는 만큼 일정한 상관관계를 맺는다. 현태는 윤구가 자신의 전쟁상처를 이해해 주고, 그로부터 위안을 받을 수 있다는 점에서, 그리고 윤구는 경제적인 도움을 받을 수 있다는 점에서 그들은 서로에게 필요한 존재가 될 수 있었다. 그리고 2부에서 이런 관계가 전후의 삶을 전쟁상처로 보편화하고 일반화하는 것을 막고 있다.

『나무들 비탈에 서다』에서 장숙은 한편으로 동호와 현태의 전쟁상처를 매개시켜주는 인물로, 다른 한편으로는 전쟁상처를 극복하는 긍정적 인물로 등장한다. 예컨대 1부에서 장숙은 동호로 하여금 순수성에 집착케 하는 매개 요인으로 나타난다면, 2부에서는 현태로 하여금 전쟁상처를 상기시켜 주는 매개자로서, 또한 전쟁상처를 치유하는 긍정적 인물로서 나타난다. 이런 점은 그녀가 1부에서 구체적 모습은 보이지 않고 단지 동호의 회상 속에 순수성의 상징으로만 등장하는데 반해, 2부에서는 구체적 인물로 나타나 현태의 전쟁상처를 일깨우고, 전쟁상처를 치유하는 역할을 맡는 것과 관련된다.

1부에서 그녀는 철저히 동호의 파멸을 이끄는 정신적 매개자로서의 역할을 담당한다. 그녀가 품고 있는 정신적 사랑의 이미지는 전장(戰場)에서 동호로 하여금 끊임없이 현실과 이상(理想) 사이의 갈등을 낳게 하는 근본 원인이었고, 동호가 이런 정신적인 사랑을 파괴했을 때 죽음을 택하게 하는 근본 동기가 되기도 한다. 1부에서 동호는 숙으로 인해 전쟁의 논리와는 상관없는 이상적(理想的) 논리만을 취하게 되고, 이 때문에 그는 죽음에까지 이르는 정신적 상처를 감당해야 했던 것이다. 이런 점은 이후에 현태가 동호의 죽음에 대한 직접적 원인으로써 숙을 지목하는 데서 잘 드러난다.

'굳이 그 친굴 그렇게 만든 또 한 사람을 대라면 난 장숙씰 들겠읍니다. 이제 보니 장숙씨의 그 하찮은 꿈의 세계를 헤어나지 못해 그 친군 종내 질식해 죽고 만 것입니다.'
'더 말을 말아 주세요. 그리고 나가 주세요.'
그네는 양손으로 귀를 막았다.
'그런 의미에서 우린 서로 공범자가 되는 셈이군요.'316)

장숙이 추구했던 순수성이 현실과 상관없는 하나의 이상적 논리일 뿐이라는 것이 이로써 분명해진다. 따라서 2부에서는 장숙이 추구했던 이상적 세계가 하나씩 무너지는 과정을 형상화해 낸다. 장숙은 자신을 피하는 현태를 좇아다니며 동호가 술집 작부 옥주와의 관계가 있었다는 것, 스스로 자살을 했다는 것, 동호가 남긴 유서가 백지일 뿐이라는 것을 하나씩 밝혀내고, 이런 과정을 통해 동호와 자신을 묶어 주었던 정신적 사랑이 전쟁현실에서 어떤 의미를 지녔는 지를 깨닫게 된다. 하지만 이런 정신적 사랑의 붕괴가 동호처럼 바로 그녀의 파멸을 의미하는 것은 아니다. 장숙은 정신적 사랑의 붕괴를 통해 현실적 세계를 되찾을 수 있었고, 이를 통해 전쟁상처를 자신이 감당하고 미래를 기다리는 긍정적 인물의 역할을 하게 된다. 2부에서 그녀가 단순한 매개자의 역할을 벗어나는 것도 이 때문이다.

---

316) 황순원, 『나무들 비탈에 서다』(연재 5회), 《사상계》, 60.5, p.405

2부에서 숙의 등장은 현실 세계의 지속성을 강조하고, 전쟁상처의 종식과 이의 극복을 상징하는 것으로 볼 수 있다. 현태가 자신의 상처를 철저한 자기부정과 파멸을 통해 회피하고자 한 것이라면, 그녀는 이런 상처를 자신이 감당해야 할 몫으로 여기고 전쟁세대가 지나고 다음 세대를 기다림으로써 전쟁상처를 극복하고자 한다. 그녀가 강간에 의해 잉태한 현태의 아이를 낳아 기르겠다는 표현은 스스로 전쟁상처를 감당함으로써 비극적 현실을 극복하겠다는 뚜렷한 의지를 보여 주는 대목이다.

'선생님이 받으신 피해가 어떤 종류의 것인지는 모르겠습니다. 그렇지만 큰 의미에서 이번 동란에 젊은 사람치구 어느 모로나 피해를 받지 않은 사람이 있을까요. 현태씨두 그 중의 한 사람이라구 봅니다. 그리구 저두 또 그 중의 한 사람인지도 모르구요.'
'네 .. 같은 피해자 의식에서 그 친구의 애를 낳아 기르시겠다는 거죠?'
그네는 윤구에게 주던 시선을 한 옆으로 비끼면서,
'모르겠어요…어쨌든 제가 이 일을 마지막까지 감당해야 한다는 것 외에는… 그럼 실례했습니다.' [317]

소설 말미에 장숙이 보여 주는 이러한 태도는 그녀가 현태의 전쟁상처을 일깨우는데 매개적 역할을 했다는 점에도 불구하고 자신이 전쟁상처를 다시 감당하겠다는 의지를 보여준다는 점에서 전후 상처를 어떻게든 극복하고자 하는 작가의 의도를 보여 준 것으로 볼 수 있다. 결국『나무들 비탈에 서다』에서 장숙의 건강한 이미지는 작품 전체가 전쟁상처로 내면화하는 것을 막고, 전후현실 속에서 상처극복의 가능성을 구체적으로 조명해 주는 의미를 지니고 있다.

4) 객관적 현실묘사와 장편양식의 가능성

『나무들 비탈에 서다』는 전쟁상처를 내면화한 인물을 통해 그 상처의

---

317) 황순원,『나무들 비탈에 서다』(연재 최종호),《사상계》, 60.7, P.411

심각성을 다루고 있다는 점에서 신세대 작가의 장편소설과 유사하다. 『나무들 비탈에 서다』는 전쟁으로 비롯되는 좌절과 절망의 내적 갈등을 다루고 있고, 이런 전쟁상처의 의미를 50년대 사회의 보편적 현상으로 구체화하겠다는 의도를 분명히 보여준다. 그리고 이런 점에서 이 소설이 다루고 있는 중심되는 과제는 50년대 사회에 보편화된 전쟁상처의 의미와 이의 극복 문제이다. 하지만 『나무들 비탈에 서다』는 신세대 장편과는 여러 면에서 차이를 보인다. 우선 『나무들 비탈에 서다』는 구성의 다양성, 상황의 복잡성, 다양한 인물들의 병치 등을 통해 전쟁에서 비롯되는 전후현실의 한 단면을 드러내는 데 훨씬 효과적인 특성을 발휘한다. 『나무들 비탈에 서다』에서는 각 인물들간의 내면적 특성과 상호영향관계, 행동방식 등을 통해 전쟁상처의 주제적 의미를 객관적 상황 속에서 폭넓게 구체화시키고 있다. 앞 장에서 다룬 장용학, 오상원의 장편이 의식있는 지적 인물을 화자 혹은 주인공으로 내세우고, 이를 통해 세계에 대한 자신들의 주관적 해석을 소설 속에서 표명하고자 했다면, 『나무들 비탈에 서다』는 비교적 객관화된 화자를 내세우면서 현실을 삶의 구체성 속에서 풍부하게 객관화시켜 묘사하고 있다. 즉 주관적 이념에 의해 제약을 받는 한 개인적 서술자의 지적 환상이나 관념적 의도 속에서 이야기가 전개된 것이 아니라, 현실이 다양한 인물의 관점에서 묘사되고, 이를 통해 전쟁상처를 묘사하면서도 전후사회의 폭넓은 다양성을 함께 보여주고 있다. 따라서 『나무들 비탈에 서다』에서는 신세대 장편과는 달리 서술자의 객관성이 소설 전체를 구체화시키고, 인물중심으로 상황을 꾸밈으로써 상황의 다양성을 유도하고 있다고 할 수 있다.

　소설에서 객관적 묘사 방식의 확립은 등장하는 작중 인물의 성격을 뚜렷이 함과 동시에 인물이 활동하는 공간을 장면적 제시와 같은 수법으로 풍부하게 보여줄 수 있는 장점을 지닌다. 묘사하는 주체가 서술자로부터 인물 중심으로 변화하는 것이기에 창조된 인물들은 자신의 주체성을 가지고 자기가 활동하는 공간을 충분히 드러낼 수 있는 것이다. 이는 소설에서 디테일의 풍부성과 사건구성의 다양함을 가져오는데, 소설은 이를 통해 현실의 객관상을 풍부하게 재현하게 된다. 이를테면 신세대 장편소설들이 단지 중심인물만을 부각시키고, 그들의 관념, 의식을 강조하기 위해 디테일을 생략하거나 축소시켜 외적 사건의 빈약성을 그대로 노출하고 있다면, 『나무들 비탈에 서다』에서는 중심인물들이 어느 정도 분산되고, 이들이 각자 활동하는 자유로운 주체적 공간을 가짐으로써 사건 자체의 다양성과 디테일의 풍부함을 가져오게 된다. 『나무들 비탈에 서다』가 비교적 다양한 인물의 상호관계와 중첩되는 사건구조 속에서 현실의 다양성을 보다 더 풍부하게 보여 줄 수 있는 것도 이 때문이다.

이를 실제 작품의 예를 들어 간단히 살펴보기로 하자. 우선 『나무들 비탈에 서다』에서 성격 형성은 앞서 말한 대로 서술적 화자에 의해서 일방적으로 규정되거나 강요되는 것이 아니다. 각 서사단계는 진행에 따라 내면의식과 구체적 상황이 반복해서 나타나고, 이를 통해 인물은 서서히 자신의 특징적인 성격을 형성하게 된다. 소설에서 '내면적 의식-배경적 상황-구체적 행동'은 서로 유기적인 반복과정을 거침으로써 소설의 전체 서사가 관념화되는 것을 막고 있다. 예를 들면 소설 서두의 '유리' 이미지는 전투의 앞둔 긴박한 상황 속에서 불안한 심리적 상태를 암시해주는 기능을 하고 있다. 하지만 '유리' 상징이 주는 이런 심리적 분위기는 곧 전투과정의 상세한 묘사와 함께 구체적인 상황성을 획득한다. 이런 전투의 긴박감이 주는 상황성은 바로 현태가 수색중 아군의 위치를 드러내지 않기 위해 무고한 여인을 살해하는 계기가 되기도 하고, 동호에게는 전투에 소극적인 자신을 되돌아보면서 자신의 비굴함, 열등감을 드러내는 계기가 되기도 한다. 동호의 열등감은 나중에 숙과의 순수한 사랑을 결벽증으로 보고 이를 깨어 버리고자 하는 데에 대한 구체적인 원인이 된다.

(1)적의 포격은 그칠 사이가 없었다. 그들은 자주 포탄이 날아오는 소리가 무섭게 엎드리곤 하여야 했다. 약 반시간 남아 찾아 헤매었으나 어두움으로 인하여 찾을 수가 없었다. 그는 결국 길쪽에 이하사의 음성을 듣고 곧 그쪽으

로 달려갔다. 도로 뚝밑에 한병사가 쓰러져 있었다. 아까 부상당한 병사에 틀림이 없었다. 그렇지 않고는 이렇게 길가로 나와 쓰러져있을 리가 없는 것이다. 중섭은 급히 맥을 보았다. 이미 숨져 있었다. 이병사는 도로가에까지 기어 나온 것이다. 도로상에까지 기어 나왔다고 하여 무슨 소용이 있을 것인가. 하지만 남쪽으로 내닫은 길 '앰뷰란스'가 사라져간 이 도로상에 까지나마, 하고 기어나왔을 병사의 마지막 표정을 생각하는 순간 중섭은 확 눈물이 쏟아지는 것이었다. 자기의 권리도 주장할 줄 모르는 병사들, 중섭은 가슴이 메어 잠시 눈물을 먹고 있다가 그 병사의 피와 흙으로 얼룩진 이마우에 입술을 가져다 대어 주었다.[318]

(2)언젠가 추파령 전방에서 적의 포격을 받았을 때였다. 평지라 몸붙일 곳이 없었다. 그저 그 자리에 엎드리는 도리밖에 없었다. 이렇게 엎드린 동호는 곁에 같이 엎드린 현태의 옆구리 밑으로 저도 모르게 자꾸 고개를 묻으려 했다. 현태가 벌떡 일어났다. 반사적으로 고개를 드니 허리를 납작 꾸부린 현태가 금방 포탄이 떨어져 패어나간 자리로 달려가는 것이다. 동호는 자기도 그리 가야 한다고 생각했다. '사산산포의 원리'에 의해 포탄이란 아무리 같은 조준에 의해 쏘더라도 꼭 같은 자리에는 떨어지지 않는다는 걸 알고 있기 때문이었다. 병사들이 하나 둘 그리로 달려가는 게 보였다. 그 속에 윤구도 끼어 있었다. 그러나 동호는 오금이 말을 듣지 않아 그리 달려갈 수가 없었다. 현태가 철모 밑으로 눈만을 내놓고 어서 오라고 손짓하는 모양이 뿌연 먼지 연기 속에 보였다. 그래도 동호는 뼛마디 무너진 사람처럼 몸을 움직이지 못하고 있었다. 이것은 현태는 일등중사요 동호 자기는 이등중사라는 전투경력의 차이에서 오는 것만도 아닌 상 싶었다. 같은 이등중사라도 윤구는 얼마나 날렵하냐. 종내 현태 편에서 달려와 동호의 겨드랑 밑을 끼고 구덩이로 끌고 갔다. <u>폭음에 귀가 멍멍한 채 정신없이 끌려가는 동호의 머리속에는 엉뚱한 의식만이 선명했다. 현태 네 녀석은 대담 무쌍한 용사가 되구, 난 더할 나위없이 비겁한 졸자가 되子.</u> 전례없는 장시간의 포격으로 적잖은 인명의 손해를 입었다. 처음 동호가 엎드렸던 자리 곁에 있던 병사들도 포탄에 맞았다는 것을 알았다.[319]

---

318) 오상원, 『백지의 기록』(연재 1회),《사상계》, 57.5, pp.341-342
319) 황순원, 『나무들 비탈에 서다』(연재 1회),《사상계》, 60.1, pp.290-291

위의 인용문은 각각 오상원의 『백지의 기록』과 황순원의 『나무들 비탈에 서다』의 앞 부분이다. 두 부분 모두 전쟁 상황을 통해 인물의 성격을 드러내는 역할을 하고 있다. 인용문 (1)은 『백지의 기록』에서 중섭이 연대장을 후송하다 부상당한 병사를 발견하지만 연대장의 치료가 급하다는 부관의 강요에 의해 부상병을 전장(戰場)에 버려두고 왔다가 다시 돌아가 부상병을 찾는 모습이다. 인용문 (2)는 『나무들 비탈에 서다』에서 작품 앞 부분에 나타난 몇몇 전투에 관한 에피소드 가운데 한 부분이다. 인용 부분만 두고 볼 때 앞의 인용문은 모든 서술 부분에서 서술적 화자의 입장이 뚜렷이 드러나고 있다. 특히 서술 종지법에서 '엎드리곤 하여야 했다', '무슨 소용이 있을 것인가', '쏟아지는 것이었다' 등은 서술의 주체가 서술적 화자임을 분명히 보여 주고 있다. 따라서 인용문(1)에서 줄친 부분은 중섭의 독백이라기보다는 서술자의 감정이입의 문장으로 보는 것이 더 타당하다. 반면에 뒤의 인용문은 서술상황이 서술적 화자가 아닌 작중 인물로부터 비롯되고 있음을 느낄 수 있다. '생각했다', '있었다', '알았다' 등의 종지법은 등장인물의 각각의 행위가 객관성을 띠고 묘사되고 있음을 보여준다.

　오상원의 『백지의 기록』은 대체로 이런 방식의 서술을 통해 작가의 휴머니즘적 시각을 드러내고 있다. 그가 인물의 성격을 자기의 주관적 방식대로 조형하고 있다는 점은 죽은 병사의 이마 위에 입을 맞추고 눈물을 흘리는 행위를 통해 뚜렷이 드러난다. 실상 그가 한 병사의 부상을 치료하기 위해 생명을 무릅쓰고 달려가는 행위는 전쟁의 실상을 볼 때 그리 개연성있는 서사전개라고 볼 수는 없다. 더구나 병사를 위해 눈물 흘리고 신파조의 독백을 거듭하는 것은 전쟁의 객관적 상황과는 분명히 거리가 있다. 이런 중섭의 행동을 '인간애의 화신'[320]이라고 평가하는 경우도 바로 이에 근거한다고 하겠다. 반면에 『나무들 비탈에 서다』의 부분은 철저하게 현실 흐름의 논리에 따라 전개되고 있다. 디테일이 주는 긴박

---

320) 유종호, 「도상의 문학」, 『현대한국문학전집』, 7권, 신구문화사, 1967, P.446

감이 그대로 살아 있고, 전투 상황의 묘사도 상세하다. 뿐만 아니라 인물의 성격 제시도 직접적이지 않다. 인용문 (2)에서 밑줄친 부분은 현태와 윤구의 적극적이고 능동적인 전투행위와 반면에 동호의 소극적이고 느린 전투행위가 잘 묘사되어 있다. 소설에서는 이런 전투상황의 행동을 통해 동호의 나약하고 섬세한 성격이 드러나게 된다. 또한 전투 중의 동호의 행동은 자신의 열등의식을 자극하게 되고, 이런 점이 나중에 숙에 대한 자신의 정신적 사랑을 결벽증으로 보게 하여 술집 작부를 스스로 찾아가는 행동으로 이어지게 한다.

이처럼 『나무들 비탈에 서다』에서 나타나는 각 인물의 성격은 그것과 상관있는 다양한 상황 속에서 형성되고, 디테일의 풍부함과 함께 현실적 의미를 띠게 된다. 이는 앞서 말한 대로 전체 서술이 서술적 화자의 입장에서가 아니라, 바로 개별적 인물중심으로 전개되어 객관적 서술상태를 유지하였기에 가능한 것이었다. 따라서 『나무들 비탈에 서다』는 동호와 현태의 파멸을 중심구조로 삼으면서도, 그것이 단지 전후현실의 절망과 좌절을 관념적으로 대변해 주는 것이 아니라, 전후현실 속에서 전쟁상처라는 중심적 의미를 다양한 현실원리 속에서 보여 주고자 한 것이라 할 수 있다. 특히 소설 속에 나타나는 여러 인물들의 병치는 동호와 현태의 전쟁 상처 이외에 다양한 삶이 지속되고 이들이 서로 복잡한 상호관계에 있음을 보여 주고 있다. 이처럼 『나무들 비탈에 서다』에서는 동호와 현태를 중심으로 전쟁상처를 직접 다루면서도 그런 주제적 의미가 단순히 관념적 구호가 아니라, 현실 속에 포용되고, 현실의 구체성 안에 포섭되는 방식으로 나타나고 있다. 소설 속에 동호와 현태, 윤구와 장숙이 서로 대비되는 위치에서 상호관계를 가지는 것도 바로 소설의 이런 다양성과 직접 연관되는 것이라 하겠다.

『나무들 비탈에 서다』는 현실의 관념적 취급과 지나친 세태묘사, 애정사의 통속성에 몰입되어 있는 당대의 장편과 비교했을 때 상대적으로 그것이 가진 객관주의적 방식이 분명히 드러나 보인다. 특히 전후현실의 다양한 양상을 폭넓게 보여주고 있다는 점과 대상에 몰입되지 않고 어느

정도 시각적 거리를 두고자 하는 객관적 묘사방식에서 그러하다. 이러한 점은 50년대 전반(全般)에 걸쳐 통속성과 관념성이 주류를 이루던 장편소설과 비교할 때 『나무들 비탈에 서다』가 지닌 뚜렷한 장점이라 할 수 있다. 몇가지 단점[321]에도 불구하고 『나무들 비탈에 서다』를 이후에 『광장』을 거쳐 6, 70년대로 이어지는 장편소설의 발전의 한 단계로 보고 싶은 것도 이 때문이다.

---

[321] 『나무들 비탈에 서다』가 지닌 장편소설로서의 몇가지 단점을 지적하면 아래와 같다. 『나무들 비탈에 서다』는 소설 속에서 전쟁으로 인한 인간의 정신적 상처와 그것에 연유한 젊은이들의 내적 고뇌와 삶의 왜곡상을 밀도있게 그린 것은 사실이지만, 그것이 민족사와 어떤 연관이 있는지 별반 밝혀져 있지는 않다.(아래 이선영 논문 참고) 다시 말하면 전쟁과 관련하여 역사변화의 본질적 계기들이 드러나 있지 않고, 이런 점에서 장편이 추구하는 본질적 가치에서 일정하게 벗어나 있다고 볼 수 있는 것이다. 예를 들면 『나무들 비탈에 서다』가 한국전쟁과 관련하여 이데올로기 문제를 다루지 않았다는 점, 또한 전후현실의 정치적 배경(이승만 정권의 국가독점자본주의)과 민중적 현실과의 관계를 거론하지 않았다는 점 등은 대상의 총체성을 추구하는 장편양식으로서 분명히 하나의 단점일 수가 있다. 하지만 이런 단점들은 작품 자체의 몫이라기 보다는 시대적 한계의 몫으로 돌릴 수 있을 것이다. 당시는 여전히 강렬한 반공 이데올로기의 영향하에 있었고, 작가의 의식은 사회의 본질을 향해 확장될 가능성은 거의 없었다. 다만 이 소설의 창작 연대가 1960년 1월부터 7월 사이(실제 작품 완성시기는 5월)였음을 주목할 필요가 있다. 이 과정에서 4.19혁명이 있었고, 백철의 말처럼 4.19를 포함한 소재의 확장이 가능할 수도 있었다고 보여진다. 하지만 작가는 이미 소설 창작 전에 작품 구상이 끝나 있었고, 이런 점에서 소재의 확장은 불가능했다고 밝히고 있다. 이와 아울러 4.19혁명이 일어났다 하더라도 문학계에서는 1962, 3년까지 여전히 1950년대적인 전후 사고유형에 머물러 있었음을 유의할 필요가 있다. 최인훈의 『광장』과 이호철의 『판문점』을 제외한다면 1960년대 초반까지 대부분의 소설은 전쟁의 피해의식에 바탕을 두는 전후적 사고논리를 지속하고 있었으며, 그 중에서도 실존주의적 사고가 지배적인 유형을 차지하고 있었다. 이런 점은 1962년에 창작된 장용학의 『원형의 전설』에서 그대로 드러난다. 일반적으로 전쟁의 이데올로기 문제를 본격적으로 거론한 최인훈의 『광장』을 1950년대 전후문학보다는 1960년대 문학을 여는 서두로 보는 것도 이 때문이다.
이선영, 「전쟁의 혼란과 정신의 순결-나무들 비탈에 서다」, 《문학사상》, 86.5, p.278
황순원, 「비평에 앞서 이해를」, 〈동아일보〉, 1960.12.9
황순원, 「한 비평가의 정신자세」, 〈한국일보〉, 1960.12.21 참고할 것.

V. 결 론

　이상과 같이 50년대 전후문학에 있어 주요 장편소설의 일반적인 흐름과 형상화의 특징을 살펴보았다. 대체적으로 전후 장편은 현실을 해석하는 작가의 주관적이고 개별적 관점에 따라 좌우되고 있으며, 이것이 현실의 전체성을 형상화하는 데 일정한 장애 요소가 되고 있다. 즉 당시로서는 현실을 구체적이고 전체적으로 형상화할 실제적인 방법적 틀이 없었으며, 작가는 이전의 자신이 추구해오던 방식(자연주의적 방식)이나 서구에서 유입된 외국의 방법적 틀(모더니즘적 이론)을 이용하여 현실을 재단하고 있었던 것이다.
　이는 1950년대 전후 문학이 우리 문학사의 전통이 단절된 공간에서부터 새롭게 자신의 문학이념을 전개시켜야 했던 것을 의미한다. 50년대는 남북 분단과 전쟁으로 인해 이전의 문학적 전통이 단절되었으며, 모든 것이 공백상태에서 새롭게 시작되던 시기이다. 외적으로는 문학이 사회에 지니는 역할과 기능에 대해 다시 의미를 세워야 했으며, 내적으로는 작품이 갖추어야 할 형식과 내용 면에서의 기능을 새롭게 형성해야만 했던 것이다. 50년대 전후소설에서 내용못지 않게 언어적 표현 문제, 구조와 형상화의 문제가 중요하게 제기되는 것도 이 때문이다.
　전후소설은 일반적으로 전쟁의 피해의식에서 벗어나지 못하는 체험문학의 한 양상으로 볼 수 있다. 즉 전후소설은 대상과 주체를 분명히 구분하지 못하고 대상의 체험 자체에 함몰되는 경향을 보여주고 있는 것이다. 전쟁에 대한 피해의식이 전후현실을 불안과 절망의 공간으로 보게 만들었으며, 이런 의식이 작품에서 내적 체험으로 집중화되고 현실을 객관적으로 바라보지 못하게 하는 하나의 요인이 된다. 전후 소설을 일반적으로 추상성과 보편성에 근거를 둔다고 평가하는 것도 이와 직접 관련된다. 하지만 이런 추상성과 보편성이 전후 소설 전체를 지배했던 것은 아니다. 전후소설은 전후현실의 흐름에 따라 일정한 변모양상을 거치고 있으며, 각 단계의 문학의식의 변화에 따라 형상화의 차이점을 일정하게 보이고 있다. 특히 본 논문에서 살펴 본 장편소설의 흐름은 전후 현실을 작품 속에 형상화하는 각 단계의 특이성을 분명하게 보여주고 있다.

전후(戰後) 초기(初期) 장편소설은 전쟁의 와중에서 변화하는 현실의 본질과 성격을 인식할 수 없음으로 해서 현실의 외면을 그대로 그리거나, 개별적으로 주관화된 현실의 모습만을 그리고 있다. 『취우』가 현실의 겉면, 즉 전쟁 도중 일상사의 모습만을 묘사하고 있다면, 『카인의 후예』는 북한의 토지개혁에서 일어난 일을 주관적 관점에서 재해석하여 묘사하고 있다. 『취우』, 『카인의 후예』가 보여준 세계는 당대 현실을 바라보는 개별적이고 주관적 시각 속에서 재구성된 것이므로 현실의 폭넓은 전체성을 보여주고자 하는 장편적 특성에 바로 부합하는 것은 아니다. 오히려 현실의 전체성을 제한하고 개별화된 한 단면만을 보여주는 것으로 추상화된 장편 형식의 경우라고 말할 수 있다.

전후 중기(中期) 전환기의 장편소설은 주로 통속적인 소설이 중심을 이룬다. 전쟁 직후 불안의식과 절망의식이 사회전체를 지배하고 있었고, 이런 과정에 애정사를 중심으로 하는 통속소설이 장편소설의 대표적 형식으로 등장한다. 세태적이고 통속적인 장편소설은 주로 신문소설을 중심으로 전개되는데, 신문소설이 가지는 연속성, 흥미성이 독자들의 통속적 욕구와 적절하게 결합하고 소설 자체를 흥미 위주로 만드는 구체적 요인이 된다. 이런 경우 소설은 현실에 대한 구체적 인식을 포기하는 것으로 나타나고, 소설 속에는 단순히 세태의 통속적인 일상사만이 나열된다. 하지만 이런 전후적 양상 속에서도 구체적으로 장편양식의 특성을 드러내는 몇몇 소설들이 나타난다. 곽학송의『철로』와 황순원의『인간접목』이 바로 그런 특성을 보여주는 소설이다. 곽학송의『철로』는 전쟁시기의 장편소설에서 주로 소재적 배경으로서만 자리를 잡고 있던 전쟁과 같은 역사적 사실이 비로소 소설의 실제적 상황으로 등장한다. 즉 전쟁 자체가 바로 소설적 상황을 형성하고 소설의 스토리를 이끌어 가고 있는데, 이는 비로소 구체적 역사현실이 소설적 공간 속에 자리를 잡고 있음을 보여주는 것이다. 그러나『철로』에서 전쟁과 같은 역사적 현실이 중심되는 상황으로 등장하면서도 이런 상황 자체가 등장 인물과 상호관계를 통해 적절한 의미를 만들지 못함으로써 실제 살아있는 역사로서의 기능은 하지 못하고 있다. 역사적 상황이 인물의 운명과 행동을 통해서 주제 형성에 기여하는 것이 아니라, 인물과 동떨어져서 작품의 스토리와 상황 자체를 일방적으로 규정하는 경향을 보이는 것이다.『철로』는 역사상황이 소설 공간에 터잡았다는 긍정적인 요인은 있어도, 그것이 인물의 행위와 적절한 상호관계를 보여주지 못함으로써 장편적 전체성을 구현하는 데는 실패하고 있다.

이와는 다르게 황순원의『인간접목』은 보다 특이한 양상을 보여준다.『인간접목』은 장편임에도 불구하고, 단일한 공간, 단일한 사건, 단일한 주제를 선택하여 역사상황과 현실의 전체성보다는 궁핍한 전후현실의 한 단면만을 부각시키는 데 초점을 맞추고 있다. 이런 방식은 역사의 본질, 현실의 구체적 성격을 확보할 수 없을 때 최소한의 단일한 상황 안에서 현실이 갖는 한 단면의 구체성만이라도 보여주고자 하는 것이라 할 수 있다. '소년원'이라는 단일한 공간에서 일어나는 여러 상황을 '인간성의 신뢰'라는 단일한 주제에 귀속시킴으로써 현실 자체가 추상화되는 것을 막고, 작가가 의도하는 주제에 따라 적절한 현실의 구체적 공간을 확보하고자 하는 것이다. 하지만『인간접목』에서 보여주는 이런 방식이 장편양식의 특성에 적절하게 부합하는 것은 아니다.『인간접목』은 단일한 상황에서 단일한 인물을 중심으로 사건을 에피소드적으로 결합함으로써 단지 단편적 특성을 장편적 양식 속에 구현한 것에 불과하다.『철로』와『인간접목』에서 보여주는 이런 특성은 당시의 장편소설이 역사와 사회의 본질을 소설화할 인식적 계기와 양식적 방법이 여전히 미흡했음을 그대로 증명해 주고 있다.

전후 후기(後期) 장편소설은 신세대의 등장으로 말미암아 또 다른 양식상의 특징을 보여주고 있다. 전쟁과 전쟁 직후 전환기의 장편소설이 대체로 현실에 대한 주관적 인상과 개별적인 관점을 중심으로 현실을 자의적으로 해석하거나, 아예 현실에 대한 인식을 포기하는 경향을 보여준다면, 신세대 장편은 절박한 전쟁 체험에 바탕을 두고 현실을 새롭게 해석하고자 하는 태도를 보여준다. 그들의 이런 태도는 다분히 전쟁에 대한 피해의식과 전후현실에 대한 절망적 체험에서부터 비롯되는데, 소설에서 현실을 불안과 좌절의 공간으로, 인간을 절망과 허무의 존재로 파악하는 것도 이에 기인한다고 하겠다. 신세대 작가의 새로운 현실인식은 이런 절망과 좌절의 의식을 서구 전후문학의 사상으로 대체하고자 하는데서 비롯된다. 그들은 전후현실을 해석하는 방법으로 서구 모더니즘과 실존주의 의식을 차용하는데, 이런 지적(知的) 방식이 작품 속에서 현실을 알레고리적 공간으로 치환하거나, 부조리한 상황으로 추상화시키는 직접적인 원인이 된다. 이를테면 그들이 우리 현실에 적용하고자 하는 서구적 이념이 작품 속에서 구체적 현실을 만날 수 없게 되고, 따라서 작품은 자신의 이념만을 나열하는 추상적 방식이 되거나, 작가의 의도를 도식적으로 관철시키는 관념적 방식을 벗어날 수 없게 되는 것이다. 신세대가 기성세대의 자연주의적 작품경향을 비판하면서, 현실을 적극적으로 해석하는 새로운 지적 방식을 가져왔다 하더라도 역시 관념적이고 추상적인 성격을 벗어날 수 없다는 점에서 장편양식의 본래적 성격과는 거리가 멀다고 하겠다.

신세대 장편소설에 있어 이런 성격은 장용학의 『원형의 전설』과 오상원의 『백지의 기록』에서 구체적으로 드러난다. 『원형의 전설』은 알레고리적 방법을 채택하여 전후현실 전체를 부정하고, 인간의 구원을 초월적 이상주의에 두는 경향을 보인다. 그의 이러한 방법은 문명비판을 중심으로 하는 서구의 허무주의 사상을 우리 현실에 구체적으로 적용시킨 것을 의미한다. 장용학의 소설에서는 전후 현실 속에 어디서도 희망과 전망을 얻을 수 없었던 지식인의 좌절과 절망이 현실 자체를 부조리와 모순의 공간으로 보는 서구 허무주의 사상으로 바로 대체되어 나타나고 있다. 반면에 『백지의 기록』은 서구실존주의 사상에 바탕을 두면서 '인간성 옹호'와 '인간성 회복'이라는 휴머니틱한 과제를 도식적으로 우리 현실에 적용시킨 경우라 할 수 있다. 인간이 부조리라는 한계상황에서 자신의 존재를 인식하고, 이런 존재를 대타적 존재로 확대시킴으로써 인간의 가치를 확인한다는 것이 실존주의적 휴머니즘의 명제이긴 하지만, 『백지의 기록』은 이런 실존적 휴머니즘의 과제를 구체적 매개과정없이 바로 절망으로부터 희망이라는 단계로 전환시킴으로써 소설에서 도식성과 공식성이라는 결함을 분명하게 보여주고 있다. 『백지의 기록』은 오상원 단편소설의 주요 테마인 부조리한 인간조건에 대한 인식과 이의 극복이라는 문제를 장편양식을 통해 확장한 경우라 하겠는데, 이런 의식의 확장은 '휴머니즘'에 대한 구체적 인식과 현실성의 확보 없이는 애당초 불가능한 것이었다. 그가 『백지의 기록』 이후 다시 단편의 세계로 돌아가고 있는 것이 이런 점을 잘 대변해 주고 있다.

신세대 작가의 장편소설이 대부분 현실의 구체성보다 추상성에 바탕을 두는 것은 전후현실을 자신들이 습득한 서구적 방법 속에서 해명하고자 하는 경향 때문이다. 이런 경우 그들의 방법이 구체적인 현실성을 확보하지 못하면 작품은 자신의 주장만을 나열하는 관념적 성격을 띠게 되거나, 현실을 방법 자체에 끼워 맞추고자 하는 도식성을 띠게 된다. 황순원의 『나무들 비탈에 서다』는 이런 관념성과 도식성을 극복한 소설로서 전후 장편소설 중에서도 가장 주목을 요하는 작품이다. 『나무들 비탈에 서다』는 장편의 구성방법이 삶의 실제성에 바탕을 두고 있다는 것, 그리고 현실의 풍부한 세부묘사로부터 당대 삶의 전체적인 성격을 보여줄 수 있다는 점을 전후 장편소설 중 가장 잘 보여주고 있다. 회고적 방식이 아니라, 전쟁과 전후현실을 당대의 삶으로 그대로 보여주고 있으며, 다양한 인물의 등장과 긴밀한 상호관계, 객관적 묘사 방식을 통해 전후 젊은

이들의 내면화된 전쟁상처와 이의 극복을 진지하게 문제삼고 있다. 『나무들 비탈에 서다』에서 보여주는 장편적 방식은 50년대 황순원 장편소설의 발전이면서, 50년대 전후 장편소설의 가능성을 보여준 것이기도 하다. 『나무들 비탈에 서다』에서 당대 사회의 본질과 그 성격(관료주의적 국가 독점자본주의, 이승만의 일당독재, 매판자본을 통한 경제적 불평등)을 구체화하지 못한다는 점이 하나의 단점이지만, 이는 당대 문학의식이 갖고 있는 한계라고도 볼 수 있을 것이다.

전후 장편소설은 이처럼 다양한 현실변화와 함께 신, 구 세대간의 복잡한 상호연관 속에서 전개된다. 앞선 세대의 비판과 극복을 통해 새로운 문학적 이념이 전개되고 이런 문학적 이념은 새로운 장편의 형식을 구성한다. 하지만 이런 방식 역시 곧 극복되어야 할 대상으로 존재하게 된다. 전후 장편소설의 전개과정이 보여주는 특성은 소설이 바로 현실의 구체성을 바탕으로 하고 있다는 점, 그리고 그 구체성을 벗어날 때 아무리 좋은 문학이념과 방법이라 하더라도 결국 관념성과 추상성을 벗어나지 못한다는 점이다. 본 논문이 50년대 전후 장편소설의 전체적인 흐름을 파악하고자 한 것도 결국 이런 장편적 특성을 다시 한번 검토해 보고자 하는 의도를 지닌 것이다. 결국 전후 장편소설의 전개과정은 식민지 시대부터 이어져 온 장편적 전통이 사라진 공간에서 장편소설이 다시 새롭게 현실에 대한 자신의 대응방식을 하나씩 찾아가는 과정이었다고 할 수 있다.

본 논문에서는 50년대 전후장편 중 나름대로 문학성과 현실인식에 대한 진지성과 문제성을 지닌 작품만을 대상으로 하였다. 하지만 실제 50년대 장편소설이 대다수 통속적인 소설임을 감안할 때 분명히 통속적이고 세태적인 작품 경향에 대한 분석이 있어야 할 것이다. 특히 전후적 양상과 작품의 통속성과는 밀접한 상관관계를 가지고 있다. 본 논문에서 이런 점을 다루지 못한 것은 전후(戰後)에서 통속소설이 가지는 성격과 특성을 가볍게 다룰 수 없다는 문제의 중요성 때문이다. 이런 점은 50년대 연구가 풍부하게 되면서 차차 자세하게 검토되리라고 기대해본다.

1950년대 소설의 서사적 분석

□ 1950년대 문학과 실존주의

□ 1950년대 박경리 소설과 환멸주의
　－주요 단편과 장편 『표류도』를 중심으로

□ 전쟁상황의 구체적 묘사와 역사체험의 회복
　－곽학송의 『철로』 읽기

□ 1950,60년대 하근찬 소설 연구

□ 1950년대 소설의 극복과 60년대 소설의 서사적 전개

1950년대 문학과 실존주의

1. 머리말

　존재와 본질에 관한 질문은 모든 문학의 주제라 할 수 있다. 삶이 곤궁하고 외로울수록 삶이 지닌 의문은 깊어 가게 마련이며 그것이 담고 있는 궁극적 가치를 가늠해보고자 하는 것이 작가의 욕심이 된다. 그래서 모든 문학은 우선 나의 존재에 대한 의문으로 시작하며 마침내 나를 규정하는 대상과 사물에 대한 본질적 해명에까지 이르게 된다. 말하자면 나를 찾는 가운데 나를 구성하고 있는 세계와 사물의 연관을 보게 되고, 그 연관의 유비적 관계 속에서 나의 존재적 의미를 확정하게 된다는 것이다. 실존주의를 인식의 대상인 사물과는 다른 '나'라는 존재의 독특한 입장, 예컨대 존재의 선재성이나 존재의 우연성, 존재의 절대성을 강조하고자 하는 철학적 관점이라고 한다면 이는 언제나 문학의 궁극적인 목표가 된다. 어차피 문학은 '나'라는 존재가 대상과 관계하는 방식에서 '나'의 의미를 찾는 작업이기 때문이다. 그런 면에서 실존주의 문학은 철학과 문학의 만남의 경계선에 있다고 할 수 있다.
　실존주의가 문학과 철학의 경계선에 있다는 말은 두 가지 의미를 상기시켜 준다. 하나는 인간의 삶과 실존에 대한 문제가 철학과 문학의 영원한 물음이며 과제라는 것이다. 삶의 근원과 존재의 본질에 대한 질문은 우리의 사고와 의식이 시작되는 순간부터 우리의 체험과 경험을 구속한다. 존재와 삶의 근원적인 것에 대한 갈망은 인간 사유의 본성이며 의식의 근원이다. 철학적 담론이나 문학적 담론이라는 것도 이런 존재의 얽힌 실타래를 푸는 우리의 사유적 노력과 인식적 탐구의 표현한 것이다. 따라서 존재에 대한 사유를 통해 문학과 철학은 하나로 묶어 지며, 실존주의는 그 중심에서 효과있는 기능을 발휘하게 된다.

  문학과 철학에 관한 또 다른 의미는 문학과 철학은 같은 문제 의식을 공유하면서도 엄연히 다른 영역의 문제라는 것이다. 철학적 텍스트가 사물의 진, 위를 판단하기 위해 개념적 방법을 중심으로 사용한다면 문학 텍스트는 허구 속에서 충만되는 온갖 것에 대한 해석과 평가를 중요시한다. 철학이 삶의 본질을 하나의 개념으로 엮어내려는 단언성을 목표로 한다면 문학은 개념으로 파악되지 않는 삶의 비밀과 근원을 감추고 있으므로 삶과 유비되는 개연성을 중요시하는 것이다. 문학은 그만큼 구체적인 삶의 실재에 가까이 다가가 있다는 말이 될 것이다.

  문학과 철학의 이런 차이는 문학과 철학이 상호보완적이면서 서로 이질적이라는 점을 보여준다. 그런 점에서 철학은 문학이 아니며, 문학 또한 철학이 아니라고 할 수 있다. 실존주의 문학은 존재에 대한 본질을 개념적으로 단언할려는 철학적 사유와 그것을 삶 속에 구체적으로 풀어보려는 문학적 사유를 함께 내포하고 있다. 이러한 결합은 때로는 문학의 질을 높이고 깊이를 더하게 하지만 때로는 삶의 구체성을 억압하고 살아 있는 삶의 체험을 단일화한다. 그렇기에 문학과 철학의 결합은 행복한 것이기도 하지만 불행한 것이기도 하다. 1950년대 실존주의론은 존재에 대한 사유를 본격적으로 성찰한다는 점에서 개체적 '나'에 대한 확고한 인식을 심어 준 바 있다. 하지만 그것은 구체적인 문학적 체험과 탐구에서 이루어진 것이 아니기에 존재적 사유와 의식이 지닌 불확실성 만큼이나 허전하고 허무한 것이기도 했다. 1950년대 소설이 전후(戰後) 현실이란 존재적 기반을 벗어난 채 보편적이고 본질적인 존재의 천착에만 매달리는 것도 이런 이유 때문일 것이다. 이 글은 이런 1950년대의 실존주의 수용의 문제를 다루고 있다. 철학으로서 실존주의가 우리 문학에 끼친 영향과 내적인 적용과정을 살펴보는 것이 이 글의 목적이다.

2. 전후 문학에서 실존주의의 영향

한국문학에서 실존주의가 가장 영향을 끼친 것은 1950년대이다. 실존주의가 본격적으로 소개된 것은 1945년 해방 이후이지만 그것이 문학이론으로서 중심되는 영향력을 발휘한 것은 아무래도 전후(戰後) 1950년대가 될 것이다.[1] 해방 후 실존주의의 소개가 세계 문학의 동향을 설명하는 단편적인 글을 통해 이루어졌다면 1950년대의 실존주의는 수많은 잡지를 통해 소개와 재생산되어 영향력 있는 문학이론으로서 평론가와 작가의 의식을 지배하게 된다. 전쟁 이후 1950년대 문학가는 실존주의를 통해 개체적 존재로서 '나'와 '나'의 삶의 조건에 대한 답을 얻었던 것이다. 그래서 1950년대 실존주의에는 '나란 무엇인가'에 대한 갈증과 욕망에 걸맞는 시대적 조건을 안고 있다. 사실 '나란 존재는 왜 이러한가', '이것이 인간의 근본 조건인가'란 근원적인 탐문은 환경적인 충격이 없는 한 잘 일어나기 힘든 질문이다. 자신에 대한 뼈아픈 성찰과 자각이 없는 한 이런 질문은 한갓 수사적 변론에 불과하기 때문이다. 그런 점에서 전쟁은 일상을 일깨우고 비로소 자신의 존재 현실, 존재하는 방식에 눈을 뜨게 만들었던 셈이다.

우리는 한국전쟁이 실존주의의 수용에 큰 영향을 미쳤다는 점에서 1950년대 실존주의론이 지닌 몇가지 독특한 의미를 짐작해 볼 수 있다. 우선 1950년대 실존주의가 어쩔 수 없는 역사적 조건하에서 다분히 시대적인 분위기를 띠면서 형성된다는 점을 들 수 있다. 1950년대 지식인들은 전쟁 속에 삶의 뿌리 뽑힘을 경험해야 했고, 그 속에서 나약한 자신의 모습을 우연적 삶, 부조리한 인간 존재의 실존주의 모습으로 투영시키게 된다. 말하자면 존재는 불합리한 것이며, 삶은 목적이 없고, 인간은 영원

---

1) 해방 이후 실존주의 수용에 대해서는 아래의 글을 참고할 것.
전기철,「해방 후 실존주의 문학의 수용양상과 한국 문학비평의 모색」, 한국현대문학비평회 편,『한국의 전후 문학』, 태학사, 1991.

히 존재적 불안, 공포 속에서 헤어날 수 없다는 인식이 전쟁 속에 자신의 존재 모습과 바로 일치시키게 되는 것이다. 그럼으로 해서 1950년대 지식인들은 자신의 불안과 절망을 존재 보편의 문제로 환급시키게 되고, 그 속에서 자신의 삶과 자신이 처한 시대, 역사적인 의미를 찾게 된다. 이런 면에서 보자면 1950년대 실존주의는 전후 지식인의 절망의식에 대한 적절한 '지적 대안(代案)'이 되고, 실존주의의 유행은 서구의 선진이론 속에 자신의 불안을 투사하는 '지적 허영주의'의 일종이 된다.

그렇지만 바꾸어 생각해 보면 불안과 절망의 니힐리즘만이 실존주의의 참 모습이라 할 수는 없다. 사실 실존주의에는 존재의 무의미, 상황의 부조리를 강조하는 허무주의가 내재되어 있다는 점은 누구나 부정할 수 없다. 인간은 아무 의미 없이 태어나서 부조리한 상황 속에 살다가 죽는 존재인 것이다. 하지만 실존주의가 의미를 두는 것은 그런 절망적 존재 인식이 아니라 삶의 허무 속에 깨닫게 되는 존재론적 자각과 성찰이다. 근본적으로 실존주의는 이런 자기 성찰과 자기 인식을 전제로 하고 있다. 1950년대 전후(戰後) 실존주의는 이런 존재론적 자각을 삭제하고 개인이 처한 불안과 절망을 그대로 인간의 존재양식으로 절대화한다는 점에서 문제가 된다. 실제 1950년대 실존주의에는 인간의 존재방식을 지적 허무주의에 두는 추상적 존재론이 지배적 경향으로 나타나는데, 이런 경향은 실존주의가 지닌 본질적인 의미보다도 전후(戰後)의 절망적 존재 여건과 불안한 '나'를 합리화하게 만드는 묘한 역작용을 형성하는 것이다. 말하자면 실존주의 수용에서 본질적 의미보다 부수적 의미(분위기와 이미지)가 더 중요시되는 주객전도의 현상이 일어나게 되고, 그 내용 역시 왜곡된 모습(허무주의)을 띠게 된다. 그런 점에서 1950년대 실존주의는 존재의 본질을 찾는 학문적, 지적 태도가 아니라 자신의 존재적 불안을 인간 모두의 운명적 불안으로 돌리는 유행적 사변(思辨)이 된다. 따라서 실존주의와 죽음과 절망을 이야기하지 않으면 의식있는 지식인이 되지 못하는 시대사적인 풍조를 만들어 내는 것이다. 당시 실존주의가 얼마나 유행했는가 하는 점을 알기 위해 1954년에 쓴 조연현의 글을 잠시 인용해 보자.

> 오늘에 와서 實存主義는 그 정확한 槪念에서나 그 부정확한 槪念에서나 어쨌든 누구의 입에서나 發言되고 있다. 實存主義란 말이 이렇게 누구에게서나 發言되고 있다는 이 事實은 實存主義가 정당히 理解되었든 잘못 解釋되었든 이제 누구도 이 問題에 관해서 無關心할 수 없게 되었다는 것을 意味하는 것이다. 그러므로 오늘에 와서 實存主義를 말한다는 것은 現代人의 어쩔 수 없는 한 宿命이다.(중략) 그러나 오늘에 와서 누구도 實存主義를 말하지만 어느 누구도 明瞭한 言語로서 實存主義의 무엇임을 분명하게 말해준 사람은 그 예가 드물다.(「실존주의 해의」, 《문예》, 54.3, p.175)

조연현의 글은 1954년에 이르러 이미 실존주의가 시대의 중심 사조로 자리잡고 있음을 보여준다. 실제 실존주의는 전쟁 도중과 전쟁 이후 사상지나 문예지의 가장 중심되는 논문 테마가 되고 있다. 《신천지》 1952년 3월호의 「현대와 실존주의 특집」이라거나 《문예》, 《사상계》, 《신천지》 등을 통해 하이데거, 사르트르와 까뮈의 사상과 작품이 여러 편에 걸쳐 번역되거나 해설되고 있는 것이다. 그런데 문제는 조연현의 글에서 보다시피 어느 누구도 실존주의에 대해 명쾌하게 해석해 내지 못한다는 점에 있다. 모두들 실존주의를 말하면서도 아무도 실존주의의 참 뜻을 이해하지 못하고 있다. 이는 1950년대의 실존주의 수용이 다분히 분위기와 감상의 차원에서 이루어졌다는 것을 의미하며, 전쟁의 위기감과 절망감을 서구의 문명비판적 위기 사상 속으로 성급하게 환급시켰음을 보여주고 있는 것이다. 말하자면 1950년대의 실존주의 수용은 전후의 절망과 허무주의적 상황을 존재의 불안(不安), 무(無), 유한성(有限性)과 같은 부조리성(不條理性)으로 전환시켜 서구의 니힐리즘과 자신의 존재기반을 동일화시켰던 것이다. 1950년대 실존주의가 사르트르의 행동과 참여보다는 키에르케골이나 하이데거의 우수와 고독의 부조리 철학에 더 가까운 특성을 보여주는 것도 이 때문이라 할 것이다.

그러면 1950년대 실존주의론이 그것이 가지고 있는 본질적인 기능, 예컨대 존재의 본질에 관한 진지하고도 근원적인 탐구와 역사적 존재로서 '나'라는 개체적 자기 확인이 불가능했던 이유는 무엇일까? 그런 의문을 풀기 위해 우선 1950년대를 이끌어 왔던 지성사적 분위기를 살펴 보자. 1950년대 전후(戰後) 문단은 주로 구세대 문학가와 신세대 문학가 사이의 알력과 이론적 논쟁을 통해 발전되어 왔음은 이미 잘 알려져 있다. 문협 중심의 구세대 문학가들(김동리, 조연현 등)은 문학의 순수성과 전통주의에 바탕을 두고 있었고, 1955년 전후 활발하게 등단하는 신세대 문학가들(이환, 정창범, 홍사중, 오상원 등)은 이전의 문학형식과 이념에 항거하여 우리 문학의 현대성을 주장하여 왔다. 특히 신세대 문학가들은 구세대가 전쟁의 세계사적 성격, 현대적 성격을 인식하지 못하고, 변화된 역사성과 사회성을 받아들이지 못한다고 비판하면서, 우리 문학이 시급하게 지향해야 할 과제를 근대문학의 논리에서 벗어나 서구문학과 같은 현대성을 획득하는 것이라고 보았다. 1950년대 후반에 이들은 문단의 이론적 헤게모니를 장악하면서 서구문학의 다양한 이론들이 급격하게 유입시키고, 쉬르리얼리즘으로부터 신비평, 실존주의에 이르기까지 우리 문단에 백가쟁명(百家爭鳴)의 다양한 문예사조의 흐름을 심어 놓았던 것이다.[2]

그런데 이들이 구세대의 문학에 반항하고 서구사조를 끌어들여 문학의 현대성을 논하는 밑바탕에는 2차대전 이후 서구에서 유행하였던 다양

---

[2] 신세대가 이전의 우리 문학을 근대성으로 규정하고 서구사조의 유입을 통해 현대성을 획득해야 한다고 주장하는 이면에는 서구적 보편성이 실제 우리 현실을 지배하고 있다는 것, 또한 그러한 입장에서 1950년대 전후(戰後)의 현실은 분명히 서구적 현대성 속에 포괄되어 있다는 입장을 깔고 있다. 이들은 한국전쟁이 우리의 의사와 상관없는 국제전이었다는 점, 또한 냉전 이데올로기의 대리전이었다는 점을 강조하고 이로써 서구적 보편 역사가 우리 현실에까지 영향을 미치고 있다는 점을 분명히 한다. 뿐만 아니라 냉전 이데올로기가 정치적인 입장에서 이들을 압박함으로써 이들은 우리 현실을 구체적으로 분석하고 비판하기 보다는 다분히 서양의 문명사적 반항의 양식을 그대로 차용하게 되는데, 이를 통해 문학의 현실비판적 기능을 대신하고 있는 것이다.
이영일, 「역사적 경험과 문학-작가정신과 책임에 대하여」,《시와 비평》, 1956.1, P.30

한 반항의 양식, 예컨대 미국의 '로스트 제네레이션', 영국의 '앵그리 영맨', 프랑스의 '누보르망'의 양식들이 갖는 기성체제 비판과 근대문명 비판의 성격들이 깊숙이 깔려 있는 것으로 보인다.[3]

1950년대 여러 잡지를 통해 미국과 서구의 문학동향이 활발하게 소개되면서 이런 반항운동이 갖는 문학적 성격이 조명되는데, 이를 통해 신세대 문학가들은 기성체제에 대한 반항의 정신과 문명비판적이고 이성비판적인 서구 사조의 흐름을 받아들이게 되는 것이다. 이런 문학 운동들은 과학주의, 이성주의에 대한 현대 문명사회의 신뢰상실을 바탕으로, 본질적인 것, 체계적인 것, 객관적인 것을 거부하고 동시에 우연적이고 비합리적인 것의 우위를 내세운다. 특히 이런 문학 운동들은 기성세대의 가치관, 사고를 근본적으로 부정하는 관점을 취하는데, 이런 점들이 우리 문학가로 하여금 전통을 거부하고 서구적인 부조리 사상을 현대적인 것으로 받아들이는 역할을 하게 된다. 따라서 1950년대는 다양하게 소개되는 서구의 위기 사상과 함께 이런 문학 운동들을 통해 서구적인 것은 현대적이고, 현대적인 것은 기성체제에 반항적이며, 기성체제에 반항적인 것은 비이성과 비합리적이라는 묘한 등식을 만들어 내게 되는 것이다. 1950년대 실존주의가 '문학의 현대성'이란 명목 아래 서구 문학의 니힐리즘과 깊숙이 결합되어 있는 것도 이런 지성사적 분위기와 관련을 맺고 있다.

이렇게 보면 왜 1950년대 실존주의론이 존재에 대한 근원적인 탐구보다는 고민의 철학, 고민의 문학으로서 부조리성만을 강조하게 되는가에 대한 어느 정도의 해답이 나온다. 말하자면 1950년대 문학가들은 기성체제의 불신과 문명의 진전에 따른 불안과 절망의 위기 의식을 실존주의의 근원적인 체험으로 받아들이는 것이다. 그럼으로해서 1950년대의 실존주의론은 상황 속에 존재적 참여를 주장하는 사르트르의 철학보다는 서구 반항 양식의 반문명적 성격, 반전통적 성격과 키에르케골, 하이데거

---

[3] 이에 대해서는 백철, 「현대문학과 니힐리즘」, 《신태양》, 1959.3)의 글을 참고할 것.

의 허무적 실존사상 등을 더 강하게 드러낸다. 1950년대 손창섭, 장용학, 김성한, 오상원의 소설에서 현실에 절망하고 좌절하는 개체자의 모습, 기성현실에 저항하는 반항자의 모습, 현대의 기계문명과 물질문명에 대립하는 소외된 고립자의 모습을 보게 되는 것도 이런 시대적 분위기와 무관치 않을 것이다.

3. 허무, 불안, 절망의 사조

그러면 1950년대 니힐리즘의 분위기와 함께 실존주의를 통해 받아들이는 이론적 내용은 어떠할까. '실존'이니 '실존의식'이니 '실존주의'라는 말은 무성하지만 그것이 가진 정확한 뜻은 쉽게 드러난 것 같지 않다. 서구 니힐리즘의 근본 동인(動因)은 철학의 중심을 이성주의, 합리주의로부터 자유로운 인간의 삶과 개인의 체험으로 돌리자는 것일텐데, 이런 논의들은 자칫 잘못하면 모든 절대적인 것을 거부하고 개인주의적 고립에 빠질 위험이 있다. 1950년대 실존주의 논의에서 '실존'은 마치 기성체제의 억압에 저항하는 개인의 무한정한 자유나 부조리한 현실에 대응하는 방황적 몸짓으로 오인하고 있는 것도 이 때문일 것이다. 하지만 존재의 자각과 성찰을 우선하는 점에서 '실존'의 의미를 이해하기란 쉽지 않다. 그것은 단순한 체험이나 어설픈 이론적 습득만으로 이해되는 것이 아니기 때문이다. 실존은 세계와 나와의 관계에 있어 '나'의 위치와 관련이 있다. 사물은 스스로 자각 없이 홀로 충만되어 있고, 그런 면에서 무의미한 존재표상에 불과하다. 인간 역시 세계 속에 개체적 사물에 불과하며, 따라서 무의미와 부조리를 존재 속성으로 지니고 있다. 하지만 인간은 사물존재와 다르게 그 존재적 의미를 자각하고 인식하는 존재이다. 인식자로서 인간이 지닌 의식은 필연적으로 반성적인데, 이런 의식은 오로지 인간만이 가지는 것이다. 그러므로 인간은 자기를 규정하고 자기를 만들어 갈 가능성을 지니고 있다. 우리가 실존주의를 '휴머니즘'이라고 지칭하는 데는 이런 가능성과 긍정성의 의미를 염두에 두기 때문일 것이다.

그렇다면 왜 1950년대 실존주의론에서는 인간을 불안과 허무의 존재로 보는 것일까? 인간은 완성된 존재에 아니라는 점에서, 또한 가능성과 자기 규정성을 지닌다는 점에서 늘 불안한 것은 사실이지만 그것만이 인간의 전체적 속성을 아닐 것이다. 따라서 인간을 오로지 허무와 불안의 존재로 보는 것은 1950년대 전후(戰後) 상황이 주는 독특한 배경과 함께 서구에서 수입해 들어오는 특정한 사상의 편향된 시각이 있음을 암시해 주고 있다. 1950년대 허무적 인간상에 특히 큰 영향을 끼치는 것은 키에르케골과 하이데거의 사상이다. 1950년대 서구의 위기 사상이 수입되면서 이들의 사상은 특별한 주목을 받게 되는데, 무엇보다 인간이 안고 있는 불안의 모습, 예컨대 고독과 우수의 인간상, 세계 속에 홀로 선 단독자로서의 인간상이 관심을 끌게 되는 것이다.[4] '앵글리 영맨' 과 같은 반항의 양식이 기성 체제에 대한 반항과 저항에 관심을 둔다면, 키에르케골과 하이데거의 사상은 개인적 존재가 안고 있는 절망과 불안의 부정적 모습에 초점을 맞추고 있다. 그리고 이런 절망적 사고가 1950년대 실존주의를 규정하는데 결정적 영향을 미치게 된다. 따라서 키에르케골과 하이데거의 사상은 1950년대 풍미했던 문명비판적인 위기 사상과 실존주의론의 중심에 있다고 할 수 있을 것이다.

잘 알다시피 키에르케골의 사상은 어떤 개념이나 이론보다도 현실적 삶을 살고 있는 개인의 구체적 경험을 중요시한다. 현실적으로 존재하는 모든 인간은 어느 누구도 대신할 수 없는 자신만의 구체적 상황 속에 살

---

[4] 1950년대 병론은 대체로 기존의 합리성과 이성관에 대항하는 의미에서 키에르케골과 하이데거의 사상을 이면에 깔고 있다. 그 중 키에르케골이나 하이데거 사상이 언급되는 주요 논문은 아래와 같다.
백 철, 「세기말의 인간관」,《사상계》, 1956.2
이철범, 「실존주의와 휴머니즘의 관계」,《문학예술》, 1956.1
고형곤, 「현대사상의 위기와 우리의 씨츄에이션」,《현대문학》,1957.1

고 있고, 이러한 구체적 경험이 바로 자신을 구성하는 실존적 경험이 된다. 그렇기에 인간과 세계의 관계는 결코 합리적 이론이나 일반적 개념으로 설명될 수 없는 것이다. 키에르케골은 단독자로서 개인이 지니는 불안과 절망의 속성을 중요시한다. 세계는 개별적 인간이 지닌 권태와 우울, 불안과 절망으로 가득차 있고, 인간은 이런 부정적 속성으로부터 헤어날 수가 없다. 그래서 그는 신(神) 앞에 선 단독자로서 자기 존재에 대한 성찰을 강조하고 이로부터 자기의 부정성을 극복할 가능성을 찾고 있다. 마치 절망의 끝에서 그것을 이길 한가닥 빛이 보이는 것처럼 존재에 대한 부정적 자각 속에서 긍정적 인식의 전환을 시도하는 것이다. 따라서 키에르케골의 실존은 인간도 하나의 사물처럼 존재하고 있다는 그런 의미가 아니라 오히려 자신의 존재 의미를 체험하고 깨닫게 된 현존재(Dasein)를 말하는 것임을 알 수 있다. 말하자면 내면에서 자기 성찰을 통해 일종의 인식적 비약과 전환을 시도하는 것으로 이를 통해 추상적 인간으로부터 본래적 인간(실존적 인간)을 회복하고자 하는 것이다. 이렇게 보면 키에르케골의 실존사상에서 가장 중요한 것은 바로 일상적 존재로부터 실존적 존재로 비약하는 그 전환적 의미라 할 수 있다. 인간은 여러 제한성에도 불구하고 자기 부정성에 대한 인식을 통해 자기를 세계 속에 유일한 단독자로서 자각해야 하는 것이다. 하지만 이런 자각과 성찰은 외면적인 것이 아니라 내면적 인식의 문제이기에 끊임없이 자기 내부의 역설을 포함한다. 이를테면 인간은 유한하고 불안한 자신에 대한 자각으로부터 우주 속에 하나 뿐인 자신의 절대성을 획득해야만 하는 이율배반을 품고 있고, 그런 점에서 그의 철학은 자칫 잘못하면 우수와 불안, 고독과 우울의 철학이 되기 쉽다.

    하이데거의 사상 역시 마찬가지이다. 하이데거에게도 인간은 합리적 이성으로 파악할 수 없는 일회적 존재이며, 개별적 존재이다. 그런데 이런 존재는 키에르케골과 마찬가지로 불안과 절망적 고뇌를 지닌 체험적 인간이다. 하이데거의 사상에서 이런 유한성과 불안의 체험을 인식하는 것은 매우 중요한데, 왜냐하면 이를 통해 인간은 자신에 대한 가능성을 검증받기 때문이다. 그가 『존재와 시간』에서 무(無)와 죽음에의 인식을 실존의 전제로서 설정한 것은 실존을 향한 이런 가능성을 검토하고자 한 것이다. 인간은 불안을 통해 무(無)라는 자신에 대한 유한성을 경험하게 된다. 그런데 인간에게 내재하는 무(無)는 바로 시간성에 의해 규정된다. 생명을 가진 모든 존재자는 단지 현재 있는 순간에 그치지 않고 시간적으로 생성소멸의 과정을 밟아간다. 인간은 죽음이라는 종착지를 향해 현재의 삶을 지속하고 있는 것이다. 그런 점에서 죽음에 대한 인식은 바로 미래를 선취하는 인간만이 지닌 자각이라 할 수 있다. 하이데거가 시간성을 강조하는 것은 미래의 죽음을 인식함으로써 현존재의 본질적 의미를 깨우치자는 의미를 담고 있다. 따라서 하이데거에게 유한성과 시간성의 자각은 바로 인간다움(실존)을 지향하는 자기 성찰의 영역이 된다.

키에르케골이나 하이데거의 사상은 세계 속에 '던져진 존재'로서 인간의 유한성과 불안, 허무를 인정하고, 이 속에서 진정한 실존을 찾고자 하는 내면적 인식전환의 철학이라 할 수 있다. 그런데 여기서 어려운 것은 절망과 무(無)로서의 인간을 자각하는 순간 그것이 진정한 존재로서 비약(초월)한다는 관점이다. 어떻게 보면 굉장히 사변적이고 주관적인 사고의 전환이라고 할 수 있겠는데, 이는 서구철학이 지탱해 온 이성철학과 실증주의에 대한 이해가 없이는 받아들이기가 힘든 문제이다. 이들 사상 속에는 서구에서 200년 이상 지탱해 온 계몽철학에 대한 비판, 즉 이성과 합리성을 바탕으로 발전해 온 과학과 문명에 대한 근원적인 비판이 잠재되어 있다. 그런 면에서 이들 사상은 종래와 다른 새로운 인간 해석의 가능성을 엿보고 있는 것인데, 그럼에도 불구하고 그 속에는 다분히 회의적이고 허무적인 인간상을 전제로 하고 있다는 점 또한 부정할 수가 없다. 이들 사상 속에 내재되어 있는 인간은 이미 역사와 사회로부터 단절된 개체적 주관의 인물들이다. 설혹 이들의 사상에서 인간이 처한 극한적 상황을 강조한다 하더라도 그것은 존재성을 규명하기 위한 하나의 방편에 불과한 것이다. 그들은 실존의 의미를 철저하게 존재 내부의 주관적 의미로 해석하기 때문이다.

1950년대 세계 문학의 동향을 소개하는 글에서 가장 중심적인 부분은 역시 문명 비판과 이성적 인간관에 대한 비판인데, 키에르케골과 하이데거의 사상은 이런 비판의 중심에 놓여 있다. 그리고 실존주의는 전통적 가치관을 거부하고 존재의 의미를 주관적인 '나'로부터 찾고 있다는 점에서 이들 사상의 영향 아래 있다고 볼 수 있다. 1950년대 한국문학에서도 실존주의의 근원을 이들 사상에서부터 비롯된 것으로 본다. 예컨대 1956년 이환은 실존주의의 역사를 쇼펜하우어의 '생의 철학'으로부터 키에르케골, 하이데거로 이어지는 이성과 합리성에 대한 반항에서 찾고 있다.(「실존주의문학의 철학적 기반」,《문학예술》, 1956.11) 이환의 생각은 실존주의가 기성체제에 대한 반항의 산물이며, 불안과 절망에 놓여있는 인간 존재에 대한 해명이라는 것이다. 그래서 그는 인간을 다루는 문학은 이런 부조리와 이성 파괴의 상태를 인식하는 곳에서만 시작된다는 점을 분명히 못박고 있다. 이럴 경우 서구문명에 대한 반항적 의미를 우리가 인정한다 하더라도 실존주의가 내포하고 있는 본질적 의미, 즉 인간존재의 부정적 모습에서 긍정성을 찾아 나가는 과정이 불가능해 진다. 다시 말해 실존주의를 통해 부조리한 존재의 의미를 자각하고 그 속에서 가능한 자기 삶을 찾아나가는 적극적 삶의 태도가 애당초 불가능하다는 것이다. 그런 점에서 1950년대 문학에서 나타나는 인간상은 대부분 서구의 절망 문학이 갖고 있는 보편적 인간 상태, 즉 키에르케골이나 하이데거식의 불안과 절망의 단독자적 모습을 띠게 된다.

4. 존재와 참여의 의미

1950년대 후반 문학이 추구했던 '현대성'이 '불안'과 '절망'의 '허무주의'적 환상으로만 끝난 것은 전쟁과 전후(戰後)의 현실을 살아있는 삶으로 바라보지 못하고 서구문학의 이념을 그대로 추종함에 따라 나타난 지식인적 관념성 때문이다. 현실을 구체적으로 조망하고자 하는 문학의 경우, 허무주의는 단순히 겉으로 드러난 현상의 불안한 모습을 개인적 차원에서 조망할 수 밖에 없는 한계를 가지고 있다. 더구나 새롭게 현실을 창조해야 할 작가의 경우 관념적이고 초월적인 존재론으로서는 도저히 우리의 구체적인 현실을 조망하고 전망할 방법이 없어지는 것이다. 이럴 경우 모든 무(無)의 현상들과 불안은 인간의 본질에 해당하고 삶의 해석은 보다 근원적인, 먼 시원(始原)의 공간으로 환원해야만 한다. 이는 결국 현실을 직시하고 그 속에서 가능한 삶을 모색해야 하는 문학과 현실을 벗어나 먼 초월의 공간에서 존재를 해명해야만 하는 방법적 의식 사이의 괴리를 말하는 것이 될 것이다. 다시 말해 허무주의와 초월적 존재론을 추구하는 한 문학이 문학으로서 앞으로 나아갈 수 있는 길이 막혀 있는 셈이다.

 1950년대 문학이 추구하는 '현대성'의 개념, 즉 불안과 허무의식에 바탕을 둔 존재론적인 실존이 이처럼 벽에 부딪혔을 때 거기에 대한 출구의 모색이 말로의 행동주의와 까뮈, 샤르트르의 실존주의 문학이다. 전후(戰後) 현실에서 문학의 구체성을 살리기 위해서는 현실에 적극적으로 개입하고 그 현실을 저항, 비판할 수 있는 적극적 태도가 필요했고, 이런 태도를 말로와 까뮈, 사르트르의 실존문학에서 찾고자 한 것이다. 행동주의와 참여의 방식은 실존주의가 취한 지적(知的), 이론적 배경을 살리면서도 우리 현실에 대한 작가의 참여를 유도할 수 있는 방법이기도 하다. 그리고 이러한 점이 1950년대 문학에서 키에르케골, 야스퍼스, 하이데거의 설존주의와 까뮈와 사르트르의 실존주의를 확연히 구별짓는 근거가 된다.

 까뮈와 사르트르의 실존철학은 존재의 문제를 불안과 무(無)에 근거한 사변론적 주관주의로부터 인간 삶의 공간, 행동의 장으로 끌어 내리는 데에 큰 의미가 있다. 까뮈와 사르트르의 실존주의는 존재가 지닌 결핍, 무(無)의 속성을 인정하되 부조리한 존재의 의미를 주관적이 아닌 현실의 문제로 다루고 그 속에서 존재의 극복 문제를 제기하고 있다. 사르트르는 하이데거와 같이 인간이 먼저 실존하는 존재, 그리고 스스로 자기를 창조하는 존재라는 것을 인정한다. 인간은 스스로 충족되어 있는 사물존재와 다르게 미래를 향하여 자기를 던지는 가능존재이며, 자기를 스스로 만들어 가는 자유존재라는 것이다. 그런 점에서 인간은 현재의 자기를 초월하고 미래를 선택하며 책임지는 존재가 되기도 한다. 하지만 이런 선택과 자유는 언제나 자기를 둘러싸고 있는 구체적 상황 속에서만 가능하다. 또한 그 상황은 객관적으로만 존재하는 것이 아니라 자유로운 주체에 의해 만들어지고 창조되는 것이기도 하다. 따라서 인간은 '상황내 존재(狀況內 存在)'로서 역사와 일체를 이루며 상황 속에 '참여'함으로서 자신을 구성하게 된다. 사르트르가 인간이 지닌 형이상학적 조건을 극복하고 언제나 역사적 상황 속에 참여함으로써 상황적 조건을 만들어 나가는 것도 이러한 '참여'의 의미 때문이라 할 수 있을 것이다. 그리고 이런 점들이 존재적 상황에 대한 하이데거의 해석과 확연한 차이를 만드는 근거가 된다. 예컨대 하이데거의 '세계내 존재(世界內 存在)'는 개인이 타인과 관계를 맺는 방식을 강조한 것으로, 여기서는 객관적 상황보다 개인의 주관적 상황을 우선하게 된다. 하이데거에게 있어 인간은 여전히 기투(企投)에 따른 불안과 위기를 안고 있는 존재이며, 따라서 그가 말한 '세계내 존재'의 의미는 단지 불안한 실존을 이해하기 위한 존재 지평에 불과한 것이다. 하이데거의 철학은 어디까지나 개인의 주관성과 개별성을 강조하는 내면성의 철학이라 할 수 있다.

이렇게 보면 당시로서 사르트르의 실존사상은 관념적이고 주관적인 인간 해석으로부터 현실적인 인간 해석의 문제로 전환하는 문학사적인 의미를 담고 있다고 할 수 있겠다. 당시 이어령의 말처럼 사르트르의 문학은 '인간의 존재를 정관(靜觀)하거나 그것을 개시(開示)하는 것이 아니라, 행동 그것을 통해서 실존하는 인간의 의미를 발견하고 허무와 생의 부조리를 넘어서려고 하는' 것이기 때문이다.(이어령, 「실존주의 문학의 길」, 《자유공론》, 59.3) 그래서 1950년대 지성사(知性史)에서 사르트르의 사상은 관념적이고 사변적인 존재개념에서 벗어나 현실적 삶을 향한 선택과 책임을 요구하는 윤리적인 사상으로 보이게 한다. 당시 많은 문학가들이 실존주의를 '휴머니즘'으로 파악하고 있는 것도 이런 사르트르의 관점에 근거한다고 할 수 있다. 하지만 사르트르의 '참여'와 '행동'이 정치적인 문제와 역사적인 문제로 확장되는 데는 여전히 많은 문제가 있었다. 1950년대는 억압적 관료주의가 횡행하고 있었고, 작가 역시 분단과 체제모순에 참여할 깊이있는 시각을 가질 수 없었던 것이다. 그런 면에서 당시 반공주의 시각이 강했던 까뮈가 주목받기도 했다.

1950년대 행동주의와 참여주의는 두가지 논의로 진행된다. 앞서 말한 대로 까뮈적 관점과 사르트르적 관점이 그것인데, 까뮈적 관점은 김붕구의 '증인문학'에서, 사르트르적 관점은 이어령의 '참가의 문학'에서 드러난다. 김붕구는 실존주의가 지닌 사회적, 역사적 의미보다 인간 본연의 가치를 지켜가는 행동의 윤리를 강조한다. 김붕구는 이를 '증인 문학'이라고 지칭하는데, 이 때 '증인'의 의미는 까뮈처럼 삶의 부조리 속에서 그것을 외면하지 않고 그 속에 자신의 삶을 던져 스스로 참다운 인간의 가치(휴머니티)를 찾는 것을 말한다. 예컨대 까뮈의 『페스트』에서 반항인 '따루'는 자기 희생, 연대적인 공통 투쟁을 통해 절망적 상황 속에서 흔들리지 않는 인간적 가치를 보여주고 있다. 이는 생의 부정을 긍정으로 전환시키는 까뮈의 '휴머니즘'이기도 하다. 그래서 김붕구는 삶에 대한 부정이 바로 삶에 대한 긍정이며, 부조리한 상황과 개인적인 허망한 체험에 반항함으로써 인간 본연의 가치가 살아 나온다는 점을 강조하고 있다.(김붕구, 「휴머니즘의 재건」, 《자유문학》, 1958.2) 하지만 까뮈가 보여주는 인간과 삶에 대한 태도는 여전히 무의미하고 부조리한 것만은 틀림없다. 까뮈의 철학은 세계와 인생에는 궁극적 의미가 없다는 것, 그럼에도 인간만이 의미를 추구할 수 있는 유일한 존재라는 역설을 포함하고 있다. 그래서 그의 철학은 개인적이고 인간 중심의 휴머니즘에 속한다. 까뮈는 사르트르와의 논쟁을 통해 집단적인 이데올로기가 인간의 삶을 노예를 만드는 파괴적인 니힐리즘에 불과하다고 보고 마르크시즘을 부정하는데, 까뮈의 이런 반공주의는 1950년대 우리 문학에서 사르트르보다는 까뮈를 선호하게 만드는 계기가 되기도 한다. 김붕구의 까뮈 선호도 이와 무관치 않을 것이다.

　반면에 이어령은 까뮈적 경향으로부터 조금 벗어나 사르트르적인 관점을 포용하여 '휴머니즘'의 문제를 현실 참여나 저항의 문제로까지 확장하고 있다. 이어령은 사르트르의 실존사상을 검토하면서 인간의 실존은 상황 속에서 유래하며, 이를 선택하고 책임지는 것은 바로 인간의 자유에 속함을 강조한다. 인간은 상황 속에 얽혀 있지만 그 상황을 변화시키고 새로운 의미를 부여할 수 있는 선택과 자유를 가진다. 그리고 이러한 선택에서 나오는 책임은 비단 자신의 것만이 아니라, 결국 사회와 역사에 대한 것까지도 포함하고 있다는 것이다. 그래서 이어령은 실존주의 문학이 '개인의 독자적인 생의 의의로부터 사회적인 문제에까지 진전되고' 확장되어야 한다는 점을 역설하고 있다. (이어령,「실존주의 문학의 길」,《자유공론》, 59.3) 이어령의 주장 중에 주목해 볼 만한 것은 실존주의를 관념적인 존재론으로 보지 않는다는 점, 그리고 문학에서의 정치 참여를 과감하게 선언한다는 점이다. 그가 문학에서 정치 참여를 강조하는 것은 인간이 지닌 존재 상황적 속성, 예컨대 인간에게는 상황에 대한 의식적인 검토와 적극적인 의미를 선택 부여할 책임이 있으며, 이 점에 있어서 작가도 예외는 아니라는 점 때문이다. 말하자면 작가는 개인의 존재와 인간의 자유를 박탈하려는 억압과 억압자에 대한 피억압자의 인간적 권리에 대해 누구보다도 우선적으로 책임을 져야 할 존재라는 것이다. 그래서 그는 자신이 주장하는 문학을「참가의 문학」이라 지칭하고, 이를 '정치에 참가하는 문학, 잘못된 정치에 예속되지 않는 문학'이라고 규정하고 있다.(이어령,「사회참가의 문학」,《새벽》, 60.5) 이어령의 이러한 시각은 상당히 진보적인 것만은 사실이다. 문학이 정치에 참가한다는 논리는 누구도 섯불리 언급할 수 없는 금단의 영역이고 보면 당시 실존주의 문학론으로서는 '존재'를 '행동'으로 바꾼 진일보한 측면이 있는 것이다. 사실 1950년대 실존주의 논의가 관념적인 존재론에 머물 수밖에 없었던 것도 문학의 현실적 참여를 차단하는 정치적 억압이 있기 때문일 것이다. 이렇게 보면 이어령의 '참여의 문학'은 1950년대를 지속해 온 관념적이고 추상적인 실존 문학의 논의를 구체적인 현실에 접목시키는 기능을 하고 있는 셈이다. 이어령의 논의는 실존주의 문학이 키에르케골이나 하이데거, 사르트르의 초기 관점에서 벗어나 비로소 전후(戰後) 우리의 구체적 현실에 다가갈 수 있는 계기를 만들어 주고 있다. 이후 1960년대에 들어 순수와 참여의 논쟁이 활발하게 진행되면서 민족문학의 시각을 열어 주는 것도 실존주의에 대한 이런 진전된 사고가 있기에 가능했다.

마지막으로 1950년대 실존주의론이 가지고 있는 의미를 간단히 언급함으로 이 글을 끝맺도록 하자. 우선 1950년대 실존주의론은 전후(戰後) 인간에 대한 회의, 불신이 증폭되고 있는 시점에서 '나'라는 개체적 인간에 대한 탐구, 인간이 처한 상황과 조건에 대한 관심을 확대시켰다는 점에서 그 의미를 찾아볼 수 있다. 이런 관점은 두 가지 상반된 의미를 내포한다. 먼저 1950년대 실존주의론은 전후 사회적, 역사적 현실을 외면했다는 점에서 추상론, 혹은 보편론이라 말할 수 있다. 전쟁 이후 변화된 사회, 역사적 상황과 인간 관계, 혹은 인간 조건의 문제보다는 보편적 인간 존재의 문제, 실존의 본질과 구조를 밝히려는 데 더 관심을 쏟기 때문이다. 하지만 이런 관점은 당시 반공주의나 관료체제가 가지는 내면적 억압과 서구의 새로운 이론에 경도된 지식인의 의식구조를 염두에 두지 않으면 해명될 수 없다. 김현이 말했듯이 당시 사회가 지닌 '폐쇄적 개방성'[5], 곧 남북분단으로 인해 사고의 일방 통행을 강요하는 '폐쇄성'과 금지된 사상 이외의 것은 무차별 수입되는 '개방성'을 파악하지 않으면 1950년대 실존적 존재론의 유행을 이해하기가 어렵다는 것이다. 반면에 개체적 실존에 대한 탐구는 불확실한 전후 현실의 변화하는 상황에 대항하여 인간에 대한 보다 확고하고 절대적인 것을 붙잡고자 하는 노력의 일환으로 볼 수 있다. '나'에 대한 실존의 집착은 전후의 불안과 절망, 불

---

5) 김현, 「테러리즘의 문학」, 『현대 한국문학의 이론』, 문학과 지성사, 1991, p.243

확실성 속에서 결국 확고하고 절대적인 것은 인간 자신에게서 찾을 수밖에 없다는 신념의 표현이 될 수도 있다. 전쟁 이후 불안과 절망 속에서 무엇보다 확실한 자기 자신의 의미가 필요했던 것이고, 이런 점에서 구체성보다는 보편적 존재로서 '나'의 해명이 중요했을 것이다. 이는 전후(戰後) 우리의 현실과 서구 모더니즘의 위기 의식이 적절하게 결합된 것을 의미한다.

두 번째로 1950년대 실존주의론은 그것이 지닌 막연한 추상성에도 불구하고 전후현실에서 가능한 현실 정합성을 찾아 나가는 내적 변모과정을 보여 준다는 점이다. 1950년대 실존주의론은 양차대전 이후 서구 문명의 몰락, 모든 질서와 권위에 대한 회의, 가치의 혼란이라는 위기의식을 우리의 전후(戰後) 현실에 등치시키고 있다. 그럼에도 불구하고 그것은 막연한 '나'의 존재론적 탐구로부터 전후(戰後) 폐허 위에 서있는 구체적 '나'의 해명으로 자리를 옮겨 나간다. 1950년대 말 반공주의, 관료주의의 억압 속에서 현실의 참여를 모색하는 것은 존재의 문제가 주관적이고 사변적인 틀 속에서만 해명될 수 없다는 인식의 전환이 있었기 때문일 것이다. 그런 면에서 사르트르의 사상은 1950년대 말과 1960년대에 걸쳐 가장 강력한 영향력을 행사한다. 이어령의 '참가의 문학'에서 보듯이 사르트르의 상황, 선택, 자유, 책임의 논리는 이후 역사적 상황 속에서 구체적인 '나'를 찾아나갈 가능성을 열어주고 있다. 1960년대에 들어 민주, 민족, 분단 등의 문제가 제기되고, 문학 사회학적 논의가 활발히 전개되는 것도 바로 이런 참여와 행동의 개념 덕분이라 할 수 있다. 이렇게 보면 1950년대 실존주의론은 어떤 개념으로도 대신할 수 없는 단독자로서 '나'의 체험과 구체적 상황에 둘러쌓인 역사적, 사회적 존재로서 '나'의 체험을 함께 아우르고 있다고 볼 수 있겠다. 그럼으로써 우리 문학에 삶의 본원적인 것에 대한 관심을 일끼우고 현실적 삶에 대한 심오한 인식과 깊이를 더하여 준 것이다.

1950년대 박경리 소설과 환멸주의
― 1950년대 주요 단편과 장편 『표류도』를 중심으로

1. 머리말

『표류도』는 1959년 2월부터 11월까지 《현대문학》에 연재된 박경리의 초기 장편이다. 1958년 〈민주신보〉에서 첫 장편 『연가(戀歌)』가 연재되었으나 세간의 주목을 받지 못하였던 점을 감안하면 『표류도』를 50년대 박경리의 초기 경향을 대표하는 장편이라 보아도 무방할 것이다. 실상 박경리의 입장에서는 『표류도』를 통해서 문단의 주목을 받게 되었고 경제적 곤궁도 덜게 되었으며, 이후 여러 잡지나 신문을 통하여 『내마음은 호수』, 『성녀와 마녀』, 『푸른 운하』, 『은하』 등을 연재하여 장편적 세계로 나아가는 계기를 얻었다. 그만큼 『표류도』는 독자로부터 예상치 못하던 호응을 얻었고 이를 통해 소위 인기작가의 반열에 끼게 되어 60년대 초반 약 20여편의 장편을 쓰게 되는 원인이 되었던 셈이다.[1]

그렇지만 『표류도』가 박경리 문학의 초기 경향을 대표한다는 것이 단

---

[1] 그렇지만 박경리는 이런 세속적 성공보다는 경제적 안정감을 찾았다는 데 더 큰의미를 두고 있다. 이는 아마 60년대 초기 장편이 지닌 통속적 경향과 무관하지 않을 것이다. 60년대 초 박경리의 인기에 대해서 염무웅은 '김승옥의 인기와 더불어 김말봉, 정비석 독자의 쇠퇴를 말하는 것이며, 약간이나마 훈련된 독자층의 성장을 반영하는 것'이라고 말하고 있다.
박경리, 『Q씨에게』, 솔출판사, 1993, pp.228-229
염무웅, 「박경리 소설의 매력」, 《세대》, 67.6, p. 412

순히 이런 외적인 반응만을 의미하는 것은 아닐 것이다. 『표류도』에는 곤궁한 삶 속에 인간의 가치, 존엄성을 지킬려는 초기의 관점이 그대로 드러나 있고, 아울러 어렵고 고단한 현실을 탈피하여 아름다운 사랑의 세계를 지향하려는 작가의 낭만적 취향이 그대로 스며있다. 작가의 말대로 힘들고 불안하던 시기에 『표류도』가 창작되었고[2] 그런 만큼 세상을 향해 자신의 내면을 굳게 닫고 있던 초기소설의 '고독한 창작자의 심리'가 그대로 내포되어 있는 것이다. 이런 면에서 『표류도』는 '생활의 궁핍', '세상과 화해하지 못하는 자의 고독과 절망', '부정적 현실에 대항한 자기 결벽증과 존엄성', '상상과 꿈의 세계로서 사랑의 갈구'와 같은 박경리 소설의 초기 경향을 종합하고 있으며 이에 따라 초기의 문제의식을 한눈에 볼 수 있는 이점이 있다.

박경리는 『표류도』 이후 자신의 문학적 경향을 바꾸어 간다. 단편에서 장편 중심으로, 개인의 내면적 세계에서 타자와의 화해의 공간으로, 개인의 한(恨)에서 부터 집단, 민족, 역사의 한(恨)의 세계로 점차 소설적 영역을 확대시켰고 그런 결과가 『김약국의 딸들』, 『파시』, 『시장과 전장』, 『토지』로서 나타났다. "마음도 생활도 온통 가난했"[3]던 시기의 절망적인 자기 내면의 고통으로부터 집단의 아픔과 고통으로, 그리고 민족 전체의 한과 근원적인 생명의 문제로 문학적 영역을 확장시키고 있는 것이다. 50년대 작가들이 절박한 개인의 심사(心事)에서 결코 벗어나지 못했던 점을 감안하면 박경리의 이러한 변화는 놀라운 것이라 할 수 있다. 이런 변화는 소위 단편적 세계에서 장편적 세계로의 눈돌림으로써 가능한 것이었는데, 박경리는 장편의 세계로 자신의 영역을 확장시키면서 인간과 인간, 사물과 인간, 세계와 인간의 관계 사이의 조화와 긴장을 보게 되었고, 나의 불행이 나만의 것이 아니라 인간이 관계맺고 삶을 영위해야 할 모든 존재의 본질에 해당한다는 것을 인식하게 됨으로 가능하게 된 것이

---

2) 박경리, 앞의 책, p.228
3) 박경리, 앞의 책, p.226

기도 하다. 예컨대 개인의 절망과 고독으로부터 존재 자체의 절망과 고독으로 나아가고, 그런 개체의 절망과 고독이 모든 생명있는 것의 가치있는 존재 기반이라는 역설적 해답을 얻게 됨으로써 가능했던 것이다.[4]

그렇지만 이런 인식이 그렇게 쉽사리 얻어진 것만은 아니다. 작가의 말처럼 "나락과도 같은 바닥없는 절망 속에서 내가 내 고통을 지근지근 밟아 문드릴 수 있는 잔인성"[5] 속에서 비로소 깨달음을 얻었던 것이고, 자기 세계의 고집 속에 자기 밖의 세계에 대한 눈돌림을 열었던 것이다. 『표류도』에서는 이런 절망과 자기 학대의 끝에 비로소 〈나〉 이외의 다른 세계에 눈돌려야 한다는 절박한 심정이 그대로 드러나 있다.

요컨대 『표류도』는 개인의 내면적 고통에 집착하던 초기 경향으로부터 외면적 타자의 세계로 지향하는 그 언저리에 머물러 있다. 보다 정확히 표현하자면 『표류도』는 초기 단편소설에서 보이는 자기집착의 성격이 가장 심화되어 극단화된 내면화 경향을 보여줌과 동시에, 외적 현실과 자신과의 돌이킬 수없는 '낯설음'으로 인해 내면성 자체의 분열과 공허함을 여지없이 드러내게 되는데, 이런 내면성의 파멸이 결국 〈나〉와 〈타인〉의 손잡음, 외적 현실과 내적 의식의 결합을 불가피하게 유도하게 되는 계기가 된다. 작품 말미에 주인공 현회의 의식을 통해서 보여주는 다음과 같은 독백은 이후 장편소설에서 박경리의 변화의 충분히 예견해 주는 대목이다.

"나는 강인한 채칙으로 내 마음을 후리쳤다. 나를 현실에 적응시켜야 한다. 내 생명이 있기 위하여 나를 변혁시켜야 한다"[6]

---

4) 이 점은 박경리가 지니는 유기체적 세계관과 밀접하게 관련된다. 박경리는 모든 세계가 근원적으로 생장하고 소멸하는 관계 속에서 있으며, 세계는 객관성의 비정함과 긴장된 주관성이 상호 조화되어 있는 관계로 본다.
박경리, 『문학을 지망하는 젊은이들에게』, 현대문학사, 1995, pp.225-237 참조
5) 박경리, 「사소설 이의」, 『Q씨에게』, 솔출판사, 1993, p.186
6) 박경리, 『표류도』, 현대문학사, 1959, p.295

2. 1950년대 단편소설의 경향과 『표류도』

『표류도』의 성격은 박경리 초기 단편소설의 성격과 밀접하게 결합되어 있다. 앞에서 말한 바대로 『표류도』는 50년대 단편의 특성을 그대로 포용(包容)하고 나아가 이를 종합하고 있다. 초기 단편과 마찬가지로 전쟁에 남편을 잃고 어머니와 딸 한 명을 데리고 있는 미망인이 주인공으로 등장하고, 이 미망인은 역시 생활의 궁핍함에 시달리면서 견고한 외적 현실로부터 자신을 지키기 위한 부단한 싸움을 전개한다. 소외와 고독의 상태, 결벽증적인 자기 존엄성이 유지되고, 현실과 이상(낭만) 사이에서 끝없는 내적 갈등을 이어진다. 이런 면에서 『표류도』는 초기 단편의 구조와 문제의식(속물적 현실의 거부, 인간 존엄성의 확보, 이상과 낭만의 지향)을 그대로 가져온다. 차이가 있다면 초기 단편이 부정적 현실에 대한 거부와 자기 세계의 구축(인간 존엄성의 확보)이 중심인데 반해 『표류도』는 작가가 추구하는 이상(理想)과 꿈의 형태로서 낭만의 세계를 탐색하는 것이 보다 강조되어 있다는 점이다. 이 점은 『표류도』에서 이상현과 나(현회)의 사랑이 소설의 중심 축을 형성하는 것으로 나타난다. 초기 소설이 부정한 현실에서 도피하여 소외와 고독 속에서 꿈과 이상으로서 아름다운 사랑의 낭만적 세계를 기웃거린다면 『표류도』는 이런 사랑을 통해 폐허와 같은 현실을 넘어서 진정한 사랑이 가능하겠는가 하는 물음에 대한 결정적인 해답찾기를 시도하고 있는 셈이다. 그리고 이에 대한 해답이 불가능하다는 것으로 나타나고, 그때 비로소 작가는 세계가 "나 아닌 타자와 내 자신이라는 묘한 함수관계"로 이루어져 있다는 것, "비정의 객관과 긴장된 주관"[7]의 관계를 깨닫게 되는 것이다. 이는 50년대의 고독과 절망의 기나긴 터널을 지나 자기 내면의 세계를 다져온 작가의 삶과 인생에 대한 하나의 결말이 되는 셈이다.

일반적으로 박경리의 초기 단편의 특징은 어려웠던 전후상황을 배경

---

7) 박경리, 「균형의 비정과 긴장」, 『문학을 지망하는 젊은이들에게』, p.226

으로 하여 '인간의 존엄과 소외'[8]을 보여주는 것으로 대변되어 왔다. 여기에서 인간의 존엄은 속물화된 세계에 굴복할 수 없다는 자기 의지, 즉 자기 자존심을 지키는 것을 말할 테이고, 소외라 함은 전후의 궁핍과 관련하여 속물화된 세계에 대한 작가의 거부를 의미하는 것이다. 그런데 이런 존엄성에 대한 의지는 끊임없이 현실과 담을 쌓고 자기 내면의 세계를 확보하는 소외상태를 지향하고, 역설적으로 소외는 현실과 화합할 수 없음으로 인해 자신만을 지키고자 하는 내적 존엄성을 지향한다. 이를테면 인간의 존엄과 소외는 신으로부터 버림받은 세계에 고독한 영혼이 현실과 단절되어 행하는 내면세계의 역설적인 순환이 된다. 그만큼 인간성의 존엄과 소외 상태는 상호 보완적이며, 순환적이다.

박경리 초기 단편의 이런 특성은 당시 대표작이던 「불신시대」나 「암흑시대」, 「전도」에서 구체적으로 드러난다. 죽은 아들의 위패를 두고 행하는 〈종교〉의 위선과 몇 푼 돈에 거짓을 일삼는 〈병원〉의 허위에 맞서 항거의 몸짓을 보여주던 '진영', 어처구니 없는 아들의 죽음을 앞두고 절규하는 '순영', 모든 것을 잃은 절망의 끝에서 마지막 남는 자존심을 지키기 위해서 죽음에 뛰어드는 '숙혜'의 모습에서 현실이 거부한 고독한 자의 '자기 지키기'(자기 존엄성의 확보)의 처절한 몸짓을 볼 수 있다. 그리고 이로써 외적 현실과 내적 현실의 불일치는 훨씬 커진다. 1950년대 단편 중 「도표없는 길」의 '경노'나 「해동여관의 미나」의 '미나'의 모습에서 소외와 고독이 더 이상 피할 수 없는 보편적 모습으로 형상화되는 것도 이런 내면성에 집착하는 초기 특성을 구체적으로 대변해주는 것일 것이다.

박경리의 초기 작품이 '피해의 강박관념'에 젖어 있다는 점, 그래서 벽을 자기 둘레에 쌓아 놓고 자기의 내부세계로만 침잠한다는 것은 "현실에 대한 부정과 악에 대한 증오가 단지 자기 피해의식에서 오는 현실에

---

[8] 채진홍, 「인간의 존엄과 생명의 확인」, 송하춘, 이남호 편, 『1950년대 소설가들』, 나남출판사, 1994, pp.244-251

대한 부정적 감정의 표현에 지나지 않는다"는 평가[9]를 받기도 한다. 이런 견해는 때로는 박경리 단편이 50년대의 속악한 전후현실에 대한 고발과 비판에 중심이 가있다는 견해[10]와 어긋나는 것이기는 하지만 '주체와 환경 사이의 긴장'에서 무게중심이 철저히 주체에 놓여 있다는 점에서 보다 타당한 견해라고 할 수 있을 듯하다. 초기의 단편에서 중요한 서사적 사건이 거의 회상이나 단편적 서술에 의존하고 있는 점과 작품에서 대부분의 서술이 서사적 사건에 대한 자기 감정의 내면 묘사에 두고 있음을 보아도 자신의 내면세계에 집착하는 작가의 시선을 엿볼 수 있다.

그런데 이런 박경리 소설의 초기 특성, 예컨대 소외와 고독의 지향과 탈피를 향한 역설적 몸짓, 인간의 존엄성에 대한 강한 집착 등은 외적 현실을 하나의 대상으로 받아들이기보다는 철저하게 주관화된 현실로 받아들임으로써 가능한 것인데, 이는 그녀의 초기 소설이 철저하게 사소설(私小說)의 관점을 취한다는 점과 밀접하게 연관된다. 이를 테면 타자와의 유기적 관계 속에서 엮어지는 현실을 그리기보다는 타자와 관계 속에 파생되는 긴장에 대한 자기 감정을 그리고 있다는 것이다.

초기 소설에서 이런 사소설적인 측면은 작품 곳곳에서 발견된다. 예컨대 「불신시대」나 「암흑시대」에 나타나는 아들의 죽음, 「영주와 고양이」에서 딸 '영주'의 실명화, 뿐만 아니라 초기 단편의 대부분이 어머니와 딸을 데리고 생활고에 시달리는 미망인이 등장하는 것을 볼 때[11] 이런 점은

---

9) 홍사중, 「한정된 현실의 비극」, 『현대한국문학전집』, 신구문화사, 1967, p.463
10) 하정일, 「세계의 속물성에 맞선 기나긴 저항의 여정」, 『환상의 시기』, 1996, 솔 출판사, pp.312-313
11) 초기 단편 중 이런 인물의 구성을 지니고 있는 작품으로 「계산」, 「불신시대」, 「암흑시대」, 「영주와 고양이」, 「흑흑백백」 등이 있다. 「암흑시대」의 앞 부분은 소설 속의 주인공과 작가와의 이런 사적인 관계를 구체적으로 드러내준다.
  "순영이는 문학을 공부하고 있는 여자였다. 그리고 열 살난 계집애, 여덟살 된 사내아이, 이 두 남매와 늙은 어머니를 부양할 의무를 지닌 극히 불우한 처지의 여자이기도 했다. 순영이는 전쟁 때문에 남편을 잃었다. 그리고 일체의 가산을 날려버렸던 것이다. 전쟁 속에서 방황하던 목숨이 전신을 털고 삶의 자리에 마주 섰을 때 순영이 앞에는 핍박한 생활이 들이닥쳐 있었다. 가난, 굶주림, 그리고 자기를 잃지 않으려는 몸부림, 이

확실하거니와, 박경리 역시 대체로 초기 작품에 자신의 처절했던 삶의 역정이 투영되어 있음을 부정하지 않는다.[12] 초기 소설의 현실과 자아에 관한 모든 문제의식은 바로 남편, 아들의 죽음과 미망인의 생활고라는 '가족'의 문제틀에서 비롯되고 있는 것도 이와 무관치 않을 것이다. 문제는 초기 모든 소설에 등장하는 주인공이 지니는 성격, 즉 속세 협오증, 지나친 결벽증, 내면적이고 반성(反省)적인 지적 의식 등이 인물의 내면 공간 뿐만 아니라 외부 세계까지 규정짖고 있다는 점인데, 이 점이 모든 소설의 주인공을 외적 현실을 철저하게 부정적으로 보게하는 '회의주의자'[13]로 만들게 하고 안으로만 파고들어 내적 세계에서 아름다운 이상의 세계, 낭만의 세계를 만들고자 하는 '몽상가'[14]로 만들고 있는 것이다.

이렇게 보면 박경리의 초기 소설이 고독한 몽상가의 생활의 기록이라고 볼 수 있겠는데, 이제 이런 점과 관련하여 내적인 소외와 고독, 자기 존엄성에 대한 집착이 어떻게 내면적인 이상세계로 도피구를 마련하는지를 살펴 보기로 하자. 초기 단편에서 소외와 고독을 지탱하는 힘은 어떻게든 자신을 지켜야 한다는 정신적 〈의지〉이다. 그리고 이런 〈의지〉는 앞서 살펴 본 대로 자기 존엄성을 지키는 외적 저항으로 나타났다. 외부 세계에 대해 자기 고결함을 지키는 것은 어차피 세계와 단절하고 자기 내면성의 우월성을 지향할 수밖에 없게 되는데, 박경리는 이런 내면적인 우월성으로 '생명에의 지향'[15]과 '낭만적 사랑'을 갈구하는 것이다. 작가

러한 극단과 극단의 사이에서 순영이는 모든 것에 대한 자신의 항거정신을 보았다. 그러나 인간 본연의 낭만을 버리지 못하는 곳에서 순영이는 문학에 자신을 의지한 것이다." 박경리, 「암흑시대」, 『불신시대』 박경리 문학전집 19, 지식산업사, 1987, pp. 233-234

12) 박경리, 「박경리와의 대화」, 김치수, 『박경리와 이청준』, 민음사, 1982, pp. 188-189 ; 박경리, 「사소설 이의」, 『Q씨에게』, 솔출판사, 1993 pp. 184-189 ; 박경리, 「창작의 주변」, 위의 책, pp. 225-230
13) 류보선, 「비극성에서 힌으로, 운명에서 역시로」, 《작가세계》, 94년 가을, p.23
14) 송호근, 「삶에의 연민, 恨의 美學」, 《작가세계》, 1994년 가을, p.51
15) 초기 소설에서 '생명에의 지향'은 모든 사물은 생명을 가지고 생명을 가진 것은 사랑해야 한다는 범신론(汎神論)적 입장보다는 삶은 부조리한 것이고 거기에 저항할 수 있

가 내면에서 이상적 꿈으로서 설정한 낭만적 사랑은 초기 소설부터 분명히 드러난다. 낭만적 사랑의 내적인 이상형태는 순수성과 고결함, 그리고 신뢰와 믿음이 살아있는 사랑의 모습일 것이다.[16] 하지만 현실 속에서 그것의 모습은 이루어질 수 없는 사랑에 대한 애뜻함과 그로부터 생겨나는 내면적 갈등으로 드러난다. 초기 단편에서 이런 모습은 「전도」의 숙혜, 「비는 내린다」의 지영, 「반딧불」의 주영, 「어느 정오의 결정」의 민영, 「벽지」의 혜인 등의 모습으로 변화되어 나타나는데, 대부분 유부남을 사랑하거나 언니의 애인을 사랑하는 경우이다. 불가능한 사랑은 부양가족을 거느린 미망인이 취할 수 있는 유일한 낭만적 꿈이지만, 현실에서는 결코 이루어질 수 없다는 점에서 비극성을 담지한다. 그렇지만 그럼에도 결코 포기되지 않는 것이 사랑인데, 이 점이 소설 속에 내면적 갈등과 고뇌로 가득차게 하는 원인이 된다.

『표류도』는 초기 단편소설의 두가지 형식, 즉 절망의 현실 앞에서 자기 존엄성의 확보를 위해 소외와 고독의 세계로 빠져드는 「불신시대」류와 이에 대한 이상적 도피구로서 낭만적 사랑을 추구하는 「어느 정오의 결정」류를 그대로 종합하고 있다. 이런 종합은 각각의 소설들에서 일정한 모티프, 예컨대 어머니와 딸을 데리고 사는 미망인의 등장, 그리고 이루어질 수 없는 사랑의 추구, 경제적 궁핍과 이에 따른 속물적 세계의 등장 등과 같은 자전적 모티프를 그대로 따오면서 『표류도』의 성격이 초기소설과 크게 다를 바 없음을 짙게 풍겨주지만, 반면에 이런 상황은 융합되

는 존재는 바로 인간이라는 유아론(唯我論)적 입장이 강하다. 이는 초기소설에서 생명주의가 「불신시대」에서 보듯 어떤 외적인 억압 속에서 살아야 한다는 것이 바로 생명이라는 '생명'에 대한 경외에서 비롯된 것이기 때문이다. 이런 생명주의는 이후 "모든 생명은 경이롭고 불가사이하다는 것", "모든 개체는 저마다 소우주를 지니며, 모든 생명은 총체로서 개체이며, 총체는 개체로서 이루어진다"라는 범신론적인 입장과 유기체적 세계관으로 확대된다. 하지만 초기 소설에서는 여전히 이런 생명주의는 불확실하고 모호하다. 생명주의가 구체적 삶의 형태를 지니는 것은 『토지』에 와서 가능해 진다. 박경리, 『문학을 지망하는 젊은이들에게』, 현대문학사, 1995, p.16, 70 참조.
16) 이런 사랑의 모습은 『토지』에서 용이와 월선이의 사랑일 것이다.

고 증폭됨으로써 초기 소설이 가지고 있던 문제의식, 절망과 고독, 이상과 낭만 사이의 단절이라는 이원성의 문제를 더 깊이 드러내 주는 계기가 된다. 그리고 이런 점은 내면적 의식과 외적 상황의 단절, 혹은 불일치라는 소설형식상의 결함으로 이어지게 되고 이로써 작가의 시각과 소설적 방향을 전환시킬 계기를 얻게 된다. 외적 현실의 문제를 도피하고자 내면세계로 끊임없이 침참하는 것은 결국 외부세계의 변질과 내면성 자체의 붕괴를 가져올 수밖에 없는 것이다. 이후 『성녀와 마녀』부터 『김약국의 딸들』, 『시장과 전장』으로 박경리의 소설이 급격하게 변화하는 것도 이런 전환의 결과이다.

이와 관련하여 『표류도』와 함께 살펴볼 문제의식을 지적하면 다음과 같다.

첫째, 초기소설의 현실성과 낭만성이 어떻게 결합하여 내면성으로 나아가는가?

둘째, 과도한 내면성의 집중이 소설의 형식과 내용을 어떻게 파괴하는가?

세째, 세계와의 단절, 고립을 지향하던 〈나〉의 관점으로부터 어떻게 〈타인〉의 관점을 확보하고 세계와의 화해를 추구하는가?

3. 현실성과 낭만성의 대립

『표류도』는 총 36장으로 구성되어 있으며, 주인공 나(현회)가 유부남인 이상현을 사랑하면서 겪게 되는 내면적 갈등을 주된 내용으로 하고 있다. 현회는 전쟁으로 남편을 잃고 늙은 어머니와 딸을 하나 데리고 있는 미망인이다. 생활고에 찌들리면서 다방을 경영하다 D신문사 논설위원인 유부남인 이상현을 알게 되고 사랑에 빠진다. 하지만 이런 사랑은 신분상의 차이와 윤리, 도덕성의 문제로 벽에 부닥치고 주인공으로 하여금 끊임없이 갈등과 방황을 하게 만드는 원인이 된다. 소설 말미는 자신에게 추근대는 최강사를 죽이게 되고 형무소에 갔다온 후 이상적인 사랑의 대상자인 이상현과 이별하고 현실적인 사랑인 김선생을 택하는 것으로 끝난다. 『표류도』의 이런 스토리는 초기 단편의 모습들을 그대로 모방한 것이기도 하다. 등장인물의 구성도 그렇거니와 불륜적인 사랑도 그렇고, 작품 말미의 딸의 죽음이나, 어머니와의 불화 등 초기 소설에서 보이는 단편적인 모티프들을 그대로 따온 것이다. 뿐만 아니라 초기 소설과 마찬가지로 자전적인 요소가 여기저기에 깊게 풍겨 나온다.[17] 하지만 초기 소설과 달라지는 점도 있다. 우선 소설에서 내면성이 초기 소설에 비해 압도적으로 증가하고 있다는 점이다. 사실 『표류도』는 어떤 서사적인 이야기가 중심이 되는 소설이 아니라 외적 사건에 대한 자신의 감상, 회고, 반성이 중심이 되는 독백체의 소설에 가깝다. 그만큼 서술의 많은 부분이 주인공 현회의 내면의식에 치중하고 있으며 주요 서사적 사건은 회상이나 회고의 방식으로 처리된다. 이런 점은 아마 『표류도』가 초기소설의 중심 과제였던 생활상의 문제를 종합하고, 그 속에서 나름대로 삶에 대한 하나의 해답을 찾고자 하기 때문일 것이다. 예컨대 물질적 세계 속에 인간다운 삶(낭만성)은 가능한가? 혹은 그런 이상적 삶을 꿈꾸는 자기 내면의 의미는 무엇인가? 하는 자기 반성(反省)의 문제를 비로소 제기하고 있는 것이다. 『표류도』에서 무엇보다 주인공 현회의 의식세계, 즉 현실성과 낭만성 사이의 긴장이 문제되는 것도 이와 관련된다.

---

[17] 『표류도』가 자전적인 소설이라는 점은 분명한 것 같다. 우선 「불신시대」나 「암흑시대」와 마찬가지로 어머니와 딸을 데리고 있는 상황설정은 그가 여러 글에서 밝히듯 자전적인 요소가 분명하다. 이상현과의 사랑 부분은 작가가 자신의 체험을 다룬 글에서 나타나는 내용과 흡사하다. 그 부분을 인용하면 다음과 같다.
"그러나 그(남편이 죽은 후로)로부터 3년 후 나는 피난 간 고향에서 K를 만났고 불행한 연애를 했다. 감정만은 처녀성을 지니고 있었던 나는 말하자면 처음 느껴보는 연애감정이었던 것이다. 결혼생활을 체험한 27세의 여자의 소위 첫사랑이었다. 그러나 K의 어떤 배신적인 언질로써 나는 깨끗이 결별하고 서울로 왔다. 나는 그를 지독하게 사랑했었다. 그러나 사소한 말 몇 마디를 용서할 수 없었던 나는 그만큼 연애의 神聖을, 사랑의 순수를 신봉했던 모양이다." 박경리, 「반항정신의 소산」, 『창작실기론』 세계문예강좌4, 현대문학사, 1963, p. 393

소설에서 주인공 현회의 의식 속에 드러나는 내면성의 지향이 『표류도』의 특징이라고 말했는데 이런 내면성은 무엇보다 주인공 현회가 지니는 강한 현실성과 낭만성 사이의 긴장에서 비롯된다. 여기서 현실성이라는 것은 외적 세계에 대한 객관적인 인식이 아니라 초기 단편에서 보이듯 현실로부터 살아남기 위한 강한 집착을 의미한다. 그런데 이런 현실 집착은 두가지 상반된 의지를 내포한다. 즉 궁핍한 현실 속에서 경제적으로 살아남기 위한 개인적 노력과 한편으로 어떤 외부적 도움도 받지 않고 자기 세계를 지키면서 살아가겠다는 자존심이 그러하다. 『표류도』에서 현회가 빚에 몰려 다방을 넘긴 이후 가족의 생계를 위해 어떤 장사도 마다 않겠다는 강한 생활력과 궁핍 속에서 외부로부터 어떤 도움도 받지 않으려는 결벽성을 보이는 것도 경제적 문제를 중심으로 한 현실성 속에 여전히 자기 고집의 세계가 잠재되어 있음을 보여준다. 따라서 이런 생활의 집착은 자신이 도피하고자 하는 이상적 현실과 또다른 실제적 내면 세계를 형성한다.

『표류도』에서 보이는 낭만성의 근원은 근본적으로 속물화된 현실세계에 대한 거부로서 나타난다. 초기 「불신시대」나 「암흑시대」, 「전도」에서 보듯이 허위적 세계와 속물적 세계에 대한 거부는 한편으로 "자기 스스로가 자신을 지키는 것은 존엄성"[18]이라는 말과 같이 절망의 끝에서도 자기 자존심을 확보하고자 하는 박경리식의 정신적 에고이즘으로 나타나고, 한편으로 산문적인 현실과 반대되는 시적(詩的)인 이상세계를 지향하는 것으로 나타난다. 예컨대 일상의 고단함이나 절망에서 벗어나 순수한 인간관계와 사랑이 있는 낭만적 세계를 꿈꾸어 보는 것이다. 소설 속에서 이런 낭만적 세계[19]는 자신의 신분을 넘어서 순수하고도 고결한 이

---

18) 박경리, 「박경리와의 대화」, 김치수, 앞의 책, p.186
19) 이런 낭만성은 근본적으로 작가의 성격과 밀접하게 관련된다. 그녀는 한 대담이 글에서 자신이 '몽상가'임을 구체적으로 밝히고 있고, 다른 글에서는 이성보다는 감성, 감성보다는 낭만성이 더 우위에 있음을 밝히고 있다. 이때 박경리가 말하는 〈낭만성〉은 "주관적 감정의 세련화, 또는 서정성의 고도화"를 의미하는 듯하다. 송호근, 「삶에의

성적(異性的) 사랑을 추구하는 것으로 드러나는데, 이는 "끝없는 궁핍에서 오는 공포"와 가족의 몰락, 어머니와 불화 속에서 고독한 미망인이 꿈꿀 수 있는 유일한 현실적 대안이기도 하다.

그렇지만 이런 사랑은 현실의 곤궁함과 괴로움, 절망적 인식으로부터 도피하고자 하는 허망한 꿈의 현실 형식이기 때문에 이미 실패를 전제로 하고 있다. 『표류도』에서는 이상현과의 사랑이 처음부터 신분상의 차이와 가족의 생계 해결이라는 현실적인 문제 앞에 불가능한 것으로 등장한다. 『표류도』에서 처음 2장부터 상현과 자신에 대한 계급적 차이("그는 상류계급에서 자란 사람, 나는 하류계급에서 자라난 여자")가 등장하고 이어 "신파나 영화 같으면 다소의 낭만의 윤색으로 아름다운 비극이 하나 생길테지만 실제 흰 벽(壁)과 부글부글 ㄱ는 하수도 사이에 시(詩)는 존재하지 않는다"[20]라는 말로 자신의 사랑이 실현될 수 없음을 강하게 암시한다. 사랑의 불가능성에 대한 이런 표현은 작품의 처음부터 끝까지 주인공의 독백 속에서 무수히 반복된다. 이를테면 현실성과 낭만성의 갈등이 작품 처음부터 등장하는 셈인데, 이 점이 『표류도』에서 서사적 진행보다 내면적 갈등이 우월하게 드러나는 이유가 된다. 내면적 갈등의 근원은 불가능함에도 사랑에 대한 욕망을 작품 끝까지 버리지 못한다는 데 있다. 마치 "대상이 허상이기에 욕망은 남고 욕망이 있는 한 인간이 살아간다"[21]는 프로이드의 말처럼 그 환상에 대한 욕구는 집요하게 지속되는데, 따라서 "사랑은 자신한데 기만당하는 환각"[22]이라는 현회의 지적 인식이 이 소설을 끊임없이 갈등으로 몰아가는 원동력이 되는 것이다.

(a)나는 상현씨를 사랑한다. 그러나 그들의 세계에서 풍겨지는 모든 것에서

연민, 한의 미학」-작가를 찾아서-, 앞의 책, p.51 ; 박경리, 『문학을 지망하는 젊은이들에게』, pp.45-48 ; 박경리, 「문학과 나」, 장경렬, 「슬픔, 괴로움, 고독, 사랑, 그리고 문학」, 《작가세계》, 94년 겨울, p.73에서 재인용.
20) 박경리, 『표류도』, 현대문학사, 1959, p.19
21) 권택영, 『영화와 소설 속의 욕망이론』, 민음사, 1995, p.69
22) 박경리, 앞의 책, p.46

내가 고립되고 그나마도 어이 없는 광대가 된다는 것을 잘 알고 있다. 내가 가진 모든 것과, 그가 가진 모든 것이 부딪혔을 때, 나는 그것을 생각하는 것이다. 수습이 되지 않는 것을 생각하는 것이다. 나는 결코 흉하게 그의 앞에 꿇어 앉지는 않을 것이다.[23]

(b)살아야 한다는 것보다 더 절박한 것은 없다. 어떠한 절박한 골목길에서도 부정하지 못할 것은 자신의 생명이다. 상현씨에 대한 사랑은 무한히 뻗어가는 고독의 성벽이며 그것은 생명이 아니다. 사랑을 생명으로 안다는 것은 위선이 아니면 무의식 중에 이는 미화(美化)의 본능일 뿐이다. 그렇게 주장하고 싶었다.[25]

(c)우리의 내면 속에 상반된 관점과 환경 그리고 서로 흡사한 소심한 선의식으로 하여 차츰 애정이 파괴되고 말 것이라는 나의 총명은 불행한 것이다. 불행한 총명이 우리 생활에 질서를 주고 있다.[25]

윗 글은 작품의 처음에서 끝까지 무수히 반복되는 사랑에 대한 내면적 갈등의 한 부분이다. 윗 글에서 보여주는 분위기는 고독하고 절망적 삶으로부터 낭만적, 이상적 삶을 향한 욕망의 상승이자, 그 꿈이 허상으로 끝나고 말 것이라는 절망적 통찰이다. 이러한 절망적 통찰 속에는 자신의 꿈, 낭만적 이상이 자신의 삶을 견디게 하는 절대적 힘임에도 불구하고 그것이 파멸할 수밖에 없으리라는 지적(知的)인 고뇌가 잠재되어 있는데, 이런 고뇌가 결국 처음부터 작품 전체를 지배하고 끊임없이 내면성으로 치닫게 하는 원인이 된다. 말하자면 사랑은 이루어질 수 없다는 지적(知的)인 절망감이 사랑을 갈구하는 욕구와 충돌하고, 따라서 사랑의 문제는 이제 순수하게 내면적 갈등의 문제로 전환하게 된다. 초기 단편에서 보이던 외부현실과 개인 간의 대립으로부터 현실세계와는 다른

---

23) 박경리, 앞의 책, p. 29
24) 박경리, 앞의 책, p. 143
25) 박경리, 앞의 책, p. 207

내면적 삶의 새로운 양상, 즉 주관성의 영역으로 표현의 중심이 옮겨 가게 되는 것이다. 이는 결국 현실과 자아의 대립이 내면적 의식 자체의 갈등으로 전환된 것이며, 서두에서 말한 현실성과 낭만성의 대립 역시 외적 형식의 얻지 못한 채 순수한 내면 자체의 갈등으로 바뀌게된 것을 의미한다. 소설 속에서 드러나는 이런 내면적 갈등은 현실과 분리되어 '갇혀진 양식'을 취하면서 〈욕구-좌절〉의 순환형식을 밟게 된다.

『표류도』의 서사진행은 이런 내적 갈등의 순환성과 밀접하게 관련된다. 〈고독-애정의 욕구-현실적 고통-낭만적 환상-애정의 파멸-고독〉으로 이어지는 내면적 환원구조는 순간순간 내적 욕망의 변화에 의해 좌우된 것이며, 이로써 외적 서사는 이런 내면의식의 변화에 따라 변주된 형식에 불과하게 된다. 고독은 애당초 주인공이 지닌 절대적 환경이며(결핍의 형식), 이 고독으로부터 벗어나기 위해 애정이 요구된다.(욕구의 형식) 하지만 이런 애정은 곧 현실의 제약적 조건 때문에 좌절되고(욕구의 좌절), 현실적 고통을 감내할 수 없기에 욕구는 매번 환상이나 꿈으로 환생한다.[26] (꿈의 형식) 그리고 곧 이어 애정은 파멸되어야 한다는 현실적 원칙으로 되돌아 오고(욕구의 좌절) 주인공이 처한 존재적 조건인 고독으로 회귀한다.(결핍의 형식) 이런 순환 형식은 31장에서 주인공 현회가 최강사를 죽여 내적 갈등의 형식을 파괴하기까지 순환적으로 끊임없이 지속된다. 소설의 공간은 전체 서사가 내면적 갈등 속에 간혀지게 됨에 따라 밀폐된 성격을 띤다.[27] 다방 〈마돈나〉는 이상현과의 만남이 보장되는 욕구의 공간이고, 집은 어머니와 딸 현아가 궁핍 속에 살고 있는 현실의 공간이다. 그리고 이상현과 함께 가는 식당, 극장과 도피의 밀월여행

---

26) 꿈의 형식은 현회가 현실적 공간인 집에 있을 때 주로 일어난다. 집은 매번 현회와 어머니, 그리고 현기와 어머니와의 다툼과 생활고의 문제가 겹쳐 현실적 고통을 환기시켜 주는 공간이 된다. 이런 현실적 고통이 있고 난 뒤면 언제나 이상현과의 아름다운 만남(삶)을 꿈꾸는 공상과 환상의 형식이 드러난다. 이에 대한 대표적인 부분으로『표류도』, pp.122-123를 볼 것.
27) 『표류도』의 닫힌 공간, 밀폐된 공간의 성격에 대해서는 아래의 논문을 참고할 것. 문재호, 「『취우』와 『표류도』의 공간대비 연구」, 숭실대 석사논문, 1994

을 감행했던 Y읍은 환상의 공간이 된다. 소설은 이런 밀폐된 공간을 반복하는 것으로 시종하는 데, 이때 공간은 그 자체로 상황적 의미를 띠기보다는 내면적 욕구의 변화를 뒷받침하는 의식의 변주(變奏)에 불과하게 된다.

4. 환멸의 지속과 서사형식의 파괴

소설 속에서 세계와 자아의 갈등이 상황 속에 외적 형식을 띠기보다는 내면성의 문제로 변화하는 것은 루카치가 말한 〈환멸적 낭만주의〉[28] 방식과 유사하다. 물론 『표류도』는 시적(詩的) 형식의 추구로서 내면성 자체의 완결성을 보여주는 것은 아니지만 현실의 모멸성으로부터 벗어나 내면의 공간에서 조화롭고 이상적인 세계를 꿈꾼다는 측면에서 이 양식과 비슷하게 이미 현실과 화해하지 못할 이원성을 내포하고 있는 것이다. 〈환멸적 낭만주의〉는 한편으로 현실의 조악한 속물화를 거부하지만 한편으로 "외적 현실에서 자신을 실현시킬 수 없다는 체념의 인식이 깔려 있으며, 사회와 개인을 일치시켜 보려는 희망의 상실과 개인의 고독"[29]을 전제로 하고 있다. 그러므로 현실 속에서 자신을 찾지 못하는 패배감과 역설적이긴 하지만 이와 상반된 낭만성이 순수하게 내면성 속에서 자신의 문제를 해결할려고 하는 것이다.

『표류도』 역시 모든 현실적 문제를 내면 속에 끌어 들인다는 점에서 패배된 현실에 대한 상념과 이상적 세계에 대한 지향을 보존하고 있다. 소설 속에서 이런 이원성은 갈등의 지속이라는 측면으로 드러나는데, 이때 개인(현회)의 시각은 이상현과의 사랑이 지닌 외적 의미보다는 순수하게

---

28) 〈환멸적 낭만주의〉에 대해서는 루카치(반성완역), 『소설의 이론』, 심설당, 1985, pp. 146-174를 참고할 것.
29) 한국철학사상연구회편, 『철학대사전』, 동녘, 1989, p.209. 이와 비슷한 의미의 내용은 루카치, 앞의 책, p149를 볼 것.

자신이 그 사랑을 인식하는 내적의미의 성(城) 속에 갇히게 된다. 이를테면 현회는 외적 현실과 상반되게 내면적 현실을 단 하나의 진정한 현실, 세계의 본질로 삼는 것이다. 따라서 『표류도』에서 드러나는 갈등은 외적 현실과 개인의 내면이 취할 수 있는 진정한 대립의 모습은 아니다. 그것은 모든 외부상황을 자신의 내면세계 속에서 결정하고, 만들어 내는 것이며, 그 자체로 완결적이고 순환적인 성격을 띠게 된다. 그리고 이로써 외적 세계의 진정한 모습을 상실할 뿐만 아니라 개인의 내면세계 역시 왜곡된 모습으로 변화하고 마는 것이다.

이렇게 본다면 『표류도』의 세계인식은 전적으로 현회의 내면세계 속에 갇히게 되는 셈인데, 이에 따라 소설의 서사적 형식에 심각한 결함을 가져오게 된다. 즉 개인과 세계의 대립이 이제 순수하게 내면적인 문제로 전환됨에 따라 외적 세계와 의식 사이의 불일치는 심화되고, 따라서 작품에서는 인물과 사회, 인물과 인물 간의 정당한 갈등관계, 즉 행동양식을 찾지 못하게 된다는 것이다. 예컨대 소설 첫머리부터 등장하는 이상현과 나(현회)와의 신분적 차이에서 비롯되는 계급성의 문제, 유부남을 사랑할 수 있느냐라는 윤리와 도덕성의 문제, 이상현과의 결합을 가로막고 있는 생계와 생활의 문제들은 이제 현실적 관점을 떠나 순수하게 자신이 그런 문제를 받아들일 수 있느냐, 없느냐의 내면적 결단의 문제로 바뀌어 버린다. 그럼으로 해서 소설은 외적 행동의 서사를 잃어 버리고 그런 문제에 직면한 자신의 내면적 방황만을 가득 채우게 된다.

『표류도』에서 외적 사물과 인물이 고정화되고 정물화되는 것도 이와 관련될 것이다. 『표류도』에서 이런 현상은 소설 자체가 1인칭의 시점을 사용하기 때문에 외부 화자가 없는 것도 한 원인이겠지만, 근본적으로 초기 소설이 가지고 있는 약점, 곧 모든 대상과 인물을 자신의 관점과 시선 속에 집어 넣어 평가하고자 하는 지적 화자의 관점 때문이기도 하다. 『표류도』에서는 이런 시각이 훨씬 강화되는데, 소설 속에서 현회를 제외한 대부분 인물의 성격은 고정되어 있고, 단선적이다. 작품 초반부터 최강사는 파렴치함과 뻔뻔함, 이기성과 속물성을 두루 갖춘 최악의 인물로 등장하며, 현회의 친구 계영은 근거없는 시기와 미움, 질투를 갖춘 간교한 인물로 등장한다.[30] 이들 인물의 성격들은 처음부터 끝까지 고정되어 있을 뿐 아니라 생동감이 없어 마치 공허한 사물처럼 느껴지는데, 이는 이들에게 자신의 성격이나 행동이 없고 오로지 지적 화자인 주인공의 의식 속에 선험적으로 이들의 현실이 창조되어 있기 때문이다.

지적 화자의 눈을 벗어난 서사적 상황의 부분을 보면 문제는 훨씬 심각해진다. 서사는 애당초 화자의 외적 현실의 문제가 내면적 갈등으로 전환되어 있기에 의식의 변화에 따라 끌어들이는 사건은 지극히 우연적이고 인위적이다. 예컨대 소설은 서두부터 최강사를 속물적 인간으로 규정하여 이와 관련된 상황을 작위적으로 이끌어 간다. 최강사가 다방에서 차를 팔아주지 않으려고 벌이는 파렴치한 행동이나, 현회의 집 앞에서 건달처럼 추근대는 모습은 교수라는 신분이나 줄거리의 흐름으로 합당한 상황전개라고 볼 수가 없다. 뿐만 아니라 작품 말미에 내면적 갈등을 해소하기 위한 해결책으로 현회가 최강사를 살해하는 부분은 우연성에 근거한 통속적 사건해결의 전형적인 모습이다. 현회는 자신을 외국인에게 팔아 넘긴다는 이야기를 듣고 흥분 끝에 꽃병으로 쳐서 최강사를 죽이게 되는데, 이런 상황설정은 상식적으로 납득하기 어려울 뿐만 아니라 우연성과 작위성의 극치이다. 물론 사랑을 포기할 수도, 원할 수도 없는 내면적 갈등을 이런 식으로나마 해결하고자 한 것이지만, 그것이 스토리의 자연스러운 흐름을 무너뜨리고 있음에야 없는 것만 못한 것이다. 이런 서사적 파탄은 결국 앞서 이야기한 대로 외적 현상을 내면성 속으로 끌어들이는 작가의 주관적 시각에서 그 원인을 찾을 수 밖에 없다.

『표류도』의 이런 모습은 결국 초기 단편에서부터 지속되어 왔던 외부세계와 내부세계의 단절이 극도로 심화되어 있음을 보여준다. 작가의 입

---

30) 박경리의 부정적 인물에 대한 증오는 이후에도 크게 변하지 않는다. 이른바 속물적 세계에 대한 증오심이 이런 인물을 통해 표현되는데, 『표류도』의 '최강사' 이미지는 이후 『김약국의 딸들』에서 '정국주', 『파시』의 '서영래', 『토지』의 '조준구'로 계속 이어진다.

장에서 보자면 삶의 궁핍함이 더욱 절박해졌음을 보여주는 것이고, 이에 따라 세계에 대한 혐오감, 환멸감은 더욱 심해지고 이상적 꿈에 대한 그리움은 더욱 짙어졌음을 보여주는 것이다.

박경리의 초기 소설에서 특히 느껴지는 점은 그것의 불가능성, 패배성을 예견함에도 외적 현실에 대한 자신의 가치관념을 강요함으로써 자기 패쇄성, 단절성을 스스로 형성시키는 강한 '윤리적 이상주의'[31]가 잠재되어 있다는 점이다. 예컨대 『토지』에서 보이는 〈인간의 존엄성〉, 〈사랑=창조〉라는 공식[32]은 이미 초기 시절부터 형성되었던 것으로 어려웠던 시기를 살아왔던 가난한 타인에 대한 작가의 연민과 애정의 표현이면서 개인적인 윤리성으로서의 기능을 하게 된다. 〈운명〉이나 〈숙명〉, 〈한〉과 같은 의식은 보다 이후에 형성된 것으로 보이는데, 힘든 시기를 넘겨온 작가의 입장에서 인간에 대한 신비롭고 경외로운 생각의 표현이면서 삶과 생명, 자연을 조화와 일체로 보는 유기체적 세계관의 단초가 된다. 『표류도』이후의 경제적 여유가 비로소 자신과 삶에 대한 객관적 거리를 가지게 했을 것이다.

그렇지만 『표류도』에서는 이런 객관적 거리가 확보되기 어려웠고, 오히려 내면화는 더 심화되어 있다. 따라서 이런 윤리성은 주인공의 시선 속에서 외부세계를 바라보는 하나의 잣대가 되는 셈이고 이로부터 인간과 사물에 대한 결정론적 시각은 굳어진다. 외적 현실의 속물성인해 다방에 드나드는 인물 전체를 모멸적 시각으로 바라보고 급기야는 인간 전체를 속물적으로 바라보는 관점이 생긴다. 뿐만 아니라 이런 결정론적 시각은 근원적으로 인간을 고독한 존재로 보아 세계로부터 인간을 단절

---

31) 여기서 '윤리적 이상주의'는 외부현실에 대해 자신의 가치관념을 강요하고자 하면서 좌절하는, 그럼에도 불구하고 그것을 고수하고 내면성 속에 보존하는 것을 말한다. 박경리에게서 이런 특성은 보다 잠재된 것이다. 다시 말해 소설 속에서 내면성은 언제나 그 자체의 갈등으로 표출되지 이상적 공간, 꿈의 실현형태로서 바로 등장하지는 않는다. 위르겐 슈람케, 『현대소설이론』, 문예출판사, 1995, p.9
32) 정현기, 「박경리의 '토지' 연구1」, 『매지논총』 10집, 1993, pp. 54-69

시키고 고립시킨다.

> 사람은 살아 있는 동안에도 각각 떨어져서 떠내려 가는 외로운 섬(島)입니다. 어렵게 생각하지 마십시오. 사람의 인연이란 혈육이건 혹은 남이건 섬과 섬 사이의 거리의 원근(遠近)에 지나지 못합니다. 내 것이란 있을 수 없읍니다. 모두가 다 외롭게 떠내려 가야 하는 섬입니다.[32]

이처럼 내부와 외부의 분리는 이제 외적 현실과 내면성의 그 성격 자체를 변화시킨다. 현실세계는 그 속물성으로 인해 변화불가능한 것이 되고 내면성은 점점 단절, 고립된 근원적인 성격의 것으로 바뀌게 되는 것이다. 외적 세계가 인륜성, 혹은 인습의 세계로 굳어져 있는 것과 이에 대한 체념적 의식은 박경리 초기 소설의 일반적 특성이다. 「불신시대」에서 "그렇지, 내게는 생명이 남아 있었다. 항거할 수 있는 생명이"[33]라고 외치는 절규는 속물화된 세계에 항거하는 외적 행동의 표상이라기보다는 저항할 수 없는 외적 세계에 대한 묘멸의 표시이면서, 외부와 벽을 쌓고 자신을 지키겠다는 내적 의지의 표현이다. 『표류도』에서는 고립과 단절이 더욱 심화되어 인간은 근원적으로 고독한 존재라는 관점[34]이 이상현과의 결합을 막은 중요한 원인 중의 하나가 되고 있다. 삶에 지친 미망인의 현실에 대한 모멸과 환멸이 인간을 근원적으로 고독한 존재라는 보편론으로 나아가게 만드는 것이다. 물신세계에 저항하기 보다는 고독한 존재로서 인간의 존엄성을 높이는 방법은 이후의 소설에도 크게 바뀌지는 않는다. 다만 타자와의 관계가 회복됨에 따라 각각의 인간이 지닌 고독성을 포괄하고 접목하는 기능은 확산되는데, 『김약국의 딸들』에서 『토지』에 이르는 과정에서 보듯 이런 변화는 소설적 서사성을 확보하는 중요한 계기가 된다. 인간은 고독한 존재라는 보편론[35]은 이후에 한(恨)의 세계관,

---

32) 박경리, 『표류도』, 현대문학사, 1959, p.281
33) 박경리, 『불신시대』, 지식산업사, 1987, p.29
34) 이에 대한 부분은 『표류도』, p. 106, 125, 155, 281을 참고할 것.

운명적 세계관을 형성하는데 큰 영향을 미친다.

『표류도』에 나타난 여러 형식적 문제들은 외적 현상을 주체 내면의 문제로 돌리려는 데 따르는 필연적인 결과라고 볼 수 있다. 서사적 형상화의 상실, 결말 부분을 제외하면 큰 외적 사건 없는 막연한 비구성적 분위기, 상황의 우연성과 작위성, 자신과 타인에 대한 심리분석적 서술, 감정적이고 신파적인 내면묘사 등이 작품을 가득 메우고 있는데 이는 작가와 화자, 주인공간의 거리를 확보하지 않으면 해결할 수 없는 문제라 할 수 있다. 외적 세계를 철저하게 내면화시키는 그의 초기 소설의 관점은 이미 그 자체에서 인물과 인물의 갈등을 서사적 상황 속에서 풀어나갈 힘을 상실하고 있다. 타인과의 관계 속에서 사회적 욕구는 끊임없이 확대될 것이고, 따라서 내면 속에서 사회적 갈등을 완전히 해결할 수는 없다. 물론 박경리가 내면성 속에서 자신의 문제를 해결하고자 하는 것은 사회와 통합하지 못하는 그녀의 결벽증에서 유래하는 것이겠지만 이로써 소설은 좁게 '자기 의식'의 세계 속으로만 들어가게 되는 것이다.『표류도』에서 보이는 형식적 결함은 이런 시각의 축소와 밀접하게 관련되어 있다. 박경리가 이런 시각의 축소를 탈피하고 넓은 서사성의 세계를 확보하기 위해서는 무엇보다 작가 스스로의 '인식론적 전환'이 필요하다. 예컨대 〈나〉의 삶이 타인과 어울려 있다는 것, 자신이 현실과 관계맺고 있으며, 현실 속에서 자신의 의미를 찾아야 한다는 것, 즉 차츰 외부세계에 대한 신뢰, 긍정의 길을 열어가는 것이 필요한 것이다.『표류도』의 끝 부분은 이런 '인식론적 전환'의 한 계기를 열어준다.

---

35) 이런 보편론은 흔히 박경리 문학을 "역사와 사회현실을 초월하여 존재하는 인간의 본성, 인간존재의 초월성 일반을 탐구한다"는 비판론으로 이어지기도 한다. 김윤식, 정호웅,『한국소설사』, 예하, 1993, p. 495

5. 내면성의 극복 의지와 소설세계의 확대

『표류도』가 초기 단편들과 달라지는 부분은 작품 후반부에 드러난다. 현실과 화해하지 못하는 현회의 내면세계는 후반부에 와서 비로소 바깥 세계를 객관적으로 인식할 계기를 얻게 된다.『표류도』의 후반부 현회가 낭만적 사랑의 표상인 이상현보다도 현실적 사랑의 김선생을 택하게 된다. 이런 사랑의 선택은 이미 작품의 초, 중반을 지리하게 끌어왔던 내면적 갈등의 종식을 말하면서, 이상적인 사랑(낭만성)이 현실에서는 불가능하다는 것을 시사한다. 현회는 부양가족을 거느린 자신에게 낭만성이 현실에 패배하여 주관적 관념세계로 도피한 것에 불과하다는 것, 그리하여 자신이 현실을 도외시한 채 꿈과 상상 속에 살았음을 인식한다.

사실 현회에게 이상현과의 사랑은 궁극적으로 현실에서 패배한 자신의 모습을 반영하고 있다는 점에서 비극적이다. 『표류도』에서 현회는 이상현과의 낭만적 사랑을 꿈꾸면서도 이런 비극성의 의미를 끊임없이 상기한다. 그녀는 이상현과의 사랑이 꿈, 공상으로 자신의 나약함을 재생산하고, 자신을 소외와 고독 속으로 내몰고 있음을 보았던 것이다. 이를테면 현회는 사랑 자체의 의미보다는 그것이 담고 있는 비극성의 이미지를 엿보고 있는 것이다. 현회가 자신이 사랑하지 않는 남자, 그러면서도 가장 현실적인 남자인 김선생을 택하는 것도 이런 인식 때문에 가능했다. 그리고 이로써 초기 단편에서 보여주지 않았던 현실 세계로의 귀속을 새롭게 시도하게 된다. 하지만 그것은 아프게도 자신이 힘들게 지켜왔던 자기 자존심을 버리는 행위가 되기도 한다.

"현회씨는 옛날에 양말장수를 하고 밤을 새워 번역을 하고 그러면서도 희망과 자부심을 가지고 대학동 거리를 거닐던 그 시절로 돌아가셔야 합니다. 반발을 하지 마세요. 찬수는 그 반발이 없어 죽었습니다. 그는 어쨌던 패배자였습니다. 현회씨가 나하고 결혼을 하겠다는 것도 또 내가 현회씨를 원하고 있다는 것도 우리들에게 공통점이 있는 때문입니다. 애정보다 마음이 맞다는 것, 헤치고 나갈 세계가 같다는 것, 그런 점이 둘을 결합시켜 줄 것입니다. 상현이는 감정의 대상이요, 찬수는 지성의 대상이요, 환규는 의지의 대상입니다. 의지는 마지막 인간의 가능성입니다. 우리는 의지의 세계를 위하여 노력해야 할 것입니다. 애정이나 일이나 죽음까지도 극복해야 할 것입니다."(중략)
 나는 강인한 채찍으로 내 마음을 후려쳤다. 나를 현실에 적응시켜야 한다. 겨울이 와서 산야에 흰 눈이 덮이게 되면 털이 하얗게 변하고 여름이 와서 숲이 우거지면 나무 껍질처럼 툴이 다갈색으로 면하여지는 토끼라는 짐승의 생리를 나는 닮아가야 한다. 얼마나 많은 인간들이 얼마나 유구한 세월을 두고 인간과 자연 속에서 그 끈질긴 싸움을 해왔던가. 끊임없이 자기를 변혁하고 현실에 적응해 가며 생명을 지탱해 오지 않았던가."[36]

 이 글에서 보여지는 것은 삶에 대한 강한 의지이다. 이 의지는 이전의 소설과는 사뭇 다른 비장함을 엿보인다. 이를테면 구체적 현실의 삶에 자신을 접근시켜야 한다는 강고함이 더욱 두드러져 보인다. 숲의 변화에 따라 자신의 털을 변화시키는 토끼와 같이 현실에 자신을 적응시켜야 한다는 말이나, "강인한 채찍"으로 자신의 내면을 다진다는 말은 이런 절박한 심정을 대변해 주는 표현일 것이다. 그런데 이런 삶에 대한 변화는 자신을 배반했던 현실에 자신을 투항시킴으로써만 가능해 진다. 이전에 자신이 견지한 물질적 현실에 대한 거부감과 내면 속에 담지한 순수성의 유토피아를 버려야만 속세의 진창에 도달할 수 있는 것이다. 이런 점에서 현회가 감정의 대상인 상현이나, 지성의 대상인 찬수(전 남편)가 아닌, 의지의 대상인 환규(김선생)을 택한다는 점은 이전 소설과는 다른 의미심장한 뜻을 내포한다. 이를테면 감정은 애정과 사랑 같은 낭만적 영역에 해당하고, 지성은 명예와 권력을 지칭한다면, 의지는 어쨌든 살아야 한다는 절박한 현실적 논리를 의미하는데, 이로써 삶이 바로 현실과의 투쟁 속에 나옴을 분명히 하는 것이다. 인용문의 말미에 '인간이 자연 속에서 끈질긴 싸움을 해오고, 현실에 적응해가며 생명을 유지하여 왔다'라는 표현은 현실 세계로 귀환하기 위한 인식의 전환을 강하게 보여

---

36) 박경리, 『표류도』, pp.294-295

준다.

　박경리의 소설에 있어 이런 인식의 전환은 초기 소설과 관련하여 볼 때 획기적이라 할만 하다. 이른바 '생명에의 의지'가 비로소 확연히 자신의 의미를 드러내는 것인데, 이때 '생명'은 자신의 내부로 향한 수축적인 것이 아니라 자연과 세계 전체를 향한 외향적인 속성의 것이다. 비로소 시선이 나의 세계에서 바깥으로 돌려진 것이다. 그럼으로해서 그녀는 나 자신의 생명으로부터 모든 생명의 보편적인 문제로 확장하는 것이다. 이런 점은 초기 소설에 나타나는 〈삶의 의지〉와 『표류도』에서 나타나는 〈삶의 의지〉를 구분짓고 있는 점인데, 〈의지〉의 측면에서 이 양자의 차이를 간단히 살펴보자.

　앞 장에서 박경리의 초기 소설의 특징이 소외와 고독으로의 침잠, 그리고 그 속에서 삶을 지탱하기 위한 내면의 〈의지〉라고 말했다. 소외와 고독은 외부 세계에 대한 작가적 인식의 표현이면서, 자기를 세계 속에서 다스리는 방법이다. 속악한 현실에서 벗어나고 싶으면서도 벗어날 수 없는 현실, 아니 좀더 구체적으로 말하자면 현실의 부정성을 인식하고 그것에 저항하면서도 그 현실에 몸담기를 원하는 내면의 이중성, 그런 자신의 허위를 엿보는 고독한 지식인의 결벽증이 그 속에 담겨져 있다. 세상의 불의와 허위를 보면서 한편으로 그것과 다른 삶을 갈구하고 한편으로 그 속에 들어가 현실적 안위를 누리지 못하는 안타까움이 내면의 비극성을 더욱 조장하는 것이다. 그래서 소외와 고독은 삶에 찌들린 미망인이 지니는 현실적 욕망을 감추기 위해, 또한 세상과는 다른 순결함과 고결함을 의식적으로 드러내기 위해 작가가 취할 수밖에 없는 이율배반적인 자존심의 표상이 된다.' 나는 비록 현실에서 굶주리나, 너희와는 다른 현실, 다른 세계에 살고 있다'는 작가의 외침이 초기 소설에서는 번뜩이고, 이런 점이 작가로 하여금 물질적 현실과 담쌓게 하고, 자기 고결함을 지키기 위해 소외와 고독 속으로 침잠케 하는 것이다. 초기 소설이 현실에 대한 서사적 이야기보다 현실에 반응하는 내면적 이야기가 중심이 되는 것도 이 때문이라 할 수 있다.

이렇게 보면「불신시대」와 같은 초기 소설에서 나타나는 〈삶의 의지〉는 다분히 현실과는 다른 자신의 내면 세계를 어떻게든 지켜 나가겠다는 다짐의 성격이 강하다.「불신시대」에서 의사와 종교인의 횡포를 보면서 '내게는 아직 항거할 수 있는 생명이 남아 있다'라고 외치는 다짐은 물질적 현실과는 다른 순수성의 영역이 살아 있다는 의미도 되겠고, 그런 가운데 자신의 고결함, 자존심을 지켜나가겠다는 의지를 표현한 것이기도 하다. 따라서 여기서 나타난 삶의 의지는 내면을 향한 수축적이고 자기 완결적인 성격의 것이다. 하지만 이런 의지는 언제나 생활의 중심에서 벗어나 이상적 공간을 향하므로 패배를 이미 예정하고 있는 것이나 다름 없다.「전도」와 같은 초기 소설에서 보듯 그런 순수성의 지향이 죽음으로 끝맺을 수밖에 없는 이유도 여기에 있다.

『표류도』에 나타나는 〈의지〉는 이와는 성격이 다르다. 여기에 나타나는 의지는 이미 그런 순수성의 욕망이 지닌 허망함을 경험하고 난 이후에 나타난 삶의 절박함이다. 순수성의 내적 욕구가 지닌 부질없음, 실질적 내용없는 소외와 고독의 자기 아집을 벗어버리고 난 이후에 문뜩 열리는 고달픈 삶의 절망적 모습이다. 삶의 질곡을 헤쳐나가기 위해서는 지상의 비천함에 자신도 몸을 던질 수밖에 없다는 것을 깨닫고 난 이후에 열린 현실적인 〈의지〉인 것이다. 이런 면에서『표류도』의 의지는 구체적이고 창조적인 삶을 지향하는 〈삶에의 의지〉라면, 초기 단편에서 보여주는 의지는 소외와 고독을 지향하는 수축된 〈내면화의 의지〉이다. 니체식으로 표현하면 초기 소설의 의지는 다분히 허무주의를 지향하는 〈무에의 의지〉인 셈이고,『표류도』의 의지는 자연과 인간 생명의 생성변화를 꿰뚫어 보고 끊임없이 창조적 삶을 산출시키는 〈삶에의 의지〉가 된다.[37]『표류도』에서 이상현과의 사랑이 결렬되는 것도 작품 초, 중반을 끌어왔던 내면적 갈등 속에 그 사랑이 허무적 의지에 기반을 둔다는 점을 작가가 꿰뚫어 보았기 때문일 것이다. 그럼으로써 작가의 시선은 천상에서

---

37) 강영계,『니체, 해체의 모험』, 고려원, 1995, pp.180-181

지상으로 내려오게 된다.

  소설이 시적(詩的)인 이상세계를 다루는 것이 아니라 비천한 지상세계의 삶을 다룬다고 보았을 때 이런 변화는 분명 긍정적이다. 특히 박경리에게 있어서는 비로소 인간 삶의 구체적 속성이 눈에 보이기 시작했다는 의미도 될 것이고, 초기 소설의 내면화된 방법을 벗어나 횡적으로 무한히 열린 세계로 시선을 돌린다는 의미도 될 것이다. 박경리 소설에 있어 이후의 변화는 이런 가능성을 구체적으로 보여준다. 『표류도』 이후 곧 그녀는 『내마음은 호수』, 『성녀와 마녀』, 『푸른 운하』, 『은하』 등의 통속소설을 창작하게 되고, 이어서 『김약국의 딸들』, 『파시』, 『시장과 전장』 등을 상재하게 된다. 박경리의 소설에서 『표류도』 이후 『김약국의 딸들』 사이 통속소설이 자리잡고 있다는 점은 앞의 세계 인식의 변화와 함께 고려해 볼 때 중요한 의미를 띤다. 그녀로서는 허무와 절망 / 순수와 이상(理想)이라는 이분법적 태도에서 벗어나 비로소 순수와 허무, 선과 악, 고결함과 비천함이 뒤섞여 있는 세상의 혼돈을 보게 되는 것이다. 그런 점에서 그녀에게 통속소설은 닫힌 자의 방황을 끝내고 가볍게 세상을 힐긋힐긋 쳐다보는 〈대상의 엿보기 방식〉이라 할 수 있다. 통속 소설을 통해 세상을 자신의 시각 속에서만 바라보던 내면화 방식을 지양하고, 새롭게 세상을 제 3자의 눈으로 객관화시켜 보는 방법을 배우는 것이다.[38]

  『표류도』 이후 통속소설이 내면으로 향했던 수축의 정신이 외부로 확장되는 첫걸음에 해당된다면, 『김약국의 딸들』이나 『파시』, 『시장과 전장』은 변화된 〈삶에의 의지〉가 비로소 제자리를 찾아가는 과정을 보여준 작품이다. 요컨대 통속을 통해 일상성의 탐색이 이루어 진다면, 이들 작품을 통해 비로소 그 일상이 담지한 각 개인의 삶의 의미가 전체적으로

---

38) 『표류도』에서 의지의 변화는 직접적인 생활의 변화와 밀접한 관련을 맺는다. 초기 소실이 자전직 요소로 되어 있는 점을 감안하면 그녀의 심정의 변화는 곧 바로 생활이 변화를 수반한다. 그녀가 『표류도』 이후 수많은 신문연재나 잡지 연재를 맡아 빈궁한 생활을 탈피하는 것은 〈삶에의 의지〉가 직접 〈생활에의 의지〉로 이어진다는 것을 대변해 준다.

조망되는 것이다. 『김약국의 딸들』에서는 각 개인이 처한 운명적 삶의 방식이 연쇄고리로 길게 펼쳐져 있다. 이런 방식은 초기 소설에서 보이는 각 개인의 숙명적인 일상사가 횡적으로 길게 결합되는 방식인데, 개인이 처한 소외와 절망의 운명적 삶이 개인의 내면의 문제로서만 처리되지 않고 인간 삶과 세계 전체의 운명으로 상승되고 있음을 보여준다. 이후 『파시』에서는 전후 사회의 혼란이, 『시장과 전장』에서는 역사의 문제가 본격적으로 개입된다. 그럼으로해서 작가는 각 개인의 소외와 절망이 개인만의 문제가 아니라 세계와 관계맺고 있는 양상과 각 개체가 지닌 운명과 숙명의 연쇄고리 속에서 이루어 지고 있음을 말하고 있다.

이처럼 『표류도』에서 보여주는 〈삶에의 의지〉는 이전의 소설과는 다른 획기적인 변화의 징조를 내포하고 있다. 표현방식으로 본다면 대상을 주관화하고 내면화하던 심리묘사체로부터 대상을 관찰하고 객관화시키는 전지적인 서사체로 변모한다. 인물에 있어서도 주인공의 시선이 약화되어 단일 인물 중심에서 다양한 인물의 중심으로 소설이 변화하게 되고, 이에 따라 주인공 역시 많은 사건의 관찰자나 보조자로 머물게 된다. 예컨대 『김약국의 딸들』의 용빈이나, 『파시』의 명화, 『시장과 전장』의 지영은 분명히 작가의 분신이지만 초기 소설처럼 외적 사건을 내면화해서 서사의 중심에 서지 않는다. 그들의 시선은 초기 소설보다 외부로 열려있고, 사람과 사람의 어우려짐 속에 운명과 운명이 고리를 꿰는 인간사의 복잡함으로 향해 있다. 그럼으로써 세계가 나외에 다른 사람과의 연관관계 속에서 형성된다는 시각의 열림을 얻는다. 『김약국의 딸들』과 『시장과 전장』에서 작가의 분신인 명화, 지영외에 매사에 수동적이고 의존적인 수옥, 가화와 같은 인물이 서사의 중요 부분을 차지하는 것도 이와 관련될 것이다. 이들은 악역인 서영래나 지적 허무주의자 인 하기훈과 얽혀서 '인간의 삶은 관계와 관계, 운명과 운명의 실타래 속에 엮어 지는 것'이라는 새로운 서사적 세계를 열고 있고, 이런 열림이 『토지』로 향해 가는 밑거름이 되고 있다.

6. 맺음말

『표류도』는 소외와 고독의 지향, 외부의 현실과 대항하여 자기 고결성을 지키고자 하는 초기 소설의 성격을 대변한다. 그럼에도 이 소설은 낭만성과 구체적 현실성 사이의 날카로운 긴장을 유지하고, 이 긴장을 통해 작가가 절망적 현실에 처한 자신의 존재방식을 탐구한다. 이전의 소설이 단지 물질적 현실에 저항하여 안으로 내면의 자물쇠를 굳게 잠그던 방식을 벗어나지 못했다면 이 소설은 이런 갈등 상황을 극한까지 밀고 가 그것이 지닌 궁극적 결말까지 보고자 한다. 예컨대 자기 자신이 지키고자 했던 이상적(理想的) 순수성(자기 자존심)이 무엇인지? 그리고 이런 순수성이 현실과 괴리됨에 따라 나타나는 갈등은 무엇인지? 그 갈등이 지닌 현실적 의미는 무엇인지를 탐구하는 것이다. 여기에서 나타나는 결론은 비극적일 수밖에 없다. 『표류도』에서 현회가 꿈꾸는 세상은 자신의 사랑과 현실이 합치하는 이상적 공간일텐데, 그런 공간이 현실에서 불가능할 터이고 그런 면에서 이상과 조화로운 합일은 이미 실패를 예정하고 있다. 『표류도』가 환멸적 낭만주의의 방식을 취하고 있다는 점도 이상과 현실의 이런 부조화에 기인한다.

하지만 『표류도』가 박경리의 소설에서 의미를 지니는 것은 그런 욕망의 이면을 날카롭게 포착한다는 점에 있다. 앞에서도 말했듯이 내면적 방황과 절망적 고통을 작품 마지막까지 유지시켰던 것은 이런 욕망의 실체, 그 허무주의를 엿보고자 했기 때문이다. 작품 말미에 홀연히 그녀가 자신의 삶을 정리하고 새로운 출발을 감행하고자 하는 것도 자신의 순수성과 고결성을 지키고자 하는 것이 얼마나 허무한 지적인 자기 몽상인지를 깨닫고자 함이다. 그로부터 그녀는 현실세계를 새로운 눈으로 보기 시작한다. 허위와 물질적 세계에 자신을 내던지고 그 속에서 신을 잃어버린 세대의 고독한 방랑자의 모습을 재확인한다. 이런 경우 그 방랑자는 자신의 내면세계만을 고집하는 유아독존의 몽상가가 아니라 타인의 고독과 소외를 응시하는 열린 시각의 몽상가가 된다. 그런 면에서 『표류도』는 단순한 소설이 아닌 작가 자신의 생활관과 세계관에 대한 탐색이고 연구가 될 것이다. 이후 통속소설을 활발하게 쓰는 것이나, 사회와 역사로 눈을 돌리는 것도 이런 전환의 일환이다.

『표류도』이후의 박경리 소설에 대해서 평가가 구구하다. 「토지」에서 보이듯 넓게 펼쳐진 서사의 세계에도 불구하고 '주관성의 함몰', '윤리적 개인주의의 집착', '과거 지향적 성격', '순환론적 운명론' 등으로 비판받고 평가절하된다. 그것은 아마도 개인의 운명을 횡으로 넓게 확장시킨데서 오는 결과일 것이다. 즉 개인의 비극적 운명을 사회와 역사의 모순구조에서 찾는 것이 아니라, 사회와 역사의 관계맺음 속에 잠재되어 있는 인간근원의 숙명적 고독을 응시하기 때문에 그러할 것이다. 인간 삶과 세계 전체가 운명적인 비극성을 담지하고 있다는 것, 그럼에도 모든 생명있는 것들은 고귀하고 살아야 할만한 가치가 있다는 것, 그것이 바로 젊은 시절의 방황과 좌절을 끝내고 그녀가 얻었던 삶의 철학이다. 『표류도』이후에 열렸던 객관세계의 응시는 모든 생명있는 것들의 이런 숙명적인 연쇄고리의 바라봄에 해당한다. 사회와 역사 역시 이런 인간의 숙명적인 연쇄고리에 포함된다는 것이 그녀의 세계관이다. 이런 면에서 그녀의 시선은 리얼리즘의 철학보다는 더 먼 초월적인 위치에 있다.

전쟁 상황의 구체적 묘사와 역사체험의 회복
- 1950년대 장편, 곽학송의 『철로』 읽기

1. 머리말

곽학송의 『철로』는 1955년 5월부터 1956년 6월까지 교통부 기관지였던 《교통》지에 연재되었던 장편소설(사실상 중편 분량)이다. 일반적으로 연보를 통해 54년도 작품으로 알려져 있으나 《교통》지가 창간된 이후 55년도 제4호부터 56년 제16호까지 13회에 걸쳐 분재되었던 것으로 되어 있다. 연재가 종료된 지 몇 달 후 내용을 보충하여 56년 9월 『자유의 궤도』라는 다소 반공적인 색채가 강한 제명으로 이름을 바꾸어 출간되기도 했다.(이 글의 텍스트로는 56년도 단행본 판을 기준으로 한다. 《교통》지에 연재되었던 작품은 분량도 미흡할 뿐 아니라 연재 이후 바로 작가가 내용을 보완하였으므로 56년도 단행본 판을 정본으로 보는 것이 더 나을 듯하다)

『철로』가 연재된 55년도는 전쟁이 휴전으로 종전된 지 2년이 채 못되는 시점이다. 이 시기는 신세대 작가, 특히 오상원과 손창섭, 김성한의 소설이 주목을 끌기 시작할 무렵이다. 오상원이 55년 1월 한국일보 신촌문예에 「유예」로서 등단하여 관심을 끌었고, 김성한이 「제우스의 자살」, 「오분간」과 같은 다소 특이한 알레고리 소설로, 손창섭이 「비오는 날」, 「생활적」과 같은 개성있는 작품을 통하여 기성세대 문인으로부터 특별한 주목을 받았다. 하지만 이런 신세대적 경향들은 아직 초기적 양상에 머물러 있었고 당시의 주된 소설적 경향은 여전히 통속적, 혹은 일상사의 주변을 다루는 개인의 신변적인 이야기가 주류를 이루고 있음은 두 말할 나위가 없다. 이미 전쟁 기간부터 통속소설은 문단의 지배적인 경향을 차지하고 있었고(전쟁이 한창 진행 중이던 52년 박영준의 장편『열풍』에서 전쟁과 전혀 상관없는 유학생 처녀를 내세워 애정의 행각을 벌이던 내용이 시중의 인기를 끌었던 것을 상기해 보라) 종전과 더불어 이런 애정사의 편린을 다루는 작품이 더욱 기승을 부렸던 것이다. 54년도에 나온 정비석의『자유부인』이 서울신문의 지가(紙價)를 올렸다는 점(당시의 자료에 의하면『자유부인』이 연재될 당시 서울신문의 가판(街版)은 연일 매진이었고, 연재가 끝난 이후 가판의 판매 부수는 5만부나 줄어 들었다고 한다), 서울대 교수(황산덕)와 인물론 시비로 논쟁을 벌렸다는 점 등이 이런 세간의 인기를 증명해 주는 것이거니와, 비교적 순문예 작가로 알려진 염상섭, 박영준, 이무영, 정한숙마저 통속적 경향의 작품을 쓰게 됨으로써 이무영의 말대로 '해방이후 10년간 생산된 작품의 구할(90%)이 남녀치정관계를 다룬 것'이라는 다소 자조섞인 평가까지 나오게 되었던 것이다.

『철로』가 각별한 관심을 끄는 것은 이런 시대적 분위기 속에서 전쟁과정을 소설 속에 전면화, 혹은 구체화하고 있다는 점일 것이다. 전쟁시기에 전쟁을 작품의 전체적인 배경으로 삼아 중심테마로 삼고 있다는 점이 뭐 대단한 것이냐는 말도 나올 법하지만 당시의 사정으로 보아 꼭 그런 것만은 아니다. 소설 속에 한국전쟁의 과정이 전면화된 것은『시장과 전장』,『지리산』,『태백산맥』과 같은 소설을 만날 수 있는 지금으로서는 그리 드문 일이 아닐 테지만 전시나 종전 후의 혼란과 절망 속에서 전쟁현실이 파괴된 일상의 언저리에 머물러 객관적 거리를 허용하지 않고 있음을 볼 때 당시로서는 전쟁을 중심 테마로 삼아 소설 속에 전면화한다는 것은 눈앞의 사물을 그리듯 그렇게 단순한 문제가 아니었던 것이다. 전쟁의 실상을 전체적으로 조망해 볼 수 있는 역사적 시각의 부재도 문제이긴 하지만 우선은 무엇보다도 작가가 겪은 전쟁의 경험 자체가 제한적이었고 이런 제한된 시각으로 전쟁의 상황을 인간 삶에 미치는 전체적 국면을 폭넓게 형상화할 수도 없는 노릇이었다. 예컨대 우리는 전쟁기간 동안 문인들의 활동공간을 살펴보면 이런 점들을 짐작할 수 있다. 전시기 대다수의 문인들은 부산, 대구로 피난가 있었고, 그나마 서울에 남아 있던 조연현, 김동리, 모윤숙 등도 지하에 잠입하여 숨어 지낼 수밖에 없었던 사실, 또한 종군 문인이라 하더라도 전투를 경험하는 것은 극히 드문 일이었고, 대다수 종군 문인들은 대구나 부산에서 할 일 없이 다방에서 소일했던 것은 잘 알려져 있다. 그나마 구상이나 최태응, 선우휘, 오영수 정도가 현역이거나 아니면 이와 관련되어 전방을 드나들던 문인이었고 나머지는 거의 대부분 부산의 금강, 에덴, 밀다원, 대구의 향수 다방 등에서 시간을 보냈던 것이다.

종군문인들이 전쟁소설을 쓴다는 것은 다방에 앉아 신문에 나타난 전황을 보면서 그동안 있었던 짧은 전쟁체험을 상상하여 쓰는 것과 다름없을 터이고, 따라서 《전선문학》,《신천지》,《문예》 등에서 전쟁을 다룬다고 쓴 작품이 제대군인이나 부상병을 대상으로 하여 애국심을 고취시키거나, 뻔한 전투장면을 반복케하여 국군의 전투의식을 고취시키는 이야기를 나열시킬 수 밖에 없는 근본적인 한계를 보였던 것이다. 당시의 소설에서 전쟁에 대한 묘사보다는 개개인의 일상의 변화, 일상의 지속, 일상적 욕구의 문제에 치중되어 있는 것도 이런 체험의 한계와 직접 관련된 것일터이다.

한국전쟁에 관한 『철로』의 직설적인 화법(다소 추상적인 주제를 제외한다면 - 이 점은 뒤에 설명하겠다)은 한국전쟁의 초기 양상을 그대로 재현하고 있다는 점에서 빛을 발한다. 필자가 『철로』를 주목해서 보고 싶은 것도 전쟁의 상황이 섬뜩하리만치 실감있게 전달되고, 이와 더불어 한국전쟁의 초기양상이 구체적으로 드러난다는 점인데 이런 점들이 50년대 초반의 소설과는 다르게 색다른 분위기를 던져주고 있다. 예컨대 전쟁 초기 피난가지 못한 사람들이 겪는 부역의 모습이라든가, 수복 이후 부역죄로 취조당하는 모습 등은 50년대 소설에서 손쉽게 만날 수 있는 장면들이 아니어서(지금이야 이런 장면들은 어디서나 만나볼 수 있는 것이겠지만) 이 소설이 던져주는 예사롭지 않는 의미가 감지된다. 우선 『철로』의 사실적인 묘사가 던져주는 이런 의미를 두가지 면에서 지적해 보자. 먼저 그 하나는 『철로』는 전후 초기소설의 세태적인 삶의 표면을 떠나 마침내 전쟁을 50년대를 구성하는 힘의 실체, 역사적 전환의 생생한 체험으로 보게 만들었다는 점이고, 다음으로 전쟁에 대한 이런 체험적 인식의 확보로 말미암아 비로소 전후현실 속에 삶의 의미를 진지하게 탐구하는 방식(50년대 후반의 신세대 소설처럼)이 가능할 수 있게 되었다는 점이다. 이를테면 『철로』는 전쟁과 같은 폭력의 힘이 삶의 전반적인 조건을 바꾸어 놓아 일상적 욕구가 한층 강화된 허위적 세계로부터 비로소 구체적 현실의 세계로 복귀하는 문턱에 서있고, 이로부터 전쟁의 체험을 주체적 입장에서 재해석하는 다양한 시각도 열리게 된다. 『철로』는 전쟁의 체험을 모든 것에 우선하는 가장 주체적인 영역으로 환기시켜 주고 있다는 점에서 어떻게 보면 신세대 문학의 서두를 여는 의미를 지니고 있다고 할 수 있겠다.

물론 이런 점들은 문학사적으로 하나하나 구체적으로 해명되어야 할 사항이지만(특히 『철로』의 등장시기와 신세대 작가의 등장시기가 거의 맞물려 있다는 점에서 의미심장하다) 우선은 50년대 소설을 가능하게 하는 힘, 예컨대 전쟁, 이데올로기, 개인성(주체성) 등과 같은 거대역사의 틀을 확보하고, 전후 초반 일상의 뒤틀림에만 머무는 대상세계의 시선을 돌려놓았다는 점만 해도 충분히 그 의의를 획득하고 있다고 말할 수 있다. 실상 신세대의 소설 역시 이런 기성세대의 관점을 극복하고 전후현실을 살아있는 냉엄한 역사로서 자신 속에 끌어들임으로부터 시작하지 않는가. 앞서 서두에서 전쟁과 종전 직후 기성세대의 작품경향과 입장 등을 간단히 거론한 것도 50년대 소설에서 『철로』의 이런 위치를 설명하기 위한 것이다.(전후 초기소설의 세태적 경향에 대해서는 뒤에 다시 설명하겠다) 본문에서는 먼저 작품 속에 전쟁의 생생한 분위기가 어떻게 형성되는가 하는 점을 살펴보고 그것이 소설의 주제와 갖는 관련양상, 그리고 50년대 소설사 속에서 『철로』의 의미를 차근차근 따져 보겠는데,

이런 점들이 50년대 중반 소설로서 『철로』의 새로운 측면을 이해하는데 도움을 줄 것이다.

2. 『철로』의 서사적 특성

우선 『철로』를 읽게 되면 가장 먼저 느끼게 되는 전쟁의 급박한 분위기와 그 생생함을 이야기하는 것으로부터 본문을 시작하자. 사실 『철로』에서는 일상의 미세한 디테일 대신 전쟁상황에 대응하는 인물들의 급박한 반응 위주로 전개되어 전쟁의 비극성을 강조하고 상황의 직접성을 부각하는 독특한 분위기를 만들어 내고 있다. 이것을 달리 말하면 전쟁이 배경이 되고 인물들의 운명이 전쟁공간을 헤집고 다니는 정통적 서사방법보다는 전쟁이 서사의 주인공이 되고 필요에 따라 인물을 끌어들이는 다소 특이한 서술상황이 될 듯한데, 이런 점이 당시 소설과는 다르게 전쟁의 비극성을 강조하고 상황의 직접성을 강화하는 독특한 분위기를 만들어 낸다는 것이다. 어떻게 보면 장편으로서는 다소 엉성한 묘사방법이라고 볼 수도 있지만, 전쟁상황과 동떨어진 현수의 내면의식만 제외한다면 소설 속에서 실제 서사흐름이 시, 공간의 빠른 전환을 지니고 있어서 그런 긴박한 분위기가 만들어지는 지도 모르겠다. 우선 이런 분위기의 설명을 위해서 소설의 시, 공간의 흐름과 전체적인 스토리의 흐름을 간략하게 소개하는 것도 좋을 듯하다.

제1부 : 전야 (前夜)
1장-3장 : 현수의 집, 수색역, 한강변 (6.25일경—6.28일경)

제2부 : 난중사 (亂中事)
1장-2장 : 수색역, 좌익직장대회장 (7.10일경—7.20일경)
3장 : 철로보선작업현장(서울—문산), 인민병원 (7.20일경 — 7.30일경)
4장-5장 : 수색역 민주선전실, 용산역, 한강철교복구현장, 순이의 집 (7.21

일경-7.30일경)
　　6-8장 : 수색역조차장 구내, 현수의 집 방공호 (9.10일경 — 9.27일경)

　　제 3 부 : 부역죄 (附逆罪)
　　1장 : 수색역 사무실 (9.27일경—10.2)
　　2장-4장 : 현수의 집, 수색역 치안대 유치장 (10.2-10월 중순경)
　　5장 : 용산 철도경찰대 유치장 (10월 말 경)

　위에서 보듯이 『철로』는 주로 수색역과 용산역의 주변을 무대로 하여 전쟁 상황에 따라 변모하는 각 인물들의 대응과정을 다루고 있다. 여기서 서사구조의 중심적 역할을 하는 것이 바로 한국전쟁의 초기 상황, 즉 인민군의 침공과 서울 수복이다. 전체 서사는 바로 이 두 사건을 축으로 해서 달라지는 이데올로기적 상황에 대처하는 인물들의 반응이 중심이 된다. 소설은 이런 전쟁의 흐름을 좇아 전쟁 발발 이후 주인공 현수의 피난과정을 다룬 제1부 전야(前夜)와 인민군 점령하에서 부역상황을 다룬 제2부 난중사(亂中事), 서울 수복 이후 현수가 부역죄로 기소당하는 과정을 그린 제3부 부역죄(附逆罪)로 나뉘어져 있고, 현수, 기호와 같은 몇몇 중심인물들이 이런 서사과정을 이어가고 있다. 이런 서사적 구조에 따른 간략한 스토리는 다음과 같다. 『철로』의 주인공 현수는 수색 조차장에서 근무하는 통신요원이다. 그는 내성적 성격에 소극적인 인물로 전쟁 발발과 이에 따른 현실의 변화에 큰 관심을 두지 않는다. 전선이 서울로 확장되고 공습이 시작되면서 수색 조차장의 철도 공무원들이 하나 둘 씩 사라질 무렵 친구 기호의 권유에 따라 어머니를 대동하고 난지도 근처 한강을 도하하려다 실패한다. 그리고 적 치하에서 숨어있다 권태로움에 못이겨 다시 직장에 복귀하고, 이때부터 그는 어쩔 수 없이 인민군을 도와 철도 일에 종사하게 된다. 소설의 중심에 해낭하는 이 부분은 그가 현장에서 전선을 연결하다 부상을 당하는 과정, 그리고 용산역과 한강철교 복구의 부역에 참가하는 모습이 상세하게 펼쳐진다. 이 와중에서 자신이 한때 사랑했고, 좌익운동에 핵심적 역할을 했던 순이를 다시 만나게 되고 이데올로기와 상관없이 서로의 사랑을 확인하게 된다. 소설의 말미는 유엔군과 국군이 인천에 상륙하고 서울이 수복됨에 따라 현수가 부역죄로 취조받는 과정이 중심을 이룬다. 그는 적치하에서 부역했던 일과 서울 수복과정에서 죄익분자인 순이와 함께 지냈다는 사실 때문에 좌익 동조자로 철도 치안대에 체포되고, 죽음 직전에 특경대 소대장이었던 형 길수의 도움으로 생명을 건지게 된다.

 이렇게 보면 스토리는 의외로 간단한 편이다. 하지만 이런 스토리가 만들어 내는 효과는 그렇게 간단한 것이 아니다. 우선 작품의 스토리만 보면 현수의 행동은 전쟁상황 속에 일반인이 겪은 모습과 크게 다를 바 없다. 피난을 가고자 했다가 실패하는 것이나, 직장에서 철로 복구사업에 동원되는 것, 수복 후 부역죄로 체포당하는 것은 한국전쟁을 겪어야 했던, 특히 인민군 치하에서 서울을 보냈던 일반인의 삶에서 크게 벗어나지 않는다. 스토리의 뼈대가 이미 전쟁의 초기 흐름(즉 혼란스러운 피난 과정, 피난의 실패, 인민군 치하의 부역, 서울수복, 수복 후의 부역죄로 체포당하는 것 등은 50년 6월부터 10월 사이 한국전쟁의 초기 진행과정과 거의 일치한다)을 그대로 따르고 있고 이런 흐름에 따른 일반인의 삶은 거시적 역사를 미시적 역사로 단순히 메워가는 것(의미있는 메움이 아니라)에 다름아닐 수 있기 때문이다. 그렇지만 우리가 주목하는 것은 단순히 이런 스토리의 뼈대와 구조의 모양이 아니라 그것이 주는 상황의 효과와 분위기의 억압성이다. 소설 속에서 모든 행위의 궁극적 원천이 오로지 전쟁적 상황에 놓여있다는 점도 그렇거니와 전쟁의 싸늘한 바람이 온통 작품을 들쑤셔 놓아 그런 분위기로부터 아무도 헤어나지 못할 것 같은 점에서도 그렇다. 예컨대 우리는 소설 속에서 주인공이 매번 겪는 삶의 환경이 공포와 절망의 순간으로 뒤엉켜 있음을 분명히 느낄 수 있다. 전쟁은 갑작스럽게 다가왔고 주인공은 원하지 않게 피난의 혼란 속에 빠져든다. 작품 초반에 피난을 가기 위해 아수라장을 이루고 있는 한강변의 혼란은 암울한 소설적 배경을 그대로 드러내는 듯하다. 인민군의 점령 후의 상황은 더욱 절박하고 처참하다. 좌익이 이미 점령한 수색역의 풍경은 살벌한 수용소의 그것과 다름없다. 좌익의 선전공세와 노동당 입당(入黨) 강요, 부역의 참여로 이어지는 인민군 치하의 삶은 정상적 삶이 지니는 일상의 테두리를 훨씬 벗어나 있다. 이른바 강요된 삶, 상황에 억압된 삶이 지니는 질곡의 환경을 아무런 감상적 표현없이 겨울의 앙상한 들판마냥 그대로 드러내는 것이다. 그나마 주인공이 이런 어려운 환경을 이기고 견뎌내는 힘으로 작용했던 것은 수복에 대한 기대 때문이라 하겠는데, 그렇지만 수복 이후에 다가온 삶 역시 간단치 않다. 부역에 대한 질곡이 수복 후의 삶을 얽매고 있기 때문에 그는 이전보다 더욱 혹독한 시련(부역죄)을 겪고 죽음의 공포를 맛보게 된다. 소설에서는 이런 과정이 연이어 급박하게 전개되고 보니 이미 인물의 성격과 환경의 교호관계를 통해 상황적 공간을 만들어 낸다는 소설의 규범적 공식은 더 이상 논의할 여지가 없게 된다. 오히려 소설 속에서 남는 것은 역사적 상황이 인간 삶을 거칠게 몰아 부치는 폭풍과 같은 힘, 또한 그 폭풍 속에 남게되는 앙상한 풍경뿐이다.

소설에서 현수를 제외한 다른 인물, 즉 기호나 순이, 현수의 형 길수, 수색역 직장책 강(康) 등이 철저하게 익명(匿名)적 인물로만 존재하는 것도 이와 무관하지는 않을 듯하다. 『철로』에서는 프로타고니스트와 이에 대응하는 안티고니스트의 개념이 없는데, 이 말을 다른 말로 표현하면 인물사이의 갈등이나 투쟁이 없다는 말과 동일하고, 또한 인물이 정당하게 자신의 주체적인 의식과 의욕을 가지고 행위하는 공간이 없다는 말과도 같다. 자기 의식과 행위에 대한 내면적 반성이 없다는 점은 현수를 제외한 모든 인물이 지니는 공통적 속성이다. 그들은 단지 전쟁의 긴박감이 더해지는 공간에 드문드문 나타나서 역사적 힘의 충실한 대행자로서의 역할만을 감당하는데, 소설에서 갈등을 만들어 나가는 힘은 역시 선생이 가셔온 비인산석인 상황이라는 것이 여기서도 느껴지는 것이다. 그렇다면 『철로』는 단순히 스토리의 표면에서 느끼는 것, 이를테면 전쟁상황의 실감있는 재생이라든가, 현수의 실존주의적 제스처 같은 것이 문제가 되는 것이 아니라 그 내면의 억압적인 힘과 그 의미를 따지는 것이 문제가 되는 셈이다.

그러면 우리가 실제『철로』를 읽을 때 어디서 이런 상황의 힘, 전쟁의 긴박한 분위기를 느끼게 되는 것일까. 전쟁을 통해 어떤 인물의 파란만장한 운명의 소용돌이를 찾을 수 없다면 그 속에서 드러나는 전쟁의 긴박한 분위기 역시 어떤 점 때문인지 마땅이 한번 되돌아 볼만 한데, 이런 점과 관련하여 보면 우선『철로』의 서사적 구조가 빠른 시간의 전환에 바탕을 두고 있다는 점을 주목해 볼 필요가 있다. 작품 속에서 시간적 흐름은 날짜를 지정하는 것과 같은 방법으로 나타나는 것은 아니지만 대체로 전쟁 발발, 서울 수복과 같은 전쟁과 관련된 상황 제시, 혹은 시간의 경과를 나타내는 것과 같은 간접적 방법으로 전쟁 상황과 함께 급박하게 돌아가는 서사구조의 흐름을 암시하고 있다.(위의 도표 참고할 것) 말하자면 전쟁상황의 급격한 변화와 서사흐름의 구조가 맞물려 한정된 서사공간에 비해 빠른 시간의 전환을 이루는 것이다. 한편 이런 빠른 서사의 전환에는 전쟁 상황을 요약적으로 제시하는 서술방법의 특성도 한몫 거들고 있다. 전쟁 상황을 각 인물을 중심으로 성격과 행위에 미친 영향관계를 자세히 서술하기보다는 상황에 대한 요약적 제시, 또는 각 인물의 즉흥적인 대응 자체에만 한정함으로써 그만큼 스토리의 속도도 빨라지는 셈인데, 이런 점들이 이상하게도 전쟁의 긴박감과 상황의 직접성을 강화시키는 역할을 하고 있는 것이다.

『철로』의 서사 구조에서 느껴지는 이런 긴박감은 사건진행의 시간적 흐름이 부여하는 소재적 공간의 상징성(이데올로기성)과도 깊은 관련을 가지고 있다. 예컨대 우리는『철로』에서 소재적 공간의 독특한 분위기, 즉 급박하게 돌아가는 전쟁상황, 앞이 꽉 막힌듯한 부역의 분위기, 어두침침한 흑백사진을 가지고 인민군 치하의 일상적 삶을 빠른 컷으로 돌려대는 것과 같은 즉물성을 느끼게 되는데, 이런 즉물성이야말로 인간을 상황적 존재로 묶어 두려는 이데올로기적 억압의 의미와 전쟁과 분단으로 암울한 분위기에 놓여있는 50년대의 이미지를 바로 상기시켜 주고 있다.『철로』가 서사 전개에 있어 원근법적인 선택을 배제하고 있다는 점,

따라서 전쟁 상황의 순차적 흐름이 바로 생존을 위한 이데올로기적 선택의 공간이 된다는 점, 전쟁 상황의 생활에 어떤 지적, 도덕적, 윤리적 문제도 거세한다는 점, 뿐만아니라 각 등장인물은 과거도 미래도 없이 단지 현실 자체만을 살아간다는 것, 이런 점들이 바로 과거의 사건을 현재의 의미로 재생시키고, 그 의미를 예사롭지 않게 만드는 상징적 의미를 지니게 한다. 이를테면 솔제니친의 『이반데니소비치의 하루』에서 무미건조한 수용소의 하루를 상황 그대로 묘사함으로써 스탈린 시대의 어둡고 음침한 분위기를 상징적으로 보여주는 것처럼, 또한 하인리히 벨의 『휴가병 열차』에서 전쟁시기 한 젊은이의 절망과 좌절을 통해 단숨에 히틀러 시대의 암울한 분위기를 표현해 내는 것처럼 『철로』에서는 어떤 내면성(지적, 도덕적 의무감)의 침윤도 없이 그 자체로 전쟁의 시기, 숨막힐 듯이 돌아가는 전쟁 현실의 흐름을 느끼게 해 준다. 『철로』의 공간은 전쟁의 시대가 갖는 현실적 삶의 보편성을 단순한 에피소드 속에 재현하고 있으며, 그리고 그런 보편성은 50년대 전쟁과 분단현실을 어떻게 해석하느냐에 대한 당시대나 지금 우리 모두의 필수불가결한 문제점이 되는 셈이다.

3. 주제의 이중성

이렇게 보면 『철로』는 전쟁과 같은 역사적 격동기에 인간 삶의 다양한 굴절을 그리는 대하소설류의 묘사기법과는 근본적으로 차이가 난다는 것을 알 수 있다. 우리가 대하소설을 읽는 것은 다양한 인물들의 복잡한 삶의 양상들을 통해서 사회의 변화 양상과 인간 삶에 대한 총체적 전망을 얻고자 함이 분명할텐데 그 속에서 무엇보다 중요한 것이 개개의 삶이 지닌 다양한 모습의 굴절 관계이다. 예컨대 우리가 대하소설을 읽을 때 개인이 역사와 만나는 공간에서 변화되는 인간 삶의 우여곡절을 주목하게 되고 그런 가운데 '개인 속의 역사' 와 '역사 속의 개인' 의 만남을 변증법적으로 읽어내는 것, 즉 미시적 역사를 통해 거시적 역사를 만나는 데 묘미를 느낀다. 하지만 『철로』에서는 이런 변증법적 상호관계가 이루어 지지 않는다. '역사 속에 개인'은 무성하지만 '개인 속에 역사'의 다양한 굴절 관계는 보이지 않는 것이다. 문제는 그럼에도 불구하고 『철로』에서 '거시적 역사'의 흐름을 어떤 소설보다도 급박하고 엄청난 힘으로 느끼게 된다는 점인데 이런 점에는 역사소설이나 혹은 대하소설과는 다른 몇가지 이유가 있기 때문이다.

우선 『철로』가 비교적 전쟁과 가까운 시기에 창작되어 역사적 현장감이 무엇보다 살아 있다는 점을 들 수 있다. 이는 전쟁 자체에 어떤 의미를 부여하는 주체화의 작업이 이루어지기 전에 전쟁 자체를 살아있는 실물로서 대상화할 수 있었다는 의미가 된다. 대하소설처럼 역사 속에 개개인의 삶의 운명들이 다채롭게 펼쳐지기보다는 삭막한 역사의 들판에 앙상한 뼈대만 남은 개개인의 모습들이 엉성하게 펼쳐지는 것도 결국 따지고 보면 이런 모습이 역사의 순간을 실제로 살아가는 개개인의 두려움이나 공포심의 생생한 표상이 되기 때문일 것이다. 더구나 작품의 무대가 전쟁 시기에 피아간에 이데올로기적 특성이 가장 잘 살아난 철도 공간으로 한정되어 있다는 점과 작가가 철도에 10년 이상 종사했다는 점에서도 이런 구체성은 더욱 살아나게 된다.(이와 더불어 비슷한 시기에 《교통》지에 연재된 철도 종사원들의 6.25체험기를 같이 읽어 보아도 좋을 것이다.)

다음으로 역시 앞에서 설명한 바대로 스토리에서 개개인이 지닌 다양한 삶의 굴절들을 최대한 제약되어 있다는 점인데, 이는 전쟁과 같은 역사의 절박한 순간에 인간 개개인이 가진 힘이 얼마나 미약한 것인가를 보여주는 동시에 상황의 힘을 극도로 증폭시켜 전쟁의 비극성을 강조하는 의미를 띠고 있다. 요컨대 『철로』에서 묘사되는 장면들은 반성적, 비판적, 해석적 이미지들이 최대한 제한되어 있으며, 이런 점들이 우리로 하여금 단지 상황 자체의 연상작용에만 몰두케 함으로써 그것의 외연적 힘을 피부로서 느끼게 만들고 있다. 마치 빠른 장면의 전환을 통해 누구도 그 순간의 상황으로부터 벗어날 수 없게 만드는 한편의 전쟁영화처럼 말이다.

하지만 『철로』가 지닌 전쟁의 생생함을 설명하는데 있어 이런 몇가지 이유가 절대적인 의미를 띤다고만은 말할 수 없다. 우선 전쟁 시기와 비교적 가까운 시기에 창작되었기 때문에 역사적 생동감이 살아있다는 점은 당시 다른 소설에서는 전혀 그렇지 못하다는 점 때문에 어떤 필연성을 확보하기가 어려울 듯하고, 디테일이 생략되어 있다는 점은 역시 소설적 결함으로 보아야 할 문제이지 그것 자체가 바로 상황의 절대성, 긴박함을 보장해 주는 충분한 (반드시 전제조건이 되는 것은 아니라는 점에서) 이유는 되지 못한다. 다만 『철로』를 읽으면서 그런 느낌을 받는다는 자체가 중요한데 이는 어쩌면 당시 소설이 가지고 있는 상대적 여유감(전쟁에 대한 세태적 일상적 접근)과 비교해서 그렇다는 의미가 될 지도 모르겠다.

그렇다면 전쟁 상황의 긴박함이나 절박함이 상대적으로 강조되어 나타난 것은 어떤 작품 내적인 이유와 결합되어 있는 것이 아닌가 하는 점에 의문을 가져볼 수 있다. 이를테면 작품 속에서 나타나는 전쟁의 긴박감은 어떤 주제를 강조하기 위해 의도적으로 그렇게 만든 것이 아닌가 하는 생각도 가능하다는 것인데, 이런 의문을 풀기 위해서 우선 작품 내부의 사정과 작가의 의도를 살펴보아야 한다. 실제 작품에서는 전쟁의 긴박함과는 상대적으로 전쟁 가운데 자신의 주체적인 의식을 확보하고자 하는 주인공 현수가 등장하고 이 주인공을 통해 전쟁의 상황과는 전혀 다른 개인의 행동과 내면적 세계(실존주의적 주체성)를 드러내 보이고 있다. 『철로』는 외부적 상황의 전개가 강조되어 보이고 그런 흐름이 서사전개의 중심을 차지하고 있지만 실제 묘사의 내부에 들어 가면 전쟁 상황을 바라보고 이를 자신의 내면 속에 의식의 흐름으로 묘사하는 부분도 상당한 분량을 차지한다. 그리고 이런 부분은 급박하게 돌아가는 전쟁상황 중심의 스토리와 묘한 불일치를 형성하게 된다.

이 점과 관련해서는 작품 후기에 붙어 있는 작가의 말을 들어 볼 필요가 있다. 애당초 작가는 이 작품을 구상하면서 '극한 상황 속에서 드러나는 인간의 본질', '인간의 존재의미'를 따져보고자 했다고 말하고 있다. 작품 후기에서 작가는 "인간의 본성이란 전쟁과 같이 가장 절박하고 격동하는 시간에 보다 더 절실하게 탄로(綻露)되는 것"이 아닌가 라고 말하고 전쟁 가운데 '내가 존재하는 그 이유'를 해명하기 위해서 이 소설을 썼다고 말하고 있다. 말하자면 한국전쟁이라는 극한 상황 속에 보편적 인간 존재의 해명(실존주의적 인간 해명)을 추구하고 있다는 것인데, 이런 점이 급박하게 돌아가는 전쟁상황과 이런 상황을 무관심하게 회피하고자 하는 주인공 현수의 의식 세계가 묘하게 불일치하는 결과를 만들고 있었던 것이다. 소설에서는 전쟁의 긴박한 분위기와 다르게 주인공 현수가 자신의 주체적인 내면 세계를 갖고자 하는 모습을 곳곳에서 보여주고 있다. 예컨대 현수가 피난에 소극적이라든지, 부역에 벗어나 탈출할 기회가 왔는데도 이를 거부하는 것, 부역죄로 취조를 받을 때도 방관하고 회피하는 모습(마치『이방인』의 주인공 뫼르소의 흉내를 내는 듯하다) 등은 "나에게 마련된 영토 안에서 나에게 부여된 시간 위에서 가장 타당한 행동을 취하면 그만"이라는 현수의 의식 세계를 극명히 보여준다. 이는 전쟁과 다른 자신의 주체적 의지(실존적 존재의 의미)를 찾고자 하는 소설의 의도된 주제를 잘 보여주고 있다. 작가는 이런 주제를 강조하기 위해 전쟁의 분위기를 절제된 묘사와 생략의 기법으로 급박하게 그려내었고(극한 상황의 창조) 상대적으로 그런 상황에 구속되지 않는 개인의 주체적 세계를 보여주기 위해(실존적 존재의 모습) 주인공의 행동과 의식을 상황과 동떨어지게 묘사할 수 밖에 없었던 것이다.

이제『철로』를 읽는 독법(讀法)을 한번 이야기 해보자.『철로』는 한국전쟁을 긴박감있게 보여주는 전쟁소설 같기도 하면서 한편으로 다소 표현 방식이 어눌하긴 하지만 근본적인 인간의 존재 의미를 따지는 실존주의 소설 같기도 하다. 지금의 관점에서 보면 형편없는 졸작 같기도 하고, 당시의 관점에서 보면 그런대로 괜찮은 작품 같기도 하다. 이런 점은『철로』가 명백히 이중적 분위기를 지니고 있다는 점에 기인하지만 그럼에도 불구하고 작품을 보는 독자의 입장에서 『철로』의 어떤 측면을 더 치중해서 보아주느냐에 따라 그 의미가 달라질 수가 있다. 작품을 읽는 독자의 입장에서는 작품 밑바탕에 깔려있는 작품의 주제 및 그 논리적 설득력에 치중하든가 그렇지 않으면 당시 현실과 전쟁에 대해 실감있는 경험의 묘사에 집중하는가 하는 점은 전적으로 자신의 시각에 달려있는 문제이기도 하다. 물론 이런 관점이 서로 분리될 수 없는 것임에도 『철로』의 분위기가 그런 묘한 평가를 유도한다는 점을 먼저 언급해두어야 하겠지만 말이다. 『철로』를 평가하는 평론가들의 시각이 애매하게 얽혀 있는 것도 이런 점 때문일 것이다. 염무웅 선생은 『철로』에 대해 전체적으로 고평을 하면서도 현수의 주체성에 관한 문제에 대해서는 실존주의자의 시각보다는 '에고이스트' 정도로 낮게 평가하고(「현실과 밀폐된 개인」, 『현대한국문학전집』 10권) 김병걸 선생은 현수의 행동에 대해 '완벽한 자기화 행위'라고 높이 평가하는 것(「소설 속의 6.25, 그 비극의 문학」, 『분단문학비평』, 청하)도 설명하기 힘든 작품의 성격을 말해주는 것이 아닐까 한다. 다만 염무웅 선생이 작품 전체를 높이 평가하는 것은 그 밑바탕에는 현수의 주체화의 행위보다는 전쟁상황에 대한 실감있는 분위기에 더 비중을 둔 것이 아닌가 짐작해 볼 수 있다.

이렇게 보면 『철로』에 대한 해석은 작품이 담고 있는 전쟁 상황에 대한 실감있는 상황 제시에 중점을 둘 것인가, 그렇지 않으면 현수의 주체화 행위에 중점을 둘 것인가로 나누어 지고 이에 대한 평가도 각각의 입장에 따라 달라질텐데, 필자의 입장을 들라면 단연 전자의 입장이다. 우선 『철로』가 지닌 주제가 다분히 추상적인데다가 그 뜻도 명료하지 않다. 현수의 주체화된 행위는 실상 따지고 보면 실존주의적 색체보다도 개인주의적 합리화에 가깝다. 그만큼 전쟁 상황과 동떨어져 있고 납득할 수 없는 에고이스트적인 개인화에만 집착하기 때문이다. 따라서 이런 점에서 보자면 전쟁 상황에 구속되지 않고 철저하게 주체화된 자기를 찾는다는 주제는 한갓 허울좋은 구호일 수가 있다. 이미 소설 속에서 전쟁은 어느 누구도 예외일 수 없이 모든 인간을 자신이 만든 상황의 종속물로 만들어 놓고 있다. 『철로』의 진정한 주제가 전쟁의 힘, 역사가 인간에게 미치는 예측불가능성의 어마어마한 힘이 된다는 것도 이런 측면에 근거한 것이다. 즉 사람이 살아가는 일상의 테두리를 넘어 일상을 자신의 세계 속에 포괄시키고 그 일상의 의미마저 변화시키는 역사의 힘을 경험하는 것, 그것이야말로『철로』의 진정한 주제가 아닐까 한다.

4. 1950년대 소설과 『철로』의 의미

이런 점과 관련하여 보면『철로』는 1950년대 초, 중반 소설과 두 가지 면에서 차이점이 돋보인다. 그 차이점은 첫째로 앞에서도 누누이 이야기한 바 있지만 전쟁을 하나의 배경으로만 취급하던 당시의 풍조를 떠나 전쟁을 전면화하여 전쟁소설다운 면모를 보여준다는 점, 그리고 주제에 있어 일상적이고 세태적인 경향을 떠나 본격문학적인 진지성(실패했음에도 당시 장편소설로서는 최초로 실존주의적 주제를 다루고 있음을 감안해 주기 바란다)을 회복하고 있다는 점인데, 특히 한국전쟁의 구체적인 배경을 그 바탕으로 하고 있다는 점에서 눈여겨 볼 만하다. 우선 이런 상황을 설명하기 위해 초기의 문학적 경향들을 잠깐 살펴 보도록 하자.

일반적으로 우리가 6.25라는 동족상쟁의 갑작스러운 전쟁이 주는 현실적 감각을 당대 문인들이 어떻게 받아들이고 있었는가를 이해하기란 쉬운 일이 아니다. 우리는 6.25전쟁으로 비롯된 당시의 상황을 '삶의 뿌리뽑힘', '현실의 황폐화와 삶의 절망' 과 '인간존재에 대한 환멸과 부정' 등으로 쉽게 규정하지만 이런 단어 속에 담긴 전쟁의 참상은 실로 상상하기 어려운 것이다. 아무런 준비없이 갑작스럽게 전쟁을 맞이했고, 피난과 수복으로 이어지는 과정 속에서 그들이 느껴야 했던 당혹감과 절망, 혼동은 우리가 상상하는 것보다 훨씬 심각했으리라 짐작된다. 이처럼 6.25전쟁이란 개개인의 입장에서 '삶의 뿌리뽑힘' 이 가장 심각하게 드러난 사건이라 하겠는데 이런 현상은 문학 속에서 개개인의 일상적 변화,

일상성의 지속 문제에 가장 관심을 기울이는 계기가 된다. 전쟁이란 갑작스러운 충격이 비로소 개개인이 가진 생존의 조건, 일상적 욕구와 욕망의 가장 원시적인 체험적 인식을 환기시켜 주게 되었고, 현실에서 위기의 순간마다 이기적으로 변하는 인간 속성에 눈돌리게 만든 것이다. 전쟁과 종전 직후의 삶은 어차피 혼란과 혼동 속에서 끊임없이 생존의 방식을 탐색하는 시기였는데 이런 탐색의 눈은 자연히 전쟁 가운데 일상인의 삶을 가장 본능적인 시선으로 포착할 수 밖에 없는 시각의 한계를 가져오게 된다.

1950년대 초기 이런 문학적 경향은 전쟁 시기의 《문예》나 《신천지》에 수록된 작품에서부터 뚜렷이 드러난다. 예를 들어 최인욱의 「목숨」이나 강신재의 「눈물」, 염상섭의 「해방의 아침」, 장용학의 「찢어진 '윤리학의 근본문제'」가 그런 경우인데, 이런 소설들은 대부분 전쟁으로 인한 일상적 삶의 혼란과 일상으로부터 비롯되는 생존의 절박한 문제들을 다루고 있다. 예컨대 염상섭의 「해방의 아침」에서는 수복 후 서울에서 부역자와 협력자을 처벌하는 과정에서 벌어지는 갈등관계를 다루는데 소설 속에서 부역에 앞장섰던 여맹위원장 원숙어머니와 이에 협력했던 인임 사이에서 생존의 문제를 날카롭게 대립시킴으로써 전시(戰時)에 일상의 문제가 바로 생존의 문제와 긴밀히 연관되어 있음을 보여주고 있다. 장용학의 「찢어진 '윤리학의 근본문제'」에서는 자신의 집에 피신해 있는 제자를 내쫓기 위해 별별 악담을 다하는 스승이 나온다. 그는 자신의 패덕한 행동을 생존 자체가 급박해진 현실의 변화 때문이라고 보고 있는데, 자신이 보던 L씨의 저서 〈윤리학의 근본문제〉를 찢어버리는 상징적 행위 속에 기존의 윤리관을 부정하는 태도를 보여준다.

이처럼 50년대 초반 작품은 일상 자체가 전쟁으로 인해 어떻게 속악하게 변모되는가 하는 점에 초점이 맞추어져 있다. 생활의 일상적 상황은 변하고 그 속에 인간관계의 의미까지 변질된다. 이미 전쟁 자체가 삶의 모든 긍정적인 가치를 전도시켜 놓고 있기 때문이다. 그래서 안수길의 「역(逆)의 처세철학」에서는 "세상 일이란 안되는 것이 원칙이다"라는 말이 진지한 삶의 철학으로 등장하고, 염상섭의「해방의 아침」에서는 여맹 위원장인 원숙 어머니가 서울이 수복되는 날 가장 먼저 태극기를 달고 국군을 환영하러 나가기도 하고, 최인욱의「속물」에서는 돈 30만원에 아내를 팔기도 하고, 황순원의「곡예사」에서는 피난살이 셋집살이에 우물과 변소를 사용하지 못하게 하는 몰염치도 행해지는 것이다.

 1950년대 초기 소설이 일상의 세태상에 중심을 둔다는 것은 현실 변화가 수반한 본질적 의미를 탐구하게 위해 미세한 일상의 측면에 관심을 둔다는 것을 의미하는 것은 아니다. 오히려 작가적 인식의 측면에서 50년대 초기 소설은 삶과 현실에 대한 객관적 인식보다는 생존 논리와 현실적 이해관계에 바탕을 두는 가장 체험적인 인식의 공간으로 후퇴하고 있음을 의미한다. 전쟁과 전쟁체험은 개개의 작가가 지닌 삶과 인간에 대한 근본적인 가치를 파괴시켰고, 무엇보다 삶에 대한 가장 원초적인 본능, 이해관계, 욕구충족 등과 같은 기본적인 문제에 눈을 돌리도록 만들었던 것이다. 따라서 이 속에서 전쟁의 본질적 의미와 이로 인한 현실의 진정한 의미와 가치를 묻는 것은 애당초 불가능하다고 할 수 있다. 설사 문인들 자신이 전쟁현실의 본질적 문제를 인식하고 이를 문제삼고자 하더라도 현실의 변화 자체가 너무 급박하고 절박한 것이어서 그 소용돌이의 한 겉면을 붙잡기에도 힘에 겨웠을 것이다. 이런 면에서 50년대 초기 소설은 전쟁에 가장 밀접하게 다가가 있었으면서도 전쟁으로부터 가장 멀어진 사소설적인 고난, 사생활적인 체험의 세태소설, 혹은 통속적 애정소설만을 양산(量産)하는 결과를 가져왔다.

 『철로』의 등장 시기는 이런 기성세대의 창작 경향이 한계성에 다다른 곳, 즉 신세대의 출현시기(55-6년)와 맞물려 있다. 신세대가 50년대 현실의 비극적 상황을 자신의 관념의 막(幕)으로 한꺼풀 포장하여 드러내 놓은 것이라고 한다면 구세대는 현실을 세속화된 일상으로 포장없이 날것으로 드러내거나 아니면 아예 이상과 환상의 공간으로 완전히 재생산해 낸다. 현실의 절망과 불안을 잊기 위해서 사소한 일상의 기웃거림을 삶의 재밋거리로 시장에 내놓거나, 아예 욕구충족의 흥미진진한 통속적 세계를 만들어 대중의 감각적 취향을 자극하고 상품의 가치를 높인다. 물론 이런 세속화, 통속화의 과정은 전쟁에 지친 일반대중들이 절실한 도피의식, 잊어버린 일상의 세세한 삶의 결들을 맛보고, 잊어버린 낭만의 세계, 다른 모습으로 새롭게 살아보고자 하는 절실한 자기 부정의 욕구와 밀접하게 결합되어 있는 것이 사실이다. 작가의 입장에서 보자면 대중의 욕망, 욕구충족에 그대로 편승하여 자신의 창조적 시선을 현실적 욕망에 투항한 또다른 자기 부정의 방식이 되는 셈이다. 따라서 50년대 초, 중반 소설에서 '현실도피의 의식'과 '자기부정의 방식', '자기비하의 감정'을 읽어내는 것은 새삼 놀랄 일이 못된다.

소설이 사실을 정확히 재현하려는 기록의 정신에서 출발하고, 또한 소설의 의미가 작가의 것이든, 독자의 몫이든 현장감각을 토대로 삼는다는 점에서 대상세계의 사실성은 무엇보다 중요할 것이다. 문학적 진실은 현실을 그 현실의 몫으로 바라보는 상황적 인식에서 비롯되고, 이런 점에서 50년대 초반 소설의 통속화 과정은 현실을 현실답게 직시하는 소설의 근본조건을 포기하는 직무 태만과 다름아니다. 상식으로 보더라도 일상의 두터운 막(幕)을 벗어내지 못할 때 현실은 완고하게 자신에 대한 해석의 문(門)을 닫아버리지 않는가. 『철로』의 전쟁 공간이 독자에게 독특하면서도 새로운 느낌을 주는 것은 바로 이런 현실 도피의 백일몽으로부터 역사적 현장의 구체적 기록을 되찾아 왔다는 느낌 때문일 것이다. 삶의 겉면, 헛도는 듯한 일상의 미몽(迷夢)을 깨우고 문득 우리 삶이 전쟁의 틀 속에 있다는 것, 세상사의 번잡함이 그 아픔의 상처에서 비롯된다는 것을 자각시켜 주는 것이다. 『철로』에서 느끼는 현실적 사실감은 바로 이런 근원적 상처의 일깨움과 다름아니다. 그것은 50년대가 전쟁의 시기라는 점에서 '있을 법한 이야기'로부터 '있을 수밖에 없는 이야기'로의 환원을 의미하며, '사실의 재생'일 뿐 아니라 '현실감의 회복'을 말하는 것이기도 하다.

신세대 작가들의 문학 역시 이런 현실의 냉엄함, 혹은 비극성을 발견하는 순간부터 시작된다. 이를테면 전쟁이 가져온 삶의 절박함, 현실적 비극성이 우리 삶의 근본조건임을 발견하는 순간 그들의 소설은 현실에 대한 허무와 절망을 노래하는 환멸의 구조(허무주의, 추상주의) 속으로 들어간다. 현실에 더 이상 전망이 없다는 것(손창섭), 현실이 인간에 대한 근원적 삶의 조건이 되지 못한다는 것(오상원), 이데올로기의 다툼이 허위적이라는 것(장용학)을 내세우며 그들은 암암리에 현실의 초월을 꿈꾼다. 그들의 전쟁체험이 기성세대보다 훨씬 심각했다는 점(이 점에 대해서는 이봉래의 「신세대론」, 《문학예술》, 56.4를 참고해 보아도 좋을 것이다), 전후 현실에서 경제적, 사회적 안정감이 훨씬 약했다는 점(신세대의 대다수가 월남작가였다는 점을 상기해 보라)이 이런 사정을 대변해 주는 것이거니와 그들이 자신의 소설에서 무엇보다 인간의 존재조건을 문제 삼는 것도 바로 전후현실을 냉엄한 비극의 공간으로 바라보는 현실감에서 유래되었다는 것은 분명한 사실인 것이다. 따라서 『철로』는 현실의 절망과 좌절을 낭만적 공간에서 찾고자 하는 당시의 소설풍토를 벗어나 현실의 비극성을 환기시키는 언저리에 머물러 있고, 이런 현실감의 회복으로부터 환멸의 구조로 들어가는 초입의 무렵에 여명처럼 '50년대 현실은 전쟁의 비극으로 시작된다'는 점을 확인시켜 주고 있는 것이다. 앞에서 『철로』가 신세대의 등장시기와 맞물려 있다는 점도 이런 점을 지적한 것이다.

『철로』가 기성세대의 방식을 극복하고 신세대 방식에 가깝게 다가가 있다는 점은 작가가 의도한 주제 부분(실존적인 인간 주체성의 탐구)에서 뚜렷하게 드러나는 것이지만, 앞서 말한대로 그것이 배경과의 완전한 조화를 보여주지 못한다는 점에서 아직 완성된 형태라고 말하기는 어렵다. 오히려 그런 주제가 전쟁 상황과 대립된 성격으로 드러나고 상대적으로 전쟁공간의 비극성을 강화시켜주는 역할을 하고 있다고 보았을 때 작가가 의도한 주제의 의미는 소설에서 사라지는 셈이다. 실상 『철로』는 전쟁의 생생한 공간, 냉엄한 현실적 논리를 실감있게 보여주니 말이다. 따라서 『철로』가 지니는 진정한 주제는 전쟁공간을 속물화된 주제로 다루는 초기양상을 극복하고 문학 속에 살아있는 현실을 확보해 주는데 있다고 하겠다. 이런 문학적 현실감은 전쟁이 주는 또 다른 이데올로기적 억압(반공주의/체제투항주의)을 벗어나고, 일상의 저급한 욕구로부터 탈출한다는 점에서 당시로서는 상당히 값진 것이라 할 수 있다.

6. 맺음말

이제 딱딱한 이야기를 벗어나 『철로』를 읽으면서 재미난 부분, 생각해야 할 부분을 몇가지 지적함으로써 이 글을 끝내도록 하자. 『철로』를 읽으면서 생동감을 느끼는 것은 당시 작품과 다르게 『철로』의 특정한 작품 공간(철도)이 주는 역사적 의미가 예사롭지 않기 때문이기도 하다. 철도에서 벌어지는 이데올로기 다툼은 이미 우리 역사의 현장에서 구체적으로 증명된 바이고 전쟁 이후에 이런 잔영(殘影)을 만나본다는 것도 그나마 쏠쏠한 재미를 주는 것이다. 철도가 해방 이후 좌익운동의 핵심적 위치에 있었음은 이미 잘 알려져 있다. 철도가 해방 이후 좌익 노동단체인 〈전평〉(전국노동자평의회)의 핵심적 조직이었고, 1946년 9월 24일 철도파업을 통해 9월 전국 단위의 총파업을 불러 일으켰으며, 10월 인민항쟁의 계기를 마련한 바 있다. 철도 노동운동의 핵심은 역시 용산철도기관구(당시 교통부 본부가 있었음)인데, 1946년 9월 30일 전평의 정예 조합원들이 포진한 용산철도기관구 습격사건은 당시 이 역이 지닌 좌익적 분위기를 상징적으로 보여주고 있다. 8시간에 걸친 시가전을 방불케 하는 전투를 통해 경찰 약 3천명과 우익단체 2천명이 용산역에 밀집해 있는 약 1천명의 조합원을 검거하였는데, 이 사건으로 몇 명이 목숨을 잃기도 했다.(용산역 기습사건을 묘사한 소설로 1947년 2월 『문학』 인민항쟁 특집호에 실린 강형구의 「연락원」이 있다. 짧은 작품이긴 하지만 당시의 긴박한 분위기를 맛보기 위해 이를 한번 읽어봐도 좋을 것이다.)

『철로』를 읽으면서 이런 밑 바탕의 배경을 알고 보면 훨씬 그 재미가 늘어난다. 우선 작품 초두부터 주인공 현수의 애인인 경혜와 순이가 모두 좌익운동에 가담했던 여인으로 설정되어 있다는 점, 그리고 많은 역무원이 피난을 가지 않고 남아 있어 부역에 동원된다는 점이 당시 철도의 좌익적 분위기를 그대로 증명해주는 것이거니와 작품의 주요무대는 수색역이지만 모든 행정의 지시는 용산역에서 내려진다는 점도 그 배경을 알면 예사롭지 않은 의미가 있는 것이다. 현수의 옛 애인이었고, 월북했던 순이가 인민군 치하의 용산역에 고위간부로 내려오는 것도 기실 이런 밑배경을 바탕으로 하고 있는 셈이다. 뿐만 아니라 수색역의 직장책 강(康)이 이북출신(함흥전기구)인데다 당원임에도 순이의 하부조직원에 불과하다는 점은 당시의 역사적 배경으로 보아 철로 공간의 좌익적 분위기가 아니면 상상할 수 없는 일이다. 하지만 작품에서는 이런 배경을 이야기하지 않으니 그저 전쟁이 준 살벌한 분위기 탓으로 돌릴 수밖에 없다.

작품의 중반에 나오는 부역의 모습이나 부역죄로 취조당하는 모습도 50년대 소설에서 보기 힘들다는 점에서 눈여겨 볼 만하다. 50년대 소설에서 부역의 모습은 겨우 동네 반장이 우익인사를 밀고하는 정도의 묘사에 불과하다.『철로』에서 부역의 모습은 그래도 나은 편인데, 용산역과 한강철교에서 파괴된 철로를 복구하는 모습, 그리고 폭격으로 구멍이 파인 용산역 구내를 가마니로 덮는 과정이 비교적 상세하게 묘사되고 덤으로 부역 도중 비행기가 폭격하는 광경도 볼 수 있다. 전선이 낙동강까지 확장되면서 한 알의 탄알이라도 더 남쪽으로 보내기 위해 기관차의 정비도 차량의 검사도 통신선의 보수도 모두 팽개치고 한강철교의 연결과 용산역 구내의 복구에 모두 매달리는 것이다. 전쟁기록에 따르면 6월 28일 한강철교를 폭파하면서 경부선 철교철도는 그대로 놓아 두었다고 하니 아마 폭격에 따른 보수작업일 것이다. 소설에서는 대부분의 부역이 용산역 근교의 철로보선 작업으로 묘사되고 있는데 지금의 한강철교와 용산역 사이가 이에 해당한다.

『철로』를 보면서 또 다른 경험을 하게 되는 것은 부역죄를 다룬 취조 부분이다. 50년대 소설을 읽으면서 항상 아쉽게 생각되던 부분이 부역죄를 다루는 모습이 없다는 점이다. 어떻게 보면 전쟁으로 인한 인간관계의 문제, 즉 인간의 도덕적 윤리와 이데올로기 사이의 갈등을 가장 풍부하게 담을 수 있는 소재도 이 부분이 아닐까 보여지는데, 그저 경찰서에 끌려갔다, 혹은 취조를 받았고 누구 도움으로 나왔다 정도로 묘사되니 매번 아쉬움을 느낄 수밖에 없다. 이와 관련하여 한가지 생각나는 점은 수복 후의 문인들 사이에서 벌어졌던 도강파와 잔류파의 알력이다. 서울 수복과 함께 도강파들이 개선장군처럼 서울을 활보했고, 잔류파가 죄인처럼 지냈다는 사실은 잘 알려져 있지만 그것이 이후에 갖는 문단사적인 영향은 잘 알려져 있지 않다. 부역죄 시비는 이후 〈문총〉파동과 〈문협〉과 〈자유문협〉이 분리되기까지 암암리에 영향을 미치지만 50년대 소설에서 이런 부분에 대한 이야기를 본 적은 없다. 그것의 상처가 너무 컸으니 아마도 모두 피하고 싶었던 이야기였을 지도 모른다. 전쟁 이후 잔류파의 대부분이 군경의 부역죄 심사대상이 되었으며, 그 중에 몇 명은 고초를 겪기도 했다. 부역죄의 기초 심사를 〈문협〉에서 담당했으니 그 알력은 짐작하고도 남음이 있다. 『철로』에서 부역죄의 취조광경은 전체 스토리 비해 많은 분량을 차지하나 대부분 현수의 내면독백과 같은 자기심정을 밝혀 놓는데 그치고 있어 전체적인 면모를 파악하는 데는 부족하다. 다만 부역죄의 심사가 『철로』에서는 상당히 조직적으로 이루어 진다는 점과 그럼에도 불구하고 정작 그 죄의 심사가 어떤 기준 없이 천편일률적으로 진행된다는 점은 분명히 드러나는데, 당시 자료에 의하면 서울은 시골과 다르게 어느정도 심사와 기소, 재판 과정을 거쳤고, 그 심사의 내용은 대부분 주위의 증언에 의존했다고 하니(그래서 당시 우스개 소리로 '살기 위해서는 벙어리 시늉이 최고'라는 말까지 나왔지 않은가), 이런 문맥은 어느정도 역사적 사실에 부합되는 것이라 할 수 있다. 특히 아무것도 모르고 협력했던 수장과 같은 인물이 있는 반면에 순오와 같이 약삭빠르게 빠져나오는 인물도 있다는 점, 심사과정에 심한 고문이 이루어 진다는 점은 『철로』의 부역죄 묘사 부분이 당시로서는 상당히 객관적이었다는 점을 보여주고 있다.

그 밖에 필자가 『철로』에서 특이하게 느낀 부분은 반공주의와 탈이념적 자아와의 미묘한 갈등과 그 의미 부분이다. 『철로』에서 현수의 태도는 전쟁이나 좌, 우 이데올로기에 섞이지 않는 주체적인 입장을 확보하는 것이다. 하지만 그런 과정 자체가 그렇게 쉽게 이루어 질 수는 없는 일이고, 오히려 현수의 행동은 끊임없이 이데올로기적 공간에 사로잡히고, 이에 얽매어 진다. 이런 모습은 마치 『25시』에서 전쟁 속에서 자신의 의지와 상관없이 매번 엉뚱한 운명 속으로 떨어지는 '요한 모릿츠'와 유사하다. 따라서 『철로』의 주인공 현수는 단지 내면적 의식으로만 역사에 반항하는 관념적 인물에 가깝다고 할 수 있다. 그렇지만 그런 현수의 성격속에 한국전쟁과 분단을 바라보는 이후의 우리 초상(肖像)이 담겨져 있음을 부정하기 어렵다. 이쪽 저쪽의 잘못이 크기에 어느쪽도 편들 수 없는 묘한 이방인을 만들어 내는 한국적 상황, 예컨대 『광장』의 이명준이나, 『시장과 전장』의 석산선생, 『지리산』의 박태영, 가깝게는 『태백산맥』의 김범우에 이르기까지 묘한 '중도파적 인도주의자', 혹은 '중도적 이상주의자'(임헌영)를 만들어 내는 그런 단초를 보여준다. 다만 아직은 그 관념이 완전히 무르익지는 않았으므로 『광장』의 이명준처럼 완전한 자신의 세계를 보여주지 못한다는 점이 한계일터지만, 반면 그 한계는 한국전쟁의 생생한 체험을 살아나오게 한 요인이 되었다는 점에서 오히려 위안을 받을만 하다.

언젠가 읽었던 부르스 커밍스의 대담이 생각이 난다. 거기에 한국전쟁의 이데올로기적 억압이 어떻게 전후의 자유로운 지성적 사고를 부식시키고 마비시켰는 지에 대한 이야기가 나온다. 현실의 가리워진 부분을 들쳐내고 그것의 길속을 찾아내는 것이 마땅이 작가나 지식인이 해야 할 일이지만 그것이 전혀 불가능할 때, 말하자면 작가나 지식인 자신이 이데올로기적 억압을 내면화하거나, 절망과 허무 속에 스스로 자유로운 사고를 막는 주체의 역할을 할 때 다시 그것을 평가해야하는 우리의 입장에서는 여간 곤혹스러운 것이 아니다. 50년대 소설을 읽으면서 매번 갈등에 빠지는 점도 바로 이 때문인데, 당시 소설을 어떤 기대의 지평 속에서 읽을 것인가 하는 고민과 함께 혹시 이렇게 평가하는 것이 잘못이 아닐까 하는 우려가 그것이다. 지나간 역사의 의미를 이제야 조금씩 깨우치지만 그것은 살아있는 역사가 아니라 개념으로서의 역사일테고, 소설에서 추구하는 역사 역시 이런 것은 아닐터이다. 오히려 소설은 그런 역사의 틈새를 메우고, 역사의 행간에 등장하는 일상인의 삶에 주목하여 역사를 진정한 주인에게 돌려주는 데에 더 존재의미가 있지 않을까 한다.

이런 면에서 보자면 『철로』를 읽으면서 우리가 맛보는 것은 소설의 형식, 주제, 세계관과 같은 규범 미학의 논리가 아니라 당시 사람들이 가지고 있는 전쟁에 대한 절박한 감상(感傷)이다. 당시 사람들이 가지고 있는 허위적 욕구, 즉 반복되는 일상적 삶에 자신을 묻어 버리고자 하는 도피심리의 저 너머에 있는 생생한 역사적 현장의 체험들이다. 누구나 가슴에 담고 살아야 했을 상처의 근원을 조심스럽게 들추어 그 아픔을 느끼고 상상해 보는 것이다. 이런 독법이야말로 근사한 주제로 포장하고 싶어 했던 작가의 의도를 넘어, 또한 생략과 압축으로 긴박감을 조성하고 있는 묘사의 내면을 헤집어 그 전체를 읽어 내는 방법이 아닐까. 막연히 작품의 질적 평가를 따지기 보다 헤집어 그것의 살아있는 역사를 만나는 것이 『철로』를 읽는 보다 나은 감상법이 될 듯하다.

1950, 60년대 하근찬 소설 연구

1. 서론 - 평가의 복합성

일반적으로 하근찬은 일제 말기와 6.25와 같은 역사적 전환기에 농민이 겪은 수난의 현장을 잘 묘사한 작가로 알려져 있다. 그의 작품은 1957년 데뷔작인 「수난이대」로부터 1970년대 대표작인 『야호』나『산에 들에』에 이르기까지 한결같이 식민지 말기와 6.25전쟁을 배경으로하여 전쟁이 농민들에게 미친 영향과 의미를 그리고 있다. 이런 그의 작품 경향은 1980년대 이후부터 일상사의 가벼운 신변잡기나 도시의 시정세태를 그리는 경향으로 바뀌고 있지만 그것이 그의 문학의 본류가 아니고 보면 그를 세상의 평가대로 '농촌작가', '농민작가' 라 불러도 크게 틀린 말은 아닐 것이다. 그는 자신의 창작기간 대부분을 역사적 변환기에 농민들이 겪는 애환, 슬픔, 한(恨) 같은 것을 사실적으로 표현해내는 작품을 쓰고 있는 것이다.

하지만 그의 이런 농민 취향의 소설도 일반적인 농민 소설과는 다른 몇 가지 특징을 안고 있다. 우선 그의 소설은 일제 말기와 6.25전쟁이라는 특정한 시기만을 대상으로 하되, 그것도 작가의 체험을 근거로 해서만 작품을 꾸미고 있다는 것이다. 데뷔작 「수난이대」로부터 「홍소」, 「왕릉과 주둔군」, 「산울림」「붉은 언덕」과 같은 5, 60년대 작품은 주로 6.25전쟁과 관련된 개인적 체험을 다룬다면, 『야호』와「족제비」, 「일본도」로 시작되는 70년대 작품은 시대를 거슬러 올라가 일제말 시기의 농촌 풍경을 다루고 있다. 따라서 그의 주요 작품은 대부분 이 두 시기의 역사적 배경과 그에 대한 개인적 체험을 밑바탕에 깔고 있는 셈이다.[1] 하근찬이 자기 소설의 주된 모티브를 실제 삶의 체험으로부터 따온다는 것은 그의 소설이 갖는 독특한 분위기와 관련하여 볼 때 중요한 의미를 지닌다. 하근찬에게 있어 역사적 체험은 자기의 주된 관심 분야인 전쟁을 묘사할 때 민중적 측면에서 전쟁의 구체적 영향을 사실적으로 형상화할 밑바탕이 된다. 사실 그의 소설은 일제말과 6.25전쟁 시기의 농민의 일상사에 대한 상세한 디테일과 풍부한 일화를 바탕으로 하고 있고, 이는 하근찬 소설만이 지닌 뛰어난 장점이 되고 있다.[2]

두 번째로 그의 소설은 대상 세계를 군더더기 없이 압축적이고 객관적으로 묘사해 내는 독특한 서사적 기법을 지니고 있다는 점이다. 그의 문

---

[1] 하근찬의 작품세계는 3시기로 나누는 것이 일반적이다. 첫째는 6.25전쟁을 배경으로 한 작품으로 1957년부터 1970년 무렵까지가 이 시기에 해당한다. 데뷔작「수난이대」를 비롯하여「산중우화」,「나룻배 이야기」,「흰종이 수염」,「홍소」,「왕릉과 주둔군」,「산울림」,「붉은 언덕」,「삼각의 집」,『야호』등이 이 시기의 대표작이다. 두 번째 시기는 시대를 거슬러 올라가 일제말엽 소년 시절의 체험을 다룬 것으로서 1970년 무렵부터 1980년 무렵까지가 이 시기에 해당한다.「족제비」,「일본도」,「죽창을 버리던 날」,「기울어지는 강」,「32매의 엽서」,「임진강 오리떼」,「조랑말」,「그해의 삽화」,『월례소전』,『산에들에』가 이 시기의 대표작이다. 세 번째는 80년 이후 일상생활의 인정세태나 전통적 정서의 소중함을 강조하는 소품들을 창작해 낸 시기이다.「조상의 문집」,「화가 남궁씨의 수염」,「공예가 심씨의 집」등이 이 시기의 대표작이다. 이 글에서는 세 번째 시기의 작품이 그의 작품 전체를 통틀어 볼 때 큰 의미가 없다고 보아 첫째 시기와 둘째 시기를 초기소설과 후기소설로 나누어 평가하고자 한다.
하근찬,「전쟁의 아픔을 증언한 이야기들」,《한국문학》, 1985.4
천이두,「전쟁의 공분과 평화의 찬가」,『산울림』, 한겨레 출판사, 1988 참고
[2] 대부분의 하근찬 소설 속의 배경은 그의 직접 체험과 밀접하게 관련된다. 그는 1931년 경북 영천에서 출생하여 국민학교 시절에 대동아 전쟁을 경험하고 스무살 무렵 국민학교 교편을 잡고 있을 때 6.25전쟁을 경험한다.「일본도」,「그해의 삽화」,「조랑말」등이 일제시기 국민학교 시절의 체험을 그린 것이라면,「죽창을 버리던 날」,「32매의 엽서」등이 해방되던 해의 중학교 시절을, 그리고『야호』의 전쟁 배경은 청년 시절의 6.25전쟁 경험을 그리고 있다. 이처럼 그의 모든 작품은 작가 스스로가 밝히듯이 자신의 직접 체험으로부터 비롯되고 있다.
하근찬,「전쟁의 아픔을 증언한 이야기들」,《한국문학》, 1985.4 참고할 것.

체는 특이한 단문주의와 사실적 묘사, 보여주기의 수법, 작중 인물에 대한 작가적 개입의 철저한 배제[3]를 중심으로 이루어져 있다. 따라서 그의 소설은 벌어진 사건에 대한 각 인물들의 행동을 사실적으로 묘사해 내는 '이야기'의 담론에 가깝다. 말하자면 마치 일어난 사건을 제3자가 본 대로 서술하는 객관적 관찰의 형태를 띠고 있다는 것이다. 일종의 '설화'적 담론 형태인 이런 유형은 그의 소설이 순박한 농촌 사람들의 생활세계와 생활감정을 소박한 형태로 제시하는 데 크게 기여한다. 마치 과거에 있었던 일을 아무런 감정의 동요없이 객관적으로 이야기하는 그런 방식은 읽는 이로 하여금 대상에 대한 확고한 객관성과 사실성을 심어주게 되고, 이것이 역사적 현상에 대한 비판적 힘으로 작용하게 된다. 만약 우리가 하근찬의 작품을 리얼리즘 소설로 평가할 수 있다면 이는 아마도 역사의 거대현상을 가장 구체적이고 사실적인 국면에서 객관적으로 묘사해 내는 그 힘 때문이라고 할 수 있을 것이다.

이렇게 보면 하근찬이 지닌 소설 창작방법의 묘미는 자신의 체험을 바탕으로 깔끔하고 간략한 문제를 통해 무거운 역사적 상황을 생동감있는 구체적 공간으로 바꾸는 데 있다고 하겠다. 하지만 이런 창작 방법 속에 담겨져 있는 문제는 그렇게 간단한 것은 아니다. 우선 하근찬 소설의 체험적 방식은 사실의 구체성이란 면에서 큰 효과를 발휘하지만 그것이 언제나 제한된 범위의 것이고 고정된 시각의 산물이라는 점에서 어떤 한계성을 지니고 있다. 그의 소설은 작가 자신이 겪은 일제시기와 6.25전쟁의 구체적 상황을 근거로 하여 형상화되기에 소설은 한 사건에 대한 상세한 디테일과 풍부한 일화를 확보하지만 반면에 전체적인 면에서 보자면 이런 일화적 상황 자체가 주는 의미 이외는 특별한 것을 발견하기가 어렵다. 말하자면 하근찬 소설이 노리는 효과는 「수난이대」에서 보듯이 특별한 상황(전쟁에 상처입은 두 부자의 상봉) 속에 미적으로 환원되는 사회역사적 의미라고 보겠는데, 이것도 사건 자체에 대한 작가적 해석과 분

---

3) 조남현, 「상흔 속의 끈질긴 생명력」, 『산울림』, 한겨레 출판사, 1988, p.411

석을 삭제한 것이기에 단지 상황의 분위기가 던지는 알레고리적 의미만을 얻을 수 있다는 것이다. 그럼으로해서 그의 소설은 역사적 상황의 전체적 의미 구현보다는 상대적으로 인고(忍苦)하는 민중들의 수난사에만 그칠 가능성이 많다. 더구나 그의 소설은 이런 사건과 일화가 몇 개의 모티브 속에서 끊임없이 반복되는 경향을 보이고 있다. 그가 일제말기나 6.25전쟁을 배경으로하여 쓴 대부분의 작품은 몇 개의 모티브가 끊임없이 반복되어 스트리를 형성한다. 예컨대 「수난이대」의 상이용사 모티브, 『야호』에서 보여주는 부역, 징병, 정신대 모티브, 「죽창을 버리던 날」과 같은 부자(父子)의 정한(情恨) 모티브 등이 이에 해당하고, 이런 모티브들이 몇 개가 반복되면서 소설의 중심 스토리가 형성된다. 이런 점에서 보자면 그의 소설 대부분은 「수난이대」가 지닌 문제의식과 서술방법(역사적 상황의 구체화, 징병, 징용 모티브의 활용)으로부터 한걸음도 나아간 것이 없는 것으로 볼 수도 있다. 한 평론가가 지적하듯 "체험하지 않은 것은 허구화하지 않겠다는 것"[4]이 하근찬 소설의 특징이며, 이런 특징이 벌어지는 사건과 인물의 형태에만 초점을 맞추는 자연주의적 경향을 만들어 내고 있는 것이다.

또 하나 주의깊게 바라보아야 할 것은 그의 소설에 드러나는 전원적이고 목가적인 풍모이다. 어떻게 보면 동화적인 분위기와 원시적 폐쇄성이 함께 수반되어 모습이라고 하겠는데, 이런 점들이 그의 소설을 평가하기가 어렵게 만든다. 그의 소설 중 많은 작품이 어린아이를 화자로 내세우는 것이다. 아마도 소설은 이런 화자를 통해 상황이 주는 객관성과 이야기 전달의 용이함을 얻게 되는 것 같다. 하지만 어린 아이가 화자로 등장하는 경우, 특히 그것이 체험과 관련된 것이라면 소설은 다분히 회고적 분위기를 띠게 될 것이다. 그리고 이런 회고적 분위기 속에서 향토적 서성성을 추구하는 묘한 향수적 취향을 수반하게 된다. 물론 하근찬 소설

---

4) 장사선, 「전쟁의 여진과 전통에의 향수」, 이주형 외, 『한국현대적가연구』, 민음사, 1989, p.105

의 이런 목가적 분위기가 오유권이나 박경수, 오영수 처럼 바로 전원성으로 돌아가는 것은 아니다. 하근찬의 소설에는 전쟁과 역사적 수난의 사회사적 배경을 안고 있고, 그런 점에서 그의 소설이 역사적 구체성을 확보할 충분한 가능성을 가지고 있다. 그렇지만 이런 역사성 속에는 분명히 향토적 서정성의 추구나 토속적 공동체에 대한 선망, 전원적 목가인(牧歌人)에 대한 찬양이 내재되어 있다. 따라서 그가 추구하는 역사적 비판은 역사적 현실 자체의 문제라기 보다는 그가 사고하는 역사적 공간(꿈꾸는 이상적 세계)에 대한 반응에서 비롯된 것이고 그런 면에서 소설의 주제는 현실에서 유래하는 것이 아니라 작가의 정신적 세계에서 유래하고 있다. 예를 들어 그의 소설이 지닌 궁극적 비판의 힘은 어떤 특정한 상황(역사성과 민중성이 독특하게 결합하는 어떤 특정한 국면)이 던져주는 유우머와 아이러니 속에서 환기된다. 뒤에 다시 설명하겠지만 이런 유우머는 한편으로 현실의 모순을 꿰뚫는 날카로운 풍자가 되지만 한편으로 현실을 일회적 우화 속에 집어넣어 추상화하는 역효과를 낳기도 한다. 더구나 그것이 대부분의 소설을 통해 반복되는 것이고 보면 이런 유우머적 상황은 웃음과 함께 묘하게 상황의 회고적인 낭만성 속으로 귀의하는 양상까지 벌어지는 것이다.[5] 이는 작가가 체험적 과거를 역사적 공간으로 바라보는 것과 회고적 서정의 공간(이상적 공간의 의미)로 바라보는 것 사이에 나타난 모순된 태도의 결과라 할 수 있다.

그렇다면 우리는 하근찬의 소설을 어떻게 평가해야 할까. 그의 소설은 일제 말기의 수탈과 6.25전쟁의 비극성을 민중사적 측면에서 훌륭하게 형상화한 것으로 볼 수도 있으며, 반면에 체험적인 경험을 통해 역사적 의미를 단순히 수동적인 민중의 수난사로 전락시켰다고 볼 수도 있다.[6]

---

5) 김병익은 이를 '소년기의 에피소드를 카타르시스하는 것'이라고 평가하고 있다.
  김병익, 「작가의식과 현실」, 《문학과 지성》, 1973년 봄호, p.202
6) 이런 점은 그의 소설을 우리 민족의 전통적 정서인 '한(恨)'의 예술적 승화'로 평가하는 데서 잘 드러난다. 이런 경우 한(恨)을 소극적 저항으로 긍정적으로 평가할 수도 있다. 하지만 그 속에는 여전히 상황에 대한 수동적과 역사적 의미와 개인적인 서정성이 묘

소설 속에 제기되는 풍부한 민중들의 일상적 디테일은 때로는 역사적 수난과 함께 민족사적 의미로 상승되기도 하지만 때로는 과거의 반추하는 회상의 아련한 동화적 서정성으로 전환되기도 한다. 이런 상반된 경향은 하근찬의 소설을 바라보는 기존의 평가에서도 극명하게 드러난다. 유종호는 하근찬 소설을 "전후에 나온 가장 탁월한 반전문학"으로 꼽고, "힘없고 가진 것 없는 농촌사람의 눈"으로 "전쟁의 야수성"을 고발하고 있다고 평가한다.[7] 반면에 이보영은 하근찬의 소설이 "토속적인 농촌을 소재로 인고(忍苦)의 공동체의식"을 나타내지만, 그것은 근대적인 주체의식 없는 과거적인 것이며, 그래서 그에게 부족한 것이 "지식인으로서의 작가상"이며, "역사의식"이라고 말한다.[8] 물론 이런 평가의 양면성은 작품을 보는 시각의 차이에서 비롯되겠지만 근본적으로는 그의 작품이 이런 모호한 양쪽 측면을 지니고 있기 때문이라는 점 역시 부정하기 어렵다. 하근찬 소설을 평가하기가 어렵다는 것은 동일 평론가에게 나오는 이중적인 평가 잣대에서도 쉽게 느껴진다. 예컨대 장사선은 하근찬이 극적 묘사와 긴밀한 구성을 통해 "기법으로서의 리얼리즘"을 확립한 훌륭한 작가라고 칭찬하지만, 반면에 그의 소설이 지나치게 체험에만 의존함으로써 인물이나 사건배경이 매우 단조롭고, 새롭게 현실을 조명해 보려는 시도(저항의식, 고발의지, 개혁의욕)가 없다고 비판하고 있다.[9] 이런 평가 방식은 조남현, 김병익, 권영민에게도 지속된다. 이렇게 한 작가나 작품을 놓고 장, 단점의 입장을 모두 말해주는 것이 하근찬 작품을 평가하는 일반적인 방법이 되고 있다. 이것은 결국 그의 작품 속에 상반되는 독특한 특성이 함께 내포되어 있음을 말해주는 것은 아닐까. 하근찬 작

하게 혼합되어 있음을 부정하기 어렵다. 대표적으로 아래와 같은 논문이 있다.
유종호, 「농촌 사람의 눈으로」, 『산울림』, 한겨레 출판사, 1988
이경수, 「한의 예술적 승화」, 권영민 엮음, 『한국현대문학사』, 문학사상사, 1991
7) 유종호, 「농촌 사람의 눈으로」, 『산울림』 한겨레 출판사, 1988, p.374
8) 이보영, 「소박한 정한(情恨)의 세계」, 《현대문학》, 1981.2, pp.272-273
9) 장사선, 「전쟁의 여진과 전통에의 향수」, 이주형외, 『한국현대작가연구』, 민음사, 1989, pp.103-104

품에 대한 평가의 공통점은 전쟁의 수난을 민족사적 경지에서 다루고 있다는 점과 그럼에도 그것이 어딘지 모르게 한(恨)과 같은 민족적 서정을 품고 있다는 것이다. 이런 두 성격은 각자 특이한 문학적 경향을 추구한다. 따라서 그의 소설은 탁월한 리얼리즘 작품처럼 보이기도 하고, 토속적 삶의 충만함을 지향하는 서정적 작품처럼 보이기도 한다. 어쩌면 그의 작품은 이 두가지 성격을 다 포용하고 있다고도 볼 수 있을 것이다. 그래서 그의 작품을 올바로 평가하는 길은 이 시기를 이해하고 한(恨)의 정서에 공감하는 독자의 '경험과 정서의 보편성'에 기대는 것 뿐이다.

　이 글은 하근찬의 작품에 대한 평가를 시도하기 위한 것은 아니다. 다만 그의 작품이 지니고 있는 독특한 특성과 성격을 규명해 보고자 한 글이다. 이 글은 하근찬 소설의 특징이 되고 있는 객관적 묘사에 의한 이야기 구조의 성격과 아이러니의 역할, 그리고 작품 내면에 담지되어 있는 역사성, 토속적 폐쇄성의 의미를 살펴보고 이와 관련된 하근찬의 정신세계를 따져 볼 것이다. 그럼으로 해서 그의 작품에 내재되어 있는 다양한 속성들을 하나씩 자리매김하고자 하는 것이 이 글의 목적이다. 하근찬의 작품을 읽으면서 끊임없이 일어나는 의문들, 예컨대 대상에 대한 분석없이 담담하게 이야기체로 사건을 묘사하는 그의 작품 속에서 어떻게 역사적 의미가 환기되는가? 그럼에도 왜 그의 소설은 인간 내면의 성장, 역사의식의 확장, 사회, 역사에 대한 폭넓은 시선이라는 면에서 한계를 가지는가? 어떻게 보면 상반된 질문 같은 것임에도 그의 소설들은 이런 의문을 안고 있다. 이런 의문은 역시 그의 작품 분석을 통해서만 해결될 수 있다. 그것은 아마도 그가 근대화가 집중되던 6,70년대에 현실의 문제와 동떨어져 있는 민중의 역사적 수난사에 관심을 쏟는 그의 내면세계와 밀접한 관련을 가질 것이다.

2. 서사적 상황의 힘과 이야기적 진술방식

 우선 하근찬 소설의 일반적인 특성으로부터 이야기를 시작해 보자. 하근찬의 소설이 지닌 일반적인 특성은 민족사의 수난을 농민이 겪는 일상사와 긴밀하게 접목시켜 그 의미를 독자로 하여금 상기하게 만드는 것이다. 그의 소설은 대부분 농촌을 배경으로 하되 농촌의 목가적 의미가 역사성과 결부되는 특수한 배경을 밑 바탕에 깔고 있다. 무엇보다 그의 소설의 주된 배경을 살펴보면 이런 특성이 확연히 드러난다. 일제말의 징용과 정신대 차출, 6.25전쟁중의 징병과 부상 등은 그의 소설의 주된 모티브인데, 이런 모티브들은 모두가 일상과 역사가 만나는 구체적 국면을 포착한 것이다. 소설은 무지하고 평범한 농촌 사람들이 문뜩 역사의 어두운 그림자를 만나는 장면을 포착하는데, 이런 장면은 어찌보면 평범하고 단순한 것임에도 불구하고 상황 자체가 주는 역사적 의미 때문에 결코 단순치 않는 의미로 상승하게 된다. 말하자면 소박하고 일상화된 농촌사람의 삶의 형태가 한순간에 민족사적인 수난의 의미로 전환하게 되는 것이다. 그런 점에서 그는 과히 "민족의 비극과 사회병리를 그 급소에서 포착하여 형상화"[10]하는데 남다른 능력을 발휘하고 있다고 보아도 좋을 것이다.

 우선 이를 구체적으로 살펴보기 위해 「수난이대」를 살펴보자. 「수난이대」는 주제와 소설형식적인 면에서 이후 소설의 원형이 되는 작품이다. 이후의 작품은 대부분 「수난이대」 속에 나타난 인물 구성방법, 스토리 형성방법을 그대로 반복하거나 동일화하고 있기 때문이다. 「수난이대」의 중심 모티브는 아들과 아버지의 상봉이다. 그런데 이들 부자(父子)는 일제말 징용과 6.25를 통해 역사적 상처를 안고 있는 인물들이다. 아버지 박만도는 일제말 남양군도로 징병을 가 한쪽 팔을 잃었고, 아들 박진수는 6.25전쟁 중에 한 쪽 다리를 잃은 상이군인이다. 소설은 이 부자(父

---

10) 장사선, 「전쟁의 여진과 전통에의 향수」, 앞의 책, p.101

子)가 오랜 기간 헤어져 있다가 서로 만나는 장면을 중심 스토리로 초점화시키고 있는데, 이 들 부자의 상봉은 결국 평범한 사람의 일상사에 미치는 역사적 힘의 냉엄함을 자연스럽게 상기시켜 준다.

소설은 이런 역사적 의미를 좀 더 구체화시키기 위해서 두 가지 장치를 쓴다. 우선 하나는 아버지가 아들을 만나는 기쁨, 미래에 대한 희망과 기대를 반전시키는 극적 순간을 만들어 내는 것이다.

「아부지」
부르는 소리가 들렸다. 만도는 깜짝 놀라며 얼른 뒤를 돌아보았다. 그순간 만도의 두 눈은 무섭도록 크게 떠지고 입은 딱 벌어졌다. 틀림없는 아들이었으나, 옛날과 같은 진수는 아니었다. 양쪽 겨드랑이에 지팡이를 끼고 서 있는데 스쳐가는 바람결에 한쪽 바짓가랑이가 펄럭거리는 것이 아닌가. 만도는 눈앞이 노오래지는 것을 어찌지 못했다. 한참동안 그저 멍멍하기만 하다가 코허리가 찡해지면서 두 눈에 뜨거운 것이 핑 도는 것이었다.
「에라이 이놈아」
만도의 입술에서 모질게 튀어나온 첫마디였다. 떨리는 목소리였다. 고등어를 든 손이 불끈 주먹을 쥐고 있었다.[11]

인용문은 아버지와 아들이 극적으로 상봉하는 장면이다. 하지만 상봉의 기쁨은 간데없고 아들의 부상에 대한 실망과 한탄이 소설의 전면을 메우고 있다. 소설은 이런 극적 순간의 고양을 위해 첫머리부터 "진수가 돌아왔다"로 시작하여 아버지가 아들을 만나는 기쁨, 즐거움의 행위 묘사를 이어나간다. 그래서 자연스럽게 아들과 상봉하는 장면의 의미, 예컨대 기대와 소망이 좌절과 부정으로 이어지는 극적 반전을 노리게 된다. 하지만 엄밀하게 놓고 볼 때 아버지와 아들의 상봉 자체가 어떤 역사적 의미를 만들어 낸다고 볼 수 있을까. 그렇지는 않다. 「수난이대」에서 부자의 상봉은 그 이전에 이들의 상처가 지닌 역사적 의미가 존재하지

---

11) 하근찬, 「수난이대」, 『산울림』, 한겨레 출판사, 1988, p.24

않는다면 큰 의미는 없다. 사실상 상봉에 앞서 이들이 갖는 상처 속에 이미 역사적 의미가 전제되어 있다. 한 쪽 팔을 잃은 아버지와 한 쪽 다리를 잃은 아들은 대동아 전쟁과 6.25 전쟁이 미친 민족적 수난의 개별적 징표가 되고, 따라서 이들의 만남은 만남 자체의 의미를 넘어 자연스럽게 역사적 의미로 상승하게 되는 것이다. 말하자면 상처 속에 내재된 역사성의 '추상적 의미'가 부자의 상봉으로인해 '구체적 의미'로 환원하게 되는 셈이다.

두 번째로 역사적 수난의 엄청난 고통에도 불구하고 등장인물들을 평범하고 순박한 삶의 태도와 가치인식을 지닌 인물로 만든다는 점이다. 사실 박만도나 박진수가 지닌 인물적 캐릭터는 소박하고 토속적이다. 그들이 관심을 갖는 것은 전쟁에 대한 원망이나 한탄이 아니라 앞으로 어떻게 살아갈 것인가 하는 소박한 현실 인식밖에는 없다. 소설 말미에 "살기는 왜 못 살아"라고 외치는 박만도의 모습 속에 이런 삶의 태도를 잘 보여준다. 뿐만 아니라 소설은 박만도가 외나무 다리에서 당한 망신이나 주막에서 벌이는 행태를 통해 이들이 지닌 순박함이나, 무지함, 단순함 등을 한층 더 극대화시킨다. 따라서 소설은 엄청난 전쟁(대동아전쟁, 6.25전쟁)의 수난을 다루면서도 그것과 전혀 무관한 소박한 사람들의 삶의 문제를 다루는 듯 보인다. 그렇지만 이런 소박한 삶의 모습은 곧 부자의 상봉이 가져다 주는 내재적 의미에 의해 결코 가볍지 않은 의미로 환원된다. 말하자면 무지한 농민이 갖는 소박성의 강도만큼 역사적 무게는 더 짙게 느껴진다는 것이다. 그래서 소설은 두 부자의 만남과 우스꽝스러운 행동 속에 역사적 무게에 짓눌린 민중의 한(恨)을 자연스럽게 스며나오도록 만든다.

「수난이대」의 이런 특성은 하근찬 소설의 창작 방법이 무엇인가를 극명하게 보여준다. 우선 하근찬의 소설은 역사성의 의미가 구체적으로 드러나는 어떤 극적인 국면을 포착한다. 「수난이대」에서 보여준 부자 상봉과 같은 장면이 그것이다. 이런 장면은 평범한 삶 속에 역사의 의미가 순식간에 고양되는 어떤 순간을 의미한다. 소설은 이런 순간을 통해 평범하면서도 평범하지 않는 어떤 의미를 만들게 되는 것이다. 그런데 여기에서 우리가 한가지 깨달아야 할 것은 이런 극적 순간이 등장인물의 고유한 성격이나 행위에 의해 이루어 지는 것이 아니라는 점이다. 「수난이대」에서 보듯이 박만도와 박진수는 역사적 상황에 의해 자신들의 운명이 규정되어 있는 인물들이다. 징용과 전쟁, 부상 등은 이미 그들의 몫이 아니라 역사의 몫이다. 그런 점에서 소설에서 의미를 만들어 내는 것은 그들의 의식, 행동이 아니라 상처받은 두 인물이 만나는 아이러닉한 상황이 된다. 이런 극적 상황이야말로 태평양 전쟁과 6.25전쟁을 하나로 응축하는 역사적 의미를 띠고 있는 것이다.

이처럼 하근찬 소설의 등장인물은 대부분 구체적이고 개별적인 성격을 갖지 않는다. 일반적으로 그들은 무지하거나 평범하고, 혹은 소박하고 토속적이다. 그런 점에서 그들에게는 내면적 갈등이나 반성적 의식이 없다. 그래서 소설에서 드러나는 서사적 상황은 인물들이 지닌 반성적 힘에 의해서가 아니라 역사와 일상이 만나는 부대낌 속에서 자연스럽게 상황의 힘으로 이루어 진다. 말하자면 소박한 일상성 속에 역사성이 개입하는 부분을 극적 상황 순간으로 포착하고, 그 속에서 평범하고 무지한 농촌사람이 겪는 삶의 애환을 민족이 겪는 수난사의 의미로 환원시키는 것이다. 따라서 극적 순간은 이미 역사와 일상이 만나는 상황 속에 내재되어 있는 것으로써 등장인물의 성격과 무관한 소설적 배경의 소산이기도 하다. 이런 문제를 좀 더 자세히 살펴보기 위해서 「홍소」에서 나타나는 서사적 상황을 분석해 보자. 「홍소」의 주제는 전쟁이 토속적 농촌에 가한 역사적 충격과 그 의미이다. 이런 충격적 의미는 소설 후반부 주인공인 우체부 판수가 배달하다 남은 전사통지서 9장을 냇물에 띄워 보내는 행위 속에서 잘 드러난다. 우체부 판수가 전사통지서를 냇물에 버리는 것은 농촌의 순수한 삶을 파괴하는 역사성에 대한 거부로서, 이른바 일상적 삶이 역사적 비판의 의미로 고양되는 극적 순간이기도 하다. 그리고 이런 극적 순간이야말로 이전까지 진행된 상황적 모순, 곧 순박한 삶에 침범한 역사의 부정성이 하나의 비판적 의미로 고양되는 지점이 된다. 따라서 판수의 행동은 순전히 상황 속에서 잉태된 것이지, 그 자신의 독특한 성격이나 무슨 특별한 이상을 지향하는 내면성으로부터 촉발된 것은 아니다. 오히려 판수의 행동은 전사 통지서를 배달한 이전 상황과 밀접하게 관련되어 있다. 전사통지서를 받아든 영감과 죽은 사람의 아내인 듯한 젊은 아낙네의 고통과 절망에 찬 넋두리를 들이면서 그는 그것을 마치 자신의 책임인 듯이 느끼게 되는 것이다. 따라서 그가 전사통지서를 버리는 행위는 일상성과 역사성의 결합에서 생기는 모순과 그 상황에 대한 무지한 그의 감상(感傷)에서 비롯된 것이지, 개별적인 그의 독특한 성격에서 비롯된 것은 아니라고 할 수 있다.

우체부 판수의 무지함과 순박함은 그의 소설의 주된 배경이 되고 있는 농촌 공동체의 소박함을 대변한다. 다시 말해 하근찬 소설에서 등장인물들의 순진함, 혹은 무지함, 순박성은 농촌이 갖는 토속성, 소박성에 대한 상징적 등가물이면서, 그것 자체가 냉엄한 역사성과 대비되는 소박한 일상성의 보편적인 의미를 띠고 있다. 따라서 소설 속에서 우체부 판수의 무지함은 전사통지서를 받고 울고 한탄하는 일반 농촌 사람들의 즉물성과 하등 다를 바 없으며, 이런 인물적 특성은 그의 다른 소설에서 동일하게 드러나는 보편적 특성이 된다. 이런 특성은 아마도 농촌 사람의 순박함은 보편적 선(善)이라는 긍정적 가치로, 상대적으로 그것을 침범하는 역사성은 보편적 악(惡)이라는 부정적 가치를 띠므로서 가능할 것이다. 그리고 이런 이분법적 사고는 그의 소설을 단순하게 만드는 커다란 약점이 되기도 하지만, 반면에 소설에서는 역사의 무지막지한 힘보다는 상대적으로 순수하고 연약한 보편적 인간을 돋보이게 하는 역할도 하고 있다. 그래서 우체부 판수의 행위는 개별적 행위가 아니라 역사성에 저항하는 토속적 순수함의 상징적 행위가 된다.

하근찬 소설에서 역사적 의미가 극적 상황 속에 이미 내재되어 있다는 점은 무엇보다 작가가 평균적인 일상성 속에 역사적 의미로 고양되는 어떤 순간을 날카롭게 포착할 수 있는 능력이 있다는 것을 의미한다. 요컨대 그의 소설에서 작가적 능력은 평범과 일상의 가장 낮은 진부함 속에서 역사적 의미가 구체화될 수 있는 상황을 포착하고, 그것을 사실적 묘사와 간략하고 긴밀한 구성 속으로 몰아 넣어 그 의미를 구체화하는 데서 나타난다. 따라서 그의 소설은 대부분 이런 극적 상황, 즉 진부한 일상성과 역사성이 만나는 고양된 순간을 필요로 한다. 예컨대 징용을 가서 팔 하나를 잃은 동길이 아버지가 생활을 위해 궁여지책으로 극장의 선전원으로 취직하여 거리에서 아들과 조우하는 「흰종이 수염」이나, 사공 삼바우가 마을 청년이 온통 징병으로 끌려가게 되자 징병용지를 들고 오는 우체부를 나룻배에 태우기를 거절하는 「나룻배 이야기」, 아이들이 금을 캐기 위해서 언덕을 파다 수류탄에 의해 희생되는 「붉은 언덕」, 전사통지서를 배달하는 우체부가 남은 것을 모두 냇가에 버리는 「홍소」 등은 모두 극적 상황 자체가 역사의 비극을 감지하게끔 만들어져 있는 작품들이다. 극장 간판원된 아버지와 아들이 조우하게 되는 장면이나, 우체부의 요구에도 배를 돌리는 삼바우의 행위, 보물을 캐다 폭탄을 만나 목숨을 잃는 장면들은 역사성에 의해 파괴되는 순수성의 의미가 고양되는 순간으로 그 자체가 소설적 주제를 환기시키게 된다. 말하자면 공동체적 순수성이 역사성에 의해 파괴되는 순간을 아이러닉한 상황 속에 집어넣어 그 의미를 독자가 환기시키게 만드는 것이다. 「수난이대」의 상봉의 장면 역시 바로 이런 역사성과 일상성이 만나는 고양된 비극의 순간, 즉 극적 순간의 의미를 잘 보여준 예라고 할 수 있다.

   그렇다면 극적 의미가 인물의 성격이나 행동에서가 아니라 역사와 일상이 만나는 서사적 상황 속에서 고양되는 방식은 어떻게 해서 가능할까? 여기서 가능한 한 가지 대답은 그가 자신의 소설이 역사에 대한 농민의 수동적 반응을 철저하게 객관화하여 이야기 형식[12] (구술적 담화방식)

---

12) 물론 여기에서 말하는 '이야기 방식'이란 문자문화와는 다른 구술문화적인 성격을 가지고 있음을 뜻한다. 따라서 하근찬 소설을 평가하면서 '보여주기(묘사)'의 방식에 능하다고 말하는 것과는 차이가 있다. 일반적으로 하근찬의 문체는 '말하기(서사)'보다는 '보여주기(묘사)'에 능숙하다고 평가하는데 이는 대상에 있는 그래로, 혹은 경험 그대로 작가가 이야기하려는 경향과 일치한다. 말하자면 대상에 개입하여 원근법적인 플

으로 만들고 있다는 것이다. 하근찬 소설은 우리가 일반적으로 알고 있는 소설의 규범양식, 즉 인물의 독특한 성격이나, 혹은 성장과 굴곡에 의해 행위양식이 결정되고 그것이 하나의 소설적 '드라마'를 만들어 내는 방식과 상당히 다르다. 그의 소설은 대상으로부터 거리를 두고 오로지 작가가 대상을 관찰하는 방식으로 전개된다. 따라서 인물들이 갖는 내면의 갈등이나 고민, 절망과 같은 대상의 인식 주체적인 성격은 철저하게 삭제된다. 그럼으로써 소설은 역사와 일상이 만나는 특별한 상황을 필요로 하고, 그것을 어떤 고양된 반전의 순간 속에 집어 넣어 전체 주제의 의미를 만들게 되는 것이다.

사실 하근찬 소설의 이야기 방식은 특별히 숨겨진 것은 아니다. 이미 몇몇 평론가들이 하근찬 소설에 담겨있는 이야기적 기능에 대해서 언급을 한 바 있다. 가령 유종호가 하근찬 소설에서 민요적 특성이 강하게 나타난다고 말한 것[13]이나, 김선학이 하근찬 소설의 특징을 "이야기의 순조롭고 막힘없는 진술의 방식"에서 찾은 것[14]도 이런 구술담화적인 특성을 염두에 둔 것이다. 특히 김선학은 하근찬 소설이 리얼리즘적인 소설의 대상 인식과는 차이가 있다고 말한 바 있는데, 이는 앞의 이야기 특성과 관련하여 볼 때 매우 중요한 의미가 있다. 왜냐하면 하근찬은 대상적 가치를 냉엄한 분석과 반성적인 사유를 통해서 파악하기보다는 밀착된 생활세계의 상황적 의식구조를 통해서 파악하기 때문이다. 하근찬의 소설은 대상적 의미를 축적되고 보존된 경험적 사고유형을 통해 드러낸다. 이는 대상을 분석적 인식구조에 놓은 것이 아니라 동질적 인식구조 속에 놓고 보는 것을 말하는데, 그의 소설세계가 특별히 역사적 상황에 대응하는 순박한 농촌사람들의 생활태도에 관심을 갖는다는 것도 이와 관련

롯 구성을 하지 않고 대상을 있는 그대로 서술한다는 점에서 전체적으로는 구술문화적 특성이 강하고, 문체적인 면에서는 '묘사'에 가까운 것이다.
조남현, 「상흔 속의 끈질긴 생명력」, 『산울림』, 한겨레 출판사, 1988, p.411
13) 유종호, 「농촌사람의 눈으로」, 『산울림』, 한겨레 출판사, 1988, p.370
14) 김선학, 「이야기로서의 소설」, 《한국문학》, 85.3, p.304

될 것이다. 유종호는 이를 "농촌에 대한 혈연적 동정"[15]이라고 표현했지만, 어쨌든 그는 농촌사람을 하나의 대상으로 바라본 것이 아니라, 같은 처지의, 같은 동향의 사람처럼 대한 것만은 틀림없는 사실이다. 그래서 그의 소설은 농민에 대한 따뜻한 애정과 신뢰를 보여주며, 수난 속에서도 원시적인 공동체의 생명력을 드러내게 된다.

그의 소설에서 농촌사람들의 일상적 세태가 풍부하게 드러나는 것도 이야기적 진술방식과 긴밀하게 연관된다. 「나룻배 이야기」에서 징용에 앞서 농악을 노는 장면이나, 『야호』에서 시골마을 사람들의 활동사진 구경 장면과 혼례식 장면[16], 「그해의 삽화」나 「붉은 언덕」, 『산에들에』에 나오는 아이들의 농촌학교 생활 모습들은 눈에 선하듯 세밀하게 묘사되고 있다. 실제 그가 사용하는 토속적 단어와 간략한 문장은 마치 하나의 몸짓, 목소리, 얼굴 표정까지 드러내듯이 농촌생활의 사실감을 높여주고 있다. 그의 소설 세계는 대상에 대한 동질적인 인식구조로 인해 인간적이고 실제적인 생활 환경 전체를 포괄하고 있다. 그래서 그의 소설에서 배경적 상황은 마치 하나의 동심의 세계처럼, 또한 과거가 마치 현실로 살아온 듯 한 따뜻함을 느끼게 한다. 하근찬 소설에 악인(惡人)이 없다는 것도 이런 세계 인식과 밀접하게 관련될 것이다.[17]

이렇게 보면 하근찬 소설의 특징은 농촌적 일상 속에 역사가 침입하는 순간을 날카롭게 포착하되 그것을 옆에서 넌저시 관찰함으로써 핵심을 환기시켜 주는 이야기 방식을 취하고 있음을 알 수 있다. 하근찬 소설에 나타나는 농촌생활의 풍부한 일상과 사람들의 소박한 삶의 태도도 바로 그들의 삶을 동일자적 시각에서 우리에게 환기시켜 주는 이야기 방식에

---

15) 유종호, 앞의 글, p.368
16) 『야호』에 나오는 세밀한 묘사에 대한 것은 아래의 글을 참고할 것.
　이경수, 「한의 예술적 승화」, 권영민 엮음, 『한국현대작가연구』, 문학사상사, 1991, p.166-169
17) 구술적 세계 인식에 대해서는 아래의 책을 참고할 것.
　월터 J. 옹, 『구술문화와 문자문화』, 문예출판사, 1995, pp.52-122, 209-231

서 나오고 있는 것이다. 뿐만 아니라 이런 방식은 역사와 접한 평범한 일상을 가장 평범하게 서술하게 만드는데, 소설은 이를 통해 일제말과 6.25전쟁과 같은 역사적 외압이 어떻게 농촌의 구체적 삶을 파괴하게 되는지, 그리고 그들의 수난이 어떻게 민족사적 수난으로 상승하는 지를 보여주게 된다. 말하자면 세련되고 꽉 짜인 기교적 플롯의 소설과는 다르게 하고픈 이야기를 슬슬 풀어 나가는 무기교적인 이야기 방식이 오히려 대상을 더 비판적으로 보게 만드는 기교를 만드는 것이다. 그래서 하근찬의 매력이 "무기교의 기교를 최상의 기교"로 만드는 "능란한 이야기꾼의 솜씨"에 있다는 지적[18]도 있다. 반면에 우리는 이런 이야기 소설이 안고 있는 문제점 역시 간과할 수는 없다. 이야기 방식은 대상에 대한 동일성이나 친화성은 높일 수 있지만 대상이 안고 있는 문제의 본질까지 접근하지는 않는다. 대상을 해체하고 분석하는 것이 아니기에 그것은 다분히 본질에 대한 정조와 느낌, 분위기만을 우리에게 전해줄 뿐이다. 그래서 그의 소설은 민족적 수난을 다룬 소설처럼 보이기도 하고, 농촌의 공동체적 순수성과 삶의 따뜻함을 일깨우는 소설처럼 보이기도 한다. 이야기 소설의 근원은 체험에 있기에 이런 체험이 강화되면 소설은 사소설처럼 보이기도 하고, 비판의 칼날은 무뎌져서 단지 생활의 보고서처럼 자연주의로 흐르기도 한다. 하근찬 소설의 다양한 특성은 이야기 방식 속에 담겨져 있는 이런 양면성들이 착종되면서 나타난 결과이다.

3. 체험적 소설의 한계와 아이러니적 효과

이야기 소설의 밑바탕은 역시 체험이다. 이야기가 상황적 서술을 기본으로 한다면, 이런 상황은 체험이 환기해주는 세계가 존재가 하지 않으면 구성되기 힘들다. 이야기는 과거의 것이고, 그 과거는 체험한 자의 존

---

18) 김선학, 「이야기로서의 소설」,《한국문학》, 1985.3, p.303

재영역에 해당한다. 그래서 이야기는 끝없이 과거를 반추해 내는 의식의 매개고리를 갖는다. 말하자면 환기되는 의식과 의식을 연결하는 매개고리야말로 이야기의 근원적 플롯이 된다는 것이다. 따라서 체험에서 환기되는 이야기 방식은 즉자적이지, 반성적이지는 않다. 하근찬의 이야기체 소설은 대부분 이런 체험을 바탕으로 하고 있다. 그의 소설은 현실의 문제를 응축하고 그것을 추상 속에 재구성하는 방식을 취하는 것이 아니라 대상을 이야기 중심으로 펼쳐 놓아 대상에 포함된 상황 자체의 의미를 독자가 환기하도록 만들고 있다. 그런 점에서 그의 소설은 작가의 의식 속에 환기되는 이야기적 상황이 바로 소설적 공간과 플롯이 되는 독특한 의미를 안고 있다. 말하자면 그의 소설은 이야기되는 상황 자체에 무게 중심이 놓여 있는 즉자적 담화형식의 일종이라 말할 수 있을 것이다. 따라서 하근찬의 소설에서 무엇보다 중요한 것은 체험에서 환기되는 이야기적 상황이다. 그의 소설이 이야기 방식에서 나오는 친근감을 유지함에도 나름대로 의미있는 역사성을 띠는 것은 그가 선택하는 소설적 상황에 중요성이 있기 때문이다. 요컨대 그에게는 이야기 대상을 어떻게 잡느냐가 소설의 성패를 결정짓는 관건이 되고 있는 셈이다.

그가 소설적 대상으로 삼은 체험은 일제말의 암울했던 어린 시절과 6.25전쟁의 청년시절이다. 작가는 일곱 살 나던 해에 중일전쟁을 겪었고, 극민학교 4학년 때인 11살 무렵에는 대동아 전쟁을 경험했다. 작가가 스무살 무렵 어느 산골 국민학교에서 교편을 잡고 있을 때 6.25전쟁을 치루었고 그 와중에 부친을 잃었다. 결국 대동아 전쟁과 6.25전쟁의 혼란이 그의 작품의 주된 모티브가 되고 있는 셈이다. 작가 역시 이런 점을 부정하지 않는다.

자기 작품을 논하는 자리에서 먼저 이렇게 네 가지 전쟁(만주사변, 중일전쟁, 대동아전쟁, 6.25전쟁-인용자)을 들먹인 것은 어쩌면 나는(나뿐만 아니라 같은 연배는 다 마찬가지이겠지만) 전쟁의 그늘 속에서 태어나 전쟁과 함께 자랐고, 또 꿈많은 시절을 전쟁 때문에 괴로움으로 지샌 것만 같이 회상되기 때문이다. 그리고 그런 결과인지는 모르겠으나, 지금까지 내가 발표한 작품들이 전쟁과 무관한 것이 아니기 때문이다. 한마디로 내 작품들의 성격을 규정한다면 〈전쟁 피해담〉이라고 할 수 있을 것 같다.

그동안 발표한 내 작품들을 크게 두 갈래로 나눌 수가 있는데, 첫째는 6.25를 소재로 한 것들이고, 둘째는 일제 말엽의 이야기들이다. 물론 그와는 성격이 다른 것들도 없지 않으나, 대체로 그렇다는 이야기다. 6.25는 말할 것도 없고, 일제 말엽 역시 태평양 전쟁이 발발하여 일본 군국주의가 패망으로 치닫고 있던 전쟁의 암흑기이다. 6.25때는 직접 우리 땅이 전쟁의 현장이 되었었고, 태평양 전쟁 때는 바다 밖의 싸움에 우리 백성들이 끌려나갔었다는 차이가 있을 뿐이다. (중략) 전쟁이나 역사의 흐름 같은 것과는 아무 상관도 없는 시골 사람들, 무고한 농촌 사람들이 겪은 수난을 말하자면, 나는 증언하듯이 소설을 쓴 셈이다.[19]

위의 인용문에서 볼 수 있는 것은 두 가지 측면이다. 우선 작가가 민족사의 중요 수난인 대동아 전쟁과 6.25전쟁을 중점적 대상으로 삼고 있다는 점과 두 번째로 마치 "증언하듯이" 소설을 써 왔다는 점이다. 이 두가지의 문제는 역시 작가의 체험과 관련된다. 작가가 성장시절 체험했던 전쟁을 작품의 구체적 대상으로 삼는 것인데, 대동아 전쟁과 6.25전쟁이 농촌 사람들의 구체적 삶에 영향을 미치고 국면을 포착하고 이를 형상화한다는 것이다. 특히 그가 "증언하듯이" 소설을 썼다는 것은 민족사의 중요한 국면들이 자신의 체험 속에서 이야기 방식으로 서술하고 있음을 구체적으로 보여준다. 따라서 그의 소설이 단순하면서도 깊은 의미를 가질 수 있는 것은 역사의 중요 국면(일제 말엽, 6.25전쟁)과 구체적 일상(소박한 농촌적 삶)이 만나는 지점을 소재로 선택하고 그것을 체험 속에서 생생하게 묘사할 수 있었다는 점 때문일 것이다. 하근찬 소설에서 체험이 지니는 중요성도 바로 이런 점에 있다.

그런데 체험이 소설의 뿌리가 된다고 해서 바로 그것이 소설적 형상화를 대신해 주는 것은 아닐 것이다. 문학이 현실을 반영한다고 할 때 문학

---

19) 하근찬, 「전쟁의 아픔, 기타」, 『산울림』, 한겨레 출판사, 1988, pp.4-5

적 형상이 바로 구체적 현실이 되는 것은 아니다. 문학적 형상은 실제 현실에 내재된 모순 구조와 내적 삶의 질서를 전체적인 면에서 모방한다. 그래서 문학적 형상은 구체적 현실의 여러 문제들과 내적인 상호관계를 유지하게 되고, 창조된 것임에도 더 생생한 현실의 문제를 재현할 수가 있는 것이다. 체험이 중요하게 부각되는 것도 이 지점에서이다. 현실과 삶의 여러 문제들은 작가의 주체적 삶 속에 잉태되어 있는 것이고, 이런 경험을 밑바탕으로 하지 않는 한 소설의 주제의식은 살아 나올 수가 없다. 생생한 경험과 이를 문제화할 수 있는 주체화 과정이야말로 소설이 소설다운 의미를 띨 수 있는 첫걸음이 되는 것이다. 그런 점에서 소설의 창작은 가공되지 않은 체험으로부터 삶의 진실을 내포한 창조된 현실로 바뀌어지는 과정을 말한다.

하근찬의 소설이 체험을 바탕으로 한다는 말은 현실 반영의 원리로서 이런 근원적 체험을 의미하는 것은 아니다. 오히려 체험이 소설에서 직접적 소재가 되는 양상을 말하는 것이고, 소설 구성원리에 직접적으로 관여하게 되는 것을 말한다. 물론 체험이 구성원리가 된다는 말은 앞의 이야기적 방식과 밀접하게 관련될 터이지만, 그것보다 재미난 것은 작가 스스로가 작품 속의 상황이 구체적 체험에서 유래한다는 것을 밝히는 데 있다. 작품이 징용과 정신대 차출, 징병의 한정된 모티브를 반복하여 사용하고 있음도 그러하거나와 상황의 세세한 국면을 물흐르듯 서술하는 묘사의 수법에서도 그런 점은 여지없이 드러난다. 그의 소설이 작가의 감정개입 없는 이야기체의 묘사임에도 불구하고 체험 아니면 알 수 없는 세세한 국면을 그대로 제시함으로써 소설적 상황이 체험된 현실임을 암암리에 작가가 드러내고 있다.

하지만 문제는 하근찬 소설이 체험적 소설이냐 아니냐에 있는 것은 아니다. 소설 속에서 현실 체험의 생생한 묘사는 때로는 긍정적 기능을 할 수도 있고, 때로는 부정적 기능을 할 수도 있다. 따라서 문제는 소설에서 체험을 어떤 방식으로 사용하느냐 하는 점이다. 체험을 긍정적으로 사용하는 경우는 하근찬의 초기 소설을 보면 알 수 있다. 실제 그의 초기 소설은 한편 한편 따로 분리해 보았을 때 실체험이 작품에 개입한 흔적을 찾기란 쉽지 않다. 그만큼 그의 초기 소설은 구조적으로 완벽한 형태를 보여주고 있다. 그의 초기소설은 체험을 기본골격으로 하고 있음에도 이를 적절한 형상화 과정과 접목시킴으로써 주제의식을 선명하게 부각시킬 수 있었다. 6.25전쟁이나 일제말엽의 역사적 배경을 바탕으로 체험은 일상의 구체적인 삶 속에 녹아 들어가 있고, 그것이 극적 구성을 통해 적절한 주제를 환기시켜 주고 있다. 체험적 대상은 언제나 허구적 대상과 긴밀하게 결합되고 전체 주제를 향한 형상화의 원리 안에서 종속된다. 작가의 관념적 개입 없이 역사적 사건을 일상 속에 펼쳐 보임에도 주제를 향한 통일되고 일관된 구조원리가 작동하고 있는 것이다.

  이런 점은 무엇을 말하는 것일까? 적어도 초기 소설은 체험을 바탕으로 하고 있으면서도 그것을 작가가 통제하고 조절할 수 있음을 말하는 것이 아닐까. 초기 소설에서 작가는 체험을 단지 체험 자체로만 사용하지 않고 형상화의 원리로 사용하고 있다. 말하자면 체험 속에 드러난 다양한 사건들, 인간들, 풍경들을 소설적 세계 속에서 그것의 결합원리에 따라 예술적 구성물로서 응축해 내고 있다는 것이다. 그래서 체험은 개인적 범위를 넘어서 시대적이고 역사적인 보편성으로 상승하게 된다. 「수난이대」나 「왕릉과 주둔군」, 「붉은 언덕」, 「삼각의 집」과 같은 초기 소설들이 이야기적 재미와 함께 탄탄한 주제의식를 보여주는 것도 이런 형상화의 힘 때문일 것이다. 하지만 그렇다고하여 초기 소설이 체험소설이 지니는 문제점을 모두 벗어난 것은 아니다. 그의 초기 소설은 뛰어난 주제 환기력에도 불구하고 벌어지는 사건과 이에 대한 인물의 반응에만 초점을 맞춤으로써 여전히 대상 자체의 깊이있는 분석이 결여되어 있다. 또한 인물의 내면 세계와 갈등관계를 보여주지 못함으로써 구성되는 세계는 단순함과 일면성을 벗어나기가 어렵게 되어 있다. 그의 소설이 언제나 역사에 수동적으로 대처하는 인물들의 수난사만을 보여주는 것도 이런 점과 관련될 것이다. 체험적 인물이라 하더라도 그의 내면세계와 갈등, 고민을 새롭게 구성하지 않으면 안된다. 회상되는 인물의 겉모습만으로는 역사와 세계의 복합성을 설명해 주지 못하는 것이다.

또 하나 주목해 볼만한 것은 체험이 갖는 소재의 빈약성이다. 「수난이대」나 「나룻배 이야기」, 「흰종이 수염」, 「분」, 「붉은 언덕」 등에서 보여주었던 참신한 소재들은 이후 발표되는 소설이 늘어나면서 반복된 소재로 전락하게 된다. 그의 소설이 일제말과 6.25 전쟁의 시대적 한계를 벗어나지 못했던 점은 익히 알려진 사실이지만, 그 속에서도 비슷한 소재를 반복해서 사용한다는 점은 여전히 큰 문제가 된다. 일제말의 징용과 정신대, 일제말의 교육현장, 6.25전쟁의 징병 등의 소재는 그의 소설 대부분을 포괄한다. 따라서 초기 소설을 벗어나면 더 이상 참신하고 의미있는 소설 세계를 보여주지 못한다는 점이 하근찬 문학의 한계가 된다.

체험 소설이 갖는 문제점을 우리는 70년대 이후 소설에서 쉽게 찾을 수 있다. 작가 자신의 말에 의한다면 1969년 「낙발」이라는 작품 이후 제2기의 문학에 해당하는 것[20](여기서는 후기 소설로 지칭하겠다)으로 대부분 일제 말엽 소년 시절의 체험을 그린 것이다. 이 시기에 오면 이전에 보여주었던 구성의 탄탄한 힘이나 주제를 향한 집중력 등은 모두 빛을 잃는다. 소년 시절 겪었던 일제 말엽의 생활상이 체험 그대로 소설의 전면을 차지하게 되며, 소설은 경험의 보고서와 같은 무미건조한 상태를 보이게 된다.

이를 검증하기 위해 이 시기 작품의 특징을 간단히 살펴보자. 이 시기 대부분의 작품은 소년을 주인공으로 내세워 성장기에 겪게 되는 일상의 사건들을 관찰하고 보고하는 방식으로 되어있다. 소년이 주인공이니만치 서사의 중심에 설 수가 없고, 따라서 소설은 어린 동심을 내세워 역사의 수난기에 일어나는 다양한 사건을 호기심있게 바라보는 관찰자적 시각을 지니게 된다. 이 시기 소설에서 동심적 세계나 동화적 분위기가 초기 소설보다 더 증가하는 것도 이 점과 관련된다. 어디까지나 회상 자체를 소설의 전면에 내세우는 것이기에 소설은 동심이 지닌 천진난만함,

---

[20] 하근찬, 「전쟁의 아픔, 기타」, 앞의 책, p.9

순수성, 단순성을 밑바탕에 깔고 있을 수밖에 없다. 반면에 초기 소설에 보여주었던 사건 중심의 극적 계기와 비판성은 훨씬 사라진다. 서사의 대부분은 일상에서 어린아이가 겪을 수 있는 평면적인 이야기로 채워지고, 일제에 대한 비판의 의미는 결말에서 아이러니적 상황이나 유우머를 통해 가벼운 냉소와 조소로 바뀌게 된다. 〈어려웠던 시기에도 잃지 않는 어린아이의 천진난만함, 일제에 대한 가벼운 조롱과 조소〉가 이 시기 소설이 지닌 일정한 패러다임이다. 초기소설이 체험과 이야기적 방식을 유지함에도 성공할 수 있었던 것은 농촌의 평범한 일상과 냉엄한 역사(전쟁)가 만나는 지점을 날카롭게 포착했기 때문이라면(「수난이대」가 지닌 기막힌 역사적 상황의 의미를 상상해 보라), 후기 소설은 이런 날카로움을 잃고 무미건조한 어린 시절의 회상만을 소설에 가득 채우게 되는 것이다. 체험만을 의존하는 소설적 소재가 한계에 부딪힐 때 돌아 간 것은 어린 시절의 아련한 추억과 회상의 세계 뿐이다.

이 시기의 대표작들은 「족제비」, 「그해의 삽화」, 「일본도」, 「죽창을 버리던 날」, 「32매의 엽서」, 「조랑말」, 「필례이야기」, 『월례소전』, 『산에 들에』 등이다. 이 중에서도 「죽창을 버리던 날」, 「32매의 엽서」, 「필례 이야기」 등은 작가의 자전적 삶이 그대로 소설에 배여 나오는 것으로, 국민학교 교사였던 어버지와 국민학교, 혹은 중학교에 다니던 작가 자신의 이야기로 소설이 구성된다. 따라서 이런 소설에서 우리가 얻을 수 있는 것은 일제 말기의 평범한 풍속도 외에는 별 것이 없다. 김병익은 이 시기의 소설을 "비범한 현실의 통찰에서 응고된 과거에의 탐닉으로 돌아가고 있으며, 이러한 현상은 심리적으로 보다 좌절된 현재를 극복하는 것이 아니라 소년기의 에피소드를 카타르시스하는 것"[21]이라고 평가하는데, 이 말은 아마 체험 자체가 바로 스토리가 되는 비소설적 규범을 비판한 것일 터이다. 그만큼 소설은 과거의 기억 속에 반추되는 아련한 추억과 동심의 세계로 들어가고 있으며, 일제시기의 고난을 누구나 겪었을 어린

---

21) 김병익, 「작가의식과 현실」, 《문학과 지성》, 1973, 봄, p.202

시절의 고생으로 대체하고 있다. 이를테면 〈역사적 구체성〉이 〈회고적 낭만성〉으로 변질되어 있는 것이다.

하지만 「족제비」와 「조랑말」은 그 성격이 조금 달라진다. 이런 소설은 체험성이 강하게 드러난다는 점에서 앞의 소설과 크게 다를 바 없지만 역사적 비판력과 소설적 구체성이 어느정도 살아있다는 점에서 차이가 있다. 「죽창을 버리던 날」처럼 아버지와 나의 실제 이야기를 소설화하던 보고적 방식을 벗어나고, 소설적 형상력을 되살리고 있다는 점에서 이 소설들의 가능성을 감지할 수 있지만, 그럼에도 이 소설 역시 체험을 바탕으로 한 것은 분명하다. 그리고 이야기 역시 한 소년의 일상을 바탕으로 하고 있다. 그렇다면 이런 소설에서 최소한의 비판적 효과를 만들어 내는 힘은 무엇일까. 다시 말해 체험적 회상이나 기억 속에서 환기되는 이야기를 재미있고 의미있게 만드는 요소는 무엇일까. 하근찬의 후기 소설이 평범한 일상사를 서술한다면 이런 평범 속에 필연을 만들 수 있는 감각적 요소가 필요하다. 그리고 이 감각성을 대변하는 것이 바로 그의 소설에서 빈번히 등장하는 유우머와 아이러닉한 풍자이다. 앞에서 한 물음, 즉 「족제비」나 「조랑말」이 나름대로 비판적 효과를 얻게 되는 것도 바로 이런 유우머와 아이러닉한 풍자적 상황에서이다.

하근찬 소설에서 유우머가 갖는 기능에 대해서는 강진호의 논문에서 잘 나타나 있다. 강진호는 하근찬 소설에서 유우머가 왜곡된 현실을 인식케 하는 기능과 대상에 대한 조롱과 비판의 기능을 지니고 있다고 말한다. 「산울림」이나 「분」에서 보듯이 유우머가 격화된 감정을 순화시키고 대상에 대한 거리감을 확보하여 왜곡된 상태로부터 정상적 상태를 희구하거나, 「족제비」와 「조랑말」에서 보듯이 신비화된 대상의 본질을 폭로하는 데 사용된다는 것이다.[22] 사실 유우머와 아이러니의 경계선은 모호하지만 그것이 내포한 의미 면에서는 분명한 차이가 있는 것으로 보인

---

22) 강진호, 「민중의 근원적 힘과 '유우머'」, 『광산 구중서선생 화갑기념 논문집』, 태학사, 1996, pp.575-576

다. 유우머는 근본적으로 대상에 대한 회화화를 특징으로 하지만 이데올로기적, 미학적 측면에서는 다양한 편차를 수반한다. 예컨대 웃음과 미소는 그것 자체로 대상에 우호적이며 선의적인 것을 표현하는 것이 될 수 있고, 이상(理想)에 모순되는 대상의 비속함, 하찮음, 추함의 폭로나 비판이 될 수도 있다. 따라서 유우머는 삶과 생활 속에 내포된 인간의 희극적 본성을 드러내는 것이지만 그것이 내포한 심리적, 내용적 측면에 따라서는 다양한 의미로 나뉘질 수 있는 성격의 것이다. 반면에 아이러니는 보다 극적인 성격의 것으로, 그것이 내포한 이데올로기나 비판의 성격은 훨씬 뚜렷해 보인다. 그것은 대상의 속성을 외면적 가상 속에 감추어 그것의 부정성을 폭로하는 방법으로 이미 그 형식 속에 비판과 냉소, 경멸의 의미를 품고 있는 것이다. 앞서 말한 강진호의 언급은 잘못된 현실에 대한 폭로, 거부, 비판, 비웃음의 의미로 유우머 속에 아이러니의 성격을 포괄하고 있는 듯 보인다. 그런 점에서 그가 하근찬 소설의 유우머를 이상과 실재의 모순, 그 속에서 잘못된 현실에 대한 폭로, 또한 그로부터의 회복과 해방을 꿈꾸는 것이라고 본 것은 전적으로 타당한 견해라고 할 수 있다.

그렇지만 하근찬 소설의 유우머가 단지 현실에 대한 비판의 성격만 지니고 있다는 데 대해서는 달리 생각해 볼 수도 있다. 사실 하근찬 소설에서 유우머는 대상에 대한 폭로 뿐만 아니라 대상에 대한 애정과 공감을 표현하는 데도 쓰인다. 무지한 농촌 사람들의 엉뚱한 행동이라든가, 어린아이들의 순박한 행동에서 나오는 웃음은 이미 대상에 대한 애정과 공감을 그 속에 내포하고 있다. 그래서 그의 소설을 "전쟁문학이면서 잔잔하고 담담하고 따뜻한 인정 속에 놓여있는"[23] 것으로, "살짝 드리운 역사의 그림자"와 함께 "따쓰한 인정"이 있는 작품[24]으로 평가되는데, 이는 작가가 회상 속의 대상을 비판과 애정 질책과 동정의 중층 구조 속에 넣

---

23) 김선학, 「이야기로서의 소설」, 《한국문학》, 1985.3, p.305
24) 구중서, 「소재와 상상력」, 《창작과 비평》, 1980년 봄호, p.334

어 바라보기 때문인 것이다. 따라서 강진호가 말하듯 유우머는 현실의 모순을 폭로하는 계기가 될 수도 있으며, 이보영이 말하듯 유우머는 "작가의 토속적인 소박성"[25]을 대변해 주는 계기가 될 수도 있다. 말하자면 유우머는 대상에 대한 비판과 애정, 원망과 동정이 한 곳에 섞어진 전형적인 한국인의 정서, 비극과 희극을 한데 어울려 드러내는 한(恨)를 표출해 내는 기제가 되는 셈이다.

하지만 우리가 여기서 말할려고 하는 것은 이런 유우머의 성격에 관한 것은 아니다. 오히려 유우머나 아이러니가 발화되는 방식, 그것이 소설 내적으로 체험양식과 관계맺는 방식에 관한 것이다. 초기 소설에서 유우머는 상황 자체가 주는 무거움을 완화시키면서 대상이 갖는 비판적 속성을 독특하게 강화시키는 역할을 한다. 예컨대 「수난이대」에서 박만도와 아들 진수의 소변보는 모습이나 개울을 건너는 광경, 「흰종이 수염」에서 동길이 아버지의 우수꽝스러운 모습, 「분」에서 덕이네가 면사무소에 똥을 누는 장면, 「왕릉과 주둔군」에서 왕릉에서 할례를 붙는 미군의 모습 등은 상황 자체가 유우머에 바탕을 두면서도 주제가 갖는 비판적 의미와 독특하게 결합된다. 이들의 우수꽝스러운 모습은 인물 자체의 개별 성격에서 유래한다기보다는 역사적 상황과 특이하게 관계맺음에 의해 파생된 것이다. 이들의 모습은 한편으로 동정심과 애정심을 유발시키고 한편으로 그것을 만들어 낸 상황 자체에 대한 비판적 시선을 돌리게 만든다. 초기 소설이 순박한 농민과 역사적 상황의 관계맺음에 바탕을 둔다는 것은 앞에서도 누누이 지적해 둔 바가 있다. 유우머 역시 이런 상황적 의미를 순박한 농민의 입장에서 바라보게 하는 소설의 독특한 장치가 되는 것이다.

1970년대 이후의 소설에 오면 이런 유우머적 비판의 특성은 현저하게 사라진다. 유우머는 유우머적인 본래의 특성, 말하자면 대상에 대한 동정과 애정, 동심에의 아련한 추억을 회상하는 기제로 변모한다. 「필례이

---

25) 이보영, 「소박한 정한의 세계」, 《현대문학》, 1981.2, p.261

야기」에서 야학과 필례에 얽힌 나의 행동이나,「그해의 삽화」에 나오는 수업광경과 아오야기선생과 일본군 소위의〈랭가이(연애)〉이야기 등은 모두 따뜻한 웃음을 자아내는 동심의 환기와 얽혀 있다. 이런 웃음은 모두 소설을 아늑한 동화의 세계로 이끌고 있는 기능을 하고 있다. 반면에 「족제비」,「조랑말」,「일본도」에서 보듯이 평이한 이야기를 한순간에 반전시키는 아이러닉적 풍자의 수법은 훨씬 강화된다.「족제비」의 끝 부분〈하시모도〉농장 주인 하시모도가 족제비의 모습을 하고 등장하는 것이라든지,「조랑말」에서 거덜먹거리는 껨뻬이가 조랑말 빌빌이에 밀려 말에 떨어지는 모습은 일상적 이야기의 끝 부분을 비틀어 의미를 자아내는 후기 소설의 특징을 그대로 보여준다. 이야기가 체험에 바탕을 두는 우연적인 것이라면 이 우연을 필연으로 만드는 한순간의 반전이 필요하고, 이런 반전은 소설적 상황이 지닌 매개적 성격 없이 개별을 보편성의 수준으로 고양시키게 되는 셈이다.

　체험적 소설이 갖는 한계는 역시 체험 이외의 것을 벗어나면 새로운 공간적 의미를 만들지 못한다는 점에 있을 것이다. 자칫 체험을 강조하다 보면 체험이 갖는 선험적 세계 인식 속에 소설적 상황이 알게 모르게 규정되어 버린다. 따라서 소설은 인물이 갖는 다양한 행위적 역동성을 잃어 버리고 이미 주어진 세계의 자연적 속성에 그대로 포섭된다. 이런 경우 소설의 의미를 만들어 내기란 막연해 보인다. 하근찬 후기 소설이 평범하고 단편적인 이야기 끝에 비판적 대상을 한순간에 풍자화해 버림으로써 소설적 의미를 확보하는 것도 기실 이런 사정에 기인한 것이다. 그렇지 않으면「33매의 엽서」나「죽창을 버리던 날」처럼 소설은 평범한 일제말의 풍속도로 낙후되어 버리고 만다. 그렇다면 작가 역시 자신의 소설이 체험에 바탕을 둔다고 인정하고 있는 시점에서 그에게 부족한 것은 무엇일까? 체험을 근간으로 하면서도 풍부한 대상세계를 보여줄 수 있는 방법이 없었을까? 초기 소설이 그런 가능성을 풍부히 보여주고 있지만 소재가 한계에 부딪쳤을 때 오히려 체험 자체 속으로 빠져들면서 소설은 더욱 좁은 세계로 달려가 버리고 말았다. 체험을 소설의 소재나 배경으로 사용하지 않고 창작의 근원적 체험으로 대상을 새롭게 재구성할 힘을 잃어 버린 것이다.

　루카치는 소설이 현실과 이상의 간극에서 그 간극을 바라보는 작가적 통찰에서 비롯된다고 보았다. 이 때 작가적 통찰은 모순된 세계를 바라보고 그것을 표현해 내는 작가적 세계인식을 말한다. 그리고 그런 세계인식으로부터 소설의 형식이 만들어 지는 것이다. 형상화의 의미도 이런 관점에서 유추해 볼 수 있을 것 같다. 형상화는 단지 현실을 모사(模寫)해 내는 것이 아니라, 작가가 문제삼는 세계인식을 드러내는 방식이다. 모순된 세계와 그것이 지향해야 할 바의 세계를 하나의 완결된 형식 속에 담아내는 추상(抽象)의 힘, 그것이 형상화의 본 모습이다. 그렇다면 하근찬이 바라본 세계는 너무 단편적이지는 않았을까. 〈전쟁의 억압과 일반 민중의 수난〉이라는 주제는 그것이 가진 구체적인 의미, 곧 민중이 역사에 종속되면서도 역사를 넘어서는 다양한 삶의 원리들, 역사와 민중의 다양한 결합방식을 전제로 하지 않는다면 너무 일반화된 단편적 지식이 된다. 따라서 하근찬이 체험에 사로잡혀 형상화의 힘을 잃어 버리는 것은 궁극적으로 보편화된 일반 상식에만 의존하는 그의 세계인식에도 문제가 있는 셈이다.

4. 결론 - 전통지향적 보수주의와 복고적 향수

　하근찬의 세계 인식을 극명하게 보여주고 있는 작품은 「왕릉과 주둔군」이다. 이 작품은 두 개의 상반된 가치 인식이 서로 대립하는 형국을 표면화하고 있다. 그 하나는 박첨지로 비롯되는 보수적이고 전통적인 가치관이며, 다른 하나는 서양병정으로 대표되는 서양적이고 외래적인 가치관이다. 그런데 실상 소설에서 다루고자 하는 것은 두 가치관의 팽팽한 대립이 아니라 한쪽에 의해서 한 쪽이 무너지는 실상과 현실이다. 박첨지는 자신의 존재기반이며 의미이기도 한 왕릉을 지키고자 하지만 왕릉은 서양병정의 놀이터가 되고 급기야 할례를 붙는 불경스러운 장소가 된다. 그의 딸 금례는 박첨지의 뜻과는 상관없이 양색씨로 전락하여 집을 떠나기도 한다. 그런 가운데 변하지 않는 것이 있다면 박첨지의 완고한 가치관이다. 박첨지의 가치관은 봉건적 윤리관을 견지하는 것, 그리고 선대로부터 이어져 오는 집안의 권위주의를 지켜가는 것이다. 그런데 재미난 것은 박첨지의 봉건적 가치관은 소멸되어 가고, 또한 소멸될 수밖에 없는 것임에도 불구하고 소설에서는 어떤 절대적 가치를 함의한다는 것이다. 그것이 봉건적 가치인가 아닌가가 문제가 되는 것은 아니다. 문제의 초점은 그것이 새로운 가치에 의해 몰락되어 간다는 점이다. 따라서 그것은 자연히 현실적 훼손에 대응하여 지켜야만 할 어떤 본원적 가치를 대변해 주게 된다. 다시 말해 소설 속에서 박첨지의 봉건적 가치관은 세상의 변화에도 불구하고 변해서는 안될 인간 본연의 '그 무엇'을 상징하는 하나의 내적 표상으로 변하고 있다.

훼손되어 가는 세계에 대한 안타까움과 거부는 하근찬 소설의 변하지 않는 주제이다. 일제말과 6.25전쟁을 다룬 소설에서도 관심의 초점은 어디까지나 공동체적 순수성이 파괴되는 상황의 안타까움에 있다. 그래서 그의 소설은 민중들의 순박함과 우직함을 두드러지게 내세우고 그것이 훼손되는 데에 대한 책임을 전쟁, 혹은 근대문명에 씌우고 있다. 전쟁은 자연적 순수성을 파괴하는 문명적 이기(利器)의 상징이기 때문이다. 그렇다면 하근찬 소설에서 지켜야 할 세계와 이를 파괴하고자 하는 세계의 구체적 내용은 무엇일까. 「왕릉과 주둔군」에서 보듯 지켜야 할 세계는 전통적 가치관일 수도 있고, 「나룻배 이야기」에서 보듯 공동체적 순수성일 수도 있으며, 「33매의 엽서」에서 보듯 따뜻한 부성애의 모습일 수도 있다. 말하자면 하근찬의 소설에서 지켜야 할 세계의 모습은 어떤 일관된 상태를 가지고 등장하지는 않는다는 것이다. 오히려 그것은 파괴하는 세계(예컨대 전쟁, 근대문명)의 상대편에 있는 '그 무엇', 지켜야 할 순수함의 다양한 표상들을 의미하고 있다. 하근찬 소설의 초점은 파괴하는 것, 예컨대 상대적으로 뚜렷해 보이는 근대문명이나 역사, 전쟁에 있는 것이 아니라 소멸당하는 것, 희생당하는 것의 편에 서 있으며, 따라서 소멸과 희생의 종류도 다양할 수밖에 없다. 그런데 이처럼 소멸되는 세계에 대한 다양성은 그가 대상을 어떻게 낭만적으로 바라보고 있는가 하는 점을 구체적으로 보여준다.

근대문명에 대한 비판과 토속적 공동체에 대한 예찬이 첨예하게 나타난 것은 「산중우화」에서이다. 「산중우화」의 세계는 원시적 공동체이다. 아니 공동체라 할 것도 없는 두 노인만의 첩첩산골이다. 그런데 여기에 전쟁이 개입하게 되고 이들의 안락한 삶은 한순간에 무너진다. 총탄을 이상한 쇠붙이로, 비행기를 큰 새로 받아들이는 이런 원시성을 작가는 전쟁과 문명에 대비시킨다. 그리고 원시적 공간의 순수성에 전쟁에 의해 소멸되어 가는 것의 상징성을 부여하고자 애쓴다. 1980년 이후의 작품인 「조상의 문집」에서는 어려웠던 살림 속에서 선조의 문집을 편찬하겠다고 고집하는 노인과 이를 받아들이지 못하는 아들이 나온다. 소설은 노인이 우여곡절 끝에 선조의 문집을 출판하는 것으로 끝내지만 중심은 역시 그런 전통적 가치관을 받아들이지 못하는 개인적이며, 물질주의적인 세태에 대한 안타까움에 있다. 소멸되고 사라지는 것에 대한 그리움은 「전차구경」에서도 나타난다. 남산에 있는 전시된 낡은 전차를 보면서 옛 향수에 젖는 노인의 모습에서 작가가 어떻게 과거를 받아들이고 있는가를 잘 보여준다.

원시적 공간이나 조상의 문집, 낡은 전차는 모두 사라진 것들에 대한 표상들이다. 그러나 그것들 속에는 어떤 내재된 의미가 있는 것은 아니다. 원시적 공간이 순수하다든지, 조상을 생각하는 것이 가치가 있다든지, 옛 문물의 가치를 예찬하기 위한 것이 아니라는 것이다. 그리고 이런 것들이 모두 가치 있는 대상이라고 말할 수도 없다. 그것은 모두 과거를 반추하면서 나타난 것이고, 현재를 부정하면서 나타난 대안물이다. 따라서 하근찬의 시선은 훼손된 것에 대한 성격의 탐색에 있는 것이 아니라 잃어버린 것에 대한 막연한 '향수'에 있다. 잃어버린 것은 언제나 회상 속에 아름다운 대상으로 등장하고 이런 것들이 그의 작품에서 동심이나 따뜻한 인정, 유우머를 만들어 내는 근본 요소가 되는 것이다. 그리고 이를 통해 작가가 꿈꾸는 대상이 바로 어린시절과 같은 안온한 평화의 세계, 자연적인 순수의 세계임을 짐작해 보게 한다. 그리고 이를 그가 추구하는 전통지향적 보수주의라면 그렇게도 부를 수 있을 것이다. 하근찬의 세계 인식이 단순하면서도 대립적으로 드러나는 것도 이와 관련된다. 그의 소설에서 보듯 전쟁, 근대문명과 토속적 순수성은 언제나 선, 악의 대립적인 이분법 속에 놓여 있다. 훼손되는 것은 선이며, 훼손하는 것은 악이라는 관점은 초기 소설이든, 후기 소설이든 변하지 않는다. 그럼으로 해서 선과 악이 서로 교호될 가능성도 사라지며, 그 속에 합리성, 주체성과 같은 계몽의 논리도, 도구적 이성과 같은 반계몽의 논리도 자리 잡을 수 없게 되는 것이다.

체험을 다루는 그의 관점도 크게 다르지 않을 것이다. 천이두는 하근찬의 후기 소설에서 보이는 작가의 관점을 두고 일제말기를 바라보는 기묘한, 모순된 감정이 수반되어 있다고 말한다. 작가에게 일제 시기는 세계와 자아에 비로소 눈뜨기를 시작한 소년의 꿈이 서려있는 노스탤지어의 대상이 되지만, 반면에 일제의 가혹한 수탈과 억압 속에서 험난한 성장의 시기를 보내야 했던 참혹한 기억들의 대상이 되기도 한다는 것이다.[26] 이런 의식의 이중성은 나름대로 의미를 갖는다. 작가의 말에서도 드러나듯이 〈전쟁피해담〉이란 어차피 회상 속에서 드러나는 것이고 그 회상 속에는 험난했던 시절의 피해담과 함께 꿈많았던 시절의 추억도 들어가게 마련이다. 따라서 과거를 바라보는 이런 아이러닉한 관점이 바로 하근찬의 독특한 문학세계가 되는 셈이다. 과거를 향수하는 힘은 전통에 대한 애착과 묘한 상동관계를 이루고, 전쟁은 그 과거의 전통을 파괴하는 힘으로 상대편에 존재하고 있다. 그의 작품 속에는 과거에 대한 향수와 과거를 파괴한 전쟁에 대한 증오가 함께 내재되어 있으며, 그것이 드러나는 묘한 긴장관계가 초기 소설과 후기 소설의 특징을 나누고 있다. 초기

---

26) 천이두, 「어둠 속에서의 눈뜸」, 《현대문학》, 1985. 3, p.138

소설이 파괴되는 민중의 세계와 역사적 상황에 초점을 맞춘다면 후기소설은 과거의 회상과 추억의 반추에 초점이 모아져 있다. 체험적 입장에서 보자면 초기 소설은 체험적 상수가 약화되어 있고, 후기 소설은 체험적 향수가 강화되어 있다. 그런 점에서 초기 소설은 역사의 억압과 민중의 수난이라는 주제의식이 살아있다면 후기 소설은 일제말의 수난 속에 어린시절을 반추하는 묘한 동심과 향수가 살아나 있다.

이 글의 서두에서 하근찬의 소설을 평가하는 데 어려움을 이야기 했다. 「수난이대」나 「흰종이 수염」, 「분」, 「붉은 언덕」, 「삼각의 집」 등이 지닌 뛰어난 형상화와 탁월한 주제의식은 어떤 작가도 흉내낼 수 없는 영역을 확보하고 있지만 「죽창을 버리던 날」, 「33매의 엽서」, 「일본도」 등에 오면 소설은 그만그만한 단편적인 회상의 이야기로 떨어져 버린다. 한 작품 안에 나타나는 독특한 양면성도 무시할 수 없다. 눈물나는 냉엄한 현실임에도 소설은 어느덧 유우머와 목가적 분위기로 빠져 버린다. 소박한 사투리와 유머적 행동 속에서 인물의 생동감은 살아나지만 성격의 내면성과 갈등이 없음으로 해서 인물의 사실감은 죽어버린다. 하근찬 소설의 이런 특성들은 역시 역사적 대상을 전체적 시각에서 파악하지 못했던 작가의 단선적 세계관에 기인하는 바가 크다. 체험이나 일화를 통해 보여주는 관습적 세계는 어차피 고립적이다. 그런 세계는 역사와 그 속에 부침(浮沈)하는 인간 운명에 대한 연결고리를 찾기가 힘들다. 또한 자칫 잘못하면 역사적 구체성을 자연주의로 묘사하여 단순히 '하층일반'의 추상적 관찰물로 용해시켜 버릴 수도 있다. 그의 소설이 체험에서 우러나오는 생생한 이야기적 생동감을 유지하면서도 뭔가 부족함을 주는 것도 바로 이런 점 때문이 아닐까.

1950년대 소설의 극복과 60년대 소설의 서사적 전개

1. 들어가는 말

1960년대 소설의 서사적 특성을 살펴보기 위해 몇 가지 전제 조건이 필요하다. 우선 서사성의 개념 설정을 어떻게 하느냐 하는 것이 하나의 문제로 떠오른다. 서사성을 바흐쩐식으로 언어의 '대화적' 구조, 말의 '다성성' 과 같은 민중 언어의 살아있는 실체로 보는 관점이 있을 것이고, 루카치식으로 특정한 역사 시기의 전체성과 개별성의 융합, 묘사된 개별 행위와 역사 의식의 결합을 의미하는 것도 있을 것이다. 이 두 개념은 근본적으로 서사적 내러티브를 근본 조건으로 한다. 말하자면 산문적 현실 속에서 개별적 실체가 자신의 이념을 삶의 실제적 형식 속에서 풀어내는 것을 말한다. 그런 점에서 이 두 사람에게 있어 소설은 민중적 힘이 구체화되는 부르조아 사회의 대표적 양식이 된다. 하지만 그럼에도 불구하고 루카치는 소설 양식을 당대 사회의 본질을 산문적 차원에서 형상화하는 것으로 지칭한다면, 바흐쩐은 당대 사회의 민중적 힘을 '카니발' 과 같은 양식 속에서 응집하고 분출해 내는 것을 의미한다. 루카치의 서사 개념이 다분히 역사 규정적이라면, 바흐쩐의 서사 개념은 '놀이' 와 '유희' 의 개방성을 강조하는 미적 규정에 가까운 것이다.

1960년대 소설의 서사성 문제는 다분히 전 시기와 다른 1960년대만의 독특한 특징을 규명하라는 의미를 내포한다. 그 속에는 이미 역사 철학적인 문제가 내포되어 있는 것이다. 그런 점에서 보자면 우리가 다루는 서사성은 분명히 사회와 역사 속에서의 개인이 담지한 철학적 문제를 풀어가는 형상적 담론을 의미한다. 따라서 이는 형식상의 문제라기 보다도 내용상의 문제에 더 가까운 개념이 되는 셈이다. 우리가 1960년대 서사성의 문제를 살펴보고자 할 때 루카치의 서사적 형식의 개념에 중점을 둘 수밖에 없는 이유도 여기에 있다.

두 번째 전제 조건의 문제는 서사성의 문제가 특정한 시기의 특성으로 어떻게 일반화될 수 있겠느냐는 문제이다. 루카치에게 있어 소설이 중요성을 띠는 이유는 그것이 바로 역사적 총체성을 잃어버린 부르조아 시대의 대표적 담론이기 때문이다. 소설 속에는 서사시적 총체성을 잃어버린 과거에 대한 향수와 꿈이 담겨져 있다. 부르조아 사회가 더 이상 개인과 조화로운 화해를 부정한다면 개인은 그 총체성의 이념을 자기 의식, 혹은 내면 속에 담지할 수밖에 없다. 그럼으로 해서 총체성의 개념은 순전히 형식(서사성) 속에서 환원되는 간접적인 체험의 방식이 된다. 따라서 우리는 속류 사회학에서처럼 총체성을 하나의 형식, 하나의 장면, 하나의 현실 대응에서 찾을 수는 없는 것이다. 그것은 소설의 겉면에 드러나지 않는 보다 잠재된 우리들의 삶의 조건, 예컨대 현실과 이상의 괴리에서 발생하는 것이기 때문이다. 이렇게 보면 루카치가 서사적 특성을 소설의 근본 형식으로 삼은 것은 부르조아 사회가 가지는 개인과 사회, 개인과 역사의 단절 때문이라는 것을 쉽게 알 수 있다. 이를 바꾸어 말하면 서사성의 개념은 근본적으로 부르조아 사회의 역사철학적 성격 때문에 나타난 것이고, 이 속에는 근대적 삶과 인간의 관계를 가장 잘 규명할 방법이라는 의미를 함유하고 있는 것이다.

그렇다면 우리가 살펴보고자 하는 1960년대 서사성의 문제는 단지 너무 좁은 시기의 범위만을 문제삼음으로써 서사성이 지닌 역사 철학적 의미를 간과하지 않겠느냐 하는 문제가 나타날 수 있다. 서사성이란 형식 개념 자체가 역사 철학적 문제라면 50년대와 60년대의 서사성의 특징을 변별해 낸다는 것은 어쩌면 웃으운 형식 논리가 될 수 있다. 단지 10년이라는 짧은 시기의 변화에 따른 서사성의 특징을 어떻게 변별해 낼 수가 있을까? 어차피 1950년대와 1960년대의 소설은 현실에 대한 환멸성, 즉 개인의 이상과 꿈을 내면성 속에서 해결해 내는 환멸적 낭만주의의 성격을 보이는 것은 비슷하지 않는가? 넓은 의미에서 보자면 5, 60년대 소설은 현실의 의미를 정확히 찾지 못한다는 것, 그럼에도 현실에 대한 부정성은 깊어지고 자신의 꿈을 순수하게 내면성 속에서 해결하고자 한다는 점에서 유사성을 지닌다. 손창섭의 현실 부정의 논리와 이청준의 현실 부정의 논리는 근원적으로 같은 문제가 아닌가? 박경리의 속물적 세계에 대한 거부와 김승옥의 속물적 현실에 대한 거부는 무엇이 다른 것일까? 따라서 이런 문제를 보다 세밀하게 살펴보기 위해 루카치가 말하는 서사성의 근본 성격들을 다소 완화시켜 살펴볼 필요가 있다. 다시 말해 이는 루카치가 서사성 속에 포함하고 있는 총체성의 개념, 전형의 개념, 역사 본질의 형상화의 문제들을 너무 엄격하게 적용시키는 것은 불가능하다는 뜻이 될 것이다. 50, 60년대 작가들에게 역사와 현실의 변화를 본질적인 측면에서 형상화하라고 하는 것은 지나친 요구일 것이고, 오히려 우리는 50년대와 60년대의 변화에 따라 현실에 대응하는 개인의 관점과 시각의 차이, 이를 어떤 담론적 형식 속에 담아내느냐 하는 점의 차이를 살펴보는 것이 현실성 있는 대안이 될 것이다. 그리고 그 속에 사회와 개인에 대한 작가의 시각 차이가 드러날 것이다.

  서사적 형식이란 단절된 세계에 대한 개인의 태도와 가치 관념들을 인간의 구체적 삶을 통해서(서사적 내러티브) 생생하게 재현해 내는 것을 말한다. 물론 이때 재현된 현실은 실제 현실과 다르며, 세계에 대한 본질적인 관념들을 작가의 상상력에 의해 형식으로 변화시킨 것을 지칭한다. 그래서 올바른 서사적 내러티브는 개인의 상상력을 통해 개인적인 것과 전체적인 것의 융합, 생생하게 묘사된 행위와 심오한 역사 의식의 접목을 의미하게 된다. 여기서 중요한 점은 두 가지 요소이다. 우선 근본적으로 역사와 현실을 바라보는 작가의 세계 인식이 문제가 된다. 소설이 객관적 삶의 총체성과 개인적 삶의 실체가 조화를 이루고 있지 않다는 근원적인 생각으로부터 시작된다고 보았을 때 서사성 속에는 필연적으로 역사와 사회에 대한 주체의 인식 문제가 내포하게 된다. 서사적 형식은 단절된 세계에 대한 작가적 현실 인식이 형식의 과정으로 변화된 것을 의미하고 따라서 인물과 배경, 사건의 처리방식, 묘사와 서사의 적절한 구사 등은 작가적 인식의 형식적 변용이라 할 수 있다. 그런 점에서 작가가 세계를 인식하는 방식은 단지 작가 주체의 내면성에 속한 문제라기보다는 사회와 역사의 규정에 따른 문제이기도 한 것이다. 헤겔이 말했듯 '나'는 순수한 나의 문제라기 보다는 타자성이 갖는 상대적 개념의 정의이다. 따라서 서사성은 주체와 객체의 문제를 포괄한다.

두 번째로 서사성과 소설적 추상성이 갖는 상호관계의 문제이다. 소설의 형식은 현실 자체가 아니고 작가가 갖는 현실에 대한 추상적 사유의 표현 방식이다. 세계의 총체성도, 그리고 그런 세계를 동경하는 인간의 꿈과 그런 사유를 형상화하는 것도 추상적이다. 그런 점에서 소설의 형식은 구체적 삶이 지닌 실제성과 분명한 거리를 지니는 추상적 사유의 형식인 것이다.[1] 루카치는 소설의 이런 추상성으로 인해 소설이 내면적 서정 속으로 들어 가거나, 드라마 식의 방법으로 초월되거나 단순히 오락적 차원으로 떨어질 위험이 있다는 점을 지적한다. 말하자면 소설은 세계에 대한 인간의 관념을 다루는 것이기에 어떤 식의 사유든 그것이 형식화될 수 있고 그런 점에서 소설은 엄격한 기준이 필요하고 사유의 객관성, 형식에서의 현실성이 문제가 된다. 소설에서 서사성을 중요하게 보는 것도 바로 이런 추상성의 문제를 극복하기 위한 하나의 방법적 전략이 되기 때문이다. 따라서 소설에서 서사성은 형상화되는 세계와 인물, 사건, 형식적 구조 등이 궁극적으로 현실에 접근할 것을 요구하고 있다.

앞에서 1960년대 소설의 서사성 문제를 살펴보기 위해서 전형이나 총체성 개념보다는 개인의 현실인식이나 시각, 형상적 방법을 더 중요시하여 보겠다는 말을 했다. 그 구체적인 내용들이 바로 현실상황의 변화, 이

---

[1] 이점에 대해서는 루카치, 『소설의 이론』, (심설당, 1985) pp.89-91참고.

에 대한 작가의 현실인식, 그리고 현실에 접근하는 형상화 방법들이 될 것이다. 이런 문제는 결국 전쟁으로 인한 자기 상실을 극복하고 어떻게 구체적 현실인식과 형상화 방법을 되찾아 가느냐 하는 문학사적 발전의 한 과정이 된다.

2. 50년대 소설과 60년대 소설의 의미

1950년대 소설의 서사적 방식과 1960년대 서사적 방식의 차이는 어디에 있을까? 이런 물음에 답하기 위해 우선은 1950, 60년대의 사회적 변화와 이에 따른 작가적 인식의 차이를 먼저 거론해 볼 필요가 있다. 일반적으로 1950년대 소설은 "감정의 과잉", "구체적인 사물에 대한 냉철한 인식보다는 추상적 당위에 대한 무조건적인 찬탄"[2]으로 시종되었다고 평가를 받는다. 이것은 아무래도 현실에 대한 작가적 대응이 구체적 현실에 근거하기보다는 개별적, 혹은 주관적 감정에 치우쳐 있다는 말이 되겠다. 이와 같이 감정이 우세했던 요인을 우리는 전쟁에 따른 피해의식 때문이라고 규정지을 수 있다. 무엇보다 전쟁은 한순간에 자신이 처한 삶의 뿌리를 빼앗아 가버려 정신적 '아노미' 상태를 만들었고, 그럼으로 해서 대상과 주체, 사회와 개인간의 상호작용도 불가능해졌던 것이다. 따라서 50년대에는 무엇이 사회변화의 근본 요인인지, 무엇이 나를 규정하는지, 무엇이 나의 존재 의미인지 하는 물음이 애당초 불가능해져 보인다. 개인에게 남는 것은 현실에 대한 구체적 환멸과, 규정되지 않는 자기 모순적 감정, 자기 분열과 같은 자의식 밖에는 없다. 그런 점에서 1950년대는 근본적으로 자기를 규정할 타자성을 가지지 못한 시대였다.

1950년대 작가가 구체적 현실의 변화(반공주의를 바탕으로 한 이승만

---

2) 김현, 「테러리즘의 문학」, 『현대한국문학의 이론, 사회와 윤리』 김현 문학전집 2권, 문학과 지성사, 1991, p.242.

정권의 억압적 관료주의, 원조자본을 중심으로 한 친미 자본주의로의 편입)를 읽을 수 없었다는 점은 1950년대 소설을 비본질적인 문제에 집착케 하는 요인이 된다. 말하자면 손창섭, 서기원의 소설과 같이 자기 모멸, 자기 파괴로 나아가던지, 김성한이나 장용학의 소설과 같이 아예 보편적 이상의 문제로 초월케 한다든지, 그렇지 않으면 이도 저도 아닌 한국적 전통주의과 인정주의(오영수, 황순원, 김동리, 오유권)로 환원케 하기도 했던 것이다. 이는 작가의 현실 인식이 외부 세계와 아무런 관련을 맺지 못하고 오로지 작가의 내면 속에서 주관화된 이상(理想)으로만 존재하기 때문이다. 다시 말해 작가의 현실 인식이 구체적 현실과 관련을 맺지 못할 때 이는 보편적 이상의 문제로 바뀌게 되고, 따라서 작가는 구체적 현실보다 초월적 당위의 세계를 대상으로 지니게 되는 것이다. 그럼으로해서 현실에서 불가능한 당위적 이상은 현실을 파괴하고, 현실을 무의미한 것으로 만들며, 아예 알레고리처럼 현실을 새로운 공간으로 꾸미게 된다. 그런 점에서 1950년대 소설은 '존재하는 현실'과 '존재해야만 하는 당위적 이상' 사이에 극복할 수 없는 간극을 애초에 품고 있다고 하겠다. 그만큼 50년대 소설은 전쟁의 폐허 속에서 단지 개인만이 지닌 절망과 환멸의 무게를 표현해 내는 데 치중하고 있는 셈이다.

김현은 여러 편의 글을 통해 50년대의 소설이 '비개성적 허무주의', 혹은 '몰개성적 허무주의'의 특성을 보이고 있다고 지적하는데[3], 이것은 아마도 50년대 작가가 지닌 정신적 외상과 상처가 현실의 구체적 기반없이 추상화되고 있음을 말한 것일 것이다. 상처의 근원이 구체적인 상황 속에서 찾아지지 못할 때 그 상처는 곧 실의와 체념의 동의어가 되고 만다. 따라서 그는 1950년대 작가가 상처의 근원을 우리 현실보다 서구의 보편적 소외 개념에서 찾는 묘한 '지적 포우즈'를 구사하고 있다고 지적한다. '비개성적', '몰개성적'이라는 용어는 서구와는 다른 지성사적 흐

---

3) 김현, 「허무주의와 그 극복」, 『문학과 사회』, 김현문학전집 2권, 문학과 지성사, 1991.
김현, 「테러리즘의 문학」, 앞의 책.

름 속에서 개인에 대한 구체적 자각(김현 식의 표현에 의하면 "존재에 대한 강한 의식과 거기에 대한 명료한 통찰") 없이 서구적 허무주의를 강요하는 50년대적 지적 태도를 비판한 것이고, 이런 논리는 이후 1950년대 손창섭, 장용학을 비판하고 1960년대 김승옥, 이청준 류의 개인주의를 옹호하는 밑거름이 되기도 한다.

김현의 이런 논리는 1950년대 소설을 너무 부정적으로만 평가한다는 문제점도 없진 않지만 1950년대 풍미했던 서구사조의 도입을 감안할 때 이 역시 크게 부정할 수 없는 것도 사실이다. 손창섭이나 김성한, 장용학의 소설도 그렇고 오상원의 여러 소설들 역시 그러한 경향을 보여주고 있기 때문이다.[4] 하지만 문제는 이런 소설들이 추상적 사유에 바탕을 두면서도 철저하게 50년대 현실의 알레고리로서 창작되었고, 또 그렇게 읽혀진다는 점이다. 예컨대 손창섭의 '인간 모멸'은 한편으로 존재 보편에 대한 회의적 시각의 태도가 되지만, 다른 한편으로 50년대적 현실에서 인간 삶의 처절함, 왜소함을 표명한 것이 되기도 한다. 장용학의 문명 비판은 서구의 근대성 비판을 빌린 것이지만, 실제 그것은 6·25전쟁에 대한 안티-테제의 개념이기도 하다. 그런 점에서 50년대 문학은 논리적인 해석의 관점이 아니라 감성적인 이해의 관점이 요구된다고 할 수 있다. 50년대는 우리의 삶이 가난과 궁핍 속에서 부유하고 있었듯이 정신세계 역시 '부유하는 자의 세계' 속에 존재하는 것이다. 따라서 50년대 문학의

---

4) 이런 보편화 경향을 가장 잘 보여주는 작가가 바로 오상원일 것이다. 오상원은 「부동기」나 「황선지대」에서 전후 현실의 모순과 부조리를 잘 묘사한 작품을 쓰지만, 실제 그의 대부분 작품은 말로나 까뮈, 싸르트르를 흉내낸 것이다. 그의 소설에서 해방기나 6·25전쟁을 소재로하여 쓴 작품을 여럿 선보이지만 실제 그것은 구체적 현실과는 상관없이 '한계상황에서 인간이 처한 궁극적 존재조건'을 규명하기 위한 것이다. 사르트르의 「벽」과 말로의 「인간조건」을 모방한 「유예」나 「구열」이 그렇거니와, 이외의 「모반」, 「보수」, 「사상」, 「표정」, 「죽음에의 훈련」, 「현실」 등 대부분의 작품이 그러하다. 김현은 이와 같은 오상원의 휴머니즘을 개인의 존재이유를 상황과의 대립에서 찾지 못하고 자신도 속이고 타인도 속이는 "인간애의 포즈"에서 나왔다고 비판한다.
김현, 「허무주의와 그 극복」, 앞의 책, p.219.
졸고, 「한국 전후 장편소설 연구」, 연세대 대학원, 박사논문, 1995, pp 164-169 참고.

알레고리적 성격(구체성이 없는 개별성, 혹은 보편성에 대한 집착)은 서구사상의 알레고리가 아니라 우리 삶의 알레고리였다는 점을 인식할 필요가 있다.

 그렇다면 1960년대 소설은 어떠할까? 1960년대 소설의 특성을 규명하기 위해 우리는 먼저 4·19가 남긴 역사적 의미를 살펴보지 않을 수 없다. 정과리는 1960년대 문학은 4·19의 성공, 그리고 좌절과 궤를 같이 한다고 말하고 있다.[5] 이 말은 60년대 문학에서 4·19의 의미가 얼마나 중요한가를 상기시켜 주고 있는데, 구체적으로는 4·19의 의미 속에 담긴 시민의식의 등장과 좌절이 비로소 문학 속에서 개인 의식과 현실 참여의 구체적 의미를 드러내 주기 때문이다. 그만큼 60년대 지식인에게 던진 4·19의 의미는 크다는 뜻도 되겠다. 사실 4·19를 통해 이승만 정권의 독재를 넘어 시민적 자유의 개념을 얻을 수 있었으며, 문학이 지향하는 바의 본질적 의미를 삶의 구체성 속에 찾아 나갈 계기를 얻을 수 있었다.[6]

 4·19가 1960년대 문학에 남긴 의미는 크게 두가지로 요약할 수가 있다. 우선 첫째는 1950년대 문학과 질적 차별성을 지니는 4·19세대의 등장을 가능하게 했다는 점이다. 주로 1965년을 중심으로 등장하는 이 세대는 50년대 문학이 지니고 있던 감정의 과잉상태나 역사에 대한 추상성

---

5) 정과리,「자기 정립의 노력과 그 전망」,『문학, 존재의 변증법』, 문학과 지성사, 1985, p.23.
6) 4·19가 문학에 끼친 의미는『문지』계열의 문인들이 72년 편집한『현대한국문학의 이론』서문에서 잘 나타난다. 간단히 앞 부분만 인용한다.
 "1960년대 초기의 열기와 감동, 우리들의 문학적 충동은 이 시대의 들끓는 분위기와 깊은 관계를 가진다. (중략) 4·19의 거센 흥분이 지나가고 난 뒤, 우리는 이렇게하여 역사의 의미와 만났다. 자유의 의미와도 만났다. 무엇을 어떻게 할 것인가, 비록 우리들이 갖고 있는 지식은 빈궁하고, 우리들이 쓰고 있는 언어는 조야하지만, 바로 그렇기 때문에 우리는 지식과 언어에 대한 무한한 사랑을 지니고 있다. 이 사랑은 역사의 의미, 자유의 의미를 탐구하고 현실의 괴로움을 극복할 수 있는 가장 큰 힘임을 우리는 자부한다."
 김병익외『현대한국문학의 이론』, 민음사, 1972, 서문

을 벗어나 소시민으로서 역사와 일상적 삶에 대한 자기 인식을 확보해 나가는 계층을 일컫는다. 1960년대 문학의 새로움 역시 이런 새로운 세대의 등장을 일컬음인데, 이 세대는 1950년대 문학 이론과 작품에 대한 확실한 차별성을 근거로 자기 세대의 고유한 독자성을 확보해 나간다. 말하자면 김현, 김병익, 김승옥, 이청준 등으로 대변되는 4·19세대는 1960년대 문학의 새로움을 '개인에 대한 인식', '자기 세계의 구축'과 같은 자기 문학을 정립하려는 의식으로 규정하고, 이를 1950년대 문학과는 다른 자기 세대의 특수성으로 이름짓고 있는 것이다.[7] 이는 물론 4.19가 담고 있는 자유에의 정신과 시민정신의 확립과 무관하지 않다.

두 번째로 4·19의 성공과 좌절로 말미암아 1950년대에 비해 역사와 개인에 대한 구체적인 시각조정이 가능했다는 점이다. 한 좌담에서 김윤식은 4·19가 비록 완전한 자유는 아니더라도 원칙적으로 자유가 용납될 수 있는 사회를 만듦으로써 개인과 사회의 문제를 제기할 수 있는 리얼리즘적 공간을 비로소 만들었다고 말하고 있다.[8] 김윤식의 말은 1950년대와 상대적인 관점에서 비교한 것이겠지만 4·19를 통한 최소한의 자유와 시민의식의 확립은 4·19세대나 《창비》세대의 주장처럼 "문학적 현실에 대한 인식의 비로소 싹틈"을 어느정도 가능하게 한 요인이 되었을 것이 틀림없다. 4·19의 실패와 5·16군사정권의 등장은 1950년대와 다르게 정권투쟁과 사회적 저항의식을 만들어 낸 계기가 되었고, 실제 《사상계》,《청맥》에서 보이는 사회적 인식이 이를 증명해 주고 있다. 정

---

7) 권성우는 김현을 비롯한 4·19세대의 60년대 문학의식이 전시대의 문학인 50년대 문학과 60년대 문학을 명료하게 구분하려는 비평가의 욕망과 문학사적 인정투쟁에 근거해 있다고 비판한다. 그는 4·19세대가 자신의 문학적 관점을 50년대와 비교하는 가운데 문학의 연속성을 성급하게 부정하고 있다는 점, 그리고 일반적 특성을 과장되게 규정하고 있다는 점을 증서로 내세운다. 권성우의 이같은 언급은 충분한 타당성을 갖고 있다. 하지만 50년대와 다른 60년대 문학의 질적 차별성을 완전히 부정할 수는 없다.
권성우, 「60년대 비평문학의 세대론적 전략과 새로운 목소리」, 『1960년대 문학연구』, 예하, p.19.
8) 좌담, 「4·19혁명과 한국문학」, 유종호,염무웅편, 『한국문학의 쟁점』, 전예원, 1983, p.165.

치적 현실에 대한 인식의 확대와 저항의식의 확장은 구체적으로 문학에서 리얼리즘적 인식의 확대를 가져왔던 것이다. 변두리 삶과 근대화의 모순을 비판한 박태순과 이문구가 1964년, 1966년에 등장했고, 김정한이 1966년 재등장했다. 뿐만 아니라 이런 리얼리즘적 작품 경향을 이론적으로 뒷받침한 《창비》 계열의 평론가(백낙청, 염무웅)들이 1966년부터 본격적으로 활동을 시작했다. 물론 현실에 대한 인식의 확대와 심화는 오로지 4·19와 그 세대의 몫으로 돌릴 수만은 없을 것이다. 1955년 이후부터 부단히 소개된 사르트르의 앙가쥬망론과 이에 따른 여러차례의 순수, 참여 논쟁이 문학이 현실에 갖는 기능의 문제에 대한 시각을 새롭게 한 계기가 되었고, 50년대 문학을 반성하면서 60년대의 문학의 새로움에 기여하는 밑거름이 되었다.

무엇보다 1960년대 문학의 성격을 성민엽이 4·19세대의 '자기 긍정'과 '자기 부정'으로 규정한 것이 흥미롭다.[9] 이러한 발상은 물론 4·19세대의 자기 우월감에서 나온 것이 분명할 터이지만, 이 속에는 1960년대 문학(소설)의 성격을 해명하는데 중요한 의미가 내포되어 있다. 4·19세대의 자기 긍정은 김병익이 말한대로 50년대의 "문학적 화석화(化石化)"를 극복하고 "경악에서 성찰로, 체험에서 언어로, 실존주의에서 시민의식으로, 패배감에서 극복에의 의지"로 문학적 방향으로 돌린 것[10]과 개인에 대한 인식과 자기 세계의 확보에 있을 것이지만 실상 이런 개인의식의 확립은 역사와 사회의 성격에 대해서는 아무런 언급도 할 수가 없는 것이었다. 김승옥과 이청준, 서정인으로 요약되는 개인주의의 확립은 현실에 대한 객관적인 문학인식은 될 수 있을 테지만 그것이 현실변혁의 실천적 의지로 규정되기에는 여전히 많은 한계를 가지고 있다. 말하자면 이런 개인의식의 확보는 4·19이후 달라진 현실에 대한 잠재적 비판은 될 수 있어도 농업사회의 해체와 산업사회로서의 근대화 과정에

---

9) 성민엽, 「4·19의 문학적 의미」, 『문학과 빈곤』, 문학과 지성사, 1988, p.40.
10) 김병익, 「60년대문학의 가능성」, 『현대한국문학의 이론』, 민음사, 1978, p.164.

서 일어나는 여러 사회 문제에 대해서 아무말 할 수가 없는 것이었다. 이런 점은 김승옥을 중심으로 60년대 문학의 새로움을 예찬하는 4·19세대의 문학론에 대한 한계가 되고, 또 이런 한계를 바라보는 시각이 앞서 언급한 4·19가 문학에 미친 두가지 의미를 나누는 근거가 되며,《문지》계열과《창비》계열을 나누는 요인이 된다. 다시 말해 성민엽의 말대로 현실에 대한 정직한 문학적 인식의 표출(4·19의 패배와 자기 환멸)을 중시할 때 4·19세대의 의미는 자기 긍정되는 것이며, 현실변혁의 실천적 의지를 중시할 때 4·19세대의 의미는 자기 부정되는 것이다.[11] 이처럼 4·19세대의 '자기긍정'과 '자기부정'은 1960년대 문학을 가르는 중요한 틀이 되고, 소설의 서사적 흐름을 살펴보는 데 중요한 하나의 기준이 된다. 말하자면 1960년대 소설의 두 가지 큰 흐름, 예컨대 김승옥과 이청준, 최인훈과 같은 관념, 허구성, 혹은 미학의 중시하는 계열와 이호철, 박태순, 김정한, 이문구처럼 객관 현실을 중시하는 계열은 60년대 소설의 두 방향을 직시해 주는 의미를 지니는 것이다.

그렇다면 실상 1960년대 소설에서 이런 두 흐름이 지니는 구체적인 서사적 특징은 무엇일까? 다시 말해 60년대 소설은 50년대 소설에 비해 어떤 차이를 지니고 있을까? 4·19세대가 60년대 문학의 새로움으로 규정하는 '개인의식의 확보'와 '자기 세계의 구축'이 정확히 무엇인지가 규명되지 않는다면 그것은 실상 자기 세대의 특별성을 모나게 강조하려는 문학사적 욕망에 불과하게 된다. 또한 60년대 후반 등장하는 리얼리즘적 인식 역시 50년대와 어떤 차별성과 연속성을 가지는 지가 해명되지 않고서는 앞과 같은 서사적 나눔 역시 무의미할 것이다. 김주연은 60년대 문학의 새로움을 강조하는 자신의 글「새시대의 문학의 성립」(『68문학』)에서 김승옥 소설을 예로 들어 60년대 소설의 특징을 '자기 의식'이나 '자기세계의 확보', '사소한 것의 사소하지 않음에 대한 발견'이라고 규정하고 있다.[12] 그는 '자기 세계'의 의미를 인물 각자가 자기의 의식을 갖고

---

11) 성민엽, 앞의 글, p.40.

타인과의 갈등과 불화를 일으키는 것이라고 말하는데, 실상 인간 관계를 통한 인물의 개성화만으로 50년대 소설과의 차별을 설명하기에는 부족할 것이다. 50년대 소설 역시 인간관계에서 파생되는 독특한 개별적 세계는 지니고 있지 않은가? 그렇다면 무엇이 60년대의 서사적 특성을 규정짓는 것일까? 이 글은 이런 문제의식을 가지고 진행된다.

3. 60년대 소설의 새로움과 지적 대응 방식

먼저 60년대 비평가들로부터 60년대 문학의 새로움을 열었다고 평가받는 김승옥의 작품으로부터 서사분석을 시작해 보자. 김승옥의 작품은 김현, 김주연, 김병익으로부터 1950년대 소설을 극복한 60년대의 새로운 작품으로 크게 주목받은 바 있다.[13] 김현과 김주연이 평가하는 김승옥 소설의 새로움은 무엇보다 '자기세계', '자기의식'을 가진 개별적 인간을 창조했다는 점인데, 이런 점이 수동적인 인물만을 만들었던 50년대 소설과 구별된다는 것이다. 하지만 김현이나 김주연의 글에서 '자기세계', '개인의식'이 구체적으로 무엇을 의미하는지 분명하게 드러나지는 않는다. '자기세계'와 '개인의식'은 어떻게 보면 50년대 소설에서도 엿보이는 개인의 의식세계 같기도 하며, 소설이 지닌 개인성의 부분을 과도하게 강조한 것 같기도 하다. 따라서 그것이 가진 구체적인 내용의 의미가 규정되지 않는다면 50년대 소설과 다른 60년대 소설의 질적인 차이를 규정하기가 어려울 것이다.

---

12) 김주연, 「새시대 문학의 성립 -인식의 출발으로서의 60년대」, 『김주연 문학평론선』, 문학사상사, 1992, pp.13-37 참고.
13) 『문지』그룹은 일반적으로 김승옥의 새로움으로부터 60년대 문학의 새로움을 규정해 나간다. 김승옥이 포함된 60년대 문학을 다룬 글은 아래와 같다.
　김현, 「구원의 문학과 개인주의」, 『작가와 사회』, 문학과 지성사, 1991.
　김주연, 「새시대 문학의 성립-인식의 출발으로서의 60년대-」, 『68문학』 1968.
　김병익, 「60년대 문학의 가능성」, 『현대한국문학의 이론』, 민음사, 1972.

김현은 그의 글 「구원의 문학과 개인주의」에서 '개인 의식'의 의미를 '자기 세계를 가진 사람'으로부터 끌어낸다. 또한 '자기 세계'는 상황을 수동적으로 받아들이지 않고 오히려 그것을 수락함으로써 그것을 극복하려는 사람에게서 나타난다고 본다. 물론 여기에서 '상황의 극복'은 단순히 '현실에서의 승리'를 의미하는 것은 아니다. 개인은 부정한 사회, 왜곡된 사회에 직면하여 자기만의 합리화된 내면세계를 만들어 가는데, 그 속에는 현실에 대한 부정, 거부 뿐만 아니라, 왜곡된 현실의 수용, 그것의 내면화까지 포함된다. 따라서 상황에의 극복은 개인이 좋든 나쁘든 상황에 직면하여 자기만의 의식 세계를 확보하고 이를 성장시키는 것을 말하는 것이 된다. 즉 김현에게 있어 '개인의식'의 확보는 순수한 자아가 성장하면서 현실의 왜곡성을 경험하고, 그 순수성을 지키기 위한 내면의 투쟁을 거친 후 자기만의 의식 세계를 갖는 것, 일종의 '의식의 합리화 과정'을 일컫게 된다. 말하자면 어떤 개체든 타자화를 거쳐 현실 세계로 나아가는 자기 내부의 관념적 통과 의식을 거치지 않을 수 없는데, 그는 김승옥의 소설에서 이런 과정이 섬세하게 드러나고 있다고 보는 것이다.

김현은 이런 과정을 일컬어 '의식 내부의 조작', 혹은 '태도의 희극'라고 지칭하는데, 이를 좀 더 상세하게 살펴보기 위해 「무진기행」을 좇아가 보자. 「무진기행」에서 윤희중은 실의와 실망에 찬 시골생활을 청산하고 서울로 올라가 돈많은 과부와 혼인하여 일약 신분 상승을 한 인물이다. 그러나 이런 출세의 과정이 그에게는 모두 행복하게 여겨지지는 않았던 모양이다. 그가 무진을 찾는 행위 속에서 그런 심정의 일단을 읽을 수 있다. 그에게 있어 무진은 젊은날의 실의와 좌절, 방황이 숨쉬고 있는 곳이다. 그래서 소설 서두에 무진의 명물은 "마치 이승에 한이 있어서 매일 밤 찾아오는 여귀(女鬼)가 뿜어 내는 입김"과도 같은 안개로 상징되고 있다. 윤희중이 무진에서 한 일은 무엇인가? 세속에 물들어 가는 옛친구 세무서장 조(趙)를 만나고, 자신의 젊은날의 상처를 더듬어 보는 듯한 여자 하인숙을 만난 것뿐 아닌가. 무진에서 윤희중의 행동은 무진이 지닌 이중성의 의미를 명확히 보여준다. 그 곳은 젊은날을 상징하는 순수함의 표상이 되기도 하며, 잊고 싶은 과거의 상처가 되기도 한다. 그는 무진의 방문을 통해 과거의 아픔 속에 남아있는 이런 순수성의 정체를, 그리고 그것이 세속적 현실 속에 담지하는 의미를 확인하고자 한다. 말하자면 무진을 통해 자신이 극복해야 할 순수성의 정체와 허무, 절망의 의미를 찾아가는 것이다. 그리고 그는 자신이 현실세계로 귀환하기 위해 이 모든 것을 잊어버려야 한다는 세속의 철학을 확인하게 된다. 소설 말미에 하인숙에게 편지를 썼다가 찢어 버리는 행위 속에서 바로 이런 의식의 변화 과정을 명쾌히 보여준다. "한 번만, 마지막으로 한 번만 이 무진을, 이 안개를, 외롭게 미쳐가는 것을, 유행가를, 술집 여자의 자살을, 배반을, 무책임을 긍정하기로 하자"라고 외치는 윤희중의 의식은 젊은날의 상실과 외로움을 버릴 수 없으면서도 묻어버릴려고 하는 자기 기만의 산물이다.

앞서 말한대로 김현은 이를 '섬세한 의식 내부의 조작', 혹은 '지독한 태도의 희극'이라고 표현하고 이를 50년대와 다른 60년대의 개인주의의 특성으로 삼았는데, 그 속에는 한편으로 개인의 주체성은 자기 내부(주관성)에서 스스로 확정될 수밖에 없다는 신념의 표현과 다른 한편으로 소설이란 어차피 부정적인 세계에 대한 주체의 내면적 대응 양식이 아니냐란 함의가 담겨져 있다. 말하자면 소설은 부정적 현실에 대항하는 내면의 기록이며, 그 중심에는 여전히 개인의 문제가 가로놓여 있음을 확인하고 있는 것이다. 소설이 내면의 기록이라면 '개인주의'의 의미는 보다 명확해 진다. 개인은 근대적 사회에 적응하기 위해 세계의 타락된 의미를 스스로 자신의 것으로 전유하지 않으면 안된다. 라깡이 말하듯이 개인의 주체성은 상상적 단계로부터 상징적 단계로 편입함으로 형성되며, 이 때 사회적 금기나 욕망적 수단은 스스로의 내적 규정으로 자신의 의식 속에 합리화되고 각인된다. 그럼으로써 개인은 사회적 존재가 되고, 역사적 존재가 된다. '의식의 조작'은 바로 이와 같이 개체적 존재가 사회에 편입되기 위한 자기 내적인 의식의 조정, 합리화, 의식화의 한 과정을 의미한다. 그것은 존재 보편으로부터 구체적 개인으로서의 자기 성장을 말하며, 개인이 자기의 주관 속에 한 개체로서 자신의 세계를 확정하는 방법을 지칭한다. 김현이 자신의 글에서 "의식 내부의 조작이 개인의 성격을 뚜렷이 하는데 도움을 주며, 한 인물이 소위 '개 같은 놈'(사르트르의 표현)으로 변모하는 양태를 파악할 수 있도록 해준다"[14]고 언급한 것도 바로 이런 사회적 개인으로서의 주체의 확립을 지칭한 것이다.

'자기 세계의 확립'은 이처럼 타락한 사회에서 타락한 방법으로 자기 세계를 형성하는 문제적 인물(자본주의 사회에서 자본주의적 개인성의 확립)의 '자기 의식의 확립'과 밀접한 관련을 가진다. 이런 점은 「무진기행」 이전의 김승옥 소설이 대체로 성장 소설의 성격을 지니고 있음을 보아도 분명해 진다. 「건」에서는 6·25전쟁을 경험하는 소년의 이야기가 나오는데, 이때 중심되는 화두는 전쟁으로 표상되는 외적 세계에 대한 혼란된 경험과 그 인식이다. 다시 말해 성장기의 소년이 외적 세계의 모순을 경험하면서 그 모순을 어떻게 자기 의식으로 받아들이느냐 하는 것이 소설의 중심이 된다. 그래서 소설 속에서는 죽은 빨치산의 시신을 몇 푼의 돈을 위해 염습(殮襲)하는 아버지의 영악스러움과 무전여행이 좌절되어 그 분풀이로 옆집 윤희를 강간하는 형의 패륜이 자연스럽게 자신의 세계 속에 들어 오게 된다. 「건」에서 화자를 통해 보여주는 이런 위악적인 자기 변신은 과연 무엇을 말하는 것일까? 화자는 세계의 속악성 속에 자신을 스스로 내던짐으로써 성장한 자신의 모습을 찾고자 함이 아닐까?

「생명연습」에서는 한교수와의 대화, 대학생활의 체험, 그리고 그 과정 속에서 삽입되는 과거의 회상들은 '자기 세계'의 실제적 모습을 적나라하게 보여준다. 어머니의 부정(不貞), 선교사의 수음, 유학을 가기 위해 애인을 강간하는 한교수의 이기성(利己性), 만화가 오선생의 윤리적 위기에서 보듯 '자기 세계'를 가진 인물들은 한결같이 어두운 '지하실'(자기 세계의 실제적 모습)을 지니고 있다. 그것은 인간은 무수한 '다면체'를 지닌 복합적인 존재이며, 세계는 모순과 혼란의 공포스러운 체험적

---

14) 김현, 앞의 글, pp.385-386.

공간이라는 점을 인정하고 난 이후 '자기 세계'의 모습들이다. 이렇게 보면 「생명연습」에서 세계가 왜 '환멸'과 '연민'으로 표현되는지, 그리고 그 세계를 이기는 힘이 왜 '극기'가 되는지 분명해진다. '환멸'은 세계의 부정성에 대한 거부이며, '연민'은 그 세계 속에서 살아가야 하는 자신에 대한 자학적인 감상이다. 또한 '극기'는 갈등과 번민을 넘어 이 세계를 받아들어야만 하는 자신의 의지를 말함이다. '극기'의 모습이 '자기 세계'로 표현된다는 것은 이미 세계의 순수성을 부정되고 있음을 보여주며, 그 부정 역시 자신의 것으로 만들지 않으면 안됨을 보여준다. 자신을 이기는 것(극기), 그것은 모순과 혼란 속에서 부정한 세계를 내면화하는 자기 의식의 합리화를 말한다. 그리고 그것이야말로 '자기 세계'가 '상황에의 극복'과 '의식의 조작', '자기 기만'이 되는 실제적인 이유가 되는 것이다. 「생명연습」에서 보여주는 혼란스러운 자기 인식은 이후 「환상수첩」에서 보듯 젊은날의 절망적 방황을 겪고 비로소 「무진기행」에서 성인의 모습으로 자리를 잡기 시작한다. 김주연의 표현을 빌리면 소시민이 되는 길을 여는 것이다. 따라서 김승옥 소설에서 있어 '성장'은 자본주의 사회를 향한 의식의 순례이며, '자기 세계'는 속악한 현실 세계로 진입하는 근대적 개인의 '자기 확인'에 해당한다.

그렇다면 김승옥의 소설이 갖는 이런 '자기세계'의 의미는 50년대 소설과 어떤 차이를 가지고 있을까? 그리고 그것은 60년대 소설의 서사성에 어떤 영향을 미칠까? 김승옥의 소설은 50년대 소설과 같은 절망과 비극의 칙칙한 그림자(시대의 비극성을 규정하는 신비스러운 마력)는 사라지고 없다. 반면에 소설의 중심에는 자기 성장에 대한 내면적 물음들이 자리를 잡는다. 말하자면 그의 소설은 외적 세계에 대응하는 자아의 탐색과 모색에 소설의 중심이 놓여 있는 것이다. 그런 점에서 그의 소설은 50년대와 다르게 주체가 외적세계의 의미를 해석하고 구성하는 인식의 능동성을 허용하고 있다. 그래서 「건」에서 보듯이 자신과 분열된 외적 상황의 의미를 새로운 자기 세계의 의미로 재구성하고 있는 것이다.

하지만 김승옥 소설이 갖는 서사성에 초점을 맞추면 문제는 그렇게 간단하지 않다. 김승옥의 소설은 성격의 형성과 발전 과정은 보여주되, 그 것은 어디까지나 자기 중심적(에고이스트적)이며, 개인적인 한계 내의 것이다. 그의 소설에서 '자기 세계'는 그만큼 폐쇄적이고 고립적인 성격을 띠고 있다.[15] 그의 소설은 개인주의적이고 감각적인 문체를 통해 독특한 자기만의 의식세계(개성적 인물)를 만들어 낸다는 점에서 긍정적이다. 그러나 그런 의식은 언제나 일상의 실제성과 거리를 두고 있으며, 타인과의 관계가 아니라 자기 내면과의 관계 속에서 형성되는 것들이다. 그런 면에서 김승옥의 서술은 사물의 무의미성, 언어나 대화의 무의미성을 전제로 한 자기 독백의 양식에 가깝다. 말하자면 김승옥의 소설은 대화나 의사소통의 단절, 타인과의 경험 불가능성, 자기 내면의 존재적 고독을 밑바탕에 깔고 있는 것이다.

김승옥 소설의 이런 특징은 자신의 의식 속에 완결되고 충만한 세계를 구축하려고 한다는 점에서, 그리고 외적 현실에 대항하여 자기 자신을 단하나의 진정한 현실, 세계로 규정하고 있다는 점에서 50년대 환멸적 방식과 유사하다.[16] 따라서 서사는 오로지 내면의 형식 속에 세계의 모든

---

15) 김승옥 소설에서 자기세계의 폐쇄성은 왜곡되어 있는 타인과의 관계 속에서도 특히 잘 드러난다. 그의 소설에서 자기 세계는 타인을 파멸시키려는 욕망과 동시에 자신을 학대하고 스스로를 파멸로 이끄는 자해의식의 이중적 행위 속에 성립한다. 「건」에서 윤희의 윤간이나, 「환상수첩」에서 선애의 죽음 등은 바로 타인의 파괴를 통해 자신을 파멸하려는 '의식의 조작'을 명쾌하게 보여주고 있다. 그의 소설에서 타인의 파괴과 자기파멸은 속악한 현실세계(선교사의 수음을 상상해 보라)에 들어가기 위한 하나의 통과제례로서 기능하기 때문이다. 그래서 김승옥의 '자기세계'가 단순히 '논리의 파행'에 불과하다든지, '실체가 없는 것(관념적인 것)'이라는 평가 역시 그의 소설이 감당해야 할 몫이 된다.
정과리, 「유혹, 그리고 공포-김승옥론」, 앞의 책, p.176.
류보선, 「개인과 사회의 대립적 원식과 그 의미」, 《문학사상》, 1990.5, p.160 참고할 것.
16) 50년대 소설들이 보편적으로 환멸석 양식을 띠고 있나는 점은 세계와 자아를 칠저하게 분리시키고 있다는 점, 그리고 자신의 내면 속에 초월적인 이상세계를 품고 있다는 점에서 분명해 보인다. 이렇게 될 때 소설은 고립적이고 내면적이 되며, 서사보다도 의식의 분열이 앞서게 된다. 50년대 소설에서 환멸적 방식의 한 형식에 대해서는 졸고 「현실에의 환멸과 삶의 의지-박경리의 『표류도』연구」(『토지와 박경리 문학』, 현대문학의 연구 6, 솔출판사, 1996)을 참고할 것.

실체를 담으려 함에 따라 현실의 전체성보다는 의식 속에 구성되는 현실의 한 단면을 상징적으로 담아내는 데 주력하게 된다. 또한 내면 세계의 우월성은 근본적으로 세계를 자신의 의식 속에 재구성하려 들며, 이에 따라 소설 형식은 반성과 회고의 방식을 띠게 된다. 그의 초기 소설이 회상이나 회고를 중심으로 막연한 비구성적 분위기와 감각적 묘사와 상징적 묘사가 우세한 것도 바로 이와 같은 현상 때문이다. 사실 「서울 1964년 겨울」을 뺀다면 「건」, 「누이를 이해하기 위하여」, 「환상수첩」, 「생명연습」, 「무진기행」 모두 바로 이런 의식의 우세, 서사성의 약화 현상을 뚜렷이 보여주고 있지 않은가. 실제 「생명연습」만 보더라도 교수의 단조로운 대화 속에 몇 개의 회상이 소설의 주요 부분을 몽땅 다 차지하고 있다. 「생명연습」의 주제는 성장에 얽힌 자기 세계의 탐색이지만 이런 주제는 일관된 어떤 스토리를 지니고 등장하는 것이 아니라, 한교수의 과거와 화자 '나'의 과거가 의식 속에서 변주되면서 나타난 결과이다. 따라서 이 소설을 구성하고 있는 힘은 바로 화자의 의식 속에 있으며, 그 의식은 궁극적으로 '자기 세계'를 구축하기 위한 자기 번민, 방황과 다름 아니다.

그의 소설이 보여주는 환상적 수법, 상징적 묘사 역시 이런 내면화 경향과 무관하지 않을 것이다. 외적 현실이 의식 속에 재구성됨에 따라 모든 묘사는 의식의 감각성에 의존하게 되고, 따라서 전체 서사는 낭만적(감상적)이고 환상적인 색채를 띠게 된다. 또한 그 속에서 현실의 한 단면들은 상징적인 의미를 부여받게 된다. 「무진기행」에서 안개는 바로 이런 상징 작용의 구체적 실례를 보여준 경우이다. 김승옥의 문체가 지닌 감수성 역시 이와 연관하여 생각해 볼 수 있다. 유종호는 감수성을 지적 체험을 감각적, 정감적 체험과 마찬가지로 직접적으로 표출해 낼 수 있는 능력이라고 지칭했는데[17], 이 능력은 삶의 외연 속에서 만들어 진 것이 아니라 삶을 받아들이는 의식의 감각적 구성력 속에서 생기는 것이다. 「무진기행」에서 하인숙에 대한 인물 묘사라든지, 주인공과 하인숙이

---

17) 유종호, 「감수성의 혁명」, 『현실주의 상상력』, 나남, p.86.

관계를 맺는 장면의 제시는 모두 감각적 이미지를 통해 힘을 얻는데, 그것은 바로 의식의 감수성, 혹은 감각성으로 외적 사물을 판단하기 때문이다. 김승옥의 소설이 "주제와 풀롯, 인물의 유기적 상관관계에 냉담한 삽화적 구성방식"[18]을 취하고 있으면서도 독자로부터 공감을 얻는 것은 이런 감수성, 상징적 언어구사 때문이기도 하다.

김승옥의 소설에서 그가 구성해 내는 자기 세계의 새로운 모습, 내면적 주체의 탐색과 모색만을 제외한다면 서사성의 확보나 진보에서는 50년대 소설보다 별로 나은 점이 없어 보인다. 이렇게 김승옥의 소설이 60년대 소설을 여는 중요한 작품으로 평가된 데에는 앞서 말한대로 60년대 소설에 대한 김현이나 김병익, 김주연의 평가가 주된 역할을 했다고 보아야 할 것이다. 그 중에서도 특히 김현의 문학관과 언어관은 결정적 영향력을 미쳤는데, 김승옥을 평가하는 주된 관점인 '자기세계의 확립'도 그렇거니와, '의식의 조작'이라는 문제에서도 그러하다. 사실 김현의 이런 평가 속에는 문학 일반에 대한 자신의 관점이 깊숙히 내재되어 있는데, 그런 관점이 60년대 문학과 소설을 규정하는데 중요한 역할을 하게 된다. '자기세계의 확립' 속에는 문학이란 어차피 개인의 감수성과 상상력에서 비롯되는 것이 아니냐란 뜻이 담겨져 있으며, '의식의 조작' 속에는 문학은 역시 언어의 산물이며, 언어는 조직화, 구성화의 산물이 아니냐라는 뜻이 들어가 있다. 김현의 관점에서 보자면 문학은 개인의 자유로운 상상력을 통해 세계의 부정을 폭로하는 언어의 지적 조직체가 된다. 또한 그에게 있어 문학은 한편으로 개인의 자유로운 상상력을 통해 허위적 세계의 부정성을 폭로하며, 한편으로 그 부정성을 넘어 이상과 꿈의 세계를 보여주는 상상의 장치가 된다.[19]

---

18) 유종호, 앞의 논문, p.86.
19) 김현의 문학관에 대한 자세한 설명은 아래의 글을 참고할 것.
  김윤식, 「어떤 4·19세대의 내면풍경」, 『운명과 형식』, 솔 출판사, 1992.
  홍정선, 「70년대 비평의 정신과 80년대 비평의 전개양상」, 『역사적 삶과 비평』, 문지, 1986.
  하정일, 「자유주의 문학론의 이념과 방법」, 《실천문학》, 1991년 여름호.

김현의 이런 관점은 문학의 자율성과 문학의 비판성을 함께 아우르는 중요한 것임에는 틀림없지만 문제는 허구의 세계를 구체적 현실이 아닌 개인이 지닌 지성적 감수성과 통찰력 아래에 둔다는데 있다. 현실 세계의 어떤 문제이든 예술가의 영혼 속에 깃들어 있으며, 예술가의 영혼을 통해 현실의 모순은 언어로 구성되고 폭로된다. 그럼으로해서 소설은 현실을 재현하는 객관적 담론이기보다 현실을 재구성하는 지적인 담론체의 특성을 지니게 된다. 60년대 문학에서 김현과 《문지》그룹이 가지는 이런 문학관은 60년대 소설의 서사적 특성을 규정짖는 독특한 한 관점의 작가들과 밀접한 연관을 맺고 있다. 예컨대 《문지》그룹이 주목하는 김승옥, 이청준, 서정인, 박상륭, 최인훈과 같은 작가들이 그들인데, 이들 작가의 소설들이 안고 있는 중심 과제는 역시 현실을 어떤 시각으로, 어떤 지적인 눈으로 평가하고 재구성하느냐 하는 문제이다.

60년대 소설에서 지적인 담론체로서 소설의 특징을 가장 잘 보여준 작가는 아마 이청준일 것이다. 이청준의 소설은 언어라는 조직체가 어떻게 인간과 삶의 조건에 대한 물음과 반성을 제기할 수 있느냐 하는 점을 극명하게 보여준다. 이청준이 만들어 내는 세계는 그만큼 허구적 조직체이면서도 그 내면에는 깊은 철학적 문제를 함유하고 있다. 그런데 여기에서 나타나는 철학적 문제는 근본적으로 김승옥이나 서정인, 최인훈이 가지고 있는 문제와 크게 다르지 않다. 그의 소설에서 화두는 근대화, 산업화 속에 소멸되어 가는 인간적 가치, 즉 믿음과 신뢰와 자유와 그것을 억압하는 압제적 삶의 분위기들이 무엇인지를 추적하는 것이다. 하지만 이런 모순과 압제의 이미지들은 그렇게 쉽게 드러날 성질의 것은 아니다. 마치 「병신과 머저리」에서 전쟁의 뚜렷한 상처를 안고 있는 형과는 다르게 무엇이 상처의 근원인지를 모르는 동생의 근원적 물음처럼 그것은 모호하면서도 잠재적인 것이고 현실에서 구체적 형상으로 부재하는 것이다. 그런 점에서 이청준 소설의 서사적 특성은 바로 이런 60년대의 시대적 특성을 안고 있다. 그것은 4·19의 실패와 5.16의 등장, 산업화와 근대화의 모순, 전통적 가치관의 몰락 등과 같은 시대적 의미를 배면에 깔고 있지만 50년대의 뚜렷한 비극적 상처와는 달리 언제나 잠재적인 것이어서 현실의 이면을 헤집어 어떤 철학적 문제로 찾아내야만 할 성질의 것이다. 그의 소설이 다양한 소재를 통해 다양한 삶의 근원적 문제를 탐색하는 것도 이와 연관된다. 자유와 억압, 제도적 폭력의 문제를 다룬 「마기의 죽음」, 불명확한 세계 속에 진리의 허위성을 고발한 「공범」, 소멸되어 가는 전통적 가치관을 다룬 「줄광대」, 현실 속에 고립되어 가는 순수성의 가치를 다룬 「별을 보여드립니다.」 등은 모두 소멸되어 가는 가치들에 대한 내면적 물음을 담고 있는 작가적 노력의 산물이다.

그런데 이청준의 이런 탐색은 언제나 물음을 동반한 것이지, 구체적인 현실의 비판은 아니다. 다시 말해 그의 소설은 세계에 대한 작가적 인식의 편린들을 관념 속에 재구성해 놓은 것에 가까우며, 그런 점에서 소설이 지닌 허구적 구성체의 성격을 한눈에 알 수 있는 것들이다. 그의 소설은 구체적인 삶의 형상화를 통해 인간과 세계에 대한 추상적 의미를 찾는 정통적인 소설방식이 아니라 일정한 추상적 의미를 전제하고 그 속에서 그것을 풀어갈 현실적 계기를 찾는 관념적 지향의 소설 방식인 것이다. 그만큼 그의 소설은 대부분 작가의 의식적인 계산과 치밀한 조형적 구도에 의해 만들어 진다는 뜻인데, 이런 모습은 때때로 현실적 가능성, 핍진성의 의미까지도 상실하게 만든다. 예컨대 「가수」에서 특별한 이유 없이 자신의 이름을 빌려주는 것이나, 두 사람이 같은 장소에서 같은 죽음을 택하는 모습은 현실에서 구체적 타당성을 얻기가 어렵다. 뿐만 아니라 「마기의 죽음」에서는 자유와 폭력의 문제를 탐색하기 위해 지극히 관념적인 알레고리 형식까지 마다하지 않는다. 이처럼 많든 적든 이청준 소설은 대체로 서사의 현실적 가능성을 크게 문제삼지 않는데, 이는 존재의 본질은 언제나 이면에 감추어 진다는 것, 그리고 이것을 밝혀내는 것이야말로 세계의 폭력성에 대항하는 소설가의 특권에 해당한다고 보기 때문이다. 따라서 그의 소설에서 의미는 구체적 현상 속에 있는 것이 아니라, 그 의미를 현상으로 전달하는 화자(소설가)의 정신 속에 있다. 그의 많은 소설들에서 화자는 언제나 관찰과 해석의 특권을 부여받으며,

소설적 상황의 문제를 지적 추리로서 설명해 갈 자격을 얻고 있다. 뿐만 아니라 그의 대부분 초기소설이 격자 소설의 형식을 띠고 있다는 점, 화자는 사건의 전달뿐만 아니라 사건의 해석과 분석, 평가까지 도맡아 해버린다는 점이 이런 소설적 특징을 구체적으로 보여주고 있다. 말하자면 그에게 있어 소설은 폭력적 세계에 저항하는 유일한 상상적 도구라 할 수 있다.

이와 같이 이청준 소설의 서사성은 내면과 외면, 자아와 세계, 영혼과 행위의 분열을 기초로 하는 60년대 소설의 중요한 특성을 명쾌하게 보여주고 있다. 김현의 언어에 대한 형식적 추구, 김승옥의 자기세계에 대한 집착, 최인훈의 정치와 역사에 대한 초월적 관념주의, 박상륭의 샤마니즘적인 알레고리 등은 모두 이청준의 소설과 마찬가지로 구체적 현실에 대한 거부와 관념 속에 자기 이상을 견지하려는 지적 대응 방식의 일종이다. 김승옥의 소설이 외적 세계와 자아의 격렬한 투쟁 끝에 모순적 화해로서 끝난다면(궁극적으로 화해된 세계 역시 「서울 1964년 겨울」에서 보여주듯이 소외된 개인의 모습을 띨 수밖에 없음에도 불구하고), 최인훈은 이와 반대로 영혼과 세계 사이의 낯설음이 확대되어, 급기야 의식의 우월성이 소설의 사실적 세계를 압도해 버리는 형국으로 나타난다. 『회색인』이나 『서유기』에서 보듯 최인훈의 소설에서 의식 세계의 순환 과정이야말로 역사와 구체적 현실을 초월하는 유일한 실제 현실이 되고 있지 않는가. 이청준의 소설은 바로 이런 김승옥과 최인훈의 중간 세계에 해당한다고 볼 수 있을 것이다.

김윤식은 60년대 작가가 지니고 있는 이런 환멸의 방식이 4·19에 대한 실패와 좌절의 이미지 속에서 나왔다고 말한 바 있다.[20] 그는 60년대 작가들의 정신구조가 '시적', 혹은 '환상적'이며, 그것은 이들이 지금 여기에 있지 않는 것, 부재를 향한 형언할 수 없는 그리움에서 비롯된 것이

---

20) 4·19세대의 환멸과 그 대응양식에 대해서는 김윤식, 「어떤 4·19세대의 내면풍경」, 「60년대 문학의 특질」(『운명과 형식』, 솔출판사, 1992)을 살펴볼 것.

라고 말했다.[21] 부재하는 것은 결국 4·19가 찾고자 했던 그 무엇에 해당하지 않을까? 아니 4·19의 실패야말로 부재하는 그 이상을 명확히 해준 것일지도 모른다. 이들 작가들이 구체적 현실이 아니라 관념 속에 이상적 세계를 찾는 것도, 그리고 그것이 자신의 의식(영혼) 속에서만 구성될 수있다고 믿는 것도 바로 이상(理想)에 대한 좌절과 패배에 대한 의식의 한 산물이다. 현실에서 꿈을 찾지 못할 때 그 꿈은 현실조차도 이상적으로 바꾸는 법이다. 김현이 『산문시대』 이후 곧 말라르메의 순수 의식으로 달려간 것이나, 이청준이 소설적 공간 속에서나마 '자유'의 의미를 찾아보고자 하는 것도 이와 같은 실패와 좌절의 60년대의 분위기와 무관할 수 없는 것이다.

4. 현실에의 관심과 객관적 묘사방식

1960년대 소설에서 50년대 소설을 극복하기 위한 시도는 또다른 방향에서 펼쳐진다. 앞서 말한 김승옥과 이청준의 소설이 환멸적 현실에 대응하여 자기 내면의 이상 세계를 확보하고자 하는 경우라면, 소설에서 개인성의 문제를 구체적인 사회, 역사적 성격 속으로 확장하고자 하는 것이 또다른 하나의 관점이 된다. 이런 변화가 구체화된 것은 아마 《창작과 비평》의 등장 이후일 것이다. 1966년 등장한 《창비》는 문학이 현실에 갖는 기능을 참여론의 관점에서 재정립함으로써 기존의 문학관과 다른 새로운 시각의 문학론을 열게 된다. 《창비》의 등장은 60년대 문학에서 문학이 현실에 갖는 책임과 기능을 새롭게 인식할 계기를 마련해 주었으며, 이로부터 현실 참여의 새로운 문학적 경향이 자리를 잡게 된다. 그러나 《창비》 이전에 이런 분위기가 없었던 것은 아니다. 《창비》 역시 4·19 혁명의 경험과 좌절로부터 얻은 지식인의 사회적 책임과 참여 의식에 크

---

21) 김윤식, 「60년대 문학의 특질」, 앞의 책, p.163.

게 힘입고 있으며(《창비》에 끼친 김수영의 영향을 숙고해 보라), 60년대 초부터 활발히 펼쳐왔던 참여-순수 논쟁의 참여론적 관점에 역시 크게 영향을 받고 있었던 것이다. 60년대 전반과 후반을 나누어 세차례나 벌어졌던 참여-순수의 논쟁은 문학이 갖는 사회적 기능과 작가의 사회적, 윤리적 책임에 대해 새롭게 인식해 볼 근거를 마련했고[22], 이런 시각의 확보가 구체적으로 문학이 현실에 갖는 실질적 책임과 의식을 숙고할 계기를 만들어 주었다. 실제《창비》창간호에 발표했던 백낙청의 논문「새로운 창작과 비평의 자세」가 순수의 문학관을 비판하고 참여의 성격을 새롭게 규정하고 있으며, 참여론의 근거를 참여 논쟁과 마찬가지로 사르트르의 앙가주망에 두고 있음을 보아도 이런 영향관계는 분명해 보인다.

그렇다면 60년대 소설에서 현실의 참여 가능성과 리얼리즘적 소설의 가능성은 어디서 찾을 수 있을까? 하지만 60년대 소설에서는 참여논쟁의 영향과《창비》의 영향을 쉽게 찾아낼 수는 없다. 60년대 참여순수 논쟁이 구체적인 작품의 실례를 두고 이루어 진 적이 거의 없다는 점[23]과 열렬한 참여호소에도 불구하고 60년대에 참여를 의식한 탁월한 문학이 그리 많이 발견되지 않는다는 점[24]에서도 그렇다. 오히려 소설의 영향관계는 더 거시적인 관점에서, 그리고 현실과의 무던한 상호영향 관계 속에서 형성된다고 보아야 하지 않을까. 뿐만 아니라 소설에서의 참여 개념은 객관 현실의 변화와 이에 따른 구체적인 표상을 얻지 못하면 이루어 질 수 없는 것이기도 하다. 소설은 어차피 현실과 개인의 명확한 관계 정립 속에서 그 구체성을 얻어야만 하는 것이다. 따라서 관념적이고, 개념적인 인식은 현실에서 그 구체적인 형상을 얻기까지 시기를 기다리지

---

22) 1960년대 순수참여 논쟁의 자세한 의미에 대해서는 아래의 글을 참고할 것.
　우찬제,「배제의 논쟁, 포괄적 영향」,《문학사상》, 1995년 7월호.
　오양호,「순수, 참여의 대립기」,《현대문학》, 1989년 2월호.
　백낙청,「새로운 창작과 비평의 자세」,《창작과 비평》, 1966년 창간호.
23) 우찬제,「배제의 논쟁, 포괄적 영향」,《문학사상》, 95년 7월호, p.67.
24) 김병익,「60년대 문학의 가능성」,『현대문학의 이론』, 민음사, 1978, p.268.

않으면 안된다. 70년대 소설에서 민중의 소외를 구체적으로 표현하는 것도 바로 산업화에 따른 사회변화의 뚜렷한 징후 때문이기도 한 것이다.

60년대 소설에서 관념 지향의 소설과는 다른 방향의 소설은 역시 표현방식(서사성)의 문제에서 드러난다. 이호철과 박태순, 김정한의 소설들이 그러한데, 이들 소설은 크게 보아 근대성에 대한 거부, 비판이라는 점에서 김승옥 류의 소설과 관점을 같이 하지만, 그것을 드러내는 표현방식이나 개별 주제의 면에 있어서는 상당한 차이를 보인다. 이들 작가의 작품들은 구체적인 삶의 일상 가운데로 표현의 초점을 옮기며, 그 속에서 보다 구체적이고 현실적인 삶의 문제를 유추하도록 서사를 구성해 나간다. 그런 점에서 이들 작가의 작품은 관념이나 추상적 이념이 문제가 아니라 삶의 과정이 품고 있는 제반 과정이 문제가 되며, 상황 자체의 의미가 궁극적인 비판의 의미를 지니게 된다. 말하자면 환멸적 방식과 다르게 객관현실 자체를 본격적으로 문제 삼는다는 것인데, 이런 서사 중심의 소설들은 60년대 후반들어 이청준, 최인훈 소설과는 또다른 현실에 대한 비판 가능성을 내포하게 된다. 그렇지만 이런 소설의 유형들은 60년대 들어 새롭게 형성된 그런 부류의 소설들은 아니다. 50년대에도 서사 중심의 소설은 박연희, 하근찬, 이호철을 중심으로 있어 왔으며, 단편적이긴 하지만 현실의 모순을 나름대로 일상의 현실 속에서 담아내고자 했다.[25] 따라서 60년대의 서사적 소설은 이런 50년대 서사중심의 소설에 대한 연장선에 있다고 보는 것이 더 타당할 것이다. 60년대 서사적 소설 역시 부분적인 현실 묘사나, 풍자의 수준에 거치고 있으며, 현실비판의 중심도 구체적이기보다는 상황묘사에 따른 환유적 성격이 강하기 때문이다. 그런 점에서 60년대 서사적 소설은 50년대 서사 중심의 소설을 이어받고 있으며, 70년대 민중적인 리얼리즘 소설로 건너가는 징검다리의 구실을 하게 된다.

---

25) 1950년대 리얼리즘 소설에 대해서는 아래의 글을 참고할 것.
　한수영, 「1950년대 한국소설 연구」, 『1950년대 남북한 문학연구』, 평민사, 1991.

50년대로부터 60년대로 이어지는 서사 소설의 특징을 가장 잘 보여주고 있는 작가는 아마 이호철일 것이다. 이호철은 작가의 관념이나 의식보다 대상 세계의 객관성을 앞세우는 표현방법을 지향하고 있는데, 이런 표현방법을 통해 개인성의 문제를 사회, 역사의 문제로까지 확장시키고 있다. 무엇보다 그의 작품 「탈향」이나 「판문점」, 『소시민』, 「부시장 부임지로 안가다」, 「1965년, 어느 이발소」 등이 그런 과정을 잘 보여준다. 예컨대 「탈향」이 전쟁의 폐허 위에서 개인이 겪는 생존의 문제를 형상화했다면, 「판문점」은 분단의 문제를 일상과 결합시킴으로써 개인성을 시대적이고 역사적인 문제로 확장시키며, 『소시민』은 전쟁 이후의 경제사적인 재편과정을 형상화함으로써 개인성을 사회경제적인 문제로 확대시키고 있다. 5·16 이후 개발독재와 억압적인 관료주의의 문제 역시 「부시장 부임지로 안가다」나 「1965년, 어느 이발소에서」에서 날카롭게 풍자되고 있다. 이호철 소설의 이런 특성은 5, 60년대 소설의 일반적인 성격인 관념적인 주제와 내면적인 개인을 우선하는 방식과 분명한 차이를 보여준다. 김승옥이 외부세계로부터 자신만의 것, 타인이 넘볼 수 없는 자기 세계를 구축하고자 했다면, 이호철은 스스로 자기를 포기하고 자기가 속해 있는 외적 세계를 구성해 나간다. 이청준이 외적 세계와 다른 이상세계를 자신의 의식 속에 꿈꾸고 있다면, 이호철은 꿈이 사라져버린 세계의 현상을 냉철하게 투시해 내고 있다. 말하자면 그에게 있어 개인은 어디까지 사회적 존재이며, 역사적 존재인 것이다. 그래서 그의 소설에서 개인은 선험적이고 완결된 세계를 지향하는 지적 자아가 아니라 일상과 현실에 종속되는 경험적 자아가 된다.

그렇다면 그의 작품에서 위와 같이 60년대 「문지」 경향의 작가들과 달라보이는 소설적 형식은 어떻게 해서 가능했을까? 여기에 가능한 해답은 그가 감성과 이성, 주관과 객관, 이념과 현실의 관계 속에서 되도록 이성과 객관, 현실을 우선에 두는 창작태도를 견지했다는 것인데, 이런 태도는 곧 소설에서 일상성과 상황성, 또한 체험성에 바탕을 두는 객관적 묘사의 수법으로 드러난다. 그가 일상과 체험에 특히 관심을 기울였다는 것은 매우 주목할 만한 부분이다. 이것은 50년대와 60년대를 거쳐오면서 자신의 시각을 흔들리지 않게 만들고, 급변하는 현실의 세세한 부분을 냉철하게 담아내는 원동력이 되었으며, 현실적 모순을 찾아내는 궁극적 잣대가 되었다. 뿐만 아니라 현실의 변화(4·19, 5·16, 공업화, 개발독재)가 지대한 것이었기에 현실을 냉철하게 관찰하는 것만으로도 일정한 의미를 얻을 수 있었던 것이다. 「탈향」으로부터 「판문점」, 『소시민』에 이르기까지 그의 소설의 원천은 언제나 일상적 공간 속에 '나'의 체험이었으며, 이로부터 일상 속에 담지한 역사와 사회의 모순을 읽었던 것이다. 그의 소설에서 체험과 일상이 언제나 하나의 문제로 등장하는 것도 이 때문일 것이다.

그러나 실제 체험을 객관화한다는 것은 그렇게 간단하지만은 않다. 왜냐하면 체험은 근본적으로 외적 대상을 내면화하여 자기 의식화한다는 것을 전제로 하기 때문에 그렇다. 앞의 김승옥이나 이청준, 최인훈의 소설들은 모두 이런 자기 의식화의 산물이 아닌가. 이들에게 체험은 외적 세계의 낯설음과 적대성을 확인하여 내면세계로 달려가는 하나의 계기에 불과하다. 하지만 이호철의 체험은 이와는 다르다. 그에게 있어 체험은 주관이나 감정이 앞지르는 관념상의 것이 아닌 바로 궁극적인 현실 그 자체를 의미하고, 따라서 체험은 소설의 소재이기도 하면서 문제를 찾아가는 근원적 공간이 되기도 한다. 1952년 부두 노동자들이 들끓는 부산의 남포동 일대가 그러하고, 1960년 우연히 찾아간 판문점이 그러하다. 더구나 그는 체험을 객관화할 때 자신의 주관적인 감정이나 이념적 색채를 거의 배제하고 있는데, 이런 방법이 오로지 대상 자체의 성격에만 몰두하여 현실의 객관적 흐름을 잡아내는 방법적 요인이 되고 있다. 이는 그가 외적 대상을 한걸음 물러서 바라보는 관조적 태도와 관찰자적 시점을 갖고 있는 것으로 보아 분명한데, 이런 방법을 통해 섣불리 사건에 참여하지 않고 객관적 거리와 비판적 시각을 유지하고 있는 것이다. 그리고 이런 객관적 거리에서 얻는 효과는 바로 현실 변화에 대한 비판적 시각이다. 예컨대 『소시민』에서 김씨나 광석이 아저씨를 통해 매판자본에 기생하는 소부르조아지의 등장 과정이라든지, 제면소 주인과 그 형을 통해 지주 계급의 몰락상을 파악하는 것이 모두 그러한 안목의 소산인 것이다.

　60년대 소설에서 이호철의 소설은 세태 소설이나 관찰자적 시각의 소설에 들어갈텐데, 당시 유행했던 풍자 소설, 르뽀 소설과 함께 이런 소설의 유행은 60년대의 시대적 변화나 상황과 밀접한 관련을 가진다. 60년대는 전쟁의 비극적 여운이 여전히 영향을 미치고, 4·19를 통해 자유와 민권의 의식이 성장하고 있었으며, 군사정권의 개발독재가 본격적으로 나타나기 시작했던 시기였다. 농촌은 붕괴되고 도시 빈민층이 증가하고 있었으며, 근대화에 따른 생활여건의 변화도 심각한 것이었다. 지식인은 5, 60년대를 휩쓴 외래사조의 영향(자기 이념의 실제 밑바탕이 되는)과 현실적 변화 사이의 괴리를 극복해야만 하는 입장에 놓였는데, 이를 극복하기 위해서는 자기 이념에 따라 현실을 부정하거나, 이상적인 이념을 버리고 현실을 객관 그대로 묘사해 내는 수밖에 없었다. 세태소설이나 관찰소설, 르뽀소설들은 바로 이런 시대적 상황의 반영물인데, 이호철은 거기에다 현실에 대한 깊은 안목과 비판력으로서 세태소설이 단지 세태소설에만 머물지 않는 역사성을 담지하고 있는 것이다. 관찰이나 세태의 관점에서 보자면 박태순의 경우도 이와 크게 다를 바 없다. 「연애」나 「형성」, 「벌거벗은 마네킹」 등에서 소시민의 속물근성을 보여주었던 그는 이내 외촌동 시리즈로 빈빈층 삶의 생태학을 보여주기 시작한다. 「정든땅 언덕위」나 「한오백년」 등에서 보여주었던 빈민층의 건강한 삶의 모습들은 60년대 후반 산업화의 열풍 속에 빈부의 사회적 갈등 문제와 민중의 문제가 예사롭지 않음을 보여주고 있다. 외촌동시리즈에서 넥타이를 맨 내촌동과 노동복을 입은 외촌동 사이의 갈등과 「단씨의 형제들」에서 보여준 도시적 삶에 대한 허망함을 통해서도 그런 징후는 여지없이 드러난다. 60년대 소설에서 '외촌동의 발견'은 개발독재의 암울한 분위기와 어울려 개인과 사회의 문제가 관념이나 지적인 대응만으로 극복될 수 없다는 사실을 극명하게 보여주고 있다.

그러나 체험이나 관찰, 르뽀식의 소설을 바람직한, 혹은 어떤 완성적인 소설 형식으로 규정할 수는 없을 것이다. 체험과 관찰의 방식은 이야기의 구성을 축조할 수 없기에 서사화의 가능성을 제한하게 된다. 매개적 기능을 잃음으로 해서 서사화의 긴장은 무너지고, 소설의 흐름은 관찰에 따른 일상의 흐름을 좇아가게 된다. 이호철의 소설에서 보듯 세태적 방식이 곧잘 풍자와 결합하는 것도 매개 기능 없는 이런 직접적 방식 때문이다. 이런 점에서 보자면 김정한의 등장은 예사롭지 않다. 김정한은 66년 「모래톱이야기」를 통해 문단에 재등장하는데, 그의 출현은 30년대 리얼리즘의 서사전통을 60년대에 다시 이어간다는 점에서 이호철이나 박태순과는 또다른 의미를 던져준다. 「모래톱이야기」나 「제3병동」, 「인간단지」에서 보듯 그의 소설은 이야기 중심의 서사 전통을 회복하고 있을 뿐 아니라, 근대화의 부정적 모습이나 군사독재의 관료주의에 대한 비판을 작품 내면에 품고 있는 것이다.

60년대 소설에서 요산의 등장은 크게 두가지 면에서 의미를 찾을 수 있다. 첫째는 앞서 말한 대로 그의 서사적 방식에 있을 터인데, 이런 점은 60년대의 입장에서 보면 무시하지 못할 중요한 의미를 내포한다. 사실 현실비판적인 입장에서 본다면 60년대 이호철이나 박태순, 남정현도 김정한에 못지 않을 테지만, 이들 소설은 여전히 일상적 체험이나 의식을 (현실적이면서도) 조형적인 소설구조로 만들어 나가는데 실패하고 있다. 요컨대 주, 객에 한편으로 치우친 묘사방법이나 풍자적 형식은 역시 소설 형식의 본원적인 모습은 아니라는 것이다. 소설 구조에 있어 조형적인 문제는 단순히 형식의 짜맞춤이나 구조의 완벽성을 의미하는 것은 아니다. 서사성의 형식은 현실과 이상의 간극을 풍부한 삶의 과정으로 재구성하는 것을 의미하고, 나아가 비판적 의미 뿐만 아니라 비판을 둘러싸고 있는 풍부한 삶의 모순적 과정을 재현한다는 의미를 띠고 있다. 말하자면 소설은 단순히 비판을 목적으로 하는 것이 아니라 풍부한 삶의 성찰을 목적으로 한다는 것이다. 김정한은 이야기성의 회복을 통해 이런 서사적 의미를 회복할 가능성을 보여주고 있다.

두 번째의 의미는 김정한의 서사방식이 5, 60년대 만연했던 비관주의와 허무주의를 극복할 가능성을 보여주고 있다는 점이다. 5, 60년대 만큼 문학에 있어 존재나 주체의 문제가 심각하게 제기된 적은 없었다. 실존주의와 같은 서구 위기 사상이 유입에도 문제가 있지만 무엇보다 전쟁과 이승만정권의 독재, 4·19, 5·16과 같은 정치, 사회적인 변화가 지대했고, 그런 점에서 '나'의 존재와 '나'의 의미가 새삼 문제가 되었던 것이다. 전쟁이후 비극적 실존성에 대한 과도한 집착이나 4·19의 실패 이후 '자기 세계'의 구축 역시 이런 자기 확인의 한 방식이었을 것이다. 허나 객관없는 주관의 확인은 근거없는 이상에 바탕을 두게 됨으로써 애당초 비관과 허무, 감상의 분위기를 내재할 수밖에 없었다. 4·19이후 '자기 세계'의 구축에 나섰던 60년대의 새로운 세대가 60년대 말 패배적이고 도피적인 소시민 의식으로 떨어지는 것도 이런 연유에서이다. 자기 세계의 정립이 가지는 한계성, 감정적이든(김승옥), 논리적(이청준)이든 그것은 궁극적으로 사회(현실)와 개인(이상)이 가질 수밖에 없는 60년대적 괴리로부터 파생한 것이겠지만 김정한은 오히려 그런 고뇌를(최인훈이 『광장』과 『회색인』에서 가졌던 고뇌를 생각해보라) 현실의 민중이 겪는 아픔으로 소박하게 대체시키고 있다. 「모래톱 이야기」의 갈밭새 영감이나, 「인간단지」의 우중신 노인, 「제3병동」의 강남옥은 60년대 근대화 정책이 가진 왜곡된 실상을 한 몸에 짊어 진 인물들이지만 어디까지나 개인이 아닌 민중 전체의 삶의 모습(이야기의 구조성)으로 형상화되고 있다. 그리고 이런 건강한 비판의 양식이야말로 이후 70년대 리얼리즘 소설의 한 징검다리가 되고 있다.

5. 맺음말

지식인에게 1960년대는 근대화의 과정에서 현실과 나의 관계를 파악하기 위한 탐색의 시기였다. 오랜 전쟁의 상처와 독재의 사슬을 풀어줄

4·19의 실패는 한편으로 지식인을 절망과 좌절의 심정으로 몰아갔고, 한편으로 현실에 대한 참여와 항거의 정신을 높여주는 계기가 되었다. 정신의 세계에 나타나는 이런 이분법은 곧 바로 문학의 존재나 가치를 묻는 문제로 전환될 수 있는 것이었는데, 이런 모습은 60년대 시나 소설, 비평의 분야에서 다양하게 논쟁적 성격을 유지할 수 있는 요인이 되었다. 소설도 예외는 아니어서 현실과 주체에 대한 분화된 이원성의 모습을 보여주는 것이 60년대 소설의 일반적 모습이다. 현실의 모순을 주체 내면에서 해결하려는 시도나 아니면 그 모순을 객관적 상황 중심으로 제시하고자 하는 경우가 이와 같이 분화된 주체의 대응양식을 보여주는 것이다. 앞의 2장과 3장이 이런 대비되는 시각을 구체화한 것에 해당할 것이다.

이런 분화된 양자의 모습은 7, 80년대 이후로도 지속된다. 이른바 모더니즘과 리얼리즘의 양분된 관점이 그것인데, 전자가 언어의 조형력(허구성)이나 문학적 상상력을 바탕으로 한다면, 후자는 객관적인 묘사력을 통해 사회, 정치적 정합성을 찾는데 중점을 두게 된다. 이런 관점은 70년대 조세희와 황석영을 통해 뚜렷이 대비될텐데, 실상 이런 분화는 60년대에 정치적 변화(4·19와 5·16)와 문학의 기능을 바라보는 작가의 양분된 시선 속에 놓여 있었다. 김승옥의 '자기세계'와 이청준의 '지적 상상력', 그리고 이호철의 '관찰자적 비판'과 김정한의 '서사적 세계'가 그러한 시각의 분화를 뚜렷이 보여주고 있다. 뿐만 아니라 실제 그 분화의 의미는 두 계열을 대표하는 인물들의 시각, 즉 "문학은 꿈이다"라는 김현의 명제와 사르트르의 잠재적 독자를 강조하는 백낙청의 태도 속에 이미 잠재되어 있었던 것이다. 그런 점에서 60년대는 7,80년대를 여는 첫 발걸음에 해당한다. 하지만 이런 점들로 인해 60년대 소설이 지닌 독특한 자기만의 세계가 부정되어서는 안될 것이다. 60년대 소설들은 나름대로 각각의 독특한 세계를 구성하고 있다. 그 세계는 60년대 현실을 바라보는 자기 고유의 시각과 가치에서 유래하는 것이고, 그런 점에서 그것은 현실적 세계에 대응하는 자기 세계의 완결성을 지향하고 있다. 따라서

60년대 소설에서 무엇이 옳고 그른가 하는 가치 평가의 부분은 여전히 유보될 수밖에 없다. 7,80년대 소설사의 재구성이 필요한 것도 이 때문이다.

끝으로 한 가지 첨언할 것은 이 글이 60년대의 시대적 상황과 그것에 대응하는 서사적 방식에 초점을 맞추고 있으므로 각 소설가의 세밀한 변별적 자질은 때로는 삭제되고, 때로는 보다 중요한 특성에 포섭되기도 했다는 점이다. 특히 이청준, 이호철, 박태순의 경우가 그러할텐데, 그들은 현실의 복잡함 만큼 다양한 소설적 방식을 보여주고 있기 때문이다. 이런 세밀한 부분은 개별 작가론의 영역으로 남겨둘 수밖에 없었다. 아마 이런 점은 60년대 소설을 통사적으로 접근하거나, 주요 특성으로 일반화하는데 따르는 어려움이기도 할 것이다.

■ 정 희 모

1960년 부산 출생
연세대학교 국어국문학과 졸업
동대학원 국어국문학과 졸업(문학박사)
현 연세대, 평택대, 충북대 강사
논문으로 『이상 소설 연구』, 『이광수의 초기사상과 문학론』
『1930년대 후반 김남천의 장편소설론 연구』 외 다수가 있다.

1950년대 한국문학과 서사성

1998년 1월 15일 인쇄
1998년 1월 20일 발행

저 자 정 희 모
펴낸이 박 현 숙

110-290 서울시 종로구 인사동 153-3 금좌B/D 305호
T : 723-9798, 722-3019 F : 722-9932

펴낸곳 도서출판 깊 은 샘

등록번호/제2-69호 등록년월일/1980년 2월 6일
ISBN 89-7416-081-6

※ 저자와의 협의에 의해 인지를 생략합니다.
※ 잘못된 책은 바꿔 드립니다.
※ 깊은샘은 PC통신 HiTEL ID kpsm으로 만나실 수 있습니다.

값 15,000원